管理学原理

GUANLIXUE YUANLI

叶广宇　刘　飞　肖　万　主编

华南理工大学出版社
SOUTH CHINA UNIVERSITY OF TECHNOLOGY PRESS
·广州·

图书在版编目（CIP）数据

管理学原理/叶广宇，刘飞，肖万主编. —广州：华南理工大学出版社，2018. 8
ISBN 978 - 7 - 5623 - 5771 - 1

Ⅰ. ①管… Ⅱ. ①叶… ②刘… ③肖… Ⅲ. ①管理学 - 教材 Ⅳ. ①C93

中国版本图书馆 CIP 数据核字（2018）第 193245 号

GUANLIXUE YUANLI
管理学原理
叶广宇　刘飞　肖万　主编

出 版 人： 卢家明
出版发行： 华南理工大学出版社
（广州五山华南理工大学 17 号楼，邮编 510640）
http：//www. scutpress. com. cn　　E-mail：scutc13@ scut. edu. cn
营销部电话：020 - 87113487　87111048（传真）
策划编辑： 林起提
责任编辑： 卜穗珍
印 刷 者： 广州市穗彩印务有限公司
开　　本： 787mm × 1092mm　1/16　**印张：** 20　**字数：** 521 千
版　　次： 2018 年 8 月第 1 版　2018 年 8 月第 1 次印刷
定　　价： 48. 00 元

前言

管理学是一门理论与实践相结合的学科，是管理知识、管理理论、管理经验与实践智慧的结晶。或者说，管理学是一门实践性超过理论性的学科，管理实践智慧的重要性远高于管理知识和理论。

具有七情六欲而又力求理性的管理者，面对具体的管理问题，受到多种条件制约：时间有限、知识有限、能力有限、视野有限、资源有限，竞争对手又虎视眈眈，这就要求管理者必须在多种制约条件下做出符合实际而又具有创新性的决策并付诸实施。因此，管理问题的解决没有最优，只有更优。从管理实践的角度来说，管理并不一定寻求精确和最优的解决方案，但一定会去寻求时间成本、经济成本以及行为结果满足管理者价值判断的解决方案。

管理学的知识和理论来源于管理实践，是管理经验和管理实践智慧的高度提炼和总结，因此，管理学的知识和理论又高于实践，并能够有效指导实践。管理学作为一门学科，在我国的发展已经有几十年的历史了。在这期间，我国曾经翻译、编辑、出版了众多管理学教材，但是能够很好地结合中国管理实践，或者说能够总结提炼中国管理实践中所涌现的智慧和经验的教材并不多。这也是我们在琳琅满目的管理学原理教材中再增加一本的重要原因。

我从事管理教育20年，积累了一些教育教学经验，对管理学的理解也逐步加深，于是就萌发了写一本管理学原理方面教材的想法：结合中国管理实践，承接管理理论渊源，总结管理理论规律，阐述管理学基本原理，厘清管理学基本概念，给学生提供一本既具有理论高度又能够结合中国管理实践的原理性教材。早在2012年，我们就开始了管理学原理教材的编写工作，2013年完成初稿，始终感觉有不满意和不尽如人意的地方，于是就放下了。这一放就是五年，一直拖到今天，其间青年教师刘飞、肖万以及我的研究生也不停地修改，并多次催促尽快出版，似乎没有再拖下去的理由。尽管如此，部分章节的内容我依然不是很满意，好在管理学本身就是一门不断试错的学科，管理实践是在不断试错的过程中逐步得到完善和提高的，管理理论也是管理实践者在不断试错的过程中发展的，于是给自己一个理由：等待下次再版的时候进一步完善吧。

在这本管理学原理教材编写期间，管理实践正在发生巨大变革：技术进一步加速，海量数据涌现，网络平台日臻完善，信息传递效率和透明度日益提高并快速更迭，环境快速变化，市场竞争加剧，以大数据、智能制造和无线网络为代表的新技术范式激发企业组织、制造模式和商业生态日新月异。管理实践的巨变不仅推动管理理论的持续创新和稳步发展，也为本次教材的编写提出了巨大挑战：管理学原理必须反映管理实践及其对管理理论的推动。

鉴于上述情况，在教材编写过程中，我们力求兼顾管理学理论的发展脉络的完整性和管理实践对理论发展的持续创新性，既要体现管理学原理完整的理论框架，又要体现管理实践的创新。首先，充分体现管理学兼具理论性和实践性的学科特征，既要系统地讲述管理的原理方法，又要通过管理案例的分析和讲解跟踪最新的管理实践。其次，在管理学发展历史上形成了不同的学派，这些学派之间既有相通的管理实践基础，又有对管理实践的不同认识和理解，因此，本书也在体现管理学不同学派之间争鸣的同时，力求给出自己的独到见解。第三，管理实践对管理理论的推动永不间歇，管理理论的发展也永无止境，因此，本书既要承接和延续经典的管理理论和思想，又要与时俱进地吸纳最新的管理思想和理论进展。

本书采用管理学理论的主流观点，以计划、组织、领导、控制四个职能为线索介绍管理理论和思想，力求注重原理、切合实际、博采众长、精简凝练、实用易懂，体现国际化、本土化、前沿性、可读性等特征。(1) 国际化。源于西方的管理学理论以及全球性的管理实践要求管理学原理教材必须具有国际化特征，中国企业的国际化实践也要求管理学原理教材必须具有国际化特征。(2) 本土化。本土的就是国际的，管理思想古今交错、东西贯穿，本土管理实践既为管理学的发展提供了营养，又需要管理学的理论指导。(3) 前沿性。既阐述管理学经典理论，又介绍管理学最新理论成果；既梳理管理学历史演变，又描述管理理论的最新发展趋势。(4) 可读性。配备大量的管理实践案例以及其他提示性和引导性指引，帮助学生学以致用，包括提示性案例、复习思考、阅读材料等。

本书的第 2、5、7、8 章由华南理工大学刘飞老师执笔编写，第 1、3、4、6、9、10、11 章由华南理工大学肖万老师执笔编写，华南理工大学叶广宇教授全书统稿。在编写本书的过程中，我们参阅了国内外大量的同类教材和相关的研究成果，华南理工大学出版社的编辑为本书的出版付出了艰辛的劳动，在此一并表示感谢。

鉴于前述的种种原因，书中错漏之处在所难免，希望各位读者谅解，并真诚地希望得到各位的批评和指正！

叶广宇

2018 年 5 月

目　录

第1章　管理学概述

【案例导读】

猎人与猎狗①

一条猎狗将兔子赶出了窝，一直追赶它，追了很久仍没有捉到。牧羊看到这个情景，讥笑猎狗："你们两个之间小的反而跑得快。"猎狗回答说："你不知道，我们两个的跑是完全不同的！我仅仅为了一顿饭而跑，它却是为了性命在跑呀！"这话被猎人听到了，猎人想：猎狗说得对啊，那我要是想得到更多的猎物，就得想个好法子。于是，猎人又买来几条猎狗，并立下规矩：凡是能够在打猎中捉到兔子的，就可以得到几根骨头，捉不到的就没有饭吃。这一招果然有用，猎狗们竞相努力追兔子，因为谁都不愿意看着别人有骨头吃，而自己没得吃。

这样过了一段时间，新问题又出现了——猎狗们捉到的兔子越来越小了。猎人去询问猎狗，猎狗们说："大兔子非常难捉到，小兔子好捉。但捉到大兔子得到的骨头和捉到小兔子得到的骨头差不多，为什么费那么大的劲去捉那些大的呢?"猎人经过思考后，决定不将分得骨头的数量与是否捉到兔子挂钩，而是每过一段时间，就统计一次猎狗捉到兔子的总重量，按照重量来决定猎狗一段时间内的待遇。于是猎狗们捉到兔子的数量和重量都增加了，猎人很开心。

但是又过了一段时间，猎人发现，猎狗们捉到的兔子数量又少了，而且，越有经验的猎狗捉到的兔子数量下降得越厉害。于是猎人又去问猎狗，猎狗说："我们把最好的时间都奉献给了您，主人，但随着时间的推移，我们会变老。当我们捉不到兔子的时候，您还会给我们骨头吃吗?"于是猎人做了论功行赏的决定。分析与汇总了所有猎狗捉到兔子的数量与重量，规定如果捉到的兔子超过了一定的数量后，即使捉不到兔子，每顿饭也可以得到一定数量的骨头。猎狗们都很高兴，大家都努力去达到猎人规定的数量。

一段时间过后，终于有一些猎狗达到了猎人规定的数量。这时，其中有一只猎狗说："我们这么努力，只得到几根骨头，而我们捉的猎物远远超过了这几根骨头。我们为什么不能给自己捉兔子呢?"于是，有些猎狗离开了猎人，自己捉兔子去了……

思考

1. 猎人对猎狗的后续管理，你觉得如何改进?
2. 结合上述故事，谈谈你对管理的理解。

【学习目标】

1. 了解管理的各种定义。

---

① 资料来源：莫寰，邹艳春. 新编管理学［M］. 北京：清华大学出版社，2004.

2. 了解管理的基本特征。
3. 掌握管理的主要职能。
4. 认识管理的基本性质。
5. 掌握管理的角色。
6. 掌握管理的研究方法。
7. 了解管理学的学科关联与内部体系。

1.1 管理的基本概念

古今中外，不管是蜿蜒巍峨的万里长城还是庄严肃穆的金字塔，不管是1969年人类的第一次成功登月还是2008年北京奥运会开幕式的精彩呈现，其中无不蕴含着管理的智慧。自人类开始群居生活，集体协作、分工配合进行一项活动，诸如围猎捕食、开荒劳作等，就产生了管理。管理，自古有之，无处不在。“修身齐家治国平天下”，大至国家天下，小至家庭个人，都离不开管理。管理国家政府，组织活动会议，管理时间财富，等等，我们不管在生活中担任何种角色，处于什么地位，都在不知不觉地践行着管理的理念。

1.1.1 管理的认识

回溯悠远的历史长河，在人类社会早期，自从出现集体活动，管理活动就产生了，并随着社会的发展而日趋复杂，愈显重要。在人类社会文明初期，由于人类社会生产力水平低下，无法凭借一己之力面对大自然的威胁，为谋求自身的生存发展，人类联合起来协同活动。此时，作为协调人类有限资源以实现个人无法实现目标的活动，管理应运而生。

随着人类文明的发展，管理的目的也更加多元化，不再仅限于谋求生存发展。社会生产力的发展和生产关系的变化，萌发了各种朴质的管理思想，“知己知彼，百战不殆”“以和为贵，知人善用”等耳熟能详的名言名句无不反映了当时哲人学士们对管理的思考。伴随着资本主义生产方式的发展，为提高生产效率实现资本积累，管理的重要性进一步提高，管理思想研究得以深入发展。

经过长期积累，直至19世纪末，管理理论初步形成。随后许多学者和管理学家从各自不同的背景，基于不同的视角，通过不同的方法对管理问题进行研究，管理理论逐渐丰富多元，出现了“百家争鸣”的局面。管理学是基于人类长期管理实践摸索出的许多管理思想和体会，经理论概括和抽象升华而成的新兴学科。管理学科问世以来，仅100多年的时间就以迅猛的发展速度成为众多学科体系中的一股新兴力量。美国著名管理学家彼得·德鲁克说：“在人类历史上，还很少有什么事比管理的出现和发展更为迅猛，对人类具有更为重大和更为激烈的影响。”

回顾管理产生的根源，当人类谋求生存发展的目标与个人可利用、可调动资源的有限性产生矛盾时，人类就会寻求群体的力量，而群体的诞生使管理活动的产生成为必然。由此可见，管理的基本矛盾为：资源的有限性与人们追求日益多元的目标之间的矛盾。人们追求的目标各式各样，但实现这些目标的资源是有限且稀缺的，因此产生了一系列问题：有限的资源如何在相互竞争的多元目标之间进行分配？如何利用稀缺的资源使得资源的使用效率最高？而这些问题的解决，都离不开管理。那么，何为管理？管理什么？如何进行管理？

1.1.2　管理的定义

管理，简单而言，即管人理事。对管理的定义，迄今为止，还未形成统一的认识。学术界众说纷纭，不同的学者和管理学家立足于不同的出发点，对管理进行了不同的界定。

国外学者从不同的研究角度，对管理做出了不同定义。

➢ 科学管理理论创始人弗雷德里克·泰勒（Frederick Taylor）认为，管理就是确切了解你希望工人干些什么，然后设法使他们用最好、最节约的方法去完成它。

➢ 以斯蒂芬·P. 罗宾斯（Stephen P. Robbins）为代表的一些美国管理学家们提出："管理是一个协调工作活动的过程，以便能够有效率和有效果地同别人一起实现组织的目标。"

泰勒、罗宾斯等人对管理的定义侧重于管理的本质，即管理是有效率、有效果地实现目标的过程。

➢ 哈罗德·孔茨（Harold Koontz）指出，各级管理者都担负着创造和保持一种使人们在群体中相互配合的环境，从而达成精心选择的任务和目标。该定义从管理者的角度揭示了管理者的任务，侧面反映了管理的实质，与泰勒等人的表述有异曲同工之妙。

➢ 法国的亨利·法约尔（Henri Fayol）认为，管理就是执行计划、组织、指挥、协调和控制。法约尔对管理的定义强调的是做作业的过程和管理的具体职能。

➢ 赫伯特·A. 西蒙（Herbert A. Simon）认为，管理就是决策，决策贯穿于管理的全过程。秉持决策论的西蒙强调的是管理过程中决策的作用。

➢ 罗宾斯和库尔塔（Robbins and Coultar）认为，管理这一术语是指和其他人一起并且通过其他人来有效地完成工作的过程。该定义着重于管理过程中人的重要性。

➢ 刘易斯（Lewis）等人指出，管理是指有效支配和协调资源，并努力实现组织目标的过程。强调了管理的对象是组织中的各种资源。

而我国的管理学者对管理的定义和表述也各不相同。

➢ 周三多等人将管理定义为，管理是指组织为了达到个人无法实现的目标，通过各项职能活动，合理分配、协调相关资源的过程。

➢ 孙永正对管理的定义是，管理就是在特定的环境下，对组织拥有的资源进行计划、组织、领导和控制，以便有效达到既定的组织目标的过程。

➢ 芮明杰认为，管理是对组织的有限资源进行有效配置，以达成组织既定目标和责任的动态创造性活动。

➢ 杨文士和张雁认为，管理是指组织中的管理者通过实施计划、组织、人员配置、指导与领导、控制等职能来协调他人的活动，使他人同自己一起实现既定目标的活动过程。

➢ 徐国华等人认为，管理是通过计划、组织、控制、激励和领导等环节来协调人力、物力和财力资源，以期更好地达成组织目标的过程。

国内学者对管理的定义大同小异，侧重点各不相同，但也存在着一些共同特征。以上定义均强调了管理的范围是组织，管理的对象是各种资源，管理通过职能活动发挥作用，管理的最终结果是实现既定的组织目标。

综合上述各种定义，我们同意并采用陈传明、周小虎（2014）关于管理的界定，并将管理定义为：管理为有效实现组织目标，由专门的管理人员利用专门的知识、技术和方法对组织活动进行计划、组织、领导、控制的过程。这个定义包含以下几个方面的含义：

（1）管理的目的是有效实现组织的目标。管理本身并不是目的，实现组织目标才是目的，管理只是实现组织目标的手段。同时，有效的管理要求管理工作必须保证组织活动的顺利开展，既要提高效率又要实现效果，即达到效率和效果的完美统一：以较少资源消耗实现组织目标。

（2）管理的主体是管理者，是具有专业知识，能够利用专业技术和手段来开展管理活动的管理者。虽然早期的管理者不必接受系统的管理训练，但是，在当今激烈竞争的环境中，没有专业知识和技能的管理者是难以在竞争中取胜的。因此，管理者必须具备专业的管理知识，需要专门的教育和培训，并遵守职业道德。

（3）管理的客体是组织活动以及参与管理活动的各种要素。管理的目标需要通过各种活动来实现，组织活动需要各种要素的参与，管理就是协调各种要素的活动。组织活动是实现组织目标的载体，而组织活动离不开各种资源的支持，管理通过有效利用各种资源来推进组织活动进而实现组织目标。传统上，组织的资源可简单分为人、财、物，而今随着信息时代的到来，资源的内涵更加丰富，不仅仅包括人力资源、资金、实物，还包括信息、知识、技术、关系、时间等无形资源。其中，知识管理是知识经济时代管理的核心，时间（速度）管理是最特殊的管理，人是管理的最重要对象，一切活动都离不开人的作用。从人的角度看，管理主体和管理客体具有交叉性，同一个人可能同时拥有管理者和被管理者双重身份，在不同的管理活动中担任不同的角色。

（4）管理的本质是协调。一是协调组织内部各种有形资源和无形资源的关系，使之成为一个有机的整体，并产生强大的竞争能力；二是协调组织与外部环境的关系，为组织的可持续发展构建良好的生态环境。

（5）管理是一个包含了多阶段、多项工作的综合过程。制定活动计划、做出决策、激发组织成员的工作热情、带领组织成员实现组织目标、检查计划执行情况、控制计划进度等都是管理工作，并且，管理还要依据环境变化策划创新活动。

1.2 管理的职能和性质

1.2.1 管理的职能

管理的职能是管理者为实现特定的目标而进行的管理活动及其功能，具体包括管理者的基本职责和执行这些职责的过程。各位管理学者和实践人士对管理职能的划分不尽相同，因此各职能包含的具体内容也略有差异。

管理职能的概念最早由亨利·法约尔提出，他于1916年在《工业管理和一般管理》一书中提出了管理的五职能说，即管理者需履行计划、组织、指挥、协调和控制五项管理职能。此后陆续有学者探讨管理的职能，且不同的学派对此问题持有不同见解。最常见的除了以法约尔为代表提出的“五职能”，还有经典的“三职能”说，指计划、组织和控制，是戴维斯在20世纪30年代提出的。此外还有主张“七职能”的，即在“五职能”的基础上再增加领导、职能人员配备两个职能；也有认为“七职能”为计划、组织、指挥、控制、协调、人事、沟通的，提出的学者为古利克；还有人主张以“领导”功能来代替“指挥”更加妥切，因为领导比指挥含义更加广泛，包括组织和调动力量。表1-1列举了众多学者对管理职能的多种看法。

表 1－1　西方管理学者对企业管理职能的划分①

年份	管理学者	计划	组织	指挥	协调	控制	激励	人事	调集资源	沟通联系	决策	创造革新
1916	法约尔	△	△	△	△	△						
1934	戴维斯	△	△			△						
1937	古利克	△	△	△	△	△		△		△		
1947	布朗	△	△	△		△			△			
1947	布雷克	△			△	△	△					
1949	厄威克	△	△			△						
1951	纽曼	△	△	△	△	△			△			
1955	孔茨和奥唐奈	△	△			△		△				
1964	艾伦	△	△			△						
1964	梅西	△	△			△		△			△	
1964	米	△	△			△	△				△	△
1966	希克斯	△	△			△	△			△		△
1970	海曼和斯科特	△	△			△	△	△				
1972	特里	△	△			△	△					

注：△表示各个管理学者所列举的管理职能。其中，计划包括计划、预测；指挥包括指挥、命令、指导；控制包括预算控制；激励包括鼓励、促进；沟通联系包括报告。

人们对管理职能的认识经历了一个由繁到简、由各执己见到逐渐达成共识的过程。目前，学术界和实业界的主流观点是管理具有计划、组织、领导、控制四个基本职能。后面的章节会对各个职能展开详细介绍，在此仅对四大职能的基本内容做简要叙述。

1. 计划职能

“凡事预则立，不预则废。”做任何事情之前都要有目标、有计划，这样才能做到有的放矢。为行动制定目标、筹划行动方案，这是计划的任务。计划是基于对环境条件及未来发展趋势的分析和预测，确定组织目标并为目标的实现制定战略与策略的过程。计划的定义有广义和狭义之分，广义上的计划包括目标的制定、执行、检查和终结的全过程，而狭义上的计划等同于目标的制定。

在管理学上，计划的定义主要采用广义上的界定。在制定计划的过程中，需明确三个问题：组织可以做什么？实际能做什么？应该怎么做？而回答以上三个问题的过程正是计划的过程。

2. 组织职能

有了计划之后，还要知行合一、言行一致，确确实实将计划落到实处，这就需要管理发挥组织职能。组织是为实现组织目标而建立组织结构并推进组织协调运行的工作过程，该过程包括将各项业务活动进行分类组合、划分管理层次和部门、为各个管理层次和部门配备人员、将完成和监督各项活动所需要的职权授予各层次各部门，以及规定这些层级和

① 资料来源：马洪．国外企业管理的比较分析［M］．北京：中国社会科学出版社，1982.

部门之间的相互配合关系。

3. 领导职能

一个组织的活力取决于每个成员的热忱，正如格言大师拉尔夫·沃尔多·埃默森所言："一个机构是一个人被拉长的身影。"领导者和领导在管理活动中处于举足轻重的地位。在确立目标、完成组织结构搭建和人员配置后，要使组织焕发活力，每个成员各司其职，热情积极地投入到工作当中，领导不可或缺。领导是管理者运用自身的权力和能力，对组织的每个成员（个体）或全体成员（群体）施以影响，协调意志，使其努力地完成目标的过程。有效的领导能起到指挥作用、协调作用、激励作用和凝聚作用，是一项最具艺术性的管理职能。

4. 控制职能

目标设定之后，开始制定具体行动计划并将计划落实到各级部门，为各部门配备人员，通过有效沟通进行激励和培训。尽管如此，在环境的动态变化下，事情并非总是按照原计划进行。为了保证原计划的各项任务在正常的轨道上运行，管理需监控组织的绩效，对组织绩效进行度量和评估，一旦发现或预见到可能出现超出允许范围的偏差时，及时采取措施予以纠正，这就是控制职能。控制职能包括制定衡量标准，根据标准衡量工作成效，采取措施纠正偏离标准的偏差这三个过程。

计划、组织、领导、控制四项管理职能相互联系、相互影响，共同构成了管理的全部内容。从理论上而言，四项职能是按照一定的逻辑顺序进行的，首先要确立组织的目标和方向，制定组织发展计划，然后建立组织结构、进行权力分配和人员配置，并通过激励和指导来协调各成员的行动，在活动中对组织各项工作进行实时控制，以确保组织目标的有效完成。之后再提出新的计划，开始新的循环。因此，管理工作是一个个连续不断、循环往复的运动过程。但事实上，同一时间不同空间上的管理者是同时执行这些职能的，这些职能并非完全线性的，而是在周而复始的循环中相互融合，相互交叉，成渗透关系。例如，在执行组织职能的过程中可能需要对原计划进行修订，在执行控制职能的时候又离不开沟通和协调。现代管理职能与传统管理职能的比较如表 1 -2 所示。

表 1 -2　现代管理职能与传统管理职能的比较①

职能	时期	现代管理职能与传统管理职能的主要内容
计划职能	传统	预测，目标确定，决策
	现代	环境分析与评价，战略选择，组织对环境的适应性
组织职能	传统	职务分析，任务划分，组织结构形式的确定，适应性的组织变革
	现代	松散型、网络型及虚拟型组织结构，领导变革，授权，组织文化建设
领导职能	传统	指挥，激励，协调
	现代	沟通、知识工作者或知识技能型人才需求分析，新型激励方式的选择
控制职能	传统	监督，成本控制，质量管理
	现代	作业与价值链管理，非成本控制，风险管理，管理控制中的道德规范

① 资料来源：赵丽芬．高级管理学［M］．北京：清华大学出版社，2008.

1.2.2　管理的性质

管理的根本属性在于管理具有二重性，即自然属性和社会属性。管理的二重性是马克思主义对于管理问题的基本观点，是马克思在《资本论》中首先提出的。马克思在分析资本主义生产关系时，对管理的二重性作了论述："凡是直接生产过程具有社会结合过程的形态，而不是表现为独立生产者的孤立劳动的地方，都必然会产生监督劳动和指挥劳动。不过它具有二重性。"管理是存在于人类生产活动中的一种特殊的生产性活动，管理的客体——社会生产过程本身就是一个二重的过程，是生产力和生产关系的统一体，这种前提决定了管理活动也具有二重性。马克思认为，管理既具有一般性，表现为社会生产力发展的产物；又具有特殊性，是受一定社会的经济关系制约的。在马克思二重性理论基础上，管理学家把管理的性质阐发为管理的自然属性和社会属性的统一。管理的二重性，就是管理既有同生产力、社会化大生产相联系的自然属性，又有同生产关系、社会制度相联系的社会属性。

1.2.2.1　自然属性和社会属性

1. 自然属性

管理与生产力、社会化大生产有着密不可分的关系，表现为管理的自然属性，它是由分工协作的共同劳动引起的，是社会性劳动过程的基本要素。所谓共同劳动，就是多个劳动者通过一定的组织形式结合在一起进行的劳动。马克思有过这样的论述：一切规模较大的直接社会劳动或共同劳动，都或多或少地需要指挥，以协调个人的活动，并执行生产总体的运动——不同于这一总体的独立器官的运动——所产生的一般职能。一个单独的提琴手是自己指挥自己，一个乐队就需要乐队指挥。这说明共同劳动的结果必然产生分工协作，而分工协作又催发了指挥劳动的需要，以使各个环节之间在工作上保持均衡性和连续性。在任何社会情境中，这种由共同劳动、分工协作而引起的指挥生产、发展生产力的管理属性是不以人的意志为转移的，即为管理的自然属性。

2. 社会属性

管理除了要维持社会生产和生活的正常运行外，还需维护社会的生产关系，这种与生产关系、社会制度的关系，表现为管理的社会属性，它是一种特殊的、生产活动所必不可少的劳动形态。管理的社会属性反映了一定生产关系的性质和要求，体现了不同社会制度下管理的个性。从历史的演变可见，封建社会管理要维护封建地主阶级对农民阶级的统治，资本主义社会的管理除了要维护社会化大生产的正常运行，还要维护资本的政治秩序。而社会主义管理不仅要维持社会生活的正常运转，还要维护无产阶级和劳动人民的根本利益。可见，管理作为执行着维护、运行生产关系的一种监督性劳动，为实现特定社会目的，会根据情况调整生产关系，这就表现为管理的社会属性。

3. 管理二重性的关系

管理的自然属性和社会属性是相互联系的。简言之，管理的自然属性要解决的是如何有效地指挥和组织生产的"技术性"问题，体现为管理工作中一系列具体的方法和技术；而管理的社会属性要解决的是"态度性"问题，比如如何进行管理，依据什么样的原则和原理来建立那些维护生产关系的原则、制度和组织形式等。由此可见，管理的自然属性和社会属性的关系是形式与内容的关系，两者是相互联系的。

管理的自然属性和社会属性是相互作用的。一方面，管理的技术性因其在客观上要求一定的社会性的组织形式与之相适应，必然对管理的社会属性方面提出一定的要求，并在社会属性无法满足其要求时产生一定的反作用；另一方面，由于管理的社会属性是应技术性的要求而产生的，所以必然对其作用产生指导、制约作用。当管理的自然属性没有得到社会属性的支持时，管理活动常常受到劳动者的抵制而无法发挥最佳效果；当管理的社会属性没有得到自然属性的支持时，管理的社会属性无法发挥实际作用。这些情况都有力地证明了管理二重性的相互作用。

管理的自然属性和社会属性是可以相互转化的。管理的自然属性与社会属性经常处于不相适应的状态，这正是管理的自然属性和社会属性不断交替发展的一个基本原因。当自然属性的发展超前于社会属性的发展，自然属性方面反映出来的问题即为社会属性下一步发展的方向和具体方面。反之，当社会属性的发展超前于自然属性的发展，社会属性方面反映出来的问题即为自然属性下一步发展的方向。

1.2.2.2 科学性和艺术性

1. 科学性

管理科学是人们经过几千年的经验积累和百余年的摸索、探究、归纳、总结、检验，从实践中抽象概括出的反映管理过程客观规律的理论和方法，因此管理具有科学性。管理的科学性，体现在它以反映客观规律的管理理论和方法为指导，有一套分析问题、解决问题的科学方法论。管理具有规律性、理论性和规范性。管理虽是依据丰富的实践经验发展起来的，但并非无章可循、仅凭经验进行的活动，管理的理论知识有助于我们在特定的情境下有框架、有逻辑地分析问题，采取行之有效的方法解决问题。

2. 艺术性

管理虽具有科学性，但并不意味着对管理知识掌握的广度和深度是管理效果的唯一影响因素，即反映管理客观规律的理论和方法的实践结果并非总是千篇一律的，管理的实践结果既包括管理的客观性，也包括管理的“创造性”。管理活动中创造性的方式、方法即表现为管理的艺术性。管理的艺术性源于以下两个因素：第一，管理是在一定的环境条件下进行的，而同一时期的不同组织和同一组织在不同的时期所面临的环境、资源供给条件都是不同的，环境的动态性和多变性使得管理不可能拥有放之四海皆准的理论和方法；第二，管理的核心是人，而人的复杂性和社会性使得管理不可能精确地估摸和测量每个个体的心理因素，诸如人的思想、感情、情绪等。此外，管理是一个不断做决策的过程，而在面对不同的方案进行择优的时候，除了依据一定的理论和方法之外，还取决于决策者的经验、心智模式和个性等，需要决策者在尊重客观规律的基础上发挥主观能动性。因此，环境的动态性和人的社会性使得管理具有艺术性。

1.3　管理者的角色与技能

1.3.1　管理者的角色

1.3.1.1　传统理论下的管理者角色

管理学之父彼得·德鲁克根据管理对象的不同，将管理者角色分为三类：管理一个组织、管理管理者、管理工人和工作。20世纪70年代，亨利·明茨伯格（Henry Mintzberg）认为，管理者在管理过程中扮演的角色可分为三大类十种角色。

第一类是人际角色。即管理者处理各类人际关系时所扮演的角色，包括挂名首脑、领导者、联络者。挂名首脑是指代表组织进行一些礼节性的对外交流活动，如接待重要客户、受邀出席其他组织的周年庆聚会等。挂名首脑是最简单、最基本的角色，但一般由拥有较高职位和权力的高层管理者负责。领导者是指在组织发展过程中担当领头羊和指导员的角色。如确定组织的发展方向、经营方针等重大事项，并对下级的工作进行统筹安排和激励指导，保证组织的良好运作和发展，带领所有组织成员一起实现组织目标。领导者角色作用的有效发挥直接关系到组织的目标能否实现。联络者扮演的是统筹组织内外各种联络关系的角色，对外要负责建立、保持与其他组织的沟通交流，对内要确保上下级沟通、同级沟通等联系的无障碍，才能保证组织的顺利运转。

第二类是信息角色。即管理者在收集、获取和传播信息的过程中所扮演的角色，可细分为监听者、传播者、发言人三种角色。监听者的主要作用是收集与组织有关的各类信息，并在收集的过程中筛选关键信息，包括组织内部的业务发展情况、政策方针的变化、员工的意见等，此时要求管理者对内外部环境的信息变化保持高度敏感，积极关注组织的发展现状、外部环境的变化以及员工诉求等信息。传播者是指将获取的有效信息传递给其他组织成员，达到信息共享的目的。这有助于员工快速了解组织情况，提高日常工作和决策的效率。但有时管理者也会将某些信息进行隐藏。发言人则需要将与组织相关的信息传递给外部的利益相关者，如向股东提供财务报告、向社会公众披露公司重大事项变革等。

第三类是决策角色。在决策角色中，管理者在分析信息的基础上得出相应的结论，包括企业家、混乱驾驭者、资源分配者、谈判者四种角色。作为企业家，管理者往往充当组织变革的发起者和设计者，同时也是组织的战略制定者，他需要在分析内外部环境的基础上，认清组织自身的优劣势，识别潜在的机会和威胁，以确定组织的未来发展方向。每个组织在发展过程中都会遇到各种冲突与矛盾，包括员工之间的冲突、员工与组织之间的冲突、组织与外部环境的冲突等，混乱驾驭者的作用就是解决组织内外部矛盾，保证企业的有序发展。作为资源分配者，需要决定如何为每一个投资项目合理配置资源，需要配置的资源不仅包括材料、设备等硬件资源，还包括资金、人员、信息、时间等软资源。只有实现组织内有限的资源的最优配置，才能提高企业的运转效率，促进企业的快速发展。作为谈判者，为了谋求组织的最大利益，管理者必须与供应商、客户、员工及其他利益相关者进行谈判工作。谈判者一般需要有足够的权力来支配组织资源并快速做出决定，因此，担任谈判者角色的一般为高层管理者，他们通常要花费大量的时间进行商务洽谈。

1.3.1.2 新时代背景下管理者角色的新要求

明茨伯格的角色理论对于管理者明确自己的职责、认清自我价值具有重要意义。随着全球化和信息化的不断发展，企业所面临的政治、经济、文化和社会环境更加复杂多变，企业更多的是面临知识经济、文化冲突、跨国投资、环境保护等问题。在新的时代背景下，为了保证企业的持续发展，管理者所承担的角色也日益丰富，逐渐出现了以下几种新的角色。

1. 核心专长培育者

普拉哈拉德和哈梅尔（Prahalad and Hamel，1990）认为，核心专长是企业长期经营过程中形成的累积性学识，包含企业的集体学习能力，协调各种生产技能、整合多种技术的能力。在面临复杂多变的环境时，企业核心专长所带来的独特的可持续竞争优势能使企业充分利用外部机会或者降低威胁，扬长避短，为企业创造价值。因此，在全球化和信息化的时代背景下，管理者应该担当起核心专长培育者的重任，整合建立核心专长所需的资源、技术、知识并进行合理的配置，帮助组织建立起可持续的核心竞争力，才能在复杂多变的环境下带领组织稳步前进，实现组织目标。

2. 全球资源整合者

世界经济一体化趋势和信息化的发展使得生产要素在全球范围内流动，资源在全球范围内进行配置，在该背景环境下，要求管理者必须成为一个全球资源整合者。资源整合者应该充分利用信息技术带来的高效性与便捷性，在全球范围内寻求资源和市场，整合组织内部资源和外部资源，整合组织的各种能力，使资源的配置达到最优，还要善于提高组织调配资源的能力，一方面要充分有效地利用组织内部的有限资源，另一方面要加强组织内外的互动，通过战略性的兼并、收购、联盟等形式吸收外部有效资源，逐步形成可持续的核心竞争力。此外，资源整合者要重新审视组织流程，主动清理组织内外部环境中阻碍流程一体化运作的因素，促进流程的创新和发展，为实现组织的最终目标服务。

3. 组织文化的塑造者和传播者

从20世纪80年代开始，组织文化理论逐渐受到西方学者们的关注，它强调“以人为本”，通过独特的组织文化去激励员工，调动员工的积极性，增强组织的凝聚力，为实现组织的共同愿景服务。随着知识经济的到来，组织内的员工大多是知识型员工，其对知识和技术的熟悉与掌握程度成为企业形成核心专长能力的关键，组织的效益也往往取决于员工创新能力的发挥程度，优质的人力资源也因此成为众多企业争夺的对象，因此，管理者要主动去培育“共赢文化”，不仅要专注于组织目标实现，还要关注员工的需求，帮助员工实现自我价值，使员工在为组织创造财富的同时得到自我发展。在该背景下，对管理者提出了文化塑造者的新角色要求。管理者要推动组织形成具有自身特色的组织文化，包括确定组织使命、价值观、道德和行为准则以及与之相适应的组织机构和管理体制等，以增强员工的使命感和认同感，发挥有效的激励作用，共同实现组织的目标。同时，在经济全球化背景下，管理者要对组织文化进行有效的传播，以获得组织外部人员的认同，树立良好的企业形象，提高企业的知名度，管理者还要以包容开放的态度在传播中不断创新和发展新文化，借鉴吸收其他组织的优良文化，摒弃落后文化，为发挥组织文化蕴藏的巨大能量而努力，扮演好组织传播者的角色。

4. 社会责任倡导者

社会责任是指企业对员工、消费者、其他利益相关者和社会环境承担的责任，它强调在企业发展过程中关注人的价值，关注对利益相关者、对社会、对环境的贡献。一个组织不可能脱离社会而存在，因此组织在发展过程中必须承担相应的社会责任，兼顾企业利益和社会利益。现代企业社会责任观的发展要求企业积极主动地承担社会责任，在遵守社会契约的前提下开展经营活动。如果企业忽视其社会责任，企业的长久生存和持续发展就会受到制约。因此，管理者要做好社会责任的倡导者，主动承担应尽的社会责任，如确保企业产品货真价实，诚信经营，不欺骗消费者；尊重员工，关注员工需求，提供良好的工作环境，进行定期培训促进员工发展；积极开展教育、医疗卫生、社会保障等慈善事业，树立良好的企业形象；积极维护生态环境，注重企业与社会的协调发展和人与自然的协调发展，积极贯彻国家的可持续发展战略等。只有真正落实企业的社会责任，才会得到社会的认同，企业才能实现可持续发展，实现组织目标。

1.3.2 管理者的技能

管理技能是指管理者为了实现目标所需要的技术或能力。无论是什么组织类型中的管理者，无论处于哪一管理层次，所有的管理者都需要具备一定的管理技能。罗伯特·卡茨（Robert L. Katz）认为有效的管理者必须具备技术技能、人际技能和概念技能。

技术技能是指对某一特殊领域或某一特殊活动内有关的知识、方法、过程及技术的理解和熟练程度。它包括专业知识的掌握程度、在专业范围内的分析能力以及灵活地运用该专业的工具和技巧的能力等。管理者必须具备其所管辖的专业领域内的相关技能，才能够与其所管理的专业技术人员进行有效的工作安排和沟通交流，实现高效管理的目标。如销售主管必须熟悉与产品相关的各类信息，掌握推广销售技巧，才能对员工进行基本的业务指导；生产部门经理必须了解生产工艺流程，才能与工人进行有效的沟通指导。对于不同层次的管理者，对技术技能的要求也不同。一般来说，基层管理者的技术能力要求最高，其次为中层管理者，最后为高层管理者。

人际技能也叫人际关系技能，是指处理人与人之间关系的能力，即与别人进行有效沟通的能力。组织的高效运转离不开有效的沟通，作为一名管理者，必须具备良好的人际技能，与客户、供应商等外部人员积极沟通，达成合作协议；与政府和其他机构进行正式的和非正式的交流；与上下级及同级之间建立有效的沟通关系，树立良好的团队精神，共同实现组织的目标等。有效的沟通将贯穿整个组织发展的全过程，因此，无论是基层管理者，还是中高层管理者，人际技能都是非常重要的。

概念技能是指管理者面对复杂环境时对复杂事物进行抽象和概念化的能力。任何管理者都会面临不断变化的复杂环境，此时管理者应该在把握全局的基础上认清各种因素之间的联系，抓住问题的实质，对整体的形势作出判断，最终得到一个可行的方案。因此，该技能要求管理者在复杂多变的环境中保持冷静清醒，识别组织当前面临的机会与威胁，结合组织内部情况分析，权衡不同方案的优劣并做出最优的决策。而管理者所处的层次越高，其面临的环境将会越复杂、越多变，对概念技能的要求也就越高。

不同层次的管理者面临的工作内容和工作性质不同，因此，三种技能对于不同层次的管理者的重要性也不同。对基层管理者来说，因其与基层员工的交流最为密切，技术技能最为重要，人际技能对其同上下级和同级之间的交流也非常有帮助，概念技能的要求则比较低。当管理者的层次从基层往中层、高层发展时，随着其与基层技术人员的直接接触的频率减少以及对全局把握能力要求的提高，对技术技能的要求下降，对概念技能的要求上升，人际技能的重要性不变。

综上，基层管理者需要具备较强的技术技能，高层管理者需要具备较强的概念技能，人际技能无论对基层还是对中、高层管理者都同样重要。

1.4 管理学的对象与方法

1.4.1 管理学的研究对象

管理学是一门系统地研究现代社会条件下管理活动的普遍规律、基本原理和一般方法的科学。管理学的研究对象涉及人类生产活动的方方面面。

根据管理活动总是在一定的社会生产方式下进行，研究对象可以分为生产力、生产关系和上层建筑三个方面。

（1）生产力方面。马克思主义认为，生产力是指人类改造自然的能力，包括劳动者、生产工具和劳动对象三种要素。因此，在生产力方面，管理学主要研究如何根据组织目标和社会需求合理配置组织中的资金、设备、人员等各类资源，使经济效益和社会效益达到最优。

（2）生产关系方面。生产关系是指人们在物质资料的生产过程中形成的社会关系。因此，在生产关系方面，管理学主要研究如何处理组织与组织之间、组织内部之间形成的各种人际关系；研究如何建立和完善组织的管理体制和组织机构以及如何激励组织内部成员，为实现组织目标服务。

（3）上层建筑方面。在马克思主义哲学中，上层建筑是指建立在一定经济基础之上的社会意识形态以及与之相适应的政治法律制度和设施的总和，包括思想上层建筑和政治上层建筑。因此，在上层建筑方面，管理学主要研究如何使组织的内部环境和外部环境相适应的问题；研究如何使组织内的各项规章制度与社会上的政治法律制度、道德思想、哲学思想等上层建筑保持一致，使组织正常运转，促进生产力的发展。

从历史的角度出发，管理学研究管理实践、管理思想以及管理理论的形成与演变过程及未来的发展趋势。

从管理者的工作和职能出发，管理学系统研究管理活动的原理、规律和方法问题。主要包括研究管理者应具备哪些职能，执行这些职能需要遵循哪些原理、使用何种方法、采用何种程序和技术等。

1.4.2 管理学的研究方法

管理学的研究方法是研究主体认识管理这一研究对象本质和规律所采用的思路与程序，是研究主体把握管理这一研究对象的方式、法则、手段和规范的总和。管理学的研究方法具有多学科性的特点，社会学、心理学、行为科学、经济学等社会学科以及数学、统计学、信息学、计算机科学等自然学科都为管理学提供了有效的分析方法与手段，基于此，对于管理学的研究，应综合采用系统分析法、案例研究法、比较研究法、归纳演绎法、试验研究法、定性分析法与定量分析法等方法。

1. 系统分析法

系统论是管理工作最基本的方法理论。它认为组织是一个系统，组织内开展的各项业务是一个系统，而组织的所有活动在整个经济系统中进行。因此，无论使用何种方法解决任何组织问题，管理者都必须从系统的角度去分析每一个问题，不仅要考虑与问题直接相关的人和事，还要顾及其他间接因素的影响；不仅要考虑该问题对组织内部的影响，还要考虑对外部环境的影响；不仅要考虑当前影响，还要兼顾未来。只有把管理对象看作一个整体，并将其放入大环境中去考虑，综合分析各个系统要素，才能真正发挥管理方法的效用，合理解决每一个问题。

2. 案例研究法

1984 年，罗伯特·尹（Robert K. Yin）对案例研究进行了定义：案例研究主要研究现实生活中的暂时现象，是一种经验性的探究，而在该研究情境下，需要将大量的典型案例作为论据进行分析，并总结出一般性规律。通过案例研究法，可以得到其他研究手段所不能获得的数据和经验知识，并以此为基础分析不同变量之间的逻辑关系，对已有的理论体系进行检验、修正和创新。案例研究法是研究和解决管理问题的重要方法之一。许多被广泛认可的结论，都来自大量的实际调查和案例分析。如泰勒所提出的定额管理原理、计件工资原理、工具标准化原理，梅奥提出的“超 Y”理论等。

3. 比较研究法

比较研究法是指对两个或两个以上的事物或对象加以对比，以找出它们之间的相似性与差异性的一种分析方法。其中，按属性的数量，可分为单向比较和综合比较：单项比较是指只对事物的某一种属性作比较；综合比较是对事物的所有（或多种）属性进行比较。单项比较是综合比较的基础，在管理学研究中，为了把握问题的本质和规律，需要对其多种属性加以考察，通常在单项比较的基础上对该问题进行综合比较。按时空的区别，又可分为横向比较与纵向比较：横向比较就是对同一时期同时存在的不同事物的既定形态进行比较；纵向比较是比较同一事物在不同时期的形态，了解事物的发展变化过程，揭示事物的发展规律。

4. 归纳演绎法

归纳和演绎反映了人们认识事物的两种方向相反的推理思维。归纳是由特殊到一般、由事实到概括的推理方法；演绎是由一般到特殊、由概括到具体的推理方法。在管理学研究中，两种方法应该是相辅相成、相互转化的。归纳法是根据现存的经验材料进行总结概括，但得到的结论因现实材料的有限性而无法保证其普适性，此时就需要通过演绎法将归纳所得的一般结论应用于实际情况，根据实验结果来判断一般结论的适用性，同时还要将演绎所得的个别结论与事实相比较，并通过新的归纳来检验、修正、补充原有的演绎前提，两种推理过程循环往复，相互转化，充分发挥其在探索事物本质过程中的效用。

5. 试验研究法

试验研究法是指在人为地创造一定的试验条件并控制其他无关因素的条件下，将未给予这些试验条件的对照组与实验组的结果进行比较分析，得到试验条件与研究对象之间的因果关系，并找出一些普遍性规律的方法。如著名的霍桑试验，采用的就是试验研究法。在试验中，美国国家委员会组织的研究小组花了 8 年的时间对霍桑工厂的工作条件和生产效率进行全面的考察和多种试验，最终得出工人是“社会人”而不是“经济人”、企业存在非正式组织、生产效率的高低主要取决于员工的工作态度及其与周围人的关系而不是工作条件和工作报酬等结论，为管理学开辟了一个崭新的领域——行为科学。

6. 定性分析法与定量分析法

定性分析法主要是依据分析人员的经验以及主观的分析和判断能力，对事物的性质及发展趋势做出推断的一种方法。定量分析法则是对现象的数量特征、数量关系及其数量变化进行分析的一种方法。定性分析法是定量分析法的基础和前提，它为定量分析设计变量提供有用的信息，对于难以直接采用定量分析法进行分析的复杂问题，可先通过定性分析进行层层剥离，将复杂问题简单化，从而达到有效简化分析因子、获取有效结论的作用。定量分析法是定性分析法的深化与丰富，可通过精确的客观分析对主观认识进行检验，提高结果的可信度。因此，在对管理问题进行研究时，应该采用定性分析法与定量分析法相结合的方法。

1.5 管理学的学科体系

1.5.1 管理学学科的外部关联

管理学具有跨学科性。首先，管理学在学科规范上和研究传统上受到了传统相关学科的影响。对于管理学而言，管理研究和组织分析本身就是一个跨学科的研究领域。正如巴尼等所言：“组织理论的研究有着从其他学科借用理论的历史，早期是从心理学和社会心理学中借用理论，建立了人际关系学派；后来，从社会学和政治科学中借用概念建立了权变理论和资源依赖理论；最近，从生物学中借用概念，产生了群体生态理论；而人类学则成了研究组织文化的概念和思考方式的源泉。”其次，在实践中，管理的研究对象既包括了“人”，又包括了“物”。由于对于个体人的问题必然要依赖于心理学，对于群体人的问题又要诉诸社会学、社会心理学甚至是政治学等相关学科的知识，而对于“物”的问题有可能应用到物理、机械、计算机等自然科学的知识，所以管理学与相关学科之间的依赖关系并不是单纯地维护学科合法性的需要，也同样是管理实践的需要。

表1-4 管理学与其他学科的关联

科学部类	学科名称	在管理学中的应用	管理学相关概念
自然科学	数学与统计学	运筹学、质量管理、战略管理、市场营销	线性规划、排队论、风险决策、全面质量管理
	信息技术与计算机科学	几乎所有职能管理领域	柔性生产、企业资源计划、客户关系管理、供应链管理
	工程科学	生产管理、工业管理	动作研究、流水线设计、工作流程设计、厂址选择设计

续上表

科学部类	学科名称	在管理学中的应用	管理学相关概念
社会科学	社会学	组织管理、领导理论、劳资关系	权威、信息沟通、社会资本
	经济学	几乎大部分的职能管理领域（财务管理、战略管理、人力资源管理）	机会成本、贴现率、盈亏分析、劳动力成本、产业分析、企业理论、激励理论、委托代理理论
	政治学	企业政治学、领导学、组织管理	领导理论、权利与矛盾、管理腐败
人文科学	生理学	运作管理、质量管理	工作设计与动作研究
	文化人类学	比较管理、企业文化管理、国际管理	价值观、跨文化管理、士气、行为规范
	哲学	管理哲学	企业精神、企业文化

注：本表由作者根据许庆瑞的《管理学》（高等教育出版社，1997 年版）以及魏文斌的《走向形而上的管理学》（吉林人民出版社，2006 年版）等资料整理而成。

表 1－5　管理学与学科体系①

按学科层次划分	哲学	管理哲学
	基础科学	管理学
	应用科学	企业管理学、行政管理学、商业管理学、计划管理学、人力资源管理学、财务管理学等
按是不是物质部门划分	物质部门	工业管理学、农业管理学、冶金管理学、建筑管理学、运输管理学等
	非物质部门	医院管理学、图书馆管理学、文艺管理学、体育管理学、大学管理学等
按资源对象划分	人力	领导科学、人才学、管理心理学等
	物力	物资经济管理、设备管理等
	财力	财务管理、会计管理、成功管理、资金管理等
按管理职能划分	计划职能	决策学、预测学、国民经济计划管理、企业计划管理、车间计划管理等
	组织职能	组织管理学、组织结构学、组织行为学
	指挥职能	领导科学、管理艺术等
	控制职能	统计学、会计学、管理控制学等
	协调职能	和谐论
按发展成熟程度划分	成熟	领导科学、管理艺术等
	不成熟	发展管理学、管理创新学等

① 资料来源：龚荒，杨政军．管理学［M］．徐州：中国矿业大学出版社，2005．

续上表

按学科性质划分	综合性	管理哲学、管理学、战略管理学、管理经济学等
	史学性	管理学说史等
	工具性	统计学、会计学、审计学等
	比较性	比较管理学等
	行为性	行为科学等

表1-4和表1-5展示了管理学与其他学科之间的关联，以及其他学科中包含的管理学理念、概念或方法等。下面，着重介绍几个与管理学相关联的重要学科。

1. 心理学

心理学是一门从事测度、解释与改变人与其他动物行为的科学。心理学致力于了解个人行为，提供管理者有关个人差异的洞察。当今的管理者不仅要面对各种各样的客户，还要面对各种各样的员工，心理学家在认知和文化差异方面的研究，将有助于管理者识别客户与员工不断变化的各种需要。此外，心理学具有针对性的课程有助于管理者对激励、领导、信任、员工甄选、绩效评估和培训技巧等各个方面加深理解。

2. 经济学

经济学是对管理学影响最大的学科。经济学研究如何优化配置社会的有限资源，管理学研究如何运用有限的资源取得最好的效果，所以两者有许多契合点。从微观层面讲，经济学为管理学提供了良好的投入产出分析方法，为优化管理行为和提高投入产出比提供了理论基础。从宏观层面讲，经济学可以使人们更好地理解变化中的国际经济、市场竞争以及市场体制在全球竞争中的作用。

3. 社会学

社会学是从变动着的社会系统的整体出发，通过人们的社会关系和社会行为来研究社会的结构、功能、发生、发展规律的一门综合性的科学。社会学家致力于研究个体发挥作用的社会系统，即研究人与人之间的关系，特别是通过研究复杂组织中的小组行为，对管理学做出了重大贡献。管理学在小组动态、正式组织理论、官僚模式、权威、信息沟通、权力与矛盾管理领域吸收了社会学的方法和知识。随着企业责任、企业伦理等意识的增强，社会学和管理学的融合也在不断地加强。

4. 哲学

哲学是一门探究事物性质的科学，对各学科都具有指导意义，同样也对管理学思想理论的产生和发展起基石作用。我国古代哲学思想对管理学的发展产生重大影响，马克思主义哲学思想为管理学提供了重大的思想武器。可见，哲学思想是管理学重要的思想理论基础。同时，哲学中的价值和伦理也对管理影响深远，企业的伦理道德已经成为规范人和企业行为的标准，直接关系到组织的存在及发展。

5. 人类学

人类学是一门研究人类社会及其活动的学科，有助于人类了解自身及其活动。不同国家之间、同一国家不同地区间均存在文化上的差异，文化区别导致人们在基本价值观、士气和接受行为的规范等方面存在差异。人类学家有关文化和环境的研究，有助于管理者更好地理解不同国家和组织内部的人们在基本价值观、态度和行为之间的差异。

6. 政治学

政治学是研究在一定政治环境下个体行为和集体行为的一门科学，政治学与管理学的关联体现在两个方面。一是管理深受权力和国家政府形态的影响，比如冲突的出现和解决、权力的分配和使用、个人利益下的权力操控等。二是管理理论逐渐被用到管理学的研究中，例如，合法性理论被用来分析非正规小微企业的政治待遇和地位问题。

7. 数学与统计学

应用数学中的数理统计、运筹学等均对管理学有着重要贡献。实际上，计量经济学家和数理经济学家可以看作运用数量方法进行优化资源分配的经济学家。早期管理科学学派就是应用各种数学模型和计算机技术来求出解决管理问题的最优方案，而今数量方法对管理和决策所做的贡献包括不确定性与风险、评价系统、排队论、线性规划等数量决策技术。

8. 社会心理学

心理学和社会学分别研究个体与群体行为，而社会心理学则研究和说明个体在群体中行为的缘由和状况。社会心理学对管理学的一个重要贡献在于“变革”或“改革”的研究，如何实现改革、如何减少改革的阻力是近年来社会心理学着重研究并做出贡献的领域。

9. 计算机科学与管理信息系统

计算机的产生和应用，导致管理发生了重大的变化。一方面，计算力代替人力进行有效的信息传递，为减少管理中间环节提供了物质基础；另一方面，计算机对信息超强的存储和处理能力也大大提高了管理部门对管理信息的吸收和利用能力。管理信息系统是由人和计算机等组成的能进行管理信息收集、传递、储存、加工、维护和使用的系统，为管理活动储备提供了大量重要的信息资料，提高了管理决策的科学性。

10. 生理学

生理学和生物学是被忽略的、已经并且仍在为管理做出贡献的领域。其研究成果对管理的影响主要体现在两个方面：一是生理学的研究成果已用于工作设计和用于理解焦急与紧张产生的原因；二是组织心理医药学，即用药物在工作环境中影响人们的行为，有益于提高安全保障和减少缺勤率。

11. 工程学

工程学是研究自然科学应用在各行业中的应用方式、方法的一门学科，工程师们在改善环境、提高人的能力方面做了重要贡献，主要作用于管理学发展早期。在20世纪初的20余年，管理工作集中于提高工效、工作的设计与业绩的优化，而工业工程在这段时间发挥了重要的作用，具体表现为改善工作设计、工作流程、选择厂址和工厂设计，减轻人们疲劳程度进而提高劳动生产率。

1.5.2　管理学学科的内部体系

管理学作为一门边缘科学和应用科学，实际上其学科体系究竟应包含哪些内容，学术界一直存在着争议。关于组织的类别问题（企业组织和非营利性组织）、管理的研究领域和研究对象、基本的理论假设等方面，不同的管理学者和实际操作者对其理解各不相同，使得各管理学教材编写的角度和侧重点不尽相同。哈罗德·孔茨在其《管理学》一书中，开宗明义“本书的目的是阐明经营理论和管理科学的基础知识”。小詹姆斯·H. 唐纳利等人在《管理学基础》中表述的管理学则为“讨论只与某一特定的（虽然也是相当广泛存在的）事例有关的管理过程”。

管理学涉及的领域，可以从广义和狭义两个方面来看。从广义上讲，它包括组织机构的管理职能和企业组织的运营职能，比如市场营销、人力资源、会计、财务等。从狭义上讲，它主要探讨组织机构资源的有效配置和利用、组织结构的设计、员工的行为和激励问题以及组织的战略问题等。本书主要在狭义管理学领域中展开探讨。

从某种意义上讲，管理学至今仍缺乏完整的概念框架。我国现今的管理学研究是从职能角度的立场出发，大多数管理学教科书都沿用管理职能（或管理过程）学派的体系。许多学者和管理人员认为，把知识实用而又有条理地组织起来，有利于对管理进行分析。本书沿用主流做法，按照管理职能来组织内部体系。

【本章小结】

管理自古有之，存在于人类活动的方方面面，从古代的长城、古埃及的金字塔到现代国家的治理、企业的经营等，管理活动无处不在。无论我们在社会中处于何种地位、担任何种角色，都会不断地去实施管理活动，践行管理理念。

管理是指组织通过计划、组织、领导、控制等职能活动，协调各种资源以期实现既定目标的过程。管理一般具有五种基本特征，分别为管理的主体是管理者；管理的客体是组织活动及其参与要素；管理的职能是计划、组织、领导和控制；管理的目的是实现组织的既定目标；管理是在特定的环境和条件下进行的。

管理的基本职能主要有四种：计划、组织、领导和控制。四项管理职能相互联系、相互影响，并按一定的逻辑顺序进行，但各职能之间并非完全线性，而是在循环中相互融合，相互交叉，形成渗透关系。管理具有二重性，是自然属性和社会属性的统一，即管理既有同生产力、社会化大生产相联系的自然属性，又有同生产关系、社会制度相联系的社会属性，两种属性之间可以相互联系、相互作用、相互转化。管理还具有科学性和艺术性，管理的科学性体现在它以反映客观规律的管理理论和方法为指导，有一套分析问题、解决问题的科学方法论，而管理环境的动态性和人的社会性又使得管理具有艺术性。

管理者在管理过程中扮演的角色可分为：人际角色、信息角色和决策角色。其中，人际角色又可细分为挂名首脑、领导者、联络者；信息角色包括监听者、传播者、发言人；决策角色可进一步分为企业家、混乱驾驭者、资源分配者和谈判者。管理者的技能有三种，分别是技术技能、人际技能和概念技能。对于不同层次的管理者，三种技能的重要性也不同：基层管理者需要具备较强的技术技能，高层管理者需要具备较强的概念技能，人际技能对所有管理者都很重要。

管理学的研究对象可分为三大类，一是根据管理活动总是在一定的社会生产方式下进行，主要研究生产力、生产关系和上层建筑三个方面的内容；二是从历史的角度出发，研究管理实践、管理思想以及管理理论的形成与演变过程及未来的发展趋势；三是从管理者的工作和职能出发，系统研究管理活动的原理、规律和方法问题。管理学的研究方法有多种，如系统分析法、案例研究法、比较研究法、归纳演绎法、试验研究法、定性分析法与定量分析法等。

管理学具有跨学科性，与管理学关联的学科主要有心理学、经济学、社会学、哲学、人类学、政治学、数学与统计学等；从内部体系来看，管理学涉及的领域分为广义和狭义两个方面，广义上包括组织机构的管理职能和企业组织的运营职能，比如市场营销、人力资源、会计、财务等。狭义上主要探讨组织机构资源的有效配置和利用、组织结构的设计、员工的行为和激励问题以及组织的战略问题等，本书主要从狭义管理学领域展开探讨。

【复习思考】

1. 管理各种定义之间的区别、联系和侧重点是什么？
2. 管理有哪些基本的特征？
3. 管理的职能主要有哪些？各种职能的表述中，侧重点有何不同？
4. 如何认识管理的基本性质，以及各性质之间的关系？
5. 管理的角色在不同的历史事实中，有何不同与演化？
6. 对于管理者而言，其技能需要哪些？你认为哪些技能更为重要？
7. 管理学的研究对象包含哪些？
8. 管理学的研究方法有哪些？这些研究方法分别适用于什么研究对象？
9. 管理学与其他学科有什么联系？如何认识学科之间的关系？
10. 管理学内部体系是如何构建的？

【阅读材料】

雀巢公司婴儿奶粉危机的经验与教训①

20 世纪 70 年代初，人们开始对在发展中国家推广并销售婴儿奶粉而感到不安。因为有证据表明，西方跨国公司任意销售的奶粉导致婴儿营养不良。媒体对此已有报道，但那些西方公司却无所反应。

1977 年，一场著名的“抵制雀巢产品”运动在美国爆发了。美国婴儿奶制品行动联合会的会员到处劝说美国公民不要购买“雀巢”产品，批评这家瑞士公司在发展中国家有不道德的商业行为，对此雀巢公司只是一味地为自己辩护，结果遭到了新闻媒体更猛烈的抨击。整个危机持续了 10 年之久，正如美国新闻记者米尔顿·莫斯科维兹所言，“抵制雀巢产品”运动是“有史以来人们向大型跨国公司发起的一场最为激烈和最动感情的战争”。

直到 1984 年 1 月，由于雀巢公司承认并实施世界卫生组织有关经销母乳替代品的国际法规，国际抵制雀巢产品运动委员会才宣布结束抵制运动。美国一个主要的抵制运动团体负责人道格拉斯·约翰森说：“雀巢公司现已成为整个商业社会的模范，它创立了一种

① 资料来源：https：//wenku. baidu. com/view/0e266bb0f18583d0496459b7. html.

新的企业行为标准。”得到社会相关各方支持的产品抵制组织，作为国际社会上一支合法且非常有用的力量，它不仅对雀巢公司，而且对其他跨国企业的经营活动提出了新的问题。抵制运动的结束也表明营利组织能够经常性地对社会关注做出积极反应，以向社会负责。让我们回过头来看一下，其实这场产品抵制运动是完全可以避免的，问题出在这家大型的跨国公司未能尽早地注意到社会公众的合法要求，与社会上那些有影响的决策人物的传播沟通工作也做得不好。不幸的是，整个商业社会尤其是这家公司，往往不能正确地对待社会活动家的批评建议，该公司甚至对一些教会领袖所提出的严肃的道德问题都采取了冷漠的态度，一味强调所谓的科学性和合法性，结果非但没令人感到公司关心社会公众提出的问题，相反还给人留下了公司不肯让步的坏印象。显然，这样的传播沟通是失败的。

当婴儿奶制品问题在20世纪70年代第一次被人们提出来时，雀巢公司试图把它作为营养健康问题予以处理，公司提供了不少科学的数据分析，但问题并没得到解决，人们因感到雀巢公司忽视了他们合法和严肃的要求而对公司敌意倍增。

当瑞士的一个不大的社会活动组织指责雀巢产品“杀婴”时，雀巢公司以“诽谤罪”起诉该组织且打赢了官司。但那份长长的公开判决书使得这场法律上的胜利变成了公司的一起公关危机事件，它直接导致了人们对其产品的抵制运动。当一些政治活动家号召大家抵制雀巢产品时，教会领袖和一些社会团体加入了进来。他们中的一些人把雀巢公司的问题看成严重的社会政治问题，并认为以盈利为目的的企业只关心赚钱，而不管人们的死活。

雀巢公司作为第三世界婴儿奶制品的最大供应商，当时成了社会活动家批判商业社会的靶子，成了“以剥削来赚利润”的反面企业典型。

那些抵制运动的团体希望雀巢公司能在饱尝抵制运动给其带来的直接和间接后果后，最终了解企业应承担的社会责任。他们希望雀巢公司能改变其漠视社会的态度。随着对话的不断进行，情形确实发生了变化，相互的理解沟通对各跨国公司的行为都产生了积极的影响。

如同现代许多社会政治运动一样，抵制雀巢产品运动在美国开展得尤为轰轰烈烈。雀巢公司在美国既不生产也不销售婴儿奶制品，但其美国分公司却因抵制运动而蒙受巨大损失。

直到1980年末，雀巢公司才意识到正统的法律手段并不能解决所有的问题，它需要一种能更好地协调各方关系的新颖的国际公共事务手段。于是，1981年初公司在华盛顿成立了雀巢营养协调中心，这是一个公司而非一个事务性办事处。它的目的在于协调北美一系列营养研究活动，并从全球收集由公司指导或支持的所有改善第三世界母亲和儿童营养的研究项目信息，以在西半球进行传播。除此之外它还负责处理抵制运动问题。

1980年末、1981年初，正当公司开始正确对待批评，建立雀巢营养协调中心，以便采取更为迅速、更加有效的措施，来实施具有建设性意义的新的合作战略时，发生了这样两件事：

第一件事是美国最大的、也是最受人尊敬的社会道德组织之一，美国卫理公会教会联合决定成立一个特别工作组，调查雀巢公司市场行为的真相，以决定在两年内卫理公会教会联合会是否加入抵制运动。这个特别工作组的大多数成员为对雀巢公司行为持怀疑态度且公开倾向于抵制运动的教会人员和神学家，但是他们是一些有良知的宗教人员，他们确实关心穷人，而且愿意与雀巢公司对话，但前提是这种对话能对有关婴儿奶制品问题的争论产生积极的结果。

第二件事是总部设在日内瓦的世界卫生组织1981年5月通过了对其成员国有指导性意义的“经销母乳替代品建议准则”。雀巢公司当即在瑞士发表声明，支持该准则的宗旨与原则，并且在一个月后的华盛顿美国国会听证会上再次重申了这一立场。

卫理公会教会联合会和雀巢公司同时意识到：这一建议准则为他们提供了一个双方都可以接受的原则框架，他们可以在这个框架内来讨论雀巢产品的问题。

另外，雀巢公司又做出一个反应性举动，它提供了一份详尽的参考报告，说明公司一系列已采取的措施，如与有关国家合作，遵守这些国家的法规；在尊重国家主权的前提下履行世界卫生组织的“经销母乳替代品建议准则”。

1982年2月12日，雀巢公司的两个重要人物，新任执行总裁赫尔穆特·莫切尔和执行副总裁卡尔·安斯特博士飞到夏威夷的代顿，与卫理公会教会联合会婴儿奶制品特别工作组进行会谈。会谈取得了成功，并在双方最高层建立了良好的个人关系，使卫理公会教会联合会确信雀巢公司的声明得到了公司最高层的支持。这次会谈成了双方对抗中的最重要的转折点。

随后不久，卫理公会教会联合会全国委员会新任主席（原卫理公会教会联合会婴儿奶制品特别工作组成员）飞到瑞士，与雀巢公司高层管理人员进行会谈，直接向公司表示了教会领袖们所关注的问题，并且得到了公司愿履行世界卫生组织“经销母乳替代品建议准则”的保证。这次访问同样十分成功，它最终消除了双方长期以来的误解，在彼此间架起了一座重要的、诚恳的、信任的桥梁。

1982年3月，尽管只有少数几个国家采取具体行动来实施世界卫生组织“经销母乳替代品建议准则”，但雀巢公司对其在第三世界国家的所有经理人员进行了细致的指导，要求他们在所在国单方面地履行“经销母乳替代品建议准则”，而不管这些国家是否已采纳这一准则。同时，雀巢公司给所有销售雀巢婴儿奶制品国家的卫生部长写信，保证尊重其国家主权，遵守这些国家的法规。公司还采纳了一种适合第三世界国家的政策，即如果这些准则比所在国的法规更严厉的话，也应严格履行世界卫生组织的准则。

同年5月，雀巢公司宣布成立一个独立的雀巢婴儿奶制品审查委员会，这个委员会由无争议的独立的教会领袖、科学家和教育专家组成，委员会主席为美国前国务卿、参议员爱德蒙德·马斯基。委员会的主要任务是监督“经销母乳替代品建议准则”的实施情况；如果需要的话，还可建议改变市场营销行为，以确保该准则的正确执行。

尽管雀巢公司已经公开承诺履行世界卫生组织的准则，并且建立了严格的内部审查制度来保证地区经理人员遵守公司的规定，雀巢营养协调中心还是认为有必要在公司外部建立一个公正无私的、受人尊敬的社会监察机构，来检查公司规定的执行情况。因为它知道，公司尽管以前的争辩有其一定的道理，但在公众面前仍面临信任度的问题。

雀巢营养协调中心提出的这一无先例的管理建议，实际上面临着很大的风险，公司极可能因委员会中个别人的不满而陷入一种尴尬的境地。但这一举动被许多学者和记者描述为“企业历史中一个真正的史无前例的行动”。

1983年1月，抵制运动中的最大组织——美国教师联合会决定撤销对雀巢产品的抵制决定。这个组织以及最强力支持抵制运动的《华盛顿邮报》认为雀巢已克服它以前的问题，现在应该是谈论其他问题的时候了。根据这些情况，《天主教邮报》出版商蒙斯洛·彼得斯认为抵制者如果继续采取不妥协的态度，会很容易使人们认为抵制运动超出了它的最初目的。

思考

1. 在雀巢公司危机处理事件中，体现了管理者的什么职能？管理者扮演了何种管理角色？

2. 你认为企业是否应当承担社会责任？管理者应如何扮演好社会责任倡导者这一角色？

第2章 管理理论及其发展

【案例导读】

福特“百年不死”的奥秘[①]

说起福特公司的二起二落，其兴，在于技术走在了时代的前端，其落，在于过分执迷于原有的制度和成果。福特就像一个懒惰但富有激情和天赋的人，每次领先却又被同时代的竞争者超越后，又极不情愿但又如此亢奋地发起变革，从而再次处于领跑的位置。

从1908年福特划时代的T型车问世，到整个20世纪20年代，福特以它缺乏新意但又朴实、廉价、亲民的产品T型车几乎占据了美国汽车市场的半壁江山（1923年产量2 120 898辆，市场份额超过57%）。福特的这次成功在于以下三个方面的理由：

（1）创新的流水线制造，提高了生产效率；

（2）务实的市场策略——“低价格，固定车型，低价格”；

（3）高工资福利吸引了高水平人才，提升了员工工作积极性和满意度。

必须承认，这个时候的福特公司已经在科学管理方面走在了同行业者的前面，福特的第一次巨大成功，原因除了技术出众外，就是管理到位。在满足了工人最基本的生存需求情况下（比如给当时的数量工5美元的日工资，以及1914年的3000万美元利润分享计划、1936年的福特基金会），福特一世又率先提出了“为大众制造福特车”“让人们都能在上帝创造的世界里自由地享受生活”，几乎把一个资本家的生意经上升到了“道”的阶段。如果依据马斯洛的需求分层原理，可以说在科学管理的萌芽阶段，福特公司已经离汽车消费者的深层次需求越来越近了。

其后的第一次失败，在于福特没有意识到市场的需求在二三十年间发生了变化，也就是从农村到城市的变化，以及成熟消费者口味的变化，以至于原先为福特带来巨大财富的T型车几乎成了后来公司发展的绊脚石（福特称之为万能车，其实世上没有万能的东西）——这显然是市场策略方面的失误。而在内部管理方面，福特承受了更加致命的失败。由于福特一世在内推行所谓的暴政式管理，排除管理层，把员工简单地看成装配线上的一颗螺丝钉，采取隔离制度，阻止员工交流，甚至抱怨“怎么我想要一双手时却得到整个一个人”，最大程度地伤害了员工的情感，同时也打击了员工的工作积极性，忽视了人的个性需求，如果运用后来美国行为学家埃德加·沙因提出的复杂人假设，就能清晰地看出当时福特管理模式是如何荒谬。

福特二世在位42年，基本上没有改变福特一世的君主式经营模式，其在位过程，基本上就是临危受命，革除弊政，拯救福特于水火，终于复兴企业，开创盛世，而后又因刚愎自用，故步自封，自毁长城，几乎将公司带入绝境后，在一片指责声中悄然离世。

---

① 资料来源：https：//wenku. baidu. com/view/0b03e2f baef8941ea76e0502. html

但是在20世纪40年代末到80年代初的福特发展史中，我们还是看到了几个与西方管理学发展相关的亮点。

首先是福特开始重视企业中人性的需求。在福特二世的内部改革中，我们看到了“劳工契约”“工会”“共同利益”“劳资双方同舟共济”“雇员参与计划”等让人倍感欣慰的名词，至少这些名词在当今的中国某些企业中还是相当新鲜的。工人们最大的改观是有了发言权（可见发言权是仅次于生存权后的第二大权利），发言权不但解决了员工生活方面的问题，更重要的是对整个生产工作起到了积极推动的作用。兰吉尔载重汽车和布朗Ⅱ型轿车的成功最好地说明了问题。

其实，我们不难发现，福特二世在位的42年，恰恰也是西方管理理论全面演变和进化的时代。在这个时代里，先后出现了几大学派，如管理过程学派、社会系统学派、决策理论学派、系统管理学派、数量管理学派、经验主义学派和权变学派。比较受推崇的是系统管理学派和权变学派，因为没有“权变”就没有今天的福特。福特百年不死的奥秘，其实关键就在一个权字，一个变字。因为权变中包含了权衡和变数，企业发展如同社会发展，尤其像现在这个时代，一切都充满着不确定，因此我们更需要领悟权变的含义。通过福特这个案例，我们不能简单地以为这是某一个已经覆灭的王朝的兴衰史，老福特一世以及福特二世的变与不变，都充满了当时当地审时度势所需要具备的勇气和智慧，我们探究福特的不死之因，就是研究福特每次陷入困境后如何应变的艺术。

思考

1. 福特百年不死的秘诀是什么？
2. 企业管理对福特百年不死有什么意义？

【学习目标】

1. 熟悉中国传统管理思想的主要流派。
2. 了解西方早期管理思想的发展演变。
3. 掌握泰勒的科学管理理论。
4. 掌握法约尔的一般管理理论。
5. 掌握韦伯的理想的行政组织理论。
6. 掌握梅奥的人际关系学说。
7. 掌握巴纳德的一般组织管理理论。
8. 掌握当代管理理论的主要流派及其观点。
9. 了解管理理论发展的新趋势。

历史是最富哲理的教科书，它蕴含着历代大量社会实践的厚重积淀和先辈深邃璀璨的智慧结晶。以史为鉴，我们才能够站在巨人的肩膀上，看清人类社会历史发展的方向与趋势，才能够把人类文明带入一个崭新的阶段。所以，学习管理就必须从学习管理思想发展演变的历史开始，才能够承前启后、革故鼎新，把管理科学不断推向前进。

应该说，自从有了人类社会，也就有了管理的社会实践与经验总结。换句话说，管理经验、管理思想的历史与人类社会的历史一样久远和古老。而有关管理的理论与知识体系，则是在人类社会的长期管理实践、长期积累沉淀的基础上逐步形成的。

纵观人类社会管理实践、管理思想以及管理理论的发展，可以从广义和狭义两个角度来把握。从广义的角度来看，管理学是自人类社会产生以来，所有人类集体化、社会化实践活动中所积累、总结、提炼出来的一般性的人文学科。从狭义的角度来看，管理学主要是指20世纪以来，在自然科学发展到一定程度以后，伴随着西方工业革命的出现而快速产生与发展起来的。按照当今西方主流管理学者的观点看来，泰勒的科学管理理论出现之前的阶段统称作史前时期，而自此之后，管理学便作为一门真正的科学慢慢确立下来。

为了还原一个更加真实、生动的管理历史的发展演变，本书统筹考虑了广义与狭义两个视角对管理学的认知，从中国传统管理思想、西方古典管理理论、西方近代管理理论和当代管理理论四个层面展开对管理的历史发展的梳理。

2.1 中国传统管理思想

管理通常是在一定的历史条件和一定的民族文化背景下产生与发展起来的。我国几千年来积累的优秀的管理实践与管理思想如群星灿烂，光彩夺目，是当代中华民族实现企业管理现代化的丰富源泉。因此，加强对中国传统管理实践与管理思想的研究是建立现代有中国特色的管理学科体系的重要一环，也是增强中国综合国力乃至实现中华民族伟大富强、繁荣复兴的重要思想根基。本书随后从中国传统管理实践、中国传统管理思想两个层面展开梳理。

2.1.1 中国传统管理实践

中国5000年浩如烟海、精彩纷呈的文明发展史，也是充满着多姿多彩、璀璨夺目的管理实践史。早在3000年前的殷商时代，朝廷管理机构就已经相当复杂，通过设置百官体制，秩序井然地辅佐国王治理泱泱大国，举国上下百万奴隶分工合作、有条不紊地从事着生产劳动，几十万大军被统领、驾驭得能征善战、所向披靡。时至春秋战国末期，秦始皇依托卓越的领导力与强大的管理能力建立起了一个统一全国的中央集权制封建国家，在全国推行郡县乡亭制度，中央政府设置分管军政、刑罚、财政、税收等专职职位，最终，上至朝廷，下至乡亭，整个秦朝组建了一个庞大的、等级森严的、各司其职的准直线职能制的行政官僚管理体系。与此同时，秦始皇还开创性地修建了举世闻名的万里长城、秦始皇兵马俑、阿房宫等宏伟建筑工程；李冰父子在岷江上修筑了至今都叹为观止的都江堰大型水利工程。这些都显示出，早在2000多年前的秦代就已经具备了相当高超的工程建筑与组织管理水平。

自秦始皇开创了天下大一统以来，纵贯2000多年的历朝历代封建社会，无论是文景之治、贞观之治，还是仁宣之治、康乾盛世，均在不同程度上不断地创造与完善了基于中央集权制的国家管理制度、财政税赋制度、人丁田亩制度、漕运驿递制度、官吏选拔管理制度等管理实践，在政治、军事、财政、外交、文化教育等众多领域涌现出了不胜枚举的杰出管理人才，积累了极其宝贵、极为丰富的管理实践经验，所有这一切举世瞩目的管理实践都充分体现了中国历朝历代先祖们极其高超的管理智慧。

纵观中国几千年的传统管理实践也可以看出，由于中国有着长达2000多年中央集权制的、以农业经济形态为主的、自给自足的封建社会，所以，中国的传统管理实践与官僚行政体系基本上是高度融合的。我们所了解的中国传统管理实践，无论是任何一项管理活动，还是任何一项工程，无一不是以官府或国家的名义展开，无一不是行政官僚体系中的管理实践。换句话说，中国的传统管理实践也只有在和历朝历代行政官僚体系的高度融合过程中才有充分表现的机会和空间。但是，中国传统的管理实践基本上是一种朴素的经验管理，管理实践的成功与否，很大程度上取决于当时当地关键管理决策者的素质与能力高低，他们的个人素质越好，能力越强，经验越丰富，也就越有可能进行卓有成效的管理实践活动，否则，他们的管理实践活动可能就缺乏成效，甚至失败。因此，相对于西方的传统管理实践，中国的传统管理实践活动是和个人经验密不可分的，是一种典型的、朴素的经验管理。

2.1.2 中国传统管理思想

中国传统管理思想是历朝历代的中国人民在长期的生产、军事与行政等管理实践活动中逐步形成的思想和理论体系。中国传统管理思想在先秦时期就已基本成型，它以儒家为主，法、道、兵等诸子百家为辅，并在中国历朝历代乃至今天的生产经营管理实践活动中发挥着举足轻重的作用，尤其是在组织管理、经营谋略、知人善任等各方面，都有大量的理论思想。其中，又以孔子、孟子、老子、庄子、孙子、商鞅、韩非子等思想家的管理思想最具代表性，下面围绕以上几位最具代表性的思想家的管理思想逐一梳理。

2.1.2.1 儒家管理思想

儒家是我国先秦诸子百家的一个重要流派，其管理思想博大精深，是中国传统管理思想的重要来源之一。先秦儒家尊崇“和为贵”（其中，“和”包含和谐圆通、井然有序、和而不同等意涵），以道德人性可塑论为理论出发点，主张把道德教化作为君主管理的主要手段，遵循“修己安人”“忠恕之道”“以民为本”“执经达权”“循于‘礼’本乎‘义’”等管理原则，采取“君子不器”“因才任使”“明分使群”“举直错诸枉”等灵活的管理策略，实行宽厚温和的政治统治。儒家思想的主要代表人物包括孔子、孟子等。作为儒家学派的创始人，孔子以仁为核心、以礼为准则、以和为目标的以德治国思想是其管理思想的精髓，成为中国传统思想的主流。孟子是孔子思想的嫡派传人，也是继孔子之后儒家学派最重要的代表，被后世尊称为“亚圣”，堪称中华民族的思想文化巨人。应该说，儒家的管理思想是儒家学派思想体系的一个重要组成部分。具体而言，儒家学派主要从以下几个方面对当代中国管理思想的发展与完善做出了重要贡献。

1. 以人为本

儒家主张“天生万物，唯人为贵”“民为贵，社稷次之，君为轻”（《孟子·尽心下》）“民为邦本，本固邦宁”，认为人民百姓是国家的根本，根本巩固了，国家才能够安宁，治理国家应该以富民为本。反映到当代企业管理实践中，只有遵循“以人为本”的管理思想，信奉人是“社会人”“复杂人”“自我实现人”的人性假设，充分重视人的积极性与创造性的发挥，才能够取得良好甚至卓越的可持续组织绩效。

2. 仁爱待人

儒家倡导“仁者莫大于爱人”“温、良、恭、俭、让”，崇尚“仁爱、礼仪、忠恕待人”“己所不欲，勿施于人”（《论语·卫灵公》）“己欲立而立人，己欲达而达人”（《论语·雍也》）等仁爱思想。其中，仁的核心是一个“爱”字。儒家的仁爱思想对于当代企业改善或建立和谐友善的人际关系，增进领导与员工、企业与员工以及员工与员工之间的情感维系，充分发挥员工的积极性、创造性以及主人翁精神，提升企业文化的向心力与凝聚力，具有非常重要的现实意义。当代我国的一些知名企业（如海底捞等）也正在践行“以和为贵”“和气生财”“己所不欲，勿施于人”等儒家管理思想，强调对人的关心、爱护和尊重，讲求具有人情味的人性化管理，取得了良好的企业绩效与业界美誉度。

3. 以义统利

儒家主张“以义统利”，孔子曰“见利思义，见危授命”（《论语·宪问》），孟子云“先义后利”。也就是说，儒家将“义”作为重要的价值取向，不取不义之财，反对为富不仁。虽然，在权衡“义”和“利”的关系时，有些人极力批判儒家重义轻利的思想，认为它阻碍了当代市场经济的发展。然而，儒家是站在一个更高的高度来看待“义”的，“生财有大道，利己不损人”，正如孔子所云：“富与贵是人之所欲也，不以其道得之，不处也（《论语·里仁》）。”也就是说，孔子不是反对致富，而是主张要正当致富。

在经济全球化迅猛蔓延与市场经济快速发展的今天，每个人、每个企业都在追求利润最大化，这的确是促进经济与社会快速发展的强大动力，是一种非常积极的因素，也是应当加以肯定的。然而，中国有句古话说得好，“过犹不及”，如果过分追求功利主义，一切都向钱看齐，甚至为了钱不择手段地谋取暴利，则既不利于企业自身的良性发展，也不利于社会经济的稳健运行。所以，儒家思想中的“以义统利”思想恰好可以弥补这一不足。当代一些知名企业家也正是信奉“君子爱财取之有道”的经营宗旨，才取得了可持续的快速发展，并树立起良好的企业形象。

4. 以德服人

虽然孟子云“不以规矩，不能成方圆”（《孟子·离娄上》），但他也强调了伦理道德的重要性，正如“以力服人者，非心服也，力不赡也；以德服人者，中心悦而诚服也”（《孟子·公孙丑上》）。反映到当代企业管理实践中，组织管理者既要严格遵循外部的法律法规与内部的规章制度办事，又有必要遵从企业伦理道德去做应该做的事情，两者之间应当是相辅相成、相互制约、互为并重的，而且作为一种无形的约束力量，伦理道德是现代企业管理所不可或缺的。

5. 以信取仁

儒家倡导“言必信，行必果”（《论语·子路》）。诚实守信是儒家伦理思想与传统美德的重要组成部分，是君主治理国家、做人、人与人交往的一项基本原则。应该说，恪守信用、讲求信誉、真诚待人、诚实敬业既是中华民族的传统美德，也是历代成功经商所必须遵循的一个基本准则。弄虚作假、言而无信、背信弃义、欺上瞒下的企业，可以赢得一时，但难以赢得一世。事实上，“诚信为本，信誉第一”已经成为当代众多知名企业家的座右铭。与此同时，诚实与守信也是当代市场经济稳健、良性、可持续运作的精神支柱。

6. 重才尚贤

儒家认为，“国之盛衰系于人才，功于才成，业由才广”，这充分论证了人才的重要性；在用人之道方面，儒家则强调“师道尊严”“许士之风必求其实，用人之术当尽其才”“选士用能不拘长幼”“金无足赤，人无完人”“用人如器，各取其长”等。这些重才尚贤的朴素的人力资本思想，对于当代企业的选人、用人、育人与留人等人力资源管理实践具有重要的参考价值与借鉴意义。改革开放40年来，信奉并践行这些管理思想的国内知名企业，如华为、阿里巴巴、腾讯等，无不取得了卓越的可持续企业绩效。

7. 严于律己

儒家倡导“其身正，不令而行；其身不正，虽令不从”（《论语·子路》）“若安天下，必须先正其身；能自制，后可以治人；能治人，然后能为之用”。也就是说，要管理好别人，首先要管理好自己；要正人首先要正己。在当代企业管理实践中，作为一名企业领导人，首先应当在能力、品德、修养、作风、素质等各个方面率先垂范、身体力行、为人表率，并且要严于律己宽以待人，而这也正是作为当代企业优秀甚或卓越的领导者所应该具备的基本素质。

2.1.2.2 道家管理思想

道家是我国先秦诸子百家的另一个重要流派，其管理思想博大精深，涉及管理原则、管理环境、管理策略、管理方法等各个方面，也是我国传统管理思想的重要来源之一。从历代统治者往往采用“内用黄老，外示儒术”的治国之道可以看出，道家管理思想已深深地融入中国古代管理智慧之中，也是其中最为值得珍视的思想遗产。道家管理思想的最高范畴是道，道是宇宙的本体，是宇宙间一切事物赖以形成的最终根源。

老子是先秦道家学说的创始人，相传生活在春秋时期，著有《道德经》，其学说后被庄子发展。在老子的思想体系中，不仅有着深邃的哲学思想，而且包含着涉及政治、经济、文化、军事诸多方面的社会及国家管理思想，例如，把“道法自然”作为管理理论根基，把“无为而治”作为管理原则与境界，把“善用人者为之下”“以退为进”等作为管理策略。这些朴素的哲学思想对中外管理思想的发展产生了深刻影响。庄子（约公元前369年—公元前286年）是老子哲学思想的继承者与发展者，尽管其学说和老子有所差异，但其根本精神还是趋于老子哲学。庄子强调自然，崇尚自然，敬畏自然，效法自然，他认为，“知天人之所为者，皆自然也”，自然之道，至玄至妙，含无限生机，孕无穷化理。

1. “无为而治”的管理原则

道家所谓“无为”，是道或天道的一项重要属性，并不是不为，而是顺其自然，依据事物自身的必然或客观规律运行与发展。道家的无为是作为一个政治管理原则提出的，“法令滋彰，盗贼多有”，因此国家要减少颁布法令规章；同时，道家强调“政简刑轻”，反对以繁复苛重的政治法律手段治理国家。通过“无为”，最后才能到达“无不治”的管理效果。映射到当今的企业管理实践，管理者只有适当超脱，“无为”而治，避免随意、主观决策，不过分干扰下属的日常工作，才能够使下属在不知不觉中接受其管理要求，才能够达到“功成事遂，百姓皆谓我自然”（《老子·第十七章》）乃至“治大国若烹小鲜”（《老子·六十章》）的管理境界。

2. 辩证论治的管理谋略

道家对对立关系互相转化有着深刻的认识与见解，提出了异彩纷呈的辩证法思想，例如，“有无相生”，《老子》曰“天下万物生于有，有生于无”（《老子·四十章》），联系到当今的企业管理实践，“有”可以理解为有形的硬件设施或“硬”环境，“无”可以理解为诸如思想、精神、文化等“软”环境，二者相辅相成、相互制约、互相转化，而且“无形比有形更重要”。又如，“欲夺固予”，《老子》曰：“将欲歙之，必固张之；将欲弱之，必固强之；将欲废之，必固兴之；将欲夺之，必固予之。”作为玩弄权术阴谋固然有其不足以借鉴的地方，但是应用于企业经营管理实践，却不失为一条非常有价值的商战谋略与管理策略。再如，“以退为进”，老子借用兵家之言曰“吾不敢为主而为客；而敢进寸而退尺”，这里的“退”并非坐以待毙，而在于以逸待劳、避其锋芒，然后寻求时机，一旦时机成熟，就断然采取措施，从而获得最后胜利。这无疑也是一条重要的商战谋略。

3. 倡导领导品质的修炼

道家非常注重提高领导者的品质，从多个方面论述了领导力方面的修炼。首先，劝诫统治者要慈、俭、退让，要重民、爱民、以民为本，正如老子及后世追随者所言：“我有三宝，持而保之，一曰慈，二曰俭，三曰不敢为天下先”“圣人常无心，以百姓之心为心”“先王先顺民心，故功名成”“治国之道，乃以民为本也”。其次，劝诫领导者要知人，更要自知，老子曰“知人者智，自知者明”，道家进一步警醒，“果而勿矜，果而勿伐，果而勿骄，果而不得已，果而勿强”“不自见，故明；不自是，故彰；不自伐，故有功；不自矜，故长”，领导者要时时刻刻保持冷静清晰的头脑，戒骄戒躁、谦虚谨慎，不自以为是，不自大自满。再次，劝诫领导者要诚信，这样才能得到下属的拥护与支持，正如《贞观政要·诚信》所言，“诚信立则下无二心”。此外，鉴于决策是管理过程的关键环节，为了做出正确的决策，道家劝诫领导者要善于利用众人的智慧与力量，才能实现老子所言的“不出户，知天下；不窥牖，见天道”，正如《淮南子·主术训》所云，“乘众势以为车，御众智以为马……是故不出户而知天下，不窥牖而知天道”。

4. 注重知人善任的人力资本思想

道家不仅提出了“知人者智”（《老子·三十三章》），而且总结了知人方法，如庄子曾借孔子之口提出了观人“九征”法，《吕氏春秋》提出了“八观六验”“六戚四隐”知人法，《淮南子》在《吕氏春秋》“八观六验”知人法的基础上，提出了“五观六验”知人法。除了知人外，道家还认为，“善用人者为之下”（《老子·六十八章》），即善于用人的领导是谦下的。同时，道家还主张，“圣人常善救人，故无弃人；常善救物，故无弃物”（《老子·二十七章》），也就是说，要顺应自然，尊重人的不同特点，根据人的不同才能与特长任用人，做到人尽其才。《淮南子》进而提出了“因资而用”“人得其宜”（《主术训》）的用人原则。

5. 重视时机把握的时间管理思想

道家非常重视时间的价值，主张根据时势的变化而行事，正如老子所言，“上善若水。水善利万物而不争，处众人之所恶，故几于道。居善地，心善渊，与善仁，言善信，政善治，事善能，动善时。夫唯不争，故无尤”。《吕氏春秋》也认为，“天不再与，时不久留，能不两工，事在当之”，也就是说，时间一去不复返，事情的成功在于适时而作。另外，《吕氏春秋》还认为，“事之难易，不在大小，务在知时”，即把时间与成功事情的难易联系在一起。在汉魏时期的道家著作中，进一步对时机的把握以及时间管理方法做了论述，《列子》言“凡得时者昌，失时者亡”，也就是说，凡事及时而做就昌盛，错过时机就败亡。《列子》进一步说，“将治大者不治细，成大功者不成小”，即应该在有限的时间内做最重要的事。为了提高时间管理效率，《抱朴子·外篇·勖学》则言：“不饱食以终日，不弃功于寸阴。息畋猎博弈之游戏，矫昼寝坐睡之懈怠。”

2.1.2.3 兵家管理思想

孙子是中国古代杰出的军事家，其军事思想与管理思想主要体现在他的经典传世之作《孙子兵法》中，距今已有2500余年。《孙子兵法》共计13篇，6000余字，包括计篇、作战篇、谋攻篇、军形篇、兵势篇、虚实篇、军争篇、九变篇、行军篇、地形篇、九地篇、火攻篇和用间篇。《孙子兵法》是我国古代论述军事组织管理思想最具代表性的一部著作，也是世界上第一部系统论述军事管理战略与战术问题的杰出著作。尽管这是一部以讲述战争规律为主的兵书，但是其内在的思想与理念，如所提出的"知己知彼，百战不殆""出其不意，攻其不备""不战而屈人之兵""上兵伐谋""必以全争于天下"等思想，对当今各行各业，尤其是当代企业经营管理具有重要的参考价值与借鉴意义。在当代全球市场环境日趋复杂、高度动荡以及全球化竞争日益激烈的背景下，世界各国的众多知名跨国公司都在不同程度上借鉴和参考了《孙子兵法》，并将其中的各种军事战略与战略思想奉为圭臬、屡试不爽。本节主要从以下三个方面梳理孙子兵法管理思想对当代企业管理实践的启示。

（1）在管理的根本上，孙子在《孙子兵法·计篇》中提出"故经之以五事，校之以计而索其情：一曰道，二曰天，三曰地，四曰将，五曰法。道者，令民于上同意，可与之死，可与之生，而不危也；天者，阴阳、寒暑、时制也；地者，远近、险易、广狭、死生也；将者，智、信、仁、勇、严也；法者，曲制、官道、主用也。凡此五者，将莫不闻，知之者胜，不知之者不胜。故校之以计，而索其情，曰：主孰有道？将孰有能？天地孰得？法令孰行？兵众孰强？士卒孰练？赏罚孰明？吾以此知胜负矣"；在《孙子兵法·谋攻篇》又指出"知可以战与不可以战者胜；识众寡之用者胜；上下同欲者胜；以虞待不虞者胜；将能而君不御者胜"。也就是说，在当代企业管理实践中，作为企业的关键决策者，最重要的是把握住"五事"与"七计"，这是决定一个企业生死存亡的根本，尤其是一个企业有没有让全体员工为之"同生死、共存亡"的"道"——核心价值观与信仰（企业文化），这种核心价值观与信仰具有极强的向心力与凝聚力，能够鼓舞与激励企业全体员工为之赴汤蹈火、在所不辞，正如《始计篇》所言，"道者，令民与上同意也，故可以与之死，可以与之生，而不畏危"。另外，作为企业最高决策者的"将"也至关重要，他（们）是企业"道"（核心价值观与信仰）的塑造者与灵魂，他（们）有没有高瞻远瞩的战略眼光与战略决策力，有没有统筹全局的组织管理能力，有没有知人善任的人力资本整合能力，有没有创新求变与身体力行的企业家精神以及有没有与时俱进与不断奋进学习的领袖魅力等，将从根本上影响着一个组织的兴衰沉浮。当然，天时与地利也从某种程度上影响着一个组织的发展。

（2）在战略与战术决策上，孙子着重强调了"夫未战而庙算胜者，得算多也；未战而庙算不胜者，得算少也。多算胜，少算不胜，而况于无算乎！吾以此观之，胜负见矣"（《孙子兵法·计篇》）"不战而屈人之兵，善之善者也。故上兵伐谋，其次伐交，其次伐兵，其下攻城"（《孙子兵法·谋攻篇》）"水因地而制流，故兵因敌而制胜。故兵无常势，水无常形；能因敌变化而取者，谓之神"（《孙子兵法·虚实篇》）"知彼知己，百战不殆"（《孙子兵法·谋攻》）"知天知地，胜乃无穷"（《孙子兵法·地形篇》）"凡战者，以正合，以奇胜。故善出奇者，无穷如天地，不竭如江河"（《孙子兵法·兵势篇》）"凡先处战地而待敌者佚，后处战地而趋战者劳"（《孙子兵法·虚实篇》）"故用兵之法，无恃其不来，恃吾有以待之”（《孙子兵法·九变篇》）“兵之情主速，乘人之不及，由不虞之道，攻其所不戒也”（《孙子兵法·九地篇》）“善战者，致人而不致于人”（《孙子兵法·虚实篇》）等经典的军事思想。映射到当今的企业管理实践中，只有那些审时度势、因地制宜、知彼知己、避实就虚、以逸待劳、有备无患、兵贵神速等善用谋略的企业才能够赢得可持续的竞争优势，才能够基业长青。

（3）在具体的组织管理方法上，孙子认为，“凡治众如治寡，分数是也；斗众如斗寡，形名是也”（《孙子兵法·势篇》），也就是说，要想治理庞大的军队就像治理一个小部队一样，就要把大军划分为若干部队单元，使得各个部队单元步调一致、令行禁止，这就要求建立军队建制，并按照军队建制把部队编排有序；要想指挥庞大的军队就像指挥一个小部队一样，就要有明确的区分标识和明确的发令方式，一般常用旌旗、金鼓等区分标志和发令方法。在这里，孙子特别强调了军队建制的重要性，联系到当今的企业组织管理实践，也就是要求一个企业必须严格按照一定的管理层级与管理幅度来组建组织架构。同时，孙子非常重视组织的日常训练与强调组织管理纪律，正如他在《军形篇》所言，“令之以文，齐之以武”。其中，“文”是指以仁义之心去教化，也就是明情理、讲道理的意思，相当于现在的企业文化；而“武”就是法，即辅之以法，用法律条文、规章制度等比较硬性的东西来统一行动，讲求法度，申明纪律，严加管束，才能取得部署敬畏和拥戴；文武兼具就是德治与法制兼而有之，与陈春花基于中国的卓越企业所编著的《领先之道》一书中所凝练的“中方理念、西方规则”有异曲同工之妙。另外，为了更好地管理组织，孙子还进一步指出，组织领导者要“静以幽，正以治”，也就是说，在谋虑上要镇静而深透，在作风上要公正严明而有法度，要“修道而保法”，即“软管理”与“硬管理”两手都要抓，要“知兵”“爱兵”但不能“骄兵”。

2.1.2.4 法家管理思想

法家管理思想是我国古代众多管理思想里非常有代表性的一支，它是先秦的一个重要学派，其先驱可以追溯到春秋时期的管仲、子产等人，形成于战国时期，衰落于西汉，因其强调“法治”，所以自西汉以后被称为“法家”。最初的先秦法家代表了当时新兴地主阶级的一个政治派别，在历史上对封建地主阶级经济生产关系的产生、国家的统一以及封建社会中央集权制度的建立起着非常重要的积极作用。法家的思想发展可以分为前期和后期两个阶段。前期法家主要是指战国初期出现的一批新兴地主阶层中的改革家与政治家，如秦国的商鞅、楚国的吴起、魏国的李悝、韩国的申不害等，他们的贡献主要表现在社会政治经济的改革方面。而商鞅是这一时期法家最为突出的代表性人物，他在秦国执政20年，锐意变法图强，实行最为彻底的变革，一改长期积弱贫穷的秦国，并为后来统一全国奠定了坚实的基础；后来，秦国法家以商鞅改革材料为内容，形成了《商君书》。后期法家主要是指集法家思想之大成的思想家韩非子，他最为突出的贡献主要体现在政治学术思想方面，他批判、总结、吸收并创新了前期法家政治经验与思想遗产的成果，即把慎到的“势”、申不害的“术”、商鞅的“法”有机地结合起来，在此基础上，以荀子思想为思辨，创立了自己独特的法家思想体系，并著有《韩非子》一书。

时至今日，历经2500余年，法家思想仍在影响着后世之人，并和我国诸子百家的其他流派之间取长补短、交相辉映，映射出永恒的智慧之光。其中，法家的管理思想主要体现在以下几个方面。

1. 以“法”作为管理基础

对于“法”为何物，管子曾这样描述过：“尺寸也、绳墨也、规矩也、衡石也、斗斛也、角量也、谓之法。”其含义是：“法”具有公平性、正直性，如同量长短的尺寸、正曲直的绳墨、称重量的衡石等，是衡量人们行为是非的客观准则。法家认为，“法者，天下之程式也，万事之仪表也”“法者，国之权衡也”，也就是说，“法”是由君主或官府制定执行的以刑为核心的，所有民众都必须遵守的成文行为规范。法家强调法的强制性、平等性与客观性，试图以此为社会建立客观、公正的行为规范与准则，要求“不别亲疏，不殊贵贱，一断于法”，并且通过国家权力保障“法”在组织系统中的运行。这种管理思想对于当代企业推行量化管理提供了最为有力的佐证。

2. 奠定“以法治国”的管理体系

法家认为，“以法治国”就是把“法”作为治理国家的准则，“君必有明法正义”“圣王者，不贵义而贵法”“治国无其法则乱”，而“仁义不足以治天下”。也就是说，要想实现“天下大治”的目标，建立“六亲相保，终无寇贼”的社会秩序，国家就需要“不务德而务法”，建立一套完善的“法治体系”。同时，在“法”的基础上，法家提出了有法可依、有法必依、执法必严、违法必究等一系列策略，法家强调，要“法必明，令必行”“刑无等级”“不失疏远，不违亲近”，并主张“严刑厚赏”，即“赏厚而信，刑重而必”。联系到当今的企业管理实践，这些“以法治国”的管理思想对于加强公司的集权化管理、强化公司的集团化管控、严格推行全面质量管理与安全生产管理以及提升公司的可持续竞争优势等无不具有重要的借鉴意义与参考价值。

3. 树立贤能并举、赏罚分明的人力资源管理思想

法家提倡贤能并举的人力资源管理思想，“所举者必有贤，所用者必有能”“官贤者量其能，赋禄者称其功”。与此同时，法家主张要“尽国之才、尽人之智”，毕竟“力不敌众，智不尽物”，所以，“与其用一人，不如用一国。”另外，鉴于人的天性都是趋利避害的，因此，法家认为，“闻古之善用人者，必循天顺人而明赏罚；循天，则用力寡而功立；顺人，则刑罚省而令行；明赏罚，则伯夷、盗跖不乱，如此，则白黑分矣”“为国之道，食有劳而禄有功，使有能而赏必行，罚必当”“夺淫民之禄，以来四方之士”，也就是说，有赏有罚，唯才是用，实行严格的赏罚制度是最有效的管理手段。显然，这些贤能并举、赏罚分明的法家思想，对于当今企业人才的招募选拔、人力资本的全球整合、激励机制的有效落地等具有非常有价值的借鉴意义。

4. 崇尚“势、术、法”相结合的综合管理思想

法家管理思想除手握“刑德二柄”外，还强调势、术、法有机融合的综合管理方式。韩非子之前，法家分为三个流派：一派以慎到为首，主张“势”，即依附于权力所存在的地位与权势，是君主独有的气场，没有气场就体现不出君主的威严，也更无法治国驭人；一派以申不害为首，强调“术”，即政治权术，是君主掌握政权、驾驭群臣、进行有效管理的权谋与策略，在韩非子看来，就是不相信任何人、不露声色、不择手段、不惜代价这四种“术”；一派以商鞅为首，强调“法”，即法律与规章制度，更偏重于刑罚，由于“法”由一国之君决定，因此君主要善于用“法”实行有效的管理。而韩非子则是集三派之大成者，倡导法、势、术应有机结合，使之成为“帝王三宝”，正如韩非子所言，“不可一无，皆帝王之具也”。总之，君王拥有威严，令出如山，这是“势”；君王驾驭人时，

神出鬼没，令人无法捉摸，这是“术”；明君如天，执法公正，这是“法”。这种“势、术、法”相结合的管理思想，对于提升当今企业的卓越领导力与高效执行力具有极为重要的指导意义。

纵观中国的传统管理思想，博大精深，蕴藏着无穷无尽、浩如烟海、极其珍贵的知识宝藏，从总体上表现出顺道、重人、中庸、守信、利器、善用谋略、儒法道释合一等典型的特征。在经济全球化迅速蔓延以及以互联网为代表的信息技术革命势如破竹的今天，全球人类面临的首要问题依然是人与人、人与自然之间的问题，人类社会正呈现出某些回归传统的迹象，当代管理思想也正经历着历史性的东方回归，作为世界四大文明古国之一的中国，其古代圣人先哲的思想智慧也许正是诊治现代企业经营管理问题的一剂良方。因此，研究中国的传统管理思想不仅有利于提升当代中国企业的经营管理水平与整体国际竞争力，而且也有助于推动东西方管理思想的交融创新与中国管理科学学派的开创。

2.2 西方古典管理理论

虽然随着人类社会从低级阶段向高级阶段发展，管理实践和管理理论也在不断丰富、发展与完善。但由于所处的历史发展环境所限，早期的管理思想还不够系统全面，还没有形成专门的管理理论、体系和学派。值得注意的是，这些早期朴素的管理思想却是管理思想发展史不可或缺的重要组成部分，当今许多管理思想都可以从早期的管理思想中找寻到其源头，并且，后来的管理学家正是在先前这些管理思想的基础上发展出各自的管理理论，形成了当今所谓的“百花齐放、百家争鸣”的管理丛林。

2.2.1 早期的管理思想

现代西方管理思想的历史渊源最早可以追溯到远古时代。随着人类社会原始、蒙昧时代的终结和文明时代的到来，管理思想和管理实践也在不断地发展与完善。纵观西方早期的管理思想，可以分为西方古代管理思想（以古埃及、古巴比伦、古希腊、古罗马等文明古国为代表）、中世纪时期管理思想、英国工业革命时期管理思想和美国早期科学管理思想四个阶段。以下围绕着这四个阶段对早期的西方管理思想进行概述。

2.2.1.1 西方古代管理思想

1. 古埃及人的管理思想

早在公元前5000年至公元前525年期间，古埃及人就陆续建造了70多座举世瞩目的巨大的金字塔。在建造每一座金字塔的过程中，重达以吨计的巨大石块的采掘、搬运与凿刻，以及数以十万计人员的管理，无不体现出古埃及人极为周密、严谨、娴熟、高超的计划、组织、指挥、协调和控制能力。在古埃及时代，也修建了大规模的水利工程，这些工程都需要国家建立专门的机构和任用专职人员来进行管理。古埃及人还认识到实行专业化分工的重要性，如通过法律手段禁止手工艺人从事祖传手艺以外的手艺和参加政治活动，以便让他们专精于祖传手艺。又如，在工程管理中，每个监工会管理10名左右的奴仆，这反映出他们已经知道每个管理者所能有效监管人数的管理幅度是“以十为限”。总之，古埃及人已经掌握了相当复杂、精确的管理手段和方法，通过预测和规划，给不同的人和部门分配工作，并确定一位“专业”的全职管理者来协调、管理国家与公共事务。

2. 古巴比伦人的管理思想

古巴比伦王国开创于公元前2200年前后，在古巴比伦第一王朝（约公元前1894年—公元前1595年）达到了古代两河流域奴隶制社会最为鼎盛的时期。而第六代国王汉谟拉比（约公元前1792年—公元前1750年）是整个古巴比伦第一王朝中最为有名的政治家和军事家，他执政40余年，在诸多方面均有建树。汉谟拉比把全国的立法、行政、司法、军事、祭祀等大权牢牢地集中在自己手里，直接任命从中央到地方的各级官吏，亲自下令开凿运河、沟渠，亲自调配劳动力。他所完成的最大的一项水利工程是“汉谟拉比运河”，能够为整个古巴比伦王国提供充足的水源。为了巩固其统治地位，汉谟拉比制定并颁布了《汉谟拉比法典》，作为国家行为的准绳。该法典共包括282条，涉及个人财产、商业活动、租赁、借贷、劳动激励、生产控制、工资报酬等多个方面，法典中还规定了最低工资标准，并提出支付工资时，可以根据人们所从事工作的实际情况，将工资划分为计时工资和计件工资。由此可以看出，当时的经济管理实践和管理思想已经有了相当程度的发展，对人员的管理已经比较规范了。

3. 希伯来人的管理思想

由于常年遭受战乱和迁徙的洗礼，希伯来人很早就善于利用管理思想管理国家和人民，尤其是在公元前1250年前后希伯来人的英雄摩西身上表现得淋漓尽致。神勇的摩西带领希伯来人成功地逃离埃及，摆脱了埃及人长达300余年的奴役。摩西在行政、立法、人际关系、人员选择和培训等方面都有着出色的能力，尤其是在带领希伯来人逃出埃及的准备、组织和实施过程中，他都表现出卓越的领导和管理才能。同时，摩西的岳父叶忒罗是一位不可多得的管理咨询师和高级智囊，他对摩西的管理方式提出了诸多中肯的批评和极具建设性的建议。譬如，他批评了摩西在处理政务中事必躬亲的毛病，他认为这不但不能顺利完成任务，反而会累垮自己；他建议摩西采用授权原则和例外原则，并具体提出三条切实可行的建议：一是制定法令，昭告民众；二是从百姓中挑选出有管理才能的人，基于管理能力的差异分别担任千夫长、百夫长、五十夫长和十夫长，建立起社会等级并委以相应的任务；三是实行分级管理，一般事务由下属各级处理，只有最重要的政务才呈报给摩西处理。这些都充分地体现了希伯来人早在3000多年前就已经领悟并能够有效地运用管理宽度、组织层次、管理的例外原则等管理思想。

4. 古希腊人的管理思想

古希腊文明（公元前800年—公元前146年）是欧洲最早、影响最为深远的古代文明，是欧洲文明的摇篮。古希腊人崇尚民主管理，他们构建了一种复杂的民主政府，发展出一种新型的城市政府——城邦，城邦提供了民众自由讨论的氛围，鼓励民众自由交换意见，并证明了我们称之为协商式管理的价值。古希腊的一些改革家和思想家由于受到先进文化和先进生产力的影响，其思想中也孕育着早期的管理思想的萌芽。主要代表人物包括苏格拉底、柏拉图、色诺芬和亚里士多德。苏格拉底（Socrates，公元前469年—公元前399年）很早就认识到管理的普遍性。他认为，从事公众事业的管理技术和私人事业的管理技术是相通的；如果一个人不能够很好地管理他的私人事务，那么他肯定也管理不好公共事务。他还认为，成功的管理者是那些了解这些原则并在各个领域中予以恰当应用的人，而失败的管理者是那些不了解这些应用原则普遍性的人。柏拉图（Plato，公元前427年—公元前347年）是苏格拉底的得意门生。他在所著的《理想国》中就首先提出了劳动分工或专业化分工理论，他认为，一个人不应该同时在不同的专业领域都进行工作，那样不可能干好；他还认为，国人应当分成三等：第一等是治国贤哲，即管理国家的哲学家，其职能是以其智慧来管理国家；第二等是卫国武士，其职能是以其勇猛来帮助统治者实施暴力和防御，以保障社会各行各业人的生活安定需要；第三等是民间艺工，由手工业者、农民、商人等组成，其职能是通过其劳动供给国家物质财富并接受上面两个等级的统治。色诺芬（Xenophon，约公元前430年—约公元前355年）也是苏格拉底的著名学生。他所著的《家庭管理》（又称《经济论》）一书是古希腊流传下来的专门论述经济问题的第一部著作，其对管理思想的发展与完善具有重要的贡献，主要体现在以下四个方面：一是首先提出了经济管理的研究对象问题；二是首先提出了评判管理水平优劣的标准；三是首先认识到管理的中心任务就是加强对人的管理；四是分析了劳动分工的重要性。亚里士多德（Aristotle，公元前384年—公元前322年）也同样是苏格拉底的得意门生。他在所著的《政治学》一书中论述了有关管理和组织理论的许多真知灼见，包括劳动分工理论、部门专门化理论、集分权理论以及领导理论等。

5. 古罗马人的管理思想

古罗马最初是意大利北部的一个奴隶制城邦，到了公元前3世纪才逐渐强大起来，不仅统一了整个意大利，征服了亚历山大王国，进而统一了地中海，建立起一个横跨欧、亚、非三洲大片疆域的强大的罗马帝国。究其根源，其中一个很重要的原因应归功于古罗马人所具有的卓越的施政与管理才能。他们从很早就实行了中央集权与地方分权相结合的原则，既有效地控制了庞大的帝国，又很好地适应了地方的发展，以至于从一个城市迅速拓展、发展成为一个世界级的帝国。古罗马帝国在立法和司法的分权治理方面为后来的立宪政府的制约和平衡体制树立了一个优秀的典范。马库斯·铁伦提乌斯·瓦罗（Marcus Terentius Varro，公元前116年—公元前27年）是古罗马帝国著名的思想家，著有《论农业》一书。在管理奴隶的方法上，瓦罗倡导使用语言而不是鞭子；他还认为，在庄园管理中不要使用数量太多的统一部落的奴隶，以防止发生争端。

2.2.1.2 中世纪时期管理思想

中世纪一般是指从古罗马帝国的衰亡（约公元5世纪）到欧洲文艺复兴前（约公元17世纪）这段时期，绝大部分时间属于典型的封建主义社会，具有森严的政治管理体制和组织结构。西欧封建社会以土地为纽带，实行分封制，形成了从国王到诸侯、家臣、骑士等一系列不同等级的封建主，他们既是政治统治者，又是土地的所有者。封建社会的本质就是维护封建地主阶层对农奴的统治。即便如此，手工业、商业、贸易也日渐活跃，城市逐步兴起，市民要求建立城市自治机构以保护自身的生命财产安全和权利诉求，商业贸易的发展也促成了行会制度的形成，行会被看作最早的行业垄断组织，行会的等级制度、人事制度、商业竞争与垄断等都对管理思想的发展演变具有重要的意义。此外，中世纪也出现了十分出色的工厂管理实践，威尼斯兵工厂的卓越管理就代表了这一时期的工厂管理水平。该兵工厂具体采取了以下的管理手段与方法：一是政府授权、厂长经营；二是政府给工厂下达明确的任务并实施控制；三是兵工厂在存货管理、生产装配线、人事管理、会计核算、成本控制等方面都积累了较为丰富的管理经验。这段时期（主要是中世纪后期）的学者主要是从社会管理的角度，提出了一些朴素的管理原则，探讨了一些管理者的职能，以及初步发展了领导理论。对后来的管理思想发展有着比较深远影响的代表学者有尼克罗·马基雅弗利和托马斯·莫尔两位。

尼克罗·马基雅弗利（Niccolo Machiavelli，1469—1527 年）出生于意大利佛罗伦萨的一个破落绅士家庭，是意大利文艺复兴初期著名的政治思想家和历史学家，他曾担任佛罗伦萨共和国国务秘书，主张结束当时意大利的政治分裂，建立一个统一而又强大的君主国家，为了实现这个目的，可以不择手段，也因此，他被后人誉为“政治学之父”，他的这种主张被后人称之为“马基雅弗利主义”。马基雅弗利的写作范围很广，包括信件、政论、历史、剧本等，其代表作有《君主论》《战争的艺术》《佛罗伦萨史》等。在马基雅弗利的一生及其著作中所渗透的管理思想主要包括三个方面：（1）性恶论。马基雅弗利主张“人性本恶”，将“权力欲望”和“财富欲望”看作人性的基础，认为人是反复无常的、忘恩负义的，是怯懦、虚假、伪善、忌妒、对他人怀有敌意的，因此，必须采取强制手段对人进行管理和控制才能够达到目标与完成任务。（2）物质利益论。马基雅弗利主张“物质利益决定论”，他认为，人们冲突的根本原因在于物质利益。他是较早认识到“物质利益”在管理中重要性的思想家之一。（3）领导素质论。马基雅弗利认为，作为君主或领导者必须具备以下四个方面的素质：必须得到群众的拥护和认可；必须具有维持组织内聚力的能力；必须具备坚强的意志和崇高的品德；必须具有不断学习、与时俱进的能力。针对领导者的素质问题，他曾提出过一句名言：“领导者要比狮子还勇敢，比狐狸还狡猾。”马基雅弗利的这些管理思想对于现代领导科学具有一定的借鉴意义。

托马斯·莫尔（Thomas More，1478—1535 年）出生于英国伦敦一个富裕的法官家庭，是欧洲早期空虚社会主义学说的创始人、才华横溢的人文主义学者和资历丰富的政治家，其代表作是《乌托邦》。莫尔在《乌托邦》中尖锐地批评了英国资本主义原始积累的罪恶，一针见血地指出私有制是一切罪恶的根源，只有摆脱私有制，才能够消除贫困差距。与此同时，他首次系统地阐述了空想社会主义的基本思想和未来理想社会的基本特征。对当代管理思想的发展有借鉴意义的地方主要体现在两个方面：一是统一调配和组织生产；二是以民主的方式管理国家事务。

2.2.1.3 英国工业革命时期管理思想

人类社会迈入 18 世纪 60 年代以后，伴随着科学技术的快速发展，以英国为代表的西方国家爆发了轰轰烈烈的工业革命。工业革命是指资本主义的机器大工业代替以手工技术为基础的工场手工业的革命。英国工业革命的过程涵盖了三个层面：一是工具上的革命（以纺织机等机器为代表）；二是动力上的革命（以蒸汽机为代表）；三是生产组织方式的革命（以工厂制度为代表）。正如恩格斯所言，“分工、水力，特别是蒸汽机的利用，机器的应用，这就是从 18 世纪中叶起工业用来摇撼旧世界的三个伟大杠杆。”工业革命引起了生产组织方式的巨大变化，促进了社会生产力的快速发展，进而使社会发生了巨大的变革。随着人们对自然的认识水平的提高、生产工具的不断改进以及生产组织方式的变化，工业企业的效率问题、控制问题、对企业中人的管理问题更加突出，使当时的人们不得不深入思考，如何在市场竞争中通过努力来获得更高的效率和最大的利润。由此，也就开始了所谓的传统管理阶段或经验管理阶段，也就是说古典管理思想开始萌芽了。这个时期的主要代表人物有詹姆斯·斯图亚特、亚当·斯密、让·巴蒂斯特·萨伊、查尔斯·巴贝奇等。

詹姆斯·斯图亚特（James Steuart，1712—1780）是英国重商主义后期的重要代表人物，也是英国最早探讨资产阶级政治经济学体系的学者。其代表作是 1767 年出版的《政治经济学原理研究》，在该著作中，他系统论述了货币流通的一般规律，主张国家对经济生活进行全面干预，反对经济自由主义。斯图亚特先于亚当·斯密提出劳动分工的概念，指出工人将会由于重复操作而使作业动作更加灵巧高效。他早于泰勒 100 多年就提出了工作方法研究和工资激励制度理论，正如他所言，“如果给一个人每日规定一定的劳动量，他就会以一种固定的方式工作，他会永远不想改进工作方法；如果是计件付酬的，他就会想出一千种的方法来增加其产量。”他还指出，工厂中的管理人员和工人之间应当明确分工。关于机器在制造业中的大规模应用问题，他认为，机器代替工人的劳动不但不会使工人失业，反而会有更多的就业机会。

亚当·斯密（Adam Smith，1723—1790）是英国古典经济学的杰出代表和理论体系的建立者。亚当·斯密于 1776 年出版了他最重要的著作《国民财富的性质和原因的研究》（又称《国富论》），该书的问世也标志着资本主义商品经济理论体系的构筑完成。亚当·斯密以创造资本主义财富为最终诉求点，从“人是经济人”的本性出发，主张劳动分工和经济自由，以及加强管理的控制职能，以提高劳动生产率和增加社会财富，最终达到“国富民裕”的目的。对现代管理思想的发展有重大借鉴或启发意义的地方主要体现在两个方面：

（1）劳动分工论。在他以大头针的制造为例，论述了劳动分工及其经济效果，认为分工在管理上对于提高劳动生产率有三个好处：其一，分工可以使劳动者技术熟练程度得以快速地提高；其二，分工可以使某个人专门从事某种作业，缩短从一个工种转换到另一个工种所耗费的时间；其三，分工可以使专门从事某项作业的劳动者经常改革劳动工具和发明机器。

（2）“经济人”假设。亚当·斯密最早完整论述了“人是经济人”的假设，他认为，一切经济问题的出发点都是人的本性使然，人都是自私的、利己的，每个人的一切活动都受到这一本性的支配和控制。“经济人”就是要追求个人利益最大化，只有实现个人利益的最大化才能满足他们的利己心，使其利己行为也有利于他人，从而实现人与人之间的互惠，最终实现“国富民裕”的目的。亚当·斯密的“经济人”假设反映了当时资本主义生产关系的实质，成为资本主义管理的理论基础之一，对西方管理思想的发展过程有着深刻的影响。

让·巴蒂斯特·萨伊（Jean Baptiste Say，1767—1832）是法国庸俗政治经济学的创始人之一，其代表作是《政治经济学概论》。萨伊是在英国完成教育的，他亲自感受到了英国工业革命的发展，也接受了亚当·斯密《国富论》的熏陶。在其代表作《政治经济学概论》中包含了丰富的管理思想，比如，他在其中探讨了企业家问题，他认为，企业家（冒险家）拥有企业，但是他们经常只是拥有其中的一部分，他们是向别人借钱或者同别人合伙经营企业的，这些“冒险家”成为管理他人的管理人员；而且，这些“冒险家”在把土地、劳动力和资本这三个要素结合在一起时，他们又承担了另外一种风险，因而他们除了获得他们本人投资所得的利润外，还理应获得一笔管理的报酬，也因此，萨伊是第一位明确承认企业家（管理）是继土地、资本、劳动力之后生产力的第四种要素的人。除此之外，萨伊还指出了亚当·斯密劳动分工理论中的一些错误与缺陷，并进一步地给予了丰富与完善。

大卫·李嘉图（David Ricardo，1772—1823）是 19 世纪初叶英国资产阶级古典经济学的杰出代表和完成者，其代表作是1817年出版的《政治经济学及赋税原理》。李嘉图在经济理论上的最大贡献是坚持和发展了劳动价值论，并由此分析了资本主义社会中阶级对立关系在分配领域中的经济表现。大卫·李嘉图对早期管理思想的发展也有所贡献，主要表现在两个方面：一是他提出了所谓的“工资铁律”，他认为，工资、利润和地租的源泉都是工人劳动创造的价值，并由此得出，工资越低，利润就会越高，反之，工资越高，利润就会越低的结论。二是他提出了有关经济人的群氓假设。他认为，社会是由一群群无组织的个人组成的，每个人都是自私利己的，为了追求个人利益最大化而采取行为，而且为了达此目的，会尽可能地以合乎逻辑的方式思考与行动，因此，针对这三个假设推导出的结论是：对这些群氓只能采用绝对的、高压的、集中的权力来管理和统治。

安德鲁·尤尔（Andrew Ure，1778—1857）是管理教育的先驱，许多工厂的管理人员都曾是尤尔的学生，其在管理方面的主要著作是1835年出版的《制造业的哲学》。尤尔认为，每一个企业都会有三种有机系统：一是机械系统，也就是企业生产的技术和过程；二是道德系统，也就是工厂中的人事方面；三是商业系统，是指工厂企业通过销售和筹措资金来维持生存的领域。尤尔把企业有机地划分为这三个系统，是一种早期的系统思想的反映，对后来的管理思想家们有很大的影响，一般组织理论的集大成者亨利·法约尔的一些思想即来源于此。

查尔斯·巴贝奇（Charles Babbage，1792—1871）是英国著名的数学家、发明家，也是科学管理理论的先驱者，被后人称为“性情暴躁的天才”。和同时代的其他人一样，巴贝奇也偏重于技术方面的研究，并取得了杰出的科学成就，1822年他制造了世界上第一部实用机械计算机。然而，巴贝奇在管理学上的贡献也是多方面的，在其1832年出版的管理理论代表作《论机器和制造业的节约》中，他详细论述了劳动分工、工作方法和生产成本等管理问题。具体而言，查尔斯·巴贝奇的管理思想可以归纳为几个方面：（1）巴贝奇在对制造业的研究中采取了科学分析的方法，他认为，在科学分析的基础上完全有可能制定出企业管理的一般原则。（2）进一步发展了亚当·斯密关于劳动分工的思想，具体分析了分工能提高效率的原因。（3）在劳资关系方面，巴贝奇是工厂制度的保护者，他强调工人要认识到工厂制度对他们有利的地方，提出了一种固定工资和利润分享的制度。巴贝奇是科学管理的先行实践者，所有这些都体现了他在管理思想上的远见卓识，这也为后来科学管理理论的形成做了坚实的铺垫。

威廉·杰文斯（William Jevons，1835—1882）是英国著名的经济学家、统计学家和逻辑学家，其代表作有1874年出版的《科学管理》和1905年出版的《经济学原理》。他在管理思想方面的贡献主要体现在以下两个方面：（1）是第一个研究劳动强度和疲劳关系问题的人，比泰勒在米德维尔钢铁公司的类似的研究实验早10年。他进行了初步的工时研究和动作研究，使一个工人能每日或每周做的工作量为最大，但又能使他恢复全部疲劳。（2）在劳资关系方面，杰文斯倡导工人和管理当局合作，主张工业合伙，包括利润分享和职工拥有股票，认为这是解决分歧和消除罢工的较好方法。这在一定程度上缓和了当时的劳资纠纷和工人的反抗情绪。

2.2.1.4 美国早期科学管理思想

美国的工业革命比英国晚半个世纪，它几乎是在一片空白的土地上开展起来的。独立战争后，美国建立了资产阶级共和制度，为工业革命创造了必要的政治前提，工业化问题很快提上议事日程。美国是一个移民组成的国家，外国移民源源不断地涌进美国，为美国工业革命提供了大量的自由劳动力。1807 年的禁运法案和 1812—1814 年的英美战争，是美国工业革命开始的契机。由于有着极为有利的自然条件、政治前提、国际环境、资本积累和经济社会条件等，美国的工业革命发展得特别迅速，很快超过英国，并成为世界上头号工业强国。19 世纪中后期，美国经济高速增长的背后离不开铁路在全国的急剧延伸；铁路系统的快速扩张不仅是美国经济腾飞的开路先锋，也造就了众多的与铁路相关的大型企业，如铁路公司、钢铁制造公司、机器制造公司等。为了对越来越多的大型企业进行有效的控制和管理，美国铁路公司率先在实践中探索了诸如计划、协调、组织设计、工厂制度建设等科学管理问题，并培养了一批最早的职业经理人，这也为后来科学管理理论的形成奠定了坚实的基础。这个时期的主要代表人物有丹尼尔·克雷格·麦卡勒姆、亨利·普尔、亨利·汤等。

丹尼尔·克雷格·麦卡勒姆（Daniel C. Mccallum，1815—1878）出生于苏格兰，1822 年来到美国，虽然只有初中教育水平，但最后却成为实践成效突出的杰出的管理专家。自 1854 年开始，他先后担任了纽约伊利铁路公司总监和美国全国铁路总监，在任期间，麦卡勒姆表现出卓越的管理能力。他的管理经验主要表现在以下两个方面：一是制定了严密的管理制度；二是制定了十分严密的组织细则来保证管理制度的实施。麦卡勒姆所制定的规章制度和组织措施，体现了授权原则、权责匹配原则、报告控制系统、组织设计等管理思想，这出现在 19 世纪确实是非常了不起的，他的这些做法对后来的管理理论的发展影响深远。

亨利·普尔（Henry Poor，1812—1905）的一生正值美国铁路事业从无到有并走向成熟的重要时代，他在 1849—1862 年期间一直担任《美国铁路杂志》的主编。普尔是麦卡勒姆在伊利公司进行改革的最有力的支持者，麦卡勒姆的成果之所以取得巨大的影响也应归功于普尔和他的杂志。普尔在管理方面的主张主要体现在以下两个方面：一是倡导建立一种管理体系来管理企业，这种体系不能依靠企业的创办人和资助者来管理，而是通过培养专业管理人员来进行。普尔从麦卡勒姆的成果中发现了建立健全的管理体系的三个原则：组织原则、沟通交往原则、信息原则。二是普尔注意到企业中人的因素，提出改变僵化的领导作风。亨利·普尔透彻地研究了更广泛的管理及其环境的问题，他在泰勒之前就提出了管理制度问题，在梅奥之前提出了承认人的因素的问题，在阿吉里斯之前提出了消除正式组织中僵化的领导作风问题，他是早期管理思想史上一位杰出的管理专家。

亨利·汤（Henry Towne，1844—1924）是美国著名的工程师和管理学家，也是一位杰出的企业家。他于 1868 年与他人合伙创办了耶尔 - 汤制造公司，并担任总经理长达 48 年。他有多部管理方面的著作，在管理思想上和泰勒的观点极为相似。亨利·汤在管理方面的贡献主要体现在：

（1）亨利·汤率先强调管理的重要性，他认为管理是一门独立的学科。

（2）支持并推广科学管理运动。他是科学管理运动的重要先驱者之一。

（3）汤在著名论文《利益分享》中提出了一种激励职工的收益分享制度。汤的收益分享制度，实际上是对作为刺激生产的手段（工资问题）这个重要课题进行了开创性实验，其重要性不亚于泰勒的时间和动作研究以及成本分析等课题。

亨利·梅特卡夫（Henry Metcalfe，1847—1917）是从事军工企业管理的美国军官，也是美国另一位科学管理的先驱者。他意志坚定，对工作要求严格，在管理实践与理论上取得了较大的成就。梅特卡夫在1885年出版的代表作《制造业的成本和公营及私营工厂的管理》，被誉为管理科学领域中具有开创性的著作。他在接管了法兰克福兵工厂后，发现该厂采用的传统的组织和管理方法效率很低，并造成巨大浪费。于是他在1881年实行了一套新的控制制度，即使用卡片来加强车间内各个工种的协调和控制，取得了很好的效果。这种方法和现代管理方法中的看板管理作用相同，然而在当时他就能够利用这些小小的卡片把劳动控制、成本控制和工厂管理紧密地结合起来，这不能不说是一个具有深远意义的创举。

弗雷德里克·哈尔西（Frederick A. Halsey，1856—1935）是美国的机械工程师，在工资和奖金制度上有重要的贡献。1891年，他在美国机械工程师学会上宣读了论文《劳动报酬的奖金方案》，这篇论文是他在管理方面的最重要的著作。哈尔西提出了一种新的奖金方案，即以工人目前的产量作为标准产量，以工人目前所花费的生产时间作为标准时间，工人如果提前完成了工作，则把所节省时间的收益按一定比率（约为正常工资率的1/3或1/2）发给工人作为奖金，其余归雇主。哈尔西的奖金方案的优点表现在：简单易行；工人基本工资有了保证；消除了平均主义；提高了的收益由工人和雇主共享，促进了劳资双方的积极性，减少了劳资纠纷。哈尔西的奖金方案在英、美等国曾经被广泛采用，被誉为工资报酬制度的一种创新，他的工资与奖金制度同泰勒的计件工资制一起成为以后多种工资方案的参考模式。

奥柏林·史密斯（Oberlin Smith，1840—1926）是美国的工程师和企业家，他是美国机械工程师学会最早的成员之一，并于1890年担任了该学会的第九任主席。史密斯同亨利·汤一起促使美国机械工程师学会的成员研究管理问题，对美国的管理思想和科学管理制度的发展起了重要的作用，泰勒认为他是科学管理运动的先驱者之一。史密斯在管理方面的主要贡献是提出了一套有关机械零件的术语和记忆符号的系统及其有关原则。

2.2.2 泰勒的科学管理理论

弗雷德里克·温斯洛·泰勒（Frederick Winslow Taylor，1856—1915）是美国古典管理学家、科学管理的主要倡导人和奠基者。泰勒于1856年3月20日出生于美国费城一个富有的律师家庭，中学毕业后考上哈佛大学法律系，但因眼疾而不得不中途辍学。1875年，进入费城恩特普里斯水压工厂当模具工和机工学徒，1878年转入费城米德瓦尔钢铁厂（Midvale Steel Works）当机械工人，他在该厂一直工作到1897年。在此期间，由于工作努力，表现突出，先后被提升为车间管理员、小组长、工长、技师、制图主任和总工程师，并在业余学习的基础上获得了新泽西州史蒂文斯技术学院的机械工程学士学位。从1881年开始，他进行了一项"金属切削试验"，由此研究出每个金属切削工人工作日的合理工作量。经过两年的初步试验之后，给工人制定了一套工作量标准。米德瓦尔的试验是工时研究的开端。金属切削试验延续了26年，进行的各项试验超过了3万次，80万磅的钢铁被试验用的工具削成铁屑，总共耗费约15万美元。试验结果发现了能大大提高金属切削机工产量的高速工具钢，并取得了各种机床适当的转速和进刀量以及切削用量标准等资料。1898—1901年间，泰勒受雇于伯利恒钢铁公司（Bethlehem Steel Company），在此期间，他进行了著名的"搬运生铁块试验"和"铁锹试验"。搬运生铁块试验，是在伯利恒钢铁公司的五座高炉的产品搬运班组大约75名工人中进行的。这一研究改进了操作方法，训练了工人，结果使生铁块的搬运量提高3倍。铁锹试验是系统地研究铲上负载后，研究各种材料能够达到标准负载的锹的形状、规格，以及各种原料装锹的最好方法的问题。此外，泰勒还对每一套动作的精确时间做了研究，从而得出了一个“一流工人”每天应该完成的工作量。这一研究的结果是非常杰出的，堆料场的劳动力从400～600人减少为140人，平均每人每天的操作量从16吨提高到59吨，每个工人的日工资从1.15美元提高到1.88美元。1901年后，他更以大部分时间从事咨询、写作和演讲等工作，来宣传、推广他的“科学管理”思想。

泰勒所处的生活时代，尤其是19世纪的最后十年，美国正处于资本主义原始积累的快速膨胀期和新兴工业技术的快速发展期。但是，当时发展、组织、控制和管理工业资源的低劣方式严重阻碍了企业生产效率的提高，工人和资本家之间的矛盾严重激化，资本家对工人态度蛮横，工人生活艰苦，而资本家个人却过着奢侈的生活，工人则不断用捣毁机器和加入工会组织领导的大罢工来争取自己的权利。劳资关系的对立严重影响了企业的劳动生产率，使得劳动者的生产潜能得不到有效的发挥。为此，有人主张使用优良机器替代劳动力，有人主张试行分享利润计划，还有一些人主张改进生产的程序、方法和体制。在这样的时代背景下，泰勒凝集其一生的大部分时光与精力致力于科学管理研究，着力研究如何改进、提升工厂的生产效率问题，并先后出版了《计件工资制》(1895年)、《车间管理》(1903年)、《科学管理原理》(1911年)等具有划时代意义的科学管理理论与方法，也因此，泰勒被管理学界誉为“科学管理之父”。

2.2.2.1 科学管理理论的要点

1. 工作定额原理

泰勒认为，管理的中心问题是提高劳动生产率。然而，在泰勒时代，由于美国的企业普遍采用经验管理，这就造成一个突出的矛盾，就是资本家不知道工人一天到底能干多少活，但总嫌工人干活少，拿工资多，于是就往往通过延长劳动时间、增加劳动强度来加重对工人的剥削。而工人，也不确切知道自己一天到底能干多少活，但总认为自己干活多，拿工资少。当资本家加重对工人的剥削，工人就用“磨洋工”消极对抗，这样企业的劳动生产率当然不会高。为了改善工作表现和提高劳动生产率，泰勒提出了工作定额原理，具体体现在以下三个方面：(1) 企业要设立一个专门制定定额的部门或机构。这样的机构不但在管理上是必要的，而且在经济上也是合算的。(2) 企业要制定出有科学依据的工人的“合理日工作量”。这就要求企业必须通过各种试验和测量，进行劳动动作研究和工作研究，从而确定工人“合理日工作量”，即劳动定额。(3) 根据定额完成情况，实行差别计件工资制，使工人的贡献大小与工资高低紧密挂钩。在制定工作定额时，泰勒是以“第一流的工人在不损害其健康的情况下，维护较长年限的速度”为标准，这种速度不是以突击活动或持续紧张为基础，而是以工人能长期维持的正常速度为基础。通过对个人作业的详细检查，在确定做某件事的每一步操作和行动之后，泰勒能够确定出完成某项工作的最佳时间。有了这种信息，管理者就可以判断出工人是否干得很出色。

2. 挑选与培训第一流的工人

泰勒认为，所谓第一流的工人就是适合于某种工作并且愿意努力工作的工人；为了最大限度地提高生产率，对任何一项工作，必须找出最适宜于这项工作的人——即第一流的工人，同时还要最大限度地挖掘最适宜于这项工作的人的最大潜力，才有可能达到最高效率。这既是泰勒在《科学管理原理》中提出的一个重要思想，也是他为企业的人事管理提出的一条重要原则。

对于如何使工人成为第一流的工人，泰勒不同意传统的由工人挑选工作，并根据各自的可能进行自我培训的方法，而是提出管理人员要主动承担这一责任，科学选择并不断地培训工人。正如泰勒所言，“管理人员的责任是细致地研究每一个工人的性格、脾气和工作表现，找出他们的能力；另一方面，更重要的是发现每一个工人向前发展的可能性，并且逐步地系统地训练，帮助和指导每个工人，为他们提供上进的机会。这样，使工人在雇用他的公司里，能担任最高、最有兴趣、最有利、最适合他们能力的工作。这种科学地选择与培训工人并不是一次性的行动，而是每年要进行的，是管理人员要不断加以探讨的课题。”健全的人事管理的基本原则是使工人的能力同工作相适应，企业管理当局的责任在于为雇员找到最合适的工作，培训他们成为第一流的工人，激励他们尽最大的力量来工作。

3. 标准化原理

泰勒认为，科学管理就是把工人多年积累的经验知识和传统的技巧归纳整理并结合起来，然后进行分析比较，从中找出其具有共性和规律性的东西，然后利用上述原理将其标准化，这样就形成了科学的方法。用这一方法对工人的操作方法、使用的工具、劳动和休息的时间进行合理搭配，同时对机器安排、环境因素等进行改进，消除种种不合理的因素，把最好的因素结合起来，这就形成一种最好的方法。泰勒还进一步指出，管理人员的首要责任就是把过去工人自己通过长期实践积累的大量的传统知识、技能和诀窍集中起来，并主动把这些传统的经验收集起来、记录下来、编成表格，然后将它们概括为规律和守则，有些甚至概括为数学公式，然后将这些规律、守则、公式在全厂实行。

在传统的经验管理的情况下，对工人在劳动中使用什么样的工具、怎样操作机器，缺乏科学研究，没有统一标准，而只是凭师傅教徒弟的传授或个人在实际中摸索。在科学管理的情况下，要想用科学知识代替个人经验，一个很重要的措施就是实行工具标准化、操作标准化、劳动动作标准化、劳动环境标准化等标准化管理。只有实行标准化，才能使工人使用更有效的工具，采用更有效的工作方法，从而达到提高劳动生产率的目的；只有实现标准化，才能使工人在标准设备、标准条件下工作，才能对其工作成绩进行公正合理的衡量。

泰勒不仅提出了实行标准化的主张，而且也为标准化的制定进行了积极的试验。在搬运生铁的试验中，泰勒得出一个适合做搬运工作的工人，在正常情况下，一天至少可搬47.5 吨铁块的结论；在铲具试验中，他得出铁锹每次铲物在重 21 磅时，劳动效率最高的结论；在长达 26 年的金属切削试验中，他得出影响切割速度的 12 个变数及其反映它们之间相关关系的数学公式等，为工作标准化、工具标准化和操作标准化的制定提供了科学的依据。

另外，泰勒也认为标准化对劳资双方都是有利的，不仅每个工人的产量大大增加，工作质量大为提高，得到更高的工资，而且使工人建立一种用科学的工作方法，使公司获得更多的利润。

4. 差别（计件）工资制

在差别计件工资制提出之前，泰勒详细研究了当时资本主义企业中所推行的工资制度，例如日工资制和一般计件工资制等，其中也包括对在他之前由美国管理学家亨利·汤提出的劳资双方收益共享制度和弗雷德里克·哈尔西提出的工资加超产奖金的制度。泰勒认为这些工资方案的管理方式都不够理想，它们普遍存在着共同的缺陷，也就是不能够充分调动职工的积极性，不能满足效率最高的原则。针对这个问题，泰勒在1895年提出了一种具有很大刺激性的报酬制度——“差别工资制”方案，其主要内容有三个方面：

（1）设立专门的制定定额的部门。这个部门的主要任务是通过计件和工时的研究，进行科学的测量和计算，制定出一个标准制度，以确定合理的劳动定额和恰当的工资率，从而改变过去那种以估计和经验为依据的方法。

（2）制定差别工资率。即按照工人是否完成定额而采用不同的工资率。如果工人能够保质保量地完成定额，就按高的工资率付酬，以资鼓励；如果工人的生产没有达到定额就将全部工作量按低的工资率付给，并给以警告，如不改进，就要被解雇。

（3）工资支付的对象是工人，而不是职位和工种。也就是说，每个人的工资尽可能地按他的技能和工作所付出的劳动来计算，而不是按他的职位来计算。其目的是克服工人“磨洋工”现象，同时也是为了调动工人的积极性。要对每个人在准时上班、出勤率、诚实、快捷、技能及准确程度方面做出系统和细微的记录，然后根据这些记录不断调整他的工资。

泰勒认为，差别计件工资制主要有三个方面的优点：

（1）有利于充分发挥个人积极性，有利于提高劳动生产率，能够真正实现“高工资和低劳动成本”。

（2）由于制定计件工资制与日工资率是经过正确观察和科学测定的，又能真正做到多劳多得，因此这种制度就能更加公平地对待工人。

（3）能够迅速地清除所有低能的工人，吸收适合的工人来工作。因为只有真正好的工人，才能做到又快又准确，可以取得高工资率。泰勒认为这是实行差别计件工资制最大的优点。正如泰勒在总结差别计件工资制实施情况时所言，“制度（差别计件工资制）对工人士气影响的效果是显著的。当工人们感觉受到公正的待遇时，就会更加英勇、更加坦率和更加诚实，他们会更加愉快地工作，在工人之间和工人与雇主之间建立互相帮助的关系。”

5．劳资双方的精神革命

科学管理不仅仅是将科学化、标准化引入管理，更重要的是提出了实施科学管理的核心问题——精神革命。泰勒在《科学管理原理》一书中明确指出，资方和工人之间、组织和个人之间的紧密合作，是现代科学或责任管理的精髓；没有劳资双方的密切合作，任何科学管理的制度和方法都难以实施，难以发挥作用。如何才能实现劳资双方的密切合作呢？泰勒认为，必须使劳资双方实行“一次完全的思想革命”和“观念上的伟大转变”。正如泰勒所言，“科学管理在实质上包含着要求在任何一个具体机构或工业中工作的工人进行一场全面心理革命——要求他们在对待工作、同伴和雇主的义务上进行一种全面的心理革命。同时，科学管理也要求管理部门的人——工长、监工、企业所有人，董事会——进行一场全面的心理革命，要求他们在对管理部门的同事、对他们的工人和所有日常问题的责任上进行一场全面的心理革命。没有双方的这种全面的心理革命，科学管理就不能存在。他们将会明白，当他们停止互相对抗，转为向一个方面并肩前进时，他们的共同努力所创造出来的盈利会大得惊人。他们会懂得，当他们用友谊合作、互相帮助来代替敌对情绪时，通过共同努力，就能创造出比过去大得多的盈余。”

6. 管理职能和执行职能分开

针对老体制下所有工作程序都由工人凭他个人或师傅的经验去干、效率低下的现状，泰勒认为，应当由资方按科学规律去办事，要均分资方和工人之间的工作和职责，也就是说，要把计划职能与执行职能分开，并在企业设立专门的计划机构。泰勒在《工厂管理》一书中为专门设立的计划部门规定了 17 项主要负责的工作，包括企业生产管理、设备管理、库存管理、成本管理、安全管理、技术管理等各个方面。泰勒把计划的职能和执行的职能分开，改变了凭经验工作的方法，而代之以科学的工作方法，即找出标准，制定标准，然后按标准办事。要确保管理任务的完成，应由专门的计划部门来承担找出和制定标准的工作。必须指出的是，泰勒所说的计划职能与执行职能分开，实际上就是把管理职能与执行职能分开；所谓设置专门的计划部门，实际上就是设置专门的管理部门；所谓“均分资方和工人之间的工作和职责”，实际上就是说让资方承担管理职责，让工人承担执行职责。这也就进一步明确了厂资方与工人之间、管理者与被管理者之间的关系。应该说，泰勒的这种管理方法使得管理思想的发展向前迈出了一大步，将分工理论进一步拓展到管理领域。

7. 职能工长制

泰勒不但提出将计划职能与执行职能分开，还提出必须废除当时企业中军队式的组织结构而代之以“职能式”的组织结构，实行“职能式的管理”。在军队式组织的企业里，工业机构的指令是从经理经过厂长、车间主任、工段长、班组长而传达到工人。在这种企业里，工段长和班组长的责任是复杂的，需要相当的专门知识和各种天赋的才能，所以只有本来就具有非常素质并受过专门训练的人，才能胜任。泰勒列举了在传统组织下作为一个工段长应具有的几种素质，即教育、专门知识或技术知识、机智、充沛的精力、毅力、诚实、判断力或常识、良好的健康情况等。但是每一个工长不可能同时具备这 9 种素质。为此，泰勒认为，为了使工长职能有效地发挥，就要进行更进一步地细分，使每个工长只承担一种管理的职能。基于这种假设，泰勒设计出 8 种职能工长，来代替原来的一个工长。这 8 个工长 4 个在车间、4 个在计划部门，在其职责范围内，每个工长可以直接向工人发布命令。在这种情况下，工人不再听一个工长的指挥，而是每天从 8 个不同头头那里接受指示和帮助。

泰勒的职能工长制是根据工人的具体操作过程进一步对分工进行细化而形成的，这种职能工长制主要有三个优点：(1) 每个职能工长只承担某项职能，职责单一，对管理者培训花费的时间较少，有利于发挥每个人的专长。(2) 管理人员的职能明确，容易提高效率。(3) 由于作业计划由计划部门拟定，工具和作业方法标准化，车间现场工长只负责现场指挥与监督，因此非熟练技术的工人也可以从事较复杂的工作，从而降低了整个企业的生产费用。尽管泰勒的职能工长制有许多优点，但后来的事实也证明，这种单纯的“职能型”的组织结构容易导致多头领导，造成管理混乱。

8. 例外原则

所谓例外原则，是指企业的高级管理人员把一般的日常事务授权给下级管理人员去负责处理，而自己只保留对例外事项、重要事项的决策权、控制权和监督权，如重大的企业战略问题和重要的人员更替问题等。泰勒认为，规模较大的企业不能只依据职能原则来组织和管理，而必须应用例外原则。正如泰勒在《工厂管理》一书中所指出，“经理只接受有关超常规或标准的所有例外情况的、特别好和特别坏的例外情况、概括性的、压缩的及比较的报告，以便使他得以有时间考虑大政方针并研究他手下的重要人员的性格和合适性。”泰勒提出的这种以例外原则为依据的管理控制方式，至今仍然是管理中极为重要的原则之一；而且，也成为当今授权原则、分权化原则和实行事业部制等管理体制的基础。

2.2.2.2　泰勒的成就和科学管理理论的缺陷

泰勒的管理理论与实践成就十分巨大，尤其在以下几个方面的影响延续至今，并成为现代管理理论的思想基础。

（1）首先采用实验方法研究管理问题，开创实证式管理研究先河。泰勒不是坐在学院里进行饶有兴趣的逻辑性推论，而是走下工厂，深入车间，做了大量著名的实验，短则一周数天，长则竟可达26年，如其金属切削实验。这就如同培根和伽利略首先在科学、哲学上引进实验方法，使得近代科学、哲学真正成为一门可以进入真正的科学层面一样，泰勒使得管理学由杂谈变成了一门真正的严肃严谨的真科学。而其实证方法，则为管理学研究开辟了一片无限广阔的新天地。

（2）开创单个或局部工作流程的分析，是流程或过程管理学派的鼻祖。泰勒的创造性贡献还在于他首先选取整个企业经营管理的现场作业管理中的某一个局部，从小到大地来研究管理。这样一种方法与实证方法相配合，是一种归纳研究方法，即由许多具体案例或实验结果，归纳提升成为整体性结论。对于像管理学等应用性或实践性科学来讲，归纳法比演绎法具有更加突出的重要性。而其对单一或局部工作流程的动作研究和时间研究，合起来即为流程效率研究，更为后世所效法，成为研究和改进管理工作的主要方法。

（3）率先提出经验管理法可以为科学管理法所取代，从而开拓了管理的视野。泰勒的管理理论之所以被尊称为科学管理理论，原因在于他首次突破了管理研究的经验途径这一局限性视野，首次提出要以效率、效益更高的科学性管理，来取代传统小作坊师傅个人经验传带或个人自己积累经验的经验型管理。让我们认识到，经验对于管理虽然是重要的基础性的，但却远非决定性的和唯一性的，任何工作和业务流程，通过科学的分析与探讨，更能够接近并在一定程度上达到完美。从此，人们认识到在管理上引进科学研究方法的重要性和必要性。

（4）率先提出工作标准化思想，是标准化或基准化管理的创始人。泰勒以作业管理为核心的管理理论，其目的是达到现实生产条件下最大生产效率，但其研究成果却是以标准化、各个环节和要素的标准化为表现形式。这是一个很重要的标准量化管理的研究成果，开启了标准化管理的先河。现在的许多标准如ISO、GMP等大量标准化管理体系，其沿用的仍然是泰勒的思想方法和工作方法。标准化管理已经成为现代管理不仅仅是生产管理的一个普遍性核心构成部分。

（5）首次将管理者和被管理者的工作区分开来，管理首次被视为一门可研究的科学。泰勒在工作和研究中认识到，强调分工和专业化对于提高生产效率是重要的，因此，他首先提出了管理者和被管理者的工作其实是不一样的。简单地说，管理者主要在计划，而被管理者主要在执行；另外，管理者还要进行例外管理。把管理从生产中分离出来，是管理专业化、职业化的重要标志，管理因此被公认为一门需要独立研究的科学。

（6）首次提出管理转变必须考虑人性。在我们今天看来，泰勒的科学管理思想并不是什么惊天动地的事。但对于泰勒本人和当时时代来说则恰恰就是这么一回事。泰勒自己宣称，“科学管理在实质上要求任何一个具体机构或机构中的工人及管理人员进行一场全面的心理革命，没有这样的心理革命，科学管理就不存在。”因此，泰勒考虑到了管理转变关系到人性的许多层面，他虽然没有展开深入研究，但他建议企业要考虑到各个层面人们的感受，尤其是强调工人要能够愉快地胜任新方法下的工作并获得更高报酬，这说明了泰勒虽然较多关心提高社会生产总效率问题，但并不是对工人就很残酷。

自20世纪初期以来，泰勒的科学管理思想在美国和欧洲一直大受欢迎，也因此，泰勒在管理思想发展史上被尊称为“科学管理之父”。他是一个影响了流水线生产方式产生的人；一个被社会主义伟大导师列宁推崇备至的人；一个影响了人类工业化进程的人。90多年后的今天，泰勒所开创的科学管理思想对于当今的企业管理理论与实践仍然发挥着巨大的作用。然而，泰勒的科学管理理论也有其一定的局限性，如研究的范围比较小，内容比较窄，侧重于生产作业管理。另外，泰勒对于现代企业的经营管理、市场、营销、财务等都没有涉及。更为重要的是，他对人性假设的局限性，即认为人仅仅是一种经济人，这无疑限制了泰勒的视野和高度，也因此，他成为一个被工人称为野兽般残忍的人；一个与工会水火不容，被迫在国会上作证的人；一个被现代管理学者不断批判的人。但这些也正是需要泰勒之后的管理大师们创建新的管理理论来加以补充的地方。

2.2.3 法约尔的一般管理理论

亨利·法约尔（Henri Fayol，1841—1925）与马克斯·韦伯（Max Weber，1864—1920）、弗雷德里克·温斯洛·泰勒（Frederick Winslow Taylor，1856—1915）一道被并称为西方古典管理理论的三位先驱，也是管理过程学派的创始人。亨利·法约尔于1841年7月29日出生于法国一个中产阶级家庭。15岁时就读于里昂一所公立中等学校，两年后考入圣艾蒂安国立矿业学院，19岁毕业时取得矿业工程师资格。此后，法约尔的人生历程可以分为四个阶段：第一阶段为1860—1872年。1860年他被任命为科芒特里——富香博公司的科芒特里矿井组工程师。此时，法约尔作为一个等级较低的管理人员和技术人员，主要关心的是采矿工程的事情，特别是防止火灾危险的事。他于1866年被任命为科芒特里矿井矿长。第二阶段为1872—1888年。在这个时期，他被提升为经理，领导一批矿井，他主要考虑的是决定这些矿井的经济情况的因素。此时，他不仅要从技术方面考虑，更要从管理和计划方面考虑，促使他对管理进行研究。第三阶段为1888—1918年。此段时期刚开始时该公司财政状况极为困难，几乎濒于破产，法约尔临危受命为公司的总经理，他按照自己关于管理的思想和理论对公司进行了改革和整顿，成立了新的被称为“科芒博”的煤铁联营公司。后来，法约尔获得巨大的成功，把原来濒于破产的公司整顿得欣欣向荣。与此同时，公司培养了一批管理、技术和科学上的骨干力量。当法约尔77岁退休时，该公司已能在财务和经营上立于不败之地，至今仍是法国中部最大的采矿和冶金集团的一部分。第四阶段为1918—1925年。这个阶段从他退休直到逝世，虽已年逾古稀，但精力不衰，他一直致力于普及自己的管理理论工作，对他30年事业上的惊人成就加以总结。

亨利·法约尔是直到21世纪上半叶为止，欧洲贡献给管理运动的最杰出的大师，被后人尊称为“现代经营管理之父”。纵观亨利·法约尔的一生，他在科芒特里公司工作期间就开始了管理的研究工作。1900年，他向“矿业和冶金协会”的会议提交了论行政管理的论文，开始系统地阐述他的行政管理的思想。在1908年的矿业学会五十周年大会上，他提交了论文《论管理的一般原则》。1916 年，他在矿业学会公报上，发表了著名的管理著作《工业管理与一般管理》。从 1918 年退休后到 1925 年去世这段时间里，他主要从事两项工作：第一项是创办一个管理学研究中心；第二项工作是试图说服政府对管理原则多加注意，以普及自己的管理思想与理论。亨利·法约尔最主要的贡献在于三个方面：从经营职能中独立出管理活动；提出五大管理职能；提出 14 条管理原则。这三个方面也是其一般管理理论的核心。法约尔的著述很多，其中，1916 年出版的《工业管理和一般管理》是其最重要的代表作，标志着一般管理理论的形成。

相较于泰勒的科学管理理论，法约尔是从总经理的办公桌旁，以企业整体作为研究对象，创立了他的一般管理理论，侧重于高层管理理论；而泰勒的研究是从工厂管理的一端——“车床前的工人”开始实施，从中归纳出科学的一般结论，重点内容是研究如何提高工厂中劳动生产率的问题。法约尔认为，管理理论是“指有关管理的、得到普遍承认的理论，是经过普遍经验并得到论证的一套有关原则、标准、方法、程序等内容的完整体系；有关管理的理论和方法不仅适用于公私企业，也适用于军政机关和社会团体”。而这正是其一般管理理论的基石。所以，作为一名管理学的哲理家和一名国务活动家，他在本国和很多其他欧洲国家的思想史上留下的影响并不逊色于泰罗给美国留下的影响。法约尔的一般管理理论对管理学的发展产生了巨大的影响，后来成为管理过程学派的理论基础（该学派将法约尔尊奉为开山祖师）。因此，继泰勒的科学管理理论之后，一般管理理论被誉为管理学史上的第二座丰碑。

法约尔一般管理理论的思想精髓主要体现在以下三个方面。

1. 六种企业经营活动

法约尔认为，经营和管理是两个不同的概念，企业经营包含以下六种活动：

（1）技术活动（生产、制造、加工）；

（2）商业活动（购买、销售、交换）；

（3）财务活动（筹集和最适当地利用资本）；

（4）安全活动（保护财产和人员）；

（5）会计活动（财产清点、资产负债表、成本、统计等）；

（6）管理活动（计划、组织、指挥、协调和控制）。企业经营的这六种活动适用于企业里所有的职能人员，不过，管理层次越高，管理能力所占比重也就越大；同时，对不同规模的企业，其领导人必要能力的构成也各有侧重，一般地说，小型工业企业领导人侧重于技术能力，中等企业的领导人对这两种能力的构成大致相等，大型企业管理能力居主导地位，而商业和财务能力对于中小企业领导人比对企业中的中下层工作人员起的作用更多。

法约尔进一步指出，人们对经营活动的前五种了解较多，但对管理活动知之甚少，也因此，法约尔主要集中研究了管理活动。他认为，管理是一种具有一般性的、适用于企事业单位和行政组织的一般职能。管理具有可概念化、可理论化以及可传授的特征，应该大力发展管理教育。

2. 五大管理职能

法约尔认为，管理就是计划、组织、指挥、协调和控制，并且，他对这 5 个要素进行了详尽的分析。

(1) 计划。法约尔在这里是把计划和预见作为一个相同的概念提出的，而预见即表示对未来的估计，也表示为未来做准备，它是以企业的资源、所经营业务的性质和未来的趋势为其根据的。法约尔认为，一个好的行动计划应具备以下特征：统一性；连续性；灵活性；精确性。法约尔进一步认为，制定一个好的行动计划要有一个精明的、有经验的领导，他必须具有管理人的艺术、积极性、勇气、专业能力、处理事务的一般知识和领导人员本身的稳定性。计划即预见是管理的首要因素，具有普遍的适用性，而且是一切组织活动的基础。

(2) 组织。组织可分为物质组织与社会组织，法约尔所论及的仅仅是社会组织，即为企业的经营提供所有必要的原料、设备、资金、人员。法约尔认为，组织所应完成的管理任务包括：检查计划制定情况和执行情况；注意组织活动是否与企业目标、资源和需要相适应；建立一元化的、有能力的、有效的领导；配合行动，协调力量；做出清楚、明确、准确的决策；有效地配备和安排人员；明确职责；鼓励首创精神与责任感；建立合理的报酬方式；建立惩罚制度；使大家遵守纪律；使个人利益服从企业利益；进行全面控制；与规章过多、官僚主义、形式主义、文牍主义做斗争等。

(3) 指挥。法约尔认为，指挥即让社会组织发挥作用，是一种以某些个人品质和对管理的一般原则的了解为基础的艺术。担任指挥工作的领导应该做到：对职工有深入的了解；淘汰没有工作能力的人；对企业和职工之间的协定很了解；做出榜样；对组织要定期检查，并使用概括的图表来促进这项工作；召开讨论统一指挥和集中努力时要让主要助手参加；不要陷入琐碎事务；力争使成员团结、主动、积极和忠诚。

(4) 协调。法约尔认为，企业的一切工作都要和谐地配合，使各职能的社会组织机构和物资设备机构之间保持一定比例，在工作中做到先后有序，有条不紊，以便于企业经营的顺利进行，并有利于企业取得成功。在法约尔看来，协调是一种平衡行动，使支出和收入相等，使设备适合于实现生产目标的需要，以及确保销售和生产之间的协调一致。组织工作和计划工作通过规定任务、制定时间表以及实行目标管理等方法，来推进协调工作。领导部门的每周例会是协调工作的最好方式之一，而在各次会议间隔的时间里，为了促进协调以及照管远离中心领导机构的单位，可以使用联络人员——一般由参谋人员承担，但联络人员不能代替首脑人员承担直接责任。

(5) 控制。法约尔认为，控制就是要证实一下各项工作是否都与已定计划相符合，是否下达的有缺点和错误，以便加以纠正并避免重犯。对物、对人、对行动都可以进行控制。控制涉及企业的一切方面，包括商业方面、技术方面、财政方面、安全方面和会计方面。当控制工作太多、太复杂、涉及面太大时，就应作为一项独立的工作来设立专门的检查员或监督员。在控制中，一个要避免的危险是对各部门的领导和工作进行过多的干预。这种越权行为会造成最可怕的双重领导：一方面是不负责任的控制人员，他们有时在很大范围内造成有害影响；一方面是被控制的业务部门，他们没有权利采取自卫措施来反对这种控制。一切控制活动都应是公正的，控制这一要素在执行时也需要有持久的专心工作精神和较高的艺术。

3. 14 条管理原则

法约尔提出了著名的 14 条管理原则。

(1) 劳动分工原则。这个原则和亚当·斯密的“分工原则”相一致。劳动分工可提高劳动的熟练程度和准确性，从而提高劳动生产率。劳动分工不仅适用于技术工作，也适用于管理和其他工作，并且其结果将会导致职能的专业化和权力的分散。

（2）权力与责任对等原则。权力是指挥和要求别人服从的能力，而责任是权力的孪生物，是权力的当然结果和必要补充，凡有权力的行使就必然存在着对等的责任。

（3）纪律原则。纪律是企业和其下属人员之间通过协定而达成一致的服从、勤勉、积极、举止和尊敬的表示，它是以尊重而不是以恐惧为基础的。没有纪律，任何一个企业都不能兴旺繁荣，而纪律的状况则主要取决于其领导的道德状况。维护纪律不排除对违反共同协定即违反纪律的行为进行惩罚，包括指责、警告、罚款、停职、降级或开除等。高层领导和下属人员一样，必须接受纪律的约束。制定和维持纪律最有效的办法包括：各方面极好的领导；尽可能明确而又公平的协定；合理执行惩罚；等。

（4）统一指挥原则。无论对于哪一种工作而言，下属人员都只应接受来自一位直接上级的命令。在任何情况下，都不会有适应双重指挥的社会组织。双重指挥经常是冲突的根源。

（5）统一领导原则。人类社会和动物机体一样，如果一个人身体有两个脑袋，就是个怪物，就难以生存。因此，对于力求达到同一目的的全部活动，只能有一个领导人和一项计划。“统一领导”和“统一指挥”是两个概念，人们通过建立完善的组织来实现一个社会团体的统一领导，而统一指挥取决于人员如何发挥作用。

（6）个人利益服从整体利益原则。在一个企业中，个人或一些人的利益不能置于企业利益之上，一个家庭的利益应先于一个成员的利益，国家利益应高于一个公民或一些公民的利益。因此，必须对无知、贪婪、自私、懒惰、懦弱和一切把个人利益置于整体利益之上的行为进行持久的斗争。

（7）员工报酬原则。企业应该按照员工所提供的服务付给他们公平、合理的薪水，并尽量使企业和所属人员都满意。员工的报酬方式有按劳动日付酬、按工作任务付酬和计件付酬三种，其方法还包括奖金、分红、实物补助和精神奖励。付酬的方式取决于多种因素，其目的只有一个，即改善所属人员的作用和命运，鼓励各级人员的劳动热情。

（8）集权原则。集权是指下级参与决策制定的程度。集分权管理作为一种制度，本身无所谓好坏，需要根据企业的实际情况，决定集分权的最适宜程度。实行集分权管理的最终目的是人尽其才。

（9）等级链原则。在一个企业中，从高层管理者到最底层人员的权利连线构成了等级链，沟通应当遵循这条等级链。然而，如果遵循这条等级链将会导致时间延迟，那么跨等级链的交流是被允许的。企业的各级人员都应养成使用这种最短通路的习惯，后来人们称这种方式为“法约尔跳板”。

（10）秩序原则。人和物都应该在合适的时间出现在合适的地点，即每个人都有一个位子，每个人都在他的位置上，而每个位子都是事先选择好的。这一条原则还应用于物品和场地方面。

（11）公平原则。企业管理者应该宽容和公正地对待下级。企业领导者应努力使公平感深入人心。

（12）人员稳定原则。高的人员流动率往往是企业无效率的一个重要表现。管理者应该提供有秩序的人员安排并且保证替代人员可以补缺空位。要努力保持企业领导人和其他人员的相对稳定性，合理补充人力资源，掌握好人员稳定的尺度。

（13）首创精神原则。员工如果被允许创立和执行自己的计划，他们往往会发挥高水平的努力，这是人类活动最有力的刺激物之一。除了领导的首创性外，还要加上全体人员的首创性，并在必要时去补充前者，应尽可能地鼓励和发展这种能力。一个能发挥下属人员首创精神的领导要比一个不能这样做的领导高明得多。

（14）团队合作原则。全体人员的和谐与团结是一个企业的巨大的力量。为维护团队合作，法约尔特别强调了需要注意的一个原则和需要避免的两个危险：一个原则就是统一指挥的原则；两个危险分别是对格言断章取义、各取所需的危险和滥用书面联系的危险。

法约尔的管理5大职能和14条管理原则历经了漫长岁月的洗礼和检验，在现代管理中已被作为普遍遵循的一般管理准则，并发展成为管理过程学派的理论基础。因此，继泰勒的科学管理理论之后，一般管理理论被誉为管理学史上的第二座丰碑。

2.2.4 马克斯·韦伯的官僚行政组织理论

马克斯·韦伯（Max Weber，1864—1920）是与泰勒和法约尔同一历史时期，并且对西方古典管理理论的确立做出杰出贡献的德国著名社会学家、政治经济学家和哲学家。韦伯于1864年4月21日出生在德国爱尔福特的一个中产阶级家庭，他是家中的长子，父亲是一名知名的政治家和公务员。父亲的职业使家里充满了政治的气氛，许多突出的学者和公众人物都经常造访家中。受到家庭环境的耳濡目染，年轻的韦伯表现出他对研究社会科学的强烈兴趣。在1882年韦伯进入了海德堡大学的法律系就读。如同他父亲一样，韦伯选择以法律作为主要学习领域，并且也加入了他父亲就读大学时的同样社团。除了法律的学习外，年轻的韦伯也学习了经济学、中世纪历史、神学。他也在斯特拉斯堡加入德国国防军服役了一小段时间。他在1889年完成了一篇标题为“中世纪商业组织的历史”的博士论文，取得了他的法律博士学位。在韦伯即将完成博士论文的那一年里，韦伯也开始对当时的社会政策产生兴趣。在1888年他加入了一个名为“社会政治联盟”（Verein für Socialpolitik）的团体，这个专业团体成员大多是当时隶属经济历史学派的德国经济学家，他们将经济视为是解决当时广泛社会问题的主要方法，并且对当时的德国经济展开大规模的统计研究。1896年韦伯被聘为其母校海德堡大学的教授。韦伯在1903年与他的同事维尔纳·松巴特（Werner Sombart）创办了一本名为《社会学和社会福利档案》的社会学期刊，由韦伯担任副编辑。1904年，韦伯开始于这本期刊发表一些他最重要的文章，尤其是一系列名为“新教伦理与资本主义精神”的论文，这后来成为他毕生最知名的著作，并且也为他后来许多针对文化和宗教对经济体系的影响的研究奠定根基。

韦伯是一位现代社会学的奠基人，他在组织管理方面有关行政组织的观点对社会学家和政治学家都有着深远的影响。他不仅考察了组织的行政管理，而且广泛地分析了社会、经济和政治结构，深入地研究了工业化对组织结构的影响。他提出了所谓理想的行政组织体系理论，其核心是组织活动要通过职务或职位而不是通过个人或世袭地位来管理，对工业化以来各种不同类型的组织产生了广泛而又深远的影响，成为现代大型组织广泛采用的一种组织管理方式。他的“理想的行政组织理论”是对泰勒的科学管理理论和法约尔的一般管理理论的一种补充，对后世的管理学家，尤其是组织理论学家有着重大而深远的影响，因而在管理思想发展史上被人们誉为“组织理论之父”。

2.2.4.1 马克斯·韦伯的行政组织理论思想精要

1. 权力的基础

马克斯·韦伯指出，任何一种组织都必须以某种形式的权力为基础，才能实现其目标，只有权力才能变混乱为有序。如果没有这种形式的权力，其组织的生存都是非常危险的，就更谈不上实现组织的目标了，权力可以消除组织的混乱，使得组织的运行有秩序地进行。马克斯·韦伯把这种权力划分为3种类型：第一种是理性的、法定的权力，指的是依法任命，并赋予行政命令的权力，对这种权力的服从是依法建立的一套等级制度，这是对确认职务或职位的权力的服从。第二种是传统的权力，它是以古老的、传统的、不可侵犯的和执行这种权力的人的地位的正统性为依据的。第三种是超凡的权力，它是指这种权力是建立在对个人的崇拜和迷信的基础上的。韦伯认为，这三种纯粹形态的权力中，传统权力的效率较差，因为其领导人不是按能力来挑选的，仅是单纯为了保存过去的传统而行事。超凡权力过于带感情色彩并且是非理性的，不是依据规章制度而是依据神秘或神圣的启示，所以这两种权力都不宜作为理想的行政组织体系的基础，只有理性和法律的权力（合法权力）才能作为理想的行政组织体系的基础。因为理性的合法权力具有较多的优点，如有明确的职权领域；执行等级系列；可避免职权的滥用；权力行使的多样性等。这样就能保证行政组织经营管理的连续性和合理性，才能按照人的才干来选拔人才，并按照法定的程序来行使权力，因而是保证组织健康发展的最好的权力形式。

2. 理想的行政组织体系

行政组织体系又被称为官僚政治或官僚主义，它本身并不带有贬义。马克斯·韦伯的原意是通过职务或职位而不是通过个人或世袭地位来管理。要使行政组织发挥作用，管理应以知识为依据进行控制，管理者应有胜任工作的能力，应该依据客观事实而不是凭主观意志来领导，因而这是一个有关集体活动理性化的社会学概念。至于“理想的行政组织体系”中所谓“理想的”，并不是指最合乎需要的，而是指组织“纯粹的”形态。在实际生活中，可能出现各种组织形态的结合或混合，但韦伯为了进行理论分析，需要描绘出一种理想的形态。马克斯·韦伯的理想行政组织结构可分为三层，其中最高领导层相当于组织的高级管理阶层，行政官员相当于中级管理阶层，一般工作人员相当于基层管理阶层。企业无论采用何种组织结构，都具有这三层基本的原始框架。马克斯·韦伯进一步指出，现代的行政组织存在着一种正式的管辖范围的原则，这种管辖范围一般是由规则（即法律或行政规定）来确定的。马克斯·韦伯认为，合法型统治是官僚组织结构理论的基础，因为它为管理的连续性提供了基础，担任管理职务的人员是按照他对工作的胜任能力来挑选的，具有其合理性；领导人具有行使权力的法律手段；所有的权力都有明确的规定，任职者不能滥用其正式权力。合法型统治是以一种对正规形式的“法律性”以及对那些升上掌权地位者根据这些条例发布命令的权力的信任作为基础的。这种组织的管理制度不仅具有合法的公认权威性，并且具有“理性”，因而能够实现最佳管理目标。

3. 理想的行政组织体系的特征

作为一种理想的行政组织体系，其特征主要表现在以下几个方面：

(1) 任何组织机构都应当有确定的目标。组织机构是根据明文规定的规章制度组成的，并具有确定的组织目标。组织机构人员的一切活动，都必须遵守一定的程序，其目的是实现组织的目标。

（2）为确保组织目标的实现，必须实行劳动分工。组织为了达到目标，把实现目标的全部活动进行划分，然后落实到组织中的每一位成员。组织中的每一个职位都有明文规定的权利和义务，这种权利和义务是合法化的。

（3）基于等级制度形成指挥链。理想的行政组织体系是一个井然有序且具有完整的权责相互对应的组织，各种职务和职位按等级制度的体系来进行划分，每一级的人员都必须接受其上级的控制和监督，下级服从上级。但是他也必须为自己的行动负责，这样，作为上级来说必须对自己的下级拥有权力，发出下级必须服从的命令。

（4）在人员关系上，上级和下级之间是一种指挥和服从的关系。这种关系不是由个人决定，而是由职位所赋予的权力所决定的，个人之间的关系不能影响到工作关系。

（5）承担每一个职位的人都是经过挑选的。也就是说必须经过考试和培训，接受一定的教育获得一定的资格，由需要的职位来确定需要什么样的人来承担。人员必须是称职的，同时也是不能随便免职的。

（6）管理人员实行委任制。所有的管理人员都是委任的，而不是选举的（有一些特殊的职位必须通过选举的除外），是以技术条件为依据来挑选的，在最合乎理性的情况下，他们是通过考试获得的、通过证书确认的专业业务资格的。

（7）管理人员有固定的薪金，并且有明文规定的升迁制度，有严格的考核制度。管理人员的升迁是完全由他的上级来决定的，下级不得表示任何意见，以防止破坏上下级的指挥系统，通过这种制度来培养组织成员的团队精神，要求他们忠于组织。

（8）管理人员必须严格地遵守组织中的法规和纪律，这些规则不受个人感情的影响，而适用于一切情况。组织对每个成员的职权和协作范围都有明文规定，使其能正确地行使职权，从而减少内部的冲突和矛盾。

2.2.4.2 理想的行政组织理论的优缺点

马克斯·韦伯所提出的理想的行政组织体系其实是一种效率很高的组织形式。从纯技术的角度看，马克斯·韦伯的理想的行政组织体系摆脱了传统组织过分依赖个人和裙带关系、人身依附关系，以及采用任意、随机、易变、主观、偏见、多变的管理方式的影响，它强调知识化、专业化、制度化、标准化、正式化和权力集中化，能够在技能和效率的基础上，使组织内人们的行为更具理性化和合法化，具有比传统组织优越得多的精确性、连续性、一致性、可靠性和可预测性，并最终能够给组织带来更高的效率。这种行政组织体系顺应了工业革命以来大型企业组织的发展需要。在当今社会中所存在的各种各样的组织——不管是工厂、学校、机关、医院或是军队——都或多或少地具有马克斯·韦伯所描绘的理想的行政组织体系的某些特征。

然而，马克斯·韦伯的理想的行政组织理论（官僚组织结构理论）也存在一些问题或缺陷，并招致了后来很多学者的批评和争议，主要体现在以下两个方面：

（1）诸多假设的有效性问题。例如，马克斯·韦伯的行政组织理论强调建立等级系统，认为它有助于促进纪律和加强统一指挥原则，而且该理论是以技术为根据来选择候选人的。其背后隐含着这样一个假设前提：当上级与下级之间出现不协调时，上级的判断必然比下级的判断正确。显然，这个假设存在着明显的缺陷。因为上级并不可能总是比下级正确。又如，马克斯·韦伯的行政组织理论强调人际关系的非人格化，决策者决策时考虑的只能是规章和程序、合理性和效率。其背后隐含着这样一个假设前提：组织中只存在正式组织的框架，否认人的感情等非正式组织方面的因素对管理者决策的影响。显然，这个假设前提也是不能完全成立的。

（2）过分强调执行规章制度。当然，任何一个组织都要有一定的规章制度，以规范组织和组织成员的行为。但是，过分地强调规章制度也会抑制组织的创造力与创新精神，使得组织的“官僚”们在遵守规章制度的借口下不做与现实不相关问题的决策，不过早地做决策，不做其他人会做的决策等问题。对于官僚们来说，只要按章办事就不会犯错误，至于说如何才能提高组织的效率，则不是他们所要考虑的事情。久而久之，官僚组织中的“官僚”们就形成了这样的行为规范：求稳定和坚持原则对个人成功是至为重要的；宁可把冒险的决策推给别人也不愿意自己冒可能犯错误的风险；否定一个建议比肯定一个建议更安全；慢慢研究比马上决定更为稳妥。其结果，就形成了人们所批评的效率低下的“官僚主义”和“官僚作风”了。

纵观古典管理时期的三个主要代表人物，泰勒率先在管理研究中采用了试验研究等科学管理方法，开创了科学管理学派；法约尔明确了管理是企业的一种基本活动，包含计划、组织、指挥、协同和控制5大职能，并提出了有效管理的14大原则，为管理过程学派打下了坚实的理论基础；而马克斯·韦伯的理想的行政组织理论则提出了最适合于企业组织发展需要的组织类型和基本管理精神，成为自工业革命以来大型企业组织争相效仿与借鉴的“理想模型”。总之，古典管理时期的三个主要代表人物，为现代管理学的发展奠定了坚实的理论基础。

2.3 西方近代管理理论

进入20世纪三四十年代，经过西方古典管理理论的快速传播与发展，管理学迈入了新的发展时期。这一时期最为突出的理论成果是由梅奥等学者发起的人际关系学说（即行为学科理论的初级阶段）和以巴纳德、西蒙、马奇等学者为代表的近代组织管理理论。

2.3.1 梅奥的人际关系学说

乔治·埃尔顿·梅奥（George Elton Mayo，1880—1949）是原籍澳大利亚的美国行为科学家，人际关系理论的创始人，美国艺术与科学院院士，美国哈佛大学心理学教授。20世纪二三十年代，梅奥带领研究人员和学生在西方电器公司（Western Electric）位于伊利诺伊州的霍桑工厂（Hawthorne Works）进行了一系列长达9年的心理学实验，也就是历史上著名的霍桑试验。1933年出版了《工业文明的人类问题》，提出了著名的“人际关系学说”，开辟了行为科学研究的道路，真正揭开了作为组织中的人的行为研究的序幕。

2.3.1.1 人际关系学说诞生的时代背景

古典管理理论的杰出代表泰勒、法约尔等人在不同的方面对管理思想和管理理论的发展做出了卓越的贡献，并对管理实践产生了深刻影响，但是他们共同的特点是，着重强调管理的科学性、合理性、纪律性，而未给管理中人的因素和作用以足够重视。他们的理论是基于这样一种假设，即社会是由一群群无组织的个人所组成的；他们在思想上、行动上力争获得个人利益，追求最大限度的经济收入，即“经济人”；管理部门面对的仅仅是单一的职工个体或个体的简单总和。基于这种认识，工人被安排去从事固定的、枯燥的和过分简单的工作，成了“活机器”。从20世纪20年代美国推行科学管理的实践来看，一方面，泰勒在使生产率大幅度提高的同时，也使工人的劳动变得异常紧张、单调和劳累，因而引起了工人的强烈不满，并导致工人的怠工、罢工以及劳资关系日益紧张等事件的出现；另一方面，随着经济的发展和科学的进步，有着较高文化水平和技术水平的工人逐渐占据了主导地位，体力劳动也逐渐让位于脑力劳动，也使得西方的资产阶级感到单纯用古典管理理论和方法已不能有效控制工人以达到提高生产率和利润的目的。这使得对新的管理思想，管理理论和管理方法的寻求和探索成为必要。

2.3.1.2 人际关系学说的诞生——霍桑试验

人的积极性对提高劳动生产率的影响和作用逐渐在生产实践中显示出来，并引起了许多企业管理学者和实业家的重视，但是对其进行专门的、系统的研究，进而形成一种较为完整的全新的管理理论则始于20世纪20年代美国哈佛大学心理学家梅奥等人所继续进行的著名的霍桑试验。霍桑工厂是美国西方电气公司（Western Electric）在芝加哥附近的一家工厂，生产制造电话交换机，具有较完善的娱乐设施、医疗制度和养老金制度，但工人们仍愤愤不平，生产成绩很不理想。为找出原因，从1924年开始，美国国家研究委员会组织研究小组开展实验研究。霍桑试验的初衷是根据科学管理原理，试图通过改善工作条件与环境等外在因素，找到提高劳动生产率的途径。后来（1927—1932年）美国哈佛大学心理学教授埃尔顿·梅奥带领学生和研究人员参加了该项试验，研究心理和社会因素对工人劳动过程的影响。

1924—1932年，先后进行了四个阶段的实验：照明试验、继电器装配工人小组试验、大规模访谈和对接线板接线工作室的研究。但试验结果却出乎意料，无论工作条件（照明度强弱、休息时间长短、工厂温度等）是改善还是取消改善，试验组和非试验组的产量都在不断上升；在试验计件工资对生产效率的影响时，发现生产小组内有一种默契，大部分工人有意限制自己的产量，否则就会受到小组的冷遇和排斥，奖励性工资并未像传统的管理理论认为的那样使工人最大限度地提高生产效率；而在历时两年的大规模的访谈试验中，职工由于可以不受拘束地谈自己的想法，发泄心中的闷气，从而态度有所改变，生产率相应地得到了提高。1933年梅奥出版了《工业文明的人类问题》，提出著名的“人际关系学说”，开辟了行为科学研究的道路。

2.3.1.3 人际关系学说的要点

1. 工人是“社会人”而不是“经济人”

在人际关系学说产生以前，以泰勒的科学管理理论为代表的传统管理理论认为，人是为了经济利益而工作的，所以金钱是刺激工人积极性的唯一动力，而传统管理理论也被称为“经济人”理论。梅奥等人以霍桑试验的成果为依据，提出了与“经济人”观点截然不同的“社会人”的观点。梅奥认为，人们的行为并不单纯出自追求金钱的动机，还有社会方面的、心理方面的需要，即追求人与人之间的友情、安全感、归属感和受人尊敬等，而后者更为重要。因此，不能单纯从技术和物质条件着眼，而必须首先从社会心理方面考虑合理的组织与管理。

2. 企业中存在着“非正式组织”

以泰勒的科学管理理论为代表的传统管理理论认为，必须建立严格完善的管理体系，尽可能避免工人在工作场合中的非工作性接触，因为其不仅不产生经济效益，而且降低工作效率。而霍桑试验表明，企业中除了存在着古典管理理论所研究的为了实现企业目标而明确规定各成员相互关系和职责范围的正式组织之外，还存在着非正式组织。这种非正式组织的作用在于维护其成员的共同利益，使之免受其内部个别成员的疏忽或外部人员的干涉所造成的损失。为此非正式组织中有自己的核心人物和领袖，有大家共同遵循的观念、价值标准、行为准则和道德规范等。梅奥指出，非正式组织与正式组织有重大差别。在正式组织中，以效率逻辑为其行为规范；而在非正式组织中，则以感情逻辑为其行为规范。如果管理人员只是根据效率逻辑来管理，而忽略工人的感情逻辑，必然会引起冲突，影响企业生产率的提高和目标的实现。因此，管理当局必须重视非正式组织的作用，注意在正式组织的效率逻辑与非正式组织的感情逻辑之间保持平衡，以便管理人员与工人之间能够充分协作。

3. 员工士气理论

以泰勒的科学管理理论为代表的传统管理理论认为，工作效率取决于科学合理的工作方法和好的工作条件，所以管理者应该关注动作分析、工具设计、改善条件、制度管理等。而霍桑试验表明，在决定劳动生产率的诸多因素中，置于首位的因素是工人的士气，也就是工人的满意度等心理需要的满足才是提高工作效率的基础，这种满意度主要体现为人际关系，如职工在企业中的地位是否被上司、同事和社会所承认等；而工作方法、工作条件、工资报酬等外在的物质因素的东西则只是第二位的东西。工人的满意度越高，其士气就越高，从而产生效率就越高。高的满意度来源于工人个人需求的有效满足，不仅包括物质需求，还包括精神需求。

4. 人际关系型领导者理论

泰勒的科学管理理论为代表的传统管理理论认为，管理者就是规范的制定者和监督执行者。而霍桑试验提出，必须有新型的人际关系型领导者，他们能理解工人各种逻辑的和非逻辑的行为，善于倾听意见和进行交流，并借此来理解工人的感情，培养一种在正式群体的经济需要和非正式群体的社会需要之间维持平衡的能力，使工人愿意为达到组织目标而协作和贡献力量。

总之，霍桑试验表明，人不是经济人，而是社会人，不是孤立的、只知挣钱的个人，而是处于一定社会关系中的群体成员，个人的物质利益在调动工作积极性上只具有次要的意义，群体间良好的人际关系才是调动工作积极性的决定性因素。梅奥的人际关系学说第一次把研究的重点从工作和物的因素上转移到人的因素上，不仅在理论上对古典管理理论作了开辟和补充，还为现代行为科学理论奠定了基础，而且对管理实践产生深远影响。因此，梅奥的理论也被称为“人际关系理论”或“社会人理论”。然而，人际关系理论也存在着一些局限性，具体表现在以下三个方面：（1）对经济人假设的过分否定；（2）对非正式组织的过分倚重；（3）对感情逻辑的过分强调。

2.3.1.4 行为科学的发展

在梅奥等人的人际关系学说基础上，有很多西方学者也开始从心理学、社会学等角度致力于这方面的研究和探索，如马斯洛的需求层次理论、麦格雷戈的 X－Y 理论、赫茨伯格的双因素理论等。自 20 世纪 50 年代起，该领域的研究成果被称之为“行为科学”。20 世纪 60 年代，为避免同广义的行为科学相混淆，出现了“组织行为学”这一名称，专指管理学中的行为科学。组织行为学实质上是包括早期行为科学——人际关系学说在内的狭义的行为科学。在 21 世纪的今天，它的研究对象与所涉及的范围主要分为三个层次：(1) 有关个体行为的理论，主要包括组织中的个体差异、个体行为的基础、个体行为与组织的匹配以及激励理论。(2) 有关群体行为的理论，主要包括群体行为、团队管理、领导与权力及政治、管理沟通以及冲突与冲突管理等理论。(3) 有关组织行为的理论，主要包括组织设计、组织变革与发展、组织文化以及组织学习与学习型组织等理论。

2.3.2 巴纳德的一般组织管理理论

研究管理必须从研究组织开始。然而，巴纳德以前的组织理论，由于受古典经济学的影响，偏重于专业分工与劳动生产效率，对组织中的人员没有给予足够的重视。尽管从霍桑试验开始，管理学开始关注组织中人的行为，并提出了“非正式组织”的概念，但是，霍桑试验关注的主题是人际之间的社会关系与心理感受，对正式组织有所忽视。这种组织理论的发展缺陷，直到巴纳德系统组织理论的出现才有了根本性的改观。

切斯特·巴纳德（Chester Barnard，1886—1961）是西方现代管理理论中社会系统学派的创始人，于 1886 年 11 月 7 日出生在美国一个贫穷的家庭。1906—1909 年期间在哈佛大学攻读经济学。由于拿不到一项实验学科的学分，1909 年未拿到学位的巴纳德离开哈佛大学，进入美国电话电报公司开始了他的职业生涯。巴纳德不仅是一位优秀的企业管理者，他还是一位出色的钢琴演奏家和社会活动家，他曾经担任过巴赫音乐学会的主席，帮助美国原子能委员会制定政策。在 20 世纪 30 年代大萧条时期担任新泽西州减灾委员会总监。1942 年巴纳德创立了联合服务组织公司并出任总裁。1948—1952 年担任美国洛克菲勒基金会董事长。巴纳德在漫长的工作实践中，不仅积累了丰富的经营管理经验，还广泛地学习了社会科学的各个分支。1938 年，巴纳德出版了著名的《经理人员的职能》一书，此书被誉为美国现代管理科学的经典之作。1948 年，巴纳德又出版了另一部重要的管理学著作——《组织与管理》。巴纳德的这些著作为建立和发展现代管理学做出了重要贡献，也使巴纳德成为社会系统学派的创始人。除了以上两本经典著作外，巴纳德还写过许多论文和报告，如《经理人员能力的培养》《人事关系中的某些原则和基本考察》《工业关系中高层经理人员的责任》《集体协作》《领导和法律》等。由于巴纳德在组织理论方面的开创性研究，奠定了现代组织理论的基础，因此他被管理学界誉为“现代管理理论之父”。

巴纳德在组织管理理论领域的主要思想体现在以下几个方面。

1. 组织是一个合作（协作）系统

巴纳德独创性地提出了组织的概念，他认为，组织就是一个由两个或两个以上的人组成的协作系统，并将组织分为正式组织与非正式组织。巴纳德认为，社会的各级组织——包括军事的、政治的、宗教的、学术的、企业的等多种类型的组织——都是一个协作的系统，这些协作组织是正式组织，都包含有三个要素：其一，共同的目标。一个组织必须有明确的共同目标，否则协作就无从发生。也就是说，组织不仅应当有目标，而且目标必须为组织的成员所理解与接受，否则就无法统一行动与决策。对于组织目标的理解可以分为协作性理解与个人性理解，协作性理解是指组织成员站在组织利益立场上客观地理解组织目标，个人性理解则是指组织成员站在个人利益立场上主观地理解组织目标。主管人员的一个重要职能就是向组织成员灌输组织目标与统一对组织目标的理解。必须区分组织目标与组织成员的个人目标，如何协调组织目标与个人目标的差异也是主管人员的一项重要任务。另外，一个组织要生存与发展，必须适应外部环境的变化，组织目标也必须随外部环境的变化而作适当的变更与调整。其二，协作的意愿。协作意愿是指组织成员对组织目标做出贡献的意愿。一个人是否具有协作意愿往往依赖于组织成员对贡献与诱因进行合理的比较而定。其中，贡献就是指组织成员对实现组织目标做出的有益的活动与牺牲，诱因就是指为了满足个人的需要而由组织所提供的报酬。只有当诱因大于贡献时，组织成员才会产生协作意愿。不过，对贡献、诱因以及其净效果的衡量往往都不是客观的，都带有强烈的个人主观色彩，它往往随着组织成员的价值观念不同而有很大的差异或变化。作为组织或主管人员，要在条件许可的情况下，尽可能地针对不同的组织成员来增大诱因，给组织成员的需求以更大的满足，从而激发他们为组织做出贡献的意愿。其三，信息沟通。信息沟通是协作系统运行的机制，组织成员的协作意愿与组织的共同目标只有通过信息沟通才能够联系起来。换句话说，维持一个协作系统的生存与发展，一方面需要一个共同的组织目标，另一方面需要组织成员的贡献（即产生协作意愿），而要让大家对于组织的共同目标产生认可，并且愿意付出努力，就必然要具有良好的信息沟通渠道或机制。

2. 经理人员的职能

巴纳德认为，经理人员（即主管人员）的作用就是在一个正式组织中充当系统运转的中心，并对组织成员的活动进行协调，指导组织的运转，实现组织的目标。为此，经理人员的主要职能体现在以下三个方面：其一，提供信息交流的体系。要将组织的各个要素连接成一个有机的整体，并使组织成员接受组织的共同目标，就必须建立一个正式的信息沟通系统与机制，即经理人员组织。位居组织信息交流中心这个关键职位的经理人员，任务非常艰巨与繁重，他们一方面要设置组织信息交流体系的各个职位，另一方面还要对每个职位配置合适的人员。经理人员在确定组织目标的基础上，通过信息沟通的正式手段与非正式手段来保证组织的正常有效运转。其二，促使组织成员为组织付出必要的努力。为了增强组织的有效性、可持续性与卓越的高组织能效，经理人员必须想方设法地采取种种激励员工努力工作、提高组织成员士气的措施，如适时地增加诱因、强化教育培训以及加强监督管理等方式，以诱导组织成员与组织建立起协作关系，并最大限度地刺激组织成员的服务意识与奉献意识，从而对组织做出更大的贡献。其三，提出与制定组织的目标。经理人员在提出与制定组织目标中承担着重要责任，他们不仅要制定共同目标，还要想方设法让组织成员接受其目标。为此，组织经理人员必须发动组织中的所有成员参与共同制定组织目标，这样才能使组织各个部门之间、组织与个人之间以及组织成员之间相互协调，才能使制定出的组织目标更具有效性。

3. 组织权威接受论

巴纳德认为，权威是存在于正式组织内部的一种“秩序”，是个人服从于协作体系要求的愿望与能力。管理阶层作为企业组织的领导核心，必须具有权威。管理阶层的权威不是来自管理阶层本身，而是来自组织成员对管理阶层发布命令的接受与服从程度。所以，对管理阶层来说，权威的建立绝不仅仅是单方面考虑如何塑造领导个性、魅力或形象的过程，还必须从受众的角度考虑如何契合组织成员所期望或所能接受的动态调整过程。也就是说，组织管理阶层要深刻感知、把握组织成员的心理预期，即“什么样的领导才是有权威的领导”，才能够获得组织成员的忠诚、服从、响应等。所以，只有当组织管理阶层的形象、行为与组织成员所预期的“心目中的领导”相吻合时，权威才得以发生与持续，领导的号召力才得以有效实现。巴纳德进一步指出了组织成员承认并接受权威的4个条件：他们能够并真正理解上级指令；他们相信上级指令与组织的宗旨是一致的；他们认为上级指令与他们的个人利益是不矛盾的；他们在体力与精神上是胜任的。所以，组织管理阶层不应滥用权威，发布那些无法执行或得不到执行的命令。巴纳德的“权威接受论”将权威与权威体系的建立看作组织管理工作的核心，并且将管理阶层考虑的重心指引到组织权威的受众——组织成员身上，这一论断在今天看来，也依然具有强大的解释力与生命力。

4. 组织平衡论

巴纳德的社会系统理论，其核心就是组织平衡论。他认为，组织就是一个有意识地对人的活动或力量进行协调的体系，组织一旦建立，其最终目的就是组织的存续与发展，而组织的平衡则是组织得以存续与发展的基本要求，或者说组织的存在取决于协作系统平衡的维持；而且，这种平衡开始时体现在组织内部，即组织内部各要素之间的比例要协调，但最终和基本的则是协作系统同其整个外界环境的平衡。其中，组织内部平衡就是指组织为成员所提供的诱因与组织成员为组织所做出的牺牲保持平衡，一旦“诱因—牺牲”之间失衡，就必然会影响到组织的发展：若诱因小于牺牲时，组织成员就会不满，就难以产生协作意愿与行动，组织也就难以存续与发展；若诱因大于牺牲时，虽然能够调动组织成员积极性，但由于入不敷出，组织也会最终衰弱下去；只有当组织成员的牺牲与诱因大致相当时，他们才会与组织有效协作，从而推动组织持续发展下去。所以，组织要使自己能够长期存在与发展，必须适时地给它的成员及可能的贡献者提供有效的诱因，以刺激或激励相关人员的协作意愿。从中也不难看出，这实质上是在要求组织内部各构成要素（即协作意愿、共同目标与信息沟通）之间的相互作用力量要彼此持平，这样才能够保证整个协作系统的健康茁壮发展。

巴纳德进一步认为，组织是由两个过程构成的：一是组织整体适应环境动态变化的过程；二是创造诱因并将其分配给组织成员的过程。前者与生产有关，后者与分配有关；两个过程均应取得平衡，组织才能够持续、稳定运行下去。所以，组织平衡除了考虑组织内部平衡外，还需要考虑与外部环境的平衡。一旦组织所处外部环境发生变化，组织就必须相应地改变其经营目标、竞争战略或资源配置等，以寻求与外部环境取得平衡；否则，组织一旦失去了与外部环境的平衡，组织效率就会下降，从而诱因就会不足，组织也就难以存续与发展下去。因此，巴纳德的组织平衡理论对于企业的正常稳健运行，具有重要的指导意义。

总之，巴纳德在组织管理理论方面的开创性研究，奠定了现代组织理论的基础。后来的许多知名管理学者，如德鲁克、孔茨、西蒙、明茨伯格等人，都极大地受益于巴纳德，并在组织管理理论的不同方向上有所建树，从而推动了管理科学理论的快速发展。对于当代中国的企业管理实践，尤其是当前我国国有与民营企业的转型升级，具有非常重要的参考价值与指导意义。

2.4　当代管理理论

经过20世纪三四十年代的发展时期以后，尤其是第二次世界大战过后，管理学迈入了朝气蓬勃的快速发展阶段，呈现出百花齐放、百家争鸣的多元化管理理论研究格局。既有沿着历史的发展脉络逐步丰富与完善的管理学派，也有另辟蹊径、以崭新的视角所开创的新的管理流派。美国知名管理学者孔茨将二战以后管理学界所呈现出的这种多姿多彩的局面概括为“管理理论的丛林”。应该说，从这个时期开始，管理科学步入一个发展、创新、分化、综合并存的时期，主要的管理学派包括管理过程学派、管理科学学派、行为科学学派、经验主义学派、系统管理学派、决策理论学派、权变理论学派、群体行为学派、社会系统学派等。本文只针对其中几个影响力比较大的管理学派展开简要梳理。

2.4.1　当代管理理论的主要流派

2.4.1.1　管理过程学派

管理过程学派，又称作管理职能学派或经营管理学派，是当代管理理论的主要流派之一，主要致力于研究与说明“管理人员做些什么以及如何做好这些工作”，即侧重于说明与诠释管理工作实务。古典管理理论的创始人之一法约尔是这个学派的开山鼻祖，后来这个学派经过哈罗德·孔茨、亚历山大·丘奇、詹姆斯·穆尼等知名管理学者的丰富完善、发扬光大，现今成为现代管理理论丛林中的一个主流学派。其中，孔茨是管理过程学派的集大成者，他继承了法约尔的理论，并把法约尔的理论更加系统化、条理化，使管理过程学派成为管理各学派中最具有影响力的学派。

管理过程学派是以管理的职能及其发挥作用的过程为研究对象，认为管理就是通过别人或同别人一起完成工作的过程。该学派认为，无论组织的性质有多么不同（譬如经济组织、政府组织、宗教组织和军事组织等）、抑或组织所处的外部环境有多么不同，然而管理人员所从事的管理职能却是相同的，而且管理过程与管理职能是密不可分的；换句话说，管理的过程就是管理的职能发挥作用的过程。以这一认识为出发点，管理过程学派试图通过对管理过程或管理职能的研究，把管理的概念、原则、理论以及方法加以理性概括，从而形成一种“一般性”的管理理论。在研究方法上，这一学派一般是首先把管理人员的工作划分为各种职能，然后对这些职能进行分析研究，并结合管理实践探索管理的基本规律与原则。管理过程学派认为，运用这种研究方法，可把管理工作的一切主要方面加以理论的概括，从而建立起可指导管理实践的管理理论。

2.4.1.2　管理科学学派

管理科学学派，又称作计量管理学派、数量学派或数量管理科学学派，也称为运筹学派，是现代管理理论中的一个主要学派。该学派将数学引入管理学领域，用电子计算机作为工具，把科学的原理、方法与工具应用于管理的各种活动，使管理问题的研究由定性分析发展为定量分析。管理科学学派可以追溯到20世纪初泰勒的“科学管理”，然而正式的成立却是在二战时期的1939年。当时为了解决二战时英国雷达系统的合理布置问题，英国曼切斯特大学教授布莱克特组建并领导了一个运筹学小组，该小组运用运筹学的方法将问题得以解决。第二次世界大战结束后，由于战后恢复与经济建设需要，英美对管理科学（运筹学）的研究逐步从军事转入民用企业的应用。美国麻省理工学院首先于1948年开设了运筹学的非军事应用学科，接着在许多工商学院、工程学院也设置了这类专业。这期间，出现了一种所谓的“管理科学家”，并组成自己的学术团体。而英国率先于1948年成立了运筹学会，并于1950年出版了这门学科的世界上第一份刊物——《运筹学季刊》。美国于1952年成立运筹学协会，会刊为《运筹学》，1953年又进而成立美国管理科学学会，并出版《管理科学》杂志。1957年，英国牛津召开了第一届国际运筹学会议；1959年，又成立了国际运筹学联合会。该学派的主要代表人物有埃尔伍德·斯潘赛·伯法、霍勒斯卡·文森、希尔等。

管理科学学派认为，解决复杂系统的管理决策问题，可以用电子计算机作为工具，寻求最佳计划方案，以求达到企业的目标。管理科学其实质就是管理中的一种数量分析方法，主要用于解决能以数量表现的管理问题。其作用在于通过管理科学的方法，减少决策中的风险，提高决策的质量，保证投入的资源发挥最大的经济效益。该学派的特征主要体现在以下三个方面：一是力求减少决策的个人艺术成分，换句话说，该学派是依靠建立一套决策程序和数学模型以增加决策的科学性；他们将众多方案中的各种变量或因素加以数量化，利用数学工具建立数量模型，以研究各变量或因素之间的相互关系，寻求一个用数量表示的最优化答案；决策的过程就是建立与运用数学模型的过程。二是各种方案是否可行均是以经济效果（如总收入、成本、投资利润率等指标）作为评价的依据。三是广泛地使用电子计算机等先进的计算工具。

然而，在实际的企业管理中，并不是所有管理问题都是能够定量的，有些管理问题往往涉及许多复杂的社会因素，这些因素大都比较微妙，往往难以定量，当然就难以采用管理科学的方法去解决。因此，大多数管理学家认为管理科学只是一种有效的管理方法，而不能称之为一种管理学派，它仅适用于解决特定的管理问题。

2.4.1.3 行为科学学派

行为科学学派是在梅奥所开创的人际关系学说的基础上发展起来的，该学派现今已成为现代西方管理理论发展中的一个重要学派。行为科学学派以人的行为及其产生的原因作为研究对象，具体来说，该学派主要是从人的需求、欲望、动机、目的等心理因素的角度研究人的行为规律，特别是研究人与人之间的关系、个体与群体之间的关系，并借助于这种规律性的认识来预测、控制组织中人的行为，以提高工作效率，进而达成组织的目标。行为科学学派的代表人物包括亚伯拉罕·马斯洛（Abraham H. Maslow，1908—1970）和弗雷德里克·赫茨伯格（Fredericd Heraberg，1923—2000）、麦格雷戈（D. M. McGregor，1906—1964）等知名管理学者。

自1949年在美国芝加哥首次提出行为科学以后，时至今日，尽管行为科学本身并不是完全独立的一门学科，而是心理学、社会学、人类文化学等研究人类行为的各种学科互相结合的一门边缘性学科，但是，行为科学学派至少在两个方面对管理科学的发展产生了巨大的影响：一是行为科学引起了管理对象重心的转变。传统的管理理论往往把重点放在对事和物的管理上，它强调的是使生产操作标准化、工具标准化、材料标准化，建立合理的组织结构，以及明确职责分工等，而忽视了组织成员的个人诉求与个人目标，甚至把组织成员看作机器，从而忽视了人的主动性、能动性与创造性。与之相反，行为科学却恰恰重视、强调组织中人这一因素的作用，应当把管理的重点放在对组织成员及其行为的管理上，组织管理者就通过对组织成员的行为的预测、激励与引导，来实现对组织成员的有效控制，进而达到对组织中事和物的有效控制，从而实现管理的预期目标。二是行为科学引起了管理方法的重大转变。传统的管理理论强调严格的科层制管理制度，把人看成是会说话的“活”机器，忽视了组织成员的社交诉求、情感诉求以及人的主动性与创造性等，在管理活动中施以强大的外部压力，派工头进行严格的监督与管理，极易造成组织成员心理上的压力，进而产生对立情绪甚至是组织冲突。相反，行为科学学派非常重视人的欲望、感情、动机的作用，因而在管理方法上特别强调要尊重人的个性与满足人的需求，以及采用激励、诱导等种种方式方法来调动人的主动性、能动性与创造性，从而借以把人的潜力充分地发挥与释放出来。现今诸多企业所提出的“参与式管理”“目标管理”“工作内容丰富化”“弹性工作制”等各种管理方式方法，很大程度上都是由行为科学学派过往几十年来的不断推动而促成的。

2.4.1.4 决策理论学派

第二次世界大战以后，随着现代科学技术的快速发展和全球经济环境的快速复苏，企业发展的规模越来越大，促成了越来越多跨国公司的诞生与快速全球扩张，这些大企业经济规模庞大，经营活动范围超越了国界，面临着相比国内更难以预料或动荡不安的政治、经济、文化和社会环境。在这种情况下，这些大企业的管理变得异常复杂，也因此，对这些大企业进行全球层面的一体化管理就显得格外重要了。决策理论学派（Decision Theory School）就是在这样的大环境下快速发展起来的。该学派以社会系统理论为基础，吸收了行为科学理论与系统理论的观点，运用电子计算机技术与统筹学的方法，力图在管理领域寻找一套科学的决策方式，以便对复杂的多方案问题进行明确合理的选择。决策理论学派的主要代表人物包括赫伯特·西蒙、詹姆斯·马奇等知名学者，其核心理论是赫伯特·西蒙所提出的决策理论。

决策理论学派的理论要点主要体现在以下四个方面：（1）管理就是决策。决策贯穿管理的全过程，决策是管理的核心；组织中经理人员的重要职能就是做决策；组织中任何作业开始之前都要先做决策；制定计划就是决策，组织、领导与控制也都离不开决策。（2）系统阐述了决策原理。西蒙对决策的准则、程序、程序化决策与非程序化决策的异同以及决策技术等做了详尽深入的分析。同时，西蒙还提出了决策过程包括四个阶段，分别是：搜集情况阶段；拟定计划阶段；选定计划阶段；评价计划阶段；而且，这四个阶段中的每一个阶段本身都是一个复杂的决策过程。（3）在决策标准上，用“令人比较满意”的准则取代了“最优化”准则。先前的很多管理学家往往把人看成是以“绝对的理性”原则为指导、按“最优化”准则而行动的理性人。西蒙则认为，绝对的“理性人”是做不到的，应该用“管理人”的假设来取代“理性人”假设；“管理人”不考虑一切可能的复杂情况，只考虑与问题有关的情况，而且采用“令人比较满意”的决策准则，从而可以做出令人比较满意的决策。（4）一个组织的决策根据其活动是否反复出现可以分为程序化决策与非程序化决策。经常性或反复出现的活动的决策应当程序化以降低决策过程的成本，只有那些非经常性或不反复出现的活动，才需要进行非程序化的决策。

总之，从管理职能的角度来说，决策理论学派提出了一项新的管理职能，即决策是管理的职能，并贯穿于组织活动全部过程；此外，首次强调了管理行为执行前分析的必要性与重要性，即西蒙把管理行为分为“决策制定过程”与“决策执行过程”，并把对管理的研究的重点集中在“决策制定过程”的分析中。决策理论学派这两个方面的贡献，对当今包括企业组织在内的各种组织的管理具有普遍的适用意义，并且，“决策是管理的职能”现在已得到大多数管理学者普遍的认同。

2.4.1.5　经验主义学派

经验主义学派，又称为经理主义学派、经验管理学派，主要是研究实际管理工作者的管理经验教训以及企业管理的实际经验，强调用比较的方法来研究与概括企业管理经验的一个管理学派，其目标是向大企业的经营管理人员提供管理企业的经验教训与科学方法。该学派认为，传统的古典管理理论与行为科学理论都不能完全适应企业发展的实际需要，有关企业管理的科学应该从企业管理的实际出发，以大企业的管理经验为主要研究对象，以便在一定的情况下把这些经验加以概括与理论化，并把实践放在第一位，以适用为主要目的。所以，对企业的实践经验高度总结是经验主义学派的主要特点。经验主义学派的创始人是知名管理学者彼得·德鲁克，代表人物包括欧内斯特·戴尔、艾尔弗雷德·斯隆、亨利·福特等知名学者和企业家。

经验主义学派的主要研究内容包括以下几个方面：（1）关于管理的性质。德鲁克认为，管理是一门科学，或至少能够成为一门学科；作为一门科学，管理学有它自己的基本问题、研究方法、专门技巧以及特别关心的领域。同时，他还强调，管理应侧重于实际应用，而不是纯粹理论的研究，换句话说，管理学是一门实用性很强的学科，如同医学、法学或工程学一样，是一门应用学科。（2）关于管理者的任务。德鲁克认为，作为企业主要管理者的经理人员，其主要任务包括三个方面：一是了解本机构的特殊目的和使命，也就是取得经济上的成就；二是使工作富有活力并使职工有成就；三是妥善处理企业对社会的影响与责任。（3）关于管理的技能。德鲁克认为，管理是一项特殊的工作，因此要求一些特殊的技能，如做出有效的决策、有效地进行信息交流、正确地核查与控制、正确运用分析工具等技能；尽管一个管理人员很难全部掌握这些技能，但至少对这些技能有所了解。（4）关于高层管理。经验主义学派认为，高层管理是进行指挥、确定战略、制定标准的机构，因此，它有着特殊的任务与挑战。这些任务与挑战主要包括高层管理的任务（涉及企业使命的提出、战略目标的制定、重要人事的任免等）、高层管理的结构（即高层领导班子的建设问题）以及高层管理的战略（涉及企业的规模、多元化、复杂性、成长与创新等方面）三个层面的内容，无论哪个层面的内容，对于企业的长远稳健发展都至关重要。（5）关于目标管理。德鲁克首次提出了目标管理方法，他认为，传统的古典管理理论偏向于以工作为中心，忽视了人的一面，而行为科学学派又偏向于以人为中心，忽视了同工作的有机结合；目标管理则是一种以工作为中心与以人为中心有机结合的崭新管理方法，一方面能够使组织成员发现工作的兴趣与价值，从工作中满足其自我价值实现的需要，另一方面，企业的目标也因组织成员的自我实现而实现，这样就把工作和人性两者有机地结合统一起来，从而可以更为和谐、有效地实现组织与个人双重目标。也因此，目标管理在当今的企业管理实践中是运用最多的管理方法。

应该说，经验主义学派在管理理论丛林中颇具特色，但该学派近年来也受到了许多管理学家的质疑与批评，主要体现在以下两个方面：一是该学派由于强调经验而无法形成有效的原理与原则，无法形成一套统一完整的管理理论体系，这往往导致无经验的初学者无所适从；二是鉴于组织环境一直处于变化之中，过去所依赖的经验往往未必能够有效地运用到将来的管理中。

2.4.1.6　权变理论学派

权变理论学派是20世纪60年代末70年代初在美国经验主义学派基础上，进一步发展起来的一种管理理论。权变理论学派认为，在现实的企业管理实践中，没有什么普遍适用、一成不变、所谓“最好的”管理理论或方法，而是要根据组织所处的外部环境与内部条件的发展变化随机应变，针对不同的具体条件寻求不同的最合适的管理模式、方案或方法。权变管理就是依托环境因素、管理思想及管理技术因素之间的变量关系来确定的一种最有效的管理方式。该学派的主要代表人物包括弗雷德·卢桑斯（Fred Luthans）、弗雷德·菲德勒（Fred E. Fiedler）等美国知名管理学者。

权变理论在美国兴起，随之受到广泛的重视。应该说，权变理论学派的兴起与繁荣是有着其深刻的历史背景的。20世纪70年代的美国，政治骚动、社会不安、经济动荡等现象自二战以来达到了相当严重的程度，尤其是石油危机，对西方社会更是产生了深远的影响，这种种因素均导致了企业所处的外部环境高度动荡、复杂与不确定。与此同时，先前的种种管理理论，如科学管理理论、决策理论、运筹学理论、行为科学理论等，大都侧重于研究加强企业内部组织的管理，而且这些管理理论大都在追求所谓的普遍适用的、最为合理的模式与原则。然而，这些管理理论在解决企业面临瞬息万变的外部环境时——如20世纪70年代的美国企业所处的外部环境——往往显得无能为力。正是在这种大环境下，人们不再相信组织管理会有一种最好的方式方法，而是应该随机应变或者说“到什么山上唱什么歌”式地处理管理问题，从而形成了一种管理取决于所处环境状况的理论，即所谓的“权变理论”，这里的“权变”就是权宜应变、相机行事的意思。

权变理论学派也包括很多子流派，影响力比较大的包括菲德勒的权变模式、罗伯特·坦南鲍姆与沃伦·斯密特的领导行为连续带模式、R. J. 豪斯与M. G. 埃文斯的路径—目标模式、V. 弗隆和P. 耶顿的领导—参与模型以及科曼首先提出、赫西和布兰查德进一步发展的领导生命周期理论等。应该说，权变学派首先提出了管理的动态性，让人们开始意识到管理的职能并不是一成不变的，并且，管理者应根据自身企业所处内外部环境条件的实际变化情况相机行事、随机应变，为人们分析与处理各种管理问题——尤其是在高度动荡的商业环境下——提供了一种十分有用的方法，因此奠定了其在管理丛林中的重要地位。然而，权变理论学派也存在一个根本性的缺陷，即没有统一的概念与标准。也就是说，权变理论学派强调变化，在否定管理的一般原理、原则对管理实践起指导作用的同时，又始终无法提出统一的概念与标准，每个管理学者都根据自己的标准来确定自己的理想模式。这种局面往往导致从事实际管理工作的人员缺乏有效解决问题的能力，也使得初学者无所适从。

2.4.2　管理理论发展的新趋势

20世纪80年代以后，随着信息通信技术在全球范围内突飞迅猛地革命与势如破竹地蔓延，以及经济全球化趋势的日益加深与全球经济一体化格局的日渐形成，整个人类社会正不断步入一个全新的信息经济、知识经济、网络经济、速度经济时代。越来越多的商业企业不断走出国门，在全球化的市场范围内展开越来越激烈、越来越充满变数的竞争，全球范围内的商业企业展开各种形式的战略合作也达到了前所未有的高度。所有的这一切，均使得商业企业的管理格局变得愈加复杂、动荡、扑朔迷离，也因此，管理理论的发展也出现了一些全新的趋势与动向。概括起来，新出现的比较主流的管理理论主要包括一批美国学者陆续发起的企业文化理论、迈克尔·波特的竞争战略理论、彼得·圣吉的组织学习理论、迈克·哈默的企业再造理论等，下面进行简要概述。

2.4.2.1 企业文化理论

自20世纪70年代末期以来，日本经济日渐取得突飞猛进的发展，快速冲击和占领着美国曾一度具有优势地位的若干领域，且有争夺世界第一经济强国的野心勃勃的发展态势，这引起了美国各界人士的极大震惊和深刻反思，也极大地刺激了美国管理学界研究日本、反思自我的狂热。经过多方面的美日比较研究，美国学者发现，成功的企业管理是日本经济取得快速发展的重要原因之一，而日本这些成功的企业管理方法中，有很多是美国工商企业所极为忽视或严重缺乏的，其根本差异主要表现在：美国企业多注重企业管理的硬件方面，强调理性的科学管理，对人与人之间感情的建立、企业与员工共有的价值观的培育等，没有给予足够的重视；而日本企业则特别重视为全体员工所共有的企业价值观，注重强化员工的向心力与凝聚力，注重培养企业中员工之间的人际关系氛围，也就是企业管理中的“软”环境建设。比较的结果使美国学者深刻地认识到：不同管理模式的背后是企业文化的差异；企业文化是企业经营管理中不可忽视的重要因素，对于企业的兴衰沉浮、生死存亡具有深刻的影响。

为此，一批美国管理学者提出要向日本学习，开始著书立说探索研究企业文化的有关理论与模式。美国学者关于企业文化的研究又引起了日本企业界与理论界的强烈反响，并相继波及世界其他国家，由此在全球兴起了一股研究企业文化的热潮。关于企业文化的理论研究，影响力比较大的包括以下几位知名学者：威廉·达内的《Z理论——美国企业如何迎接日本的挑战》；理查德·帕斯卡尔和安东尼·阿索斯的《日本企业管理艺术》；特伦斯·迪尔和艾伦·肯尼迪的《公司文化——现代企业的精神支柱》（又译《企业文化》）；托马斯·彼得斯和小罗伯特·沃特曼的《寻求优势——美国最成功公司的优势》（又译《成功之路》）；劳伦斯·米勒的《美国企业精神——未来企业经营的八大原则》等。应该说，企业文化理论是一个全新的企业管理理论，它发祥于日本，形成于美国，是继古典管理理论、行为科学管理理论、管理科学理论之后，世界企业管理史上出现的第四个管理阶段的理论，也被很多管理学者称之为世界企业管理史上的“第四次管理革命”。

2.4.2.2 竞争战略理论

迈克尔·波特（Michael E. Porter，1947—）首先开创了竞争战略理论，他本科毕业于普林斯顿大学，后获哈佛大学商学院企业经济学博士学位，32岁即获哈佛商学院终身教授之职，曾被任命为美国总统里根的产业竞争委员会主席，开创了企业竞争战略理论并引发了美国乃至世界的竞争力讨论，是当今世界上竞争战略和竞争力方面公认的权威，被誉为“竞争战略之父”，是现代最伟大的管理思想家之一。迈克尔·波特的三部经典著作《竞争战略》《竞争优势》《国家竞争优势》被称为竞争三部曲，也因此奠定了他在国际工商企业竞争战略领域的大师级地位。

在迈克尔·波特1980年出版的《竞争战略》（*Competitive Strategy Techniques for Analy-*

zing Industries and Competitors）一书中，他总结出企业竞争所面临的五种竞争力，它们分别是：行业中现有竞争对手之间的竞争、供应商的议价能力、购买者的议价能力、潜在进入者的威胁和替代品的威胁，即业界著名的“五力分析模型”。五种力量的不同组合变化，将最终影响行业利润潜力的变化。“五力分析模型”对企业战略的制定产生全球性的深远影响。在运用“五力分析模型”分析行业竞争环境的基础上，迈克尔·波特又提出了三种卓有成效的竞争战略，它们分别是：总成本领先战略、差异化战略、专一化（聚焦）战略，并对三种通用战略实施的要求进行了详尽的深入分析。另外，为了确定并保持企业的竞争优势，迈克尔·波特还提出了“价值链分析法”。总之，迈克尔·波特的竞争战略管理思想，为当今更多全球企业创造并保持竞争优势提供了极具价值的战略指引，同时，迈克尔·波特也开创了一个崭新的战略管理学派。

2.4.2.3 企业再造理论

企业再造理论，又称之为“企业流程再造”“业务流程重组”（business process reengineering/business process reengineering/business process redesign，简称 BPR），是 20 世纪 90 年代初开始在美国出现的关于企业经营管理方式变革的一种崭新的理论与方法，它以一种再生的思想重新审视企业，并对传统管理学赖以存在的基础——分工理论提出了质疑，被称为管理学发展史上的一次革命。企业再造理论的产生是有着深刻的时代背景的。自 20 世纪六七十年代以来，全球信息技术革命使企业的经营环境与运作方式发生了极大的变化，而以欧美为首的西方发达国家经济的长期低迷增长又使得市场竞争日益激烈，再加之来自日本咄咄逼人的严峻挑战，使得众多美国企业界与管理学界学者们深刻地认识到，只有在更高水平上对现有企业进行一场根本性的改革与创新，才能在低速增长时代增强自身的国际竞争力。1993 年，美国知名管理学者迈克尔·哈默（M. Hammer）与詹姆斯·钱皮（J. Champy）首先提出了企业再造理论（Reengineering the Corpration），并进而在全美乃至全球掀起了一股强大的企业再造浪潮。

企业再造理论认为，为了应对日新月异、突飞迅猛的全球信息通信技术革命，以及日趋激烈、瞬息万变的全球竞争环境，现有的企业必须彻底摒弃已成惯例的运营模式与工作方法，强调以企业现有业务流程为改造对象与中心，以关心客户的需求与满意度为目标，对企业现有的业务流程进行根本的再思考与彻底的再设计，利用先进的现代制造技术、信息技术以及现代管理手段，最大限度地实现技术上的功能集成与管理上的职能集成，以打破传统的职能型组织架构，建立全新的过程型（流程型）组织架构，从而实现企业经营在成本、质量、服务与速度等方面的戏剧性的改善，使得企业能够最大限度地适应以顾客、竞争、变化为特征的现代全球经营环境。应该说，企业再造理论已经更多地体现为一种崭新的管理思想，远远地超越了作为一种有效管理工具的价值。

2.4.2.4 “学习型组织”理论

自 20 世纪 90 年代以来，随着全球信息通信技术的快速革命与知识经济的加速到来，信息与知识日渐成为组织最为重要的战略性资源与稀缺性资源，对这些战略性与稀缺性资源的快速获取、消化吸收并进而创新的组织，才能够在未来日趋激烈的全球化竞争中胜出并可持续发展下去。换句话说，未来真正出色的企业，就是那些能够设法使组织各阶层人员全身心投入，并有能力不断学习的“学习型组织”。顺应时代的呼唤，全球著名的管理学大师彼得·圣吉于1990年出版了他的一本开拓性地倡导学习型组织管理思想的巨作《第五项修炼——学习型组织的艺术与实践》，该书是彼得·圣吉在总结以往理论的基础上，并通过对4000多家企业的调研而创立的一种具有巨大创新意义的理论——学习型组织理论，以推动人们刻苦修炼、学习与掌握新的系统思维方法，开创组织一种全新的学习革命。《第五项修炼》出版后迅速席卷全球，被全球众多行业企业所认同，一些国际知名企业，如壳牌石油、苹果电脑、福特汽车、摩托罗拉、克莱斯勒等，都争相效仿学习“第五项修炼”，全力以赴在企业内部打造具有高效战斗力的学习型组织。也因此，该书被评为“世界上影响最深远的管理书籍”之一，彼得·圣吉被誉为继彼得·杜拉克、彼得·德鲁克之后全球最具影响力的管理大师、“‘学习型组织’理论之父”。

学习型组织理论是继企业文化、全面质量管理（TQM）、业务流程重组、竞争战略等之后出现的又一新管理模式，被西方企业界与管理学界誉为21世纪的企业管理圣经。该理论主要是通过“自我超越”“改善心智模式”“建立共同愿景”“团队学习”和“系统思考”五项管理技能的修炼，培养弥漫于整个组织的学习气氛，塑造一个具有高战斗力、强凝聚力、全员持续不断学习的学习型企业文化，并通过充分发挥员工的创造性思维能力，构建一种有机的、高度柔性的、扁平化的、符合人性的、可持续发展的学习型组织从而创造并提升了组织的整体竞争优势，并进而使组织长盛不衰、基业长青。学习型组织理论顺应了全球信息化时代发展的浪潮，是知识经济与网络新经济的产物。学习型组织理论不仅带动了美国经济近十年的高速发展，并在全世界范围内引发了一场创建学习型组织的管理浪潮，开创了一个全新的组织管理理论与方法的大变革。

【本章小结】

中国几千年来所积累的传统管理实践浩如烟海、光彩夺目，从整体上来看，是与中国历朝历代的官僚行政体系高度交融的，是一种朴素的经验管理。中国传统管理思想是在中国传统管理实践基础上逐步形成的思想与理论体系，在先秦时期已基本成形，以儒家为主，道家、兵家、法家等诸子百家为辅，对中国历朝历代乃至今天的企业生产经营管理实践起着举足轻重的作用，是当代企业管理现代化的丰厚源泉，也是实现中华民族繁荣富强、伟大复兴的重要思想根基。

西方管理思想的发展演变大致经历了管理思想的萌芽、古典管理理论时期、近代管理理论时期和当代管理理论时期四个阶段。早期的管理思想尽管比较朴素，不够系统全面，还没有形成专门的管理理论体系及流派，但却是西方管理思想史上不可或缺的重要组成部分。

西方古典管理理论时期（19世纪中后期至20世纪初期）以弗雷德里克·泰勒、亨利·法约尔和马克斯·韦伯为代表：弗雷德里克·泰勒提出了科学管理原理，被誉为“科学管理之父”；亨利·法约尔提出了管理的五大职能（计划、组织、指挥、协调和控制）和管理的14条原则，被誉为“现代经营管理之父”；马克斯·韦伯探究了权力的来源与基础，提出了理想的官僚行政组织体系理论，被誉为“组织理论之父”。

西方近代管理理论时期（20世纪二三十年代至四五十年代）承上启下，代表性人物有梅奥、巴纳德、西蒙、马奇等学者，而梅奥和巴纳德最具代表性。梅奥基于霍桑工厂实验开创了人际关系学派（也即行为科学学派的初级阶段），从中提出了工人是社会人、企业中存在着“非正式组织”、员工士气及新型领导理论等重要观点，推动了行为科学理论的形成与快速发展。巴纳德基于古典管理思想和人际关系学派的缺陷，提出了组织是一个合作系统、经理人员的职能、组织权威接受论、组织平衡论等重要管理思想，奠定了现代组织理论的基础，被誉为“现代管理理论之父”。

自二战以后，人类社会就迈入了百花齐放、百家争鸣的当代管理理论时期，既有沿着历史的发展脉络逐步丰富与完善的管理学派，也有另辟蹊径、以崭新的视角所开创的新的管理流派。最具代表性的管理流派包括行为科学学派、管理过程学派、管理科学学派、经验主义学派、决策理论学派、权变理论学派等。自20世纪80年代以来，人类社会正从工业化文明时代加速迈向互联网文明时代，不断涌现出一些崭新的管理思想和发展趋势。

【复习思考】

1. 中国传统管理思想主要有哪些流派？它们对现代企业经营管理有何启示？
2. 科学管理理论出现之前的西方管理思想发展过程是怎样的？
3. 泰勒的科学管理理论的主要观点有哪些？
4. 法约尔对管理学的主要贡献是什么？
5. 马克斯·韦伯的理想的行政组织理论的主要观点有哪些？
6. 梅奥的人际关系学说的主要思想是什么？
7. 巴纳德对组织管理理论的主要贡献是什么？
8. 当代管理理论的主要特征是什么？
9. 当代管理理论中几个重要流派的主要观点是什么？
10. 管理理论发展的最新趋势有哪些？

【阅读材料】

洋为中用，古为今用，近为今用①
——创建有中国特色的现代管理科学

引言

管理科学是全人类的共同财富，它是由中外古今各国各地区人类社会的管理理念、管理经验、管理理论和方法融合提炼而成的一大学科门类。管理科学还将不断丰富、完善、更新和发展。

管理科学不同于自然科学及其工程技术，它的研究对象和工作对象是人，所以不可避免地带有浓厚的人文色彩。中国是有着古老文明的东方大国。管理科学在中国的发展，已然而且必然地要同中国的人文环境相适应，已然而且必然地要同中国的人文因素相结合，已然而且必然地要同社会主义市场经济相结合，从而产生新的具有中国特色的管理科学——中国现代管理科学。

中国现代管理科学具有以下特点：

它是以马克思列宁主义（包括毛泽东思想、邓小平理论和江泽民等中央领导同志的科

① 资料来源：孙东川，林福永，孙凯. 创建现代管理科学的中国学派及其基本途径研究[J]. 管理学报，2006(02)：127－131＋142.

学论述）为指导的——“领导我们事业的核心力量是中国共产党，指导我们思想的理论基础是马克思列宁主义”，这是我们的立国之本；

它是中国的——包含中国古代的和当代的管理科学成果，而且是适合中国国情的；

它是现代的——包含国内外最新的管理科学成就；

它是综合集成的、创新的——它博采众长，将古今中外管理科学成果融会贯通、推陈出新，适用于社会主义市场经济和世界新经济（包含知识经济或网络经济）。

中国现代管理科学并不排斥一般的管理科学，而是一般的管理科学与中国的国情（包括人文因素）相结合的产物。理论来源于实践。管理科学的理论来源于管理工作的实践。只要中国的事情办好了——社会主义市场经济获得了成功，综合国力鼎盛强大，人民生活富裕文明，发展是可持续的——那么，中国现代管理科学就是成功的、先进的，将成为全人类的一面高高飘扬的旗帜。

中国现代管理科学有三个来源：学习和引进西方的管理科学成果，发掘和借鉴中国古代的管理科学成果，总结和提炼我国近期的和现在的生动活泼的新鲜的管理工作经验。管理科学有三个组成部分，是一座三层次结构的大厦。居高临下的第一层次，是管理哲学和伦理，其初级形态是管理理念、管理思想（片段）。第二层次是管理的一般理论与方法。第三层次包括计划、组织、领导、决策、控制等职能管理的理论与方法及其初级形态——管理经验、管理技巧。

中国现代管理科学的三个组成部分都含有三个来源的内容，其含有比例则有所不同。

从管理科学的发展史来看，首先是有第三层次的成果，尤其是其初级形态。人类的各种社会活动必然伴随着管理工作，个人的事务也需要管理，所以，人人都是管理者，人人都是被管理者。在第三层次上，不见得立刻以“结晶”的方式产生第二层次的成果，倒是常常以“升华”的方式产生第一层次的若干内容——管理理念、管理思想片段，然后，在第一层次和第三层次的共同作用下，加工制作第二层次，形成一系列管理理论与方法。博采众长，熔铸新器。创建中国现代管理科学的途径是洋为中用，古为今用，近为今用，在此基础上实现管理创新。

洋为中用和古为今用

洋为中用和古为今用，要注意吸收其精华，剔除其糟粕。现在国内对此已有广泛的共识，在这里只作几点简要的说明。

洋为中用，即学习和应用西方的管理科学成果，要结合中国国情，使之本土化。西方在管理科学领域尤其是在第二层次和第三层次，即管理理论与方法，具有琳琅满目的丰硕成果。从20世纪初至今，大体上分为三个阶段：古典管理理论，行为科学，现代管理理论。在管理学教科书中有比较详尽的介绍，这里无须赘述。

我们仍然要注意管理的两重性。重温列宁的一段话，对我们仍然是很有教益的。1918年列宁在《苏维埃政权的当前任务》一文中指出：“资本主义在这方面的最新发明——泰罗制——也同资本主义其他进步的东西一样有两个方面，一方面是资产阶级剥削的最巧妙的残酷手段，另一方面是一系列的最丰富的科学成就……苏维埃共和国在这方面无论如何都要采用科学和技术上一切宝贵的成就。社会主义实现得如何，取决于我们苏维埃政权和苏维埃管理机构同资本主义最新的进步的东西结合的好坏。应该在俄国研究与传授泰罗制，系统地试行这种制度，并且使它适应下来。”（《列宁选集》，第3卷第511页，人民出版社，1972年10月第二版。）

古为今用，即发掘和借鉴中国古代的管理科学成果，要注意推陈出新，使之现代化。这里说的古代，从先秦一直延续到20世纪初清王朝结束。1911年的辛亥革命，推翻了长达2000多年的封建制度。中国古代的管理科学成果流传至今的，主要是第一层次的成果，在先秦诸子的学说中是很丰富、很精彩的，后人又有引申和发展。先秦诸子的学说，包括以孔子、孟子、荀子为代表的儒家，以韩非子为代表的法家，以老子为代表的道家，以孙子及其后代孙膑为代表的兵家，以墨子为代表的墨家等等。他们百家争鸣，百花齐放，对于如何治理国家、发展经济、富国强兵、统治人民，人人都说出了一番见解。诸子学说有的是相辅相成，有的是相反相成。

先秦诸子多数是重农轻商、重义轻利的。西汉时期的桑弘羊（公元前152—公元前80），是著名的重商主义者。他认为商业是致富的源泉，强调商品流通的重要性，主张政府干预经济，对盐、铁、酒等实行国家专营政策。清朝中期之后，龚自珍、林则徐、魏源等人提出发展商品经济和民族工商业。后来的洋务派提出"中学为体，西学为用"，向西方学习，在中国开始办起了近代工业。洋务运动取得了一定的成就。戊戌变法的代表人物康有为，在政治上主张变封建君主专制为君主立宪制；在经济上主张"以商治国"，认为扶植工商业是立国之本；他希望实现"大同"社会，实行公有制，使整个社会"人人皆公，人人皆平"。戊戌变法的另一个代表人物谭嗣同，宣传资产阶级的平等、自由、民主思想，在政治上主张"废君权，兴民权"，在经济上主张建立机器大生产代替手工业小生产。可惜的是，戊戌变法失败了。

自从汉武帝采纳董仲舒的建议"罢黜百家，独尊儒术"，在其后2000多年的封建社会里，儒家学说一直是官方学说，占统治地位，其他学说和学派受到了抑制甚至消亡了。但是，后来的儒术并非纯粹的孔孟学说，而是以孔孟学说为基础，吸收了法家、道家、兵家乃至佛教的若干观点和主张，以适应统治者的需要。

中国古代有许多伟大的工程实践，它们的设计和施工必然伴随着杰出的组织管理工作。例如四川的都江堰工程，在公元前250年左右，由秦太守李冰及其儿子李二郎率领人民群众修筑起来。至今，都江堰工程仍然发挥着作用，造福于四川人民。现代的中外专家对于这项伟大的水利工程仍然赞叹不已。万里长城，长安古都，北京故宫等等，都是古代大型的工程杰作。

中国古代的管理科学成果，在管理学教科书中有的略有涉及，有的完全忽略（无意或有意的），这是令人遗憾的。

讨论

1. 你对洋为中用、古为今用、近为今用有何认识？
2. 你对创建有中国特色的现代管理科学有何想法？

第3章　决策

【案例导读】

西南航空：合理取舍的决策制定者①

赫布·凯莱赫（Herb Kelleher）是西南航空公司（Southwest Airlines）的总裁，他决定将公司飞机机舱前部的壁橱去掉。他这样做不是为了增加更多的座位，而是为了缩短乘客上下飞机的时间。由于西南航空公司的所有飞机都实行不对号入座，所以第一个登机的乘客会径直走向机舱前部的壁橱，放好自己的行李并选择最近的座位坐下。当飞机着陆时，下飞机的乘客不得不等着前排乘客在壁橱里翻找自己的行李。

正如凯莱赫所言，改变壁橱的位置只不过是“1 000 项简化设计小决策”之一，其他一些为达到简化目标的决策还有：不提供餐点，不预订座位和不设头等舱座位，不采用计算机化订票系统，不在航班间转运行李，飞机标准化（全部是波音737），以及可重复使用的登机牌。另外，当其他小航空公司决定开通欧洲航线或与大航空公司面对面竞争时，凯莱赫仍坚持他的细分市场战略。他说：“你必须对大量的能做什么和不能做什么的选择作出判断”。他很早就决定以极大的强度占领少数市场。西南航空公司以大量航班“轰炸”一个城市，“我们不会以1～2个航班进入一个城市市场，要进就是10～12个航班。”

凯莱赫看来很清楚他应当做什么。自从1971年西南航空公司作为上下班性质的小航空公司诞生以来，凯莱赫已将它发展成为美国第八大航空公司，年收入为12亿美元。顾客喜欢西南航空公司的低票价和准时，该公司将近85%的航班每15分钟或不到15分钟就有一班（其他主要的航空公司平均要隔上1个小时）。西南航空公司是美国极少数获利的航空公司之一。通常，西南航空公司的飞机每天在空中的飞行时间达11个小时，而该行业的平均飞行时间为8小时。同时，西南航空公司每有效座位里程的成本为6.5美分，将美国航空公司和联合航空公司等竞争对手远远抛在了后面，他们的成本分别是9美分和15美分。

赫布·凯莱赫像所有的管理者一样，制定了大量决策——有小的、有大的。这些决策的整体质量对组织的成败有重大影响。在本章中，我们将探讨“决策”的概念和相关知识。

思考

1. 目标对决策行为有什么影响？

① 资料来源：（美）斯蒂芬·P. 罗宾斯. 管理学［M］. 9版. 北京：中国人民大学出版社，Prentice Hall出版公司，2008.

2. 你对“管理就是决策”有什么看法？

【学习目标】

1. 明确管理与决策的相互关系。
2. 了解决策的过程和原则。
3. 熟悉各种关于决策的技术方法。
4. 了解影响决策行为的因素。

3.1　决策理论

1. 古典决策理论

古典决策理论是基于“经济人”的假设提出来的。古典决策理论认为，应该从经济的角度来看待决策问题，即决策的目的在于为组织获取最大的经济利益。古典决策理论的主要内容是：

（1）决策者必须全面掌握有关决策环境的信息情报；

（2）决策者要充分了解有关备选方案的情况；

（3）决策者应建立一个合理的自上而下的执行命令的组织体系；

（4）决策者进行决策的目的始终都是在于使本组织获取最大的经济利益。

古典决策理论假设，作为决策者的管理者是完全理性的，决策环境条件的稳定与否是可以被改变的，在决策者充分了解有关信息情报的情况下，是完全可以做出完成组织目标的最佳决策的。古典决策理论忽视了非经济因素在决策中的作用。

2. 行为决策理论

行为决策理论认为影响决策者进行决策的不仅有经济因素，还有其个人的行为表现，如态度、情感、经验和动机等。行为决策理论的主要内容是：

（1）人的理性介于完全理性和非理性之间，即人是有限理性的，这是因为在高度不确定和极其复杂的现实决策环境中，人的知识、想象力和计算力是有限的。

（2）决策者在识别和发现问题中容易受知觉上偏差的影响，而在对未来的状况做出判断时，直觉的运用往往多于逻辑分析方法的运用。所谓知觉上的偏差是指由于认知能力的有限，决策者仅把问题的部分信息当作认知对象。

（3）由于受决策时间和可利用资源的限制，决策者即使充分了解和掌握有关决策环境的信息情报，也只能做到尽量了解各种备选方案的情况，而不可能做到全部了解，决策者选择的理性是相对的。

（4）在风险型决策中，与经济利益的考虑相比，决策者对待风险的态度起着非常重要的作用。决策者往往厌恶风险，倾向于接受风险较小的方案，尽管风险较大的方案可能带来较为可观的收益。

（5）决策者在决策中往往只求满意的结果，而不愿费力寻求最佳方案。导致这一现象的原因有多种：决策者不注意发挥自己和别人继续进行研究的积极性，只满足于在现有的可行方案中进行选择；决策者本身缺乏有关能力，在有些情况下，决策者出于个人某些因素的考虑而做出自己的选择；评估所有的方案并选择其中的最佳方案，需要花费大量的时间和金钱，这可能得不偿失。

行为决策理论抨击了把决策视为定量方法和固定步骤的片面性，主张把决策视为一种文化现象。

3. 当代决策理论

当代决策理论的核心内容是：决策贯穿于整个管理过程，决策程序就是整个管理过程。

组织是由作为决策者的个人及其下属、同事组成的系统。整个决策过程从研究组织的内外环境开始，继而确定组织目标，设计可达到该目标的各种可行方案，比较和评估这些方案进而进行方案选择（即做出择优决策），最后实施决策方案，并进行追踪检查和控制，以确保预定目标的实现。这种决策理论对决策的过程、决策的原则、程序化决策和非程序化决策、组织机构的建立同决策过程的联系等作了精辟的论述。

对当今的决策者来说，在决策过程中应广泛应用现代化的手段和规范化的程序，应以系统理论、运筹学和电子计算机为工具，并辅之以行为科学的有关理论。这就是说，当代决策理论把古典决策理论和行为决策理论有机地结合起来，他所概括的一套科学行为准则和工作程序，既重视科学的理论、方法和手段的应用，又重视人的积极作用。

当代决策理论主要包括的类型有：智能管理、质量管理、组织管理等。

4. 直觉决策

管理者何时最有可能使用直觉决策的方法呢？有以下 8 种情况：（1）存在高不确定性时；（2）极少有先例存在时；（3）变化难以科学地预测时；（4）“事实”有限时；（5）事实不足以明确指明前进道路时；（6）分析性数据用途不大时；（7）当需要从存在的几个可行方案中选择一个，而每一个的评价都良好时；（8）时间有限，并且存在提出正确决策的压力时。

在运用直觉时，存在一个管理者可遵循的标准模型吗？他们似乎遵从两种方法之一：或是在决策过程之初使用直觉；或是在决策过程结尾使用直觉。

在决策开始时使用直觉，决策者努力避免系统分析问题。他让直觉自由发挥，努力产生不寻常的可能性事件，以及形成从过去资料分析和传统行事方式中一般产生不出的新方案。而决策制定结尾的直觉运用，有赖于确定决策标准及其权重的理论分析，以及制定和评价方案的理性分析。但这一切做完后，决策者便停止了这一过程，目的是筛选和消化信息。这种方法被形象地描述为“睡眠决策”，一两天后再做出最后的选择。

3.2 管理就是决策

对于决策的定义，不同的学者看法不同。一种常见的定义是，“从两个以上的备选方案中选择一个的过程就是决策”，一种更为具体的定义是，“所谓决策，是指组织或个人为了实现某种目标而对未来一定时期内有关活动的方向、内容及方式的选择或调整过程”。

在本书中，我们采用路易斯、古德曼和范特的说法，将决策定义为“管理者识别并解决问题以及利用机会的过程”。对于这一定义，可作如下理解：

（1）决策的主体是管理者（既可以是单个的管理者，也可以是多个管理者组成的集体或小组）。

（2）决策的本质是一个过程，这一过程由多个步骤组成。

（3）决策的目的是解决问题或利用机会，这就是说，决策不仅仅是为了问题，有时也为了利用机会。

决策理论学派的代表人物 H. A. 西蒙认为，决策是为达到一定的目标，从两个或多个可行方案中选择一个合理方案的分析判断和抉择的过程。从心理学的角度看，决策过程的前三个阶段，与人类解决问题的思维过程的基本步骤是紧密联系的。这三个基本步骤是：问题是什么？备择方案是什么？哪个备择方案最好？显然，前三个阶段是决策过程的核心，然后经过执行过程中的评价阶段，又进入一轮新的决策循环，因此决策实际上是一个“决策—实施—再决策—再实施”的连续不断的循环过程，贯穿于全部管理活动的始终，贯穿于管理的各种职能活动中，即贯穿于计划、组织、人员配备，指导与领导和控制活动之中。决策是管理活动的核心，是主管人员的主要任务，正是在这个意义上，西蒙认为：“为了了解决策的含义，就得将决策一词从广义上予以理解，这样，它和管理一词几近同义。”

西蒙对于决策定义的重要意义在于，强调了决策在管理中的地位和作用，把决策过程与人类解决问题的思维过程联系在一起，指出二者遵循的共同规律，从而为决策研究开辟出一个心理学和人工智能的研究方向。但是，也应当注意到，自西蒙之后，一些管理学家过分地扩展决策的定义，甚至认为管理仅仅就是决策，这是不恰当的。如果把管理看作只是做决策，无疑将会使管理的定义失之偏颇，既不便于对管理学的理论体系进行科学的分类，也无法将许多实际上属于管理的重要内容包括进去。例如，领导者利用他的个人权威（性格、品德、价值观、威信等）对下级施加影响使之为组织目标做出积极贡献，就不是一个决策过程。反之，将决策都看作管理，又使得管理的含义过于宽泛。因为任何活动，无论是组织的还是纯属个人的，都有个选择和决策的问题。然而，家庭主妇到超级市场去选购商品与经理决定公司的投资方向，无论如何是不能相提并论的。

正确地理解决策的含义和决策过程各阶段的基本要求，对于改进现实中的决策工作是有很大意义的。

3.2.1　管理职能与决策

决策对管理者每一方面工作的重要性是怎么强调也不过分的。决策渗透于管理的所有四个职能中（具体内容见表 3－1），实际上，这解释了为什么管理者（当他们计划、组织、领导和控制时）常被称为决策者，也说明了决策与管理同义是不正确的。一个管理者在决策制定中所做的一切，几乎都不是拖得很长的、复杂的，或对外界观察者而言是显而易见的。许多管理者的决策制定活动具有例常性。每年的每天你都得决策何时吃午饭的问题，这不是什么大不了的事情，以前你已经作了成千上万次了。它提出极少的问题并常常能很快解决。这是一类你几乎不认为是决策的决策。管理者每天要制定许多例常性决策。不过，即使一个决策很容易做出，或管理者以前已经遇上过许多次，它仍然是一个决策。

表3－1　管理职能中的决策

计划	组织的长远目标是什么？ 什么战略能够最好地实现这些目标？ 组织的短期目标应该是什么？ 每个目标的困难程度是多大？
组织	直接向我报告的下属是多少人？ 组织中的集中程度应多大？ 职务如何设计？ 组织何时应实行改组？
领导	我应当如何对待缺乏积极性的雇员？ 在特定的环境中，哪一种领导方式最有效？ 一个具体的变化将如何影响工人的生产力？ 何时是激发冲突的最恰当时机？
控制	组织中的哪些活动需要控制？ 如何控制这些活动？ 绩效偏差达到什么程度才算严重？ 组织应建立哪种类型的管理信息系统？

3.2.2　决策人的管理模式

《特区与港澳经济》编辑部在1995年第一期的决策人特稿中写道："行成于思，思鉴于行。"思想家与实践家二德兼备者，必为决策人。各级决策人思之、行之。必言之、语之，而后果之。决策人语，皆为决策之方略、行进之方向、发展之通途、开拓之源力也。

西蒙在一系列有关决策理论的论文和著作中，构造了"决策人"假设。"决策人"假设是把人的行为放在特定的组织背景下并充分考虑人的生理心理特点（主要是信息处理能力）来进行分析的。它不对人的活动目的及相应手段作永恒不变的先验设定，而把目的和手段看成可在一定范围内加以调节的变量。它的着眼点不是单个人的效率因果链追溯，而是群体合理决策中的行为协调。这种人性假定较之"经济人"和"社会人"而言，其丰满性和现实性是有目共睹的。由此出发而发展起来的管理理论中的决策学派理所当然地受到了普遍重视。与此同时，这种假定也或隐或显地包含在系统—权变学派、管理过程学派以及管理科学学派的前提中，成为管理理论中公认度更高的人性假设。

"决策人"假设的要点主要包括以下几个方面：

（1）理性是有限的。组织成员的理性限度表现在：执行任务的能力有限，正确决策的能力有限。也就是说，由于环境约束和人类自身能力的限制，人们不可能知道关于未来行动的全部备选方案和有关事件的不确定性，也无力计算出所有备选方案的实施后果。

（2）寻求满意解。心理学研究表明，个人的欲望水平不是固定不变的，它可以随着体验的变化而升降。在好方案多的良性环境下，欲望提高；在恶劣环境下，欲望则下降。因此，决策者对于应当寻找一个好到什么程度的方案，就会视具体情况定位在一定的欲望水平：一旦发现了符合其欲望水平的备选方案，会结束搜索，选定该方案。西蒙称人的这种选择方式为“寻求满意解”。

（3）组织是一个“诱因和贡献”平衡系统。组织成员的协作意愿取决于由协作而得到的诱因（组织提供奖酬）和为协作而做的贡献（个人投入的时间、精力和服务）之间的比较结果。只有当贡献小于或等于诱因时，组织成员才愿意协作，组织才能得以存续和发展。

决策人理论提醒管理者重视员工的比较决策思维，对员工的激励不能千篇一律，应对员工所属类型进行分类，制定因人而异的激励策略，以达到最大的激励效果。

“决策人”假设的出现，标志着管理理论的一次重要转向：由提高效率为中心转变为以合理决策为中心。西蒙的著名命题“管理即制定决策”，正是对这种转向的简明概括。这种转向无论在实践上或理论上都有着重要意义。就实践而言，它提示企业组织（乃至一般社会组织）要充分关注组织的生存环境努力寻找使适应环境的组织决策与组织中个人决策相协调的管理模式。就理论而言，它提示企业组织要充分关注自身所拥有的信息条件，在采集、存储、加工、使用信息方面既能提供适当信息又能保护组织自身及组织成员的注意力这种“稀有资源”。应当说，这种转向与工业经济从前期重视劳动分工发展到后期重视市场机制大体相应。

简言之，决策人假设并不对人的动机作千篇一律的设定，而是把经济利益、社会心理需要都看成一种可变的决策前提。这就提供了管理理论的一个新着眼点，即不再无休止地争论人的本性问题，而是创造条件调节那些影响个人决策的前提。

3.3 决策的过程与原则

决策并非主观武断，或盲目“拍板”。科学的决策，应当通过认真地研究，实事求是地分析，去粗取精，去伪存真，由此及彼，由表及里，把握住事物变化的规律，从而做出合理、可行的决断。因此，为了保证决策的正确和合理，决策过程的每个阶段，都要有一定的基本要求。同时，决策的过程中必须遵循一些原则，保证决策行为的科学进行。

3.3.1 决策的过程

决策制定过程常被描述为“在不同方案中进行选择”，但这种观点显然过于简单了，因为决策制定是一个过程而不是简单的选择方案的行为。从识别问题开始，到选择能解决问题的方案，最后结束于评价决策效果。这一过程犹如你决定在哪里度过暑假一样，也适用于决定一个公司的行动。这一过程既能用来描述个体决策，也能用来描述群体决策。让我们详细考查一下这个过程，以便对每一步的具体内容有所了解。

步骤一：识别问题，把握问题的要害。决策过程的第一阶段，首先要求找出关键性问题和认准问题的要害。要找出为什么要针对这个问题而不是针对其他问题作决策的理由。关键问题抓不准或者问题的要害抓不准，就解决不了问题，所作的各种决策就不可能是合理的、有效的。例如 1989 年下半年，在治理整顿的第一年中，市场出现了大面积疲软，企业生产经营遇到前所未有的困难。面对这种情况，作为领导城市工业的主管部门到底应当采取什么方针和策略？重点抓什么工作？这在制定 1990 年城市工业指导方针时是一个重要的决策。这个决策是否正确决定了 1990 年度整个城市工业工作的方向和重点，影响到整个城市工业能否尽快扭转形势、走出困境。而做出这个决策，不仅要对整个宏观经济形势有清醒的估计，还必须对所在城市工业的主要问题、主要薄弱环节和问题的要害有深刻认识。有的城市提出 1990 年度工业工作指导方针是调整产品结构；有的城市的方针是狠抓产品质量；也有的城市的方针是强化工业企业内部管理。1990 年的实践表明，不同的方针收效大不一样。

步骤二：明确决策的目标。实践证明，失败的决策，往往是由于决策目标不正确或不明确。犹豫不决，通常也是由于目标很模糊或设立得不合理。美国管理学家德鲁克曾在他所著的《有效的管理者》一书中举过这样一个例子：1965 年 11 月间，美国整个东北部地区，从圣罗伦斯到华盛顿一带，发生过一次美国历史上最严重的全面停电事件，在大停电的那天早上，纽约市所有的报纸都没有出版，只有《纽约时报》出版了。原来在那天停电时，《纽约时报》当即决定把报纸改在赫德逊河对岸的纽华克印刷。当时，纽华克还没有停电。但虽有此英明决策，发行一百多万份的《纽约时报》，也只有不到半数的份数送到了读者手中。这其中有个原因。据说正好《纽约时报》上了印刷机后，时报总编辑忽然跟他的三位助手发生了争论，争论的问题只是某一英文单词如何分节。据说争论持续了 48 分钟之久，恰好占去了该报仅有的印刷时间的一半。争论的理由是该报制定有一套英文写作标准，印出的报纸绝不允许有任何文法上的错误，就使得他在出现意外停电的情况时，认识不到保证时报每天的发行份数已成为更紧迫的目标，从而使上述正确决策未能有效贯彻实施。可见，目标对于正确决策起着多么大的决定作用。

步骤三：拟定备选方案，至少要准备两个可行方案。决策过程的第三阶段强调要找到几个可能的行动方案。决策的基本含义是抉择，而如果只有一种方案，无选择余地，也就无所谓决策。没有比较就没有鉴别，更谈不到所谓“最佳”，国外有一条管理人员熟悉的格言：如果看来只有一种行事方法，那么这种方法很可能是错的。要求多个可行方案的过程，通常是一个创新的过程。每个可行方案都要具有下列条件：（1）能够实现预期目标；（2）各种影响因素都能定性与定量地分析；（3）不可控的因素也大体能估计出其发生的概率。

在制定可行方案时，还应满足整体详尽性和相互排斥性的要求。所谓整体详尽性，是指将各种可能实现的方案尽量都考虑到，以免漏掉那些可能是最好的方案。例如，20 世纪 60 年代美国顺利实施的阿波罗工程，就是在三种可能的方案中进行正确选择的结果。这三种方案是：（1）直接发射飞船；（2）在地球轨道上交会后向月球发射飞船；（3）在月球轨道上交会后向月面发射登月舱。前两个方案的研制难度，研制时间都不能保证实现 60 年代末把人送上月球的目标；第三个方案需要的助推火箭推力最小，实现的技术难度较低，最有可能保证实施上述目标。事实证明，这种决策是正确的。所谓相互排斥性，就是说可行方案本身要尽量相互独立，不要互相包涵，当然更不应当为了选择硬凑出某个方案来。

步骤四：对决策方案进行综合评价。决策过程的第四个阶段是对各个可行方案进行评价和抉择。每个实现决策目标的可行方案，都会对目标的实现发挥某种积极作用和影响，也会产生消极作用和影响。因此必须对每个可行方案进行综合的分析和评价，即进行可行性研究。可行性研究是决策的重要环节。决策方案不但必须在技术上和经济上可行，而且应当考虑社会、政治、文化等方面的因素，还要使决策结果的负面作用（如环境污染）减小到可以允许的范围内。通过可行性分析，确定出每个方案的经济效益和社会效益以及可能带来的潜在问题，以便比较各个方案的优劣，从中选择最佳方案。

在方案选择方面，主要的困难往往是由于存在多个目标，且各个目标间可能存在冲突而产生的，俗话说的“既要马儿跑得快，又要马儿不吃草”是不可能的。然而，现实中让马儿跑得更快，同时草吃得更少的事情不但比比皆是，而且正是人们实际追求的目标。为了解决目标决策的困难，通常的方法是根据目标的相对重要性排出先后次序，然后通过加权求和的方式将其综合为一个目标；或者将一些次要目标看作决策的限制条件，而按使某个主要目标达到最大（或最小）来选择方案。多目标决策问题，至今仍是一个非常活跃的研究领域。

我们已经指出了在多个互相冲突的目标下进行方案抉择的困难，然而，抉择的困难还不止于此。决策的风险是抉择时始终会遇到的另一个主要困难。因为人们不是对过去的事做决策，决策必然是为将来而做，而将来几乎总是包含着不确定的因素。所以，那种有百分之百的把握，不冒任何风险的决策，不但因为它过于保守不合管理的需要，而且客观上也是很少有的。一般来说，那些看上去越是可能获得高收益的方案，包含的风险因素也往往越大，这几乎成为一种常识。因此，对于决策者来说，一方面，基本的要求是要敢于冒风险，敢于承担责任。也就是说，要求决策者要有胆识，要有勇气；另一方面，管理决策不是赌博，敢于冒风险不等于蛮干。决策者必须清醒地估计到各项决策方案的风险程度；估计到最坏的可能性并拟定出相应的对策，使风险损失不致引起灾难性的不可挽回的后果；必须尽量收集与决策的未来环境有关的必要信息，以便做出正确的判断；同时还应考虑到是不是到了非冒更大风险不可的地步。最后，决策者还应当对决策的时机是否成熟有准确的判断。这些都有助于决策者将决策方案的风险减至最小。

步骤五：执行方案。执行方案是将决策意图传递给有关人员并得到他们采取行动承诺的过程。实施过程中通常要注意做好以下工作：（1）制定相应的具体措施，保证方案的正确实施；（2）确保与方案有关的各种指令能被所有相关人员充分接受和彻底了解；（3）应用目标管理方法把决策目标层层分解，落实到每一个执行单位和个人；（4）建立重要的工作报告制度，以便及时了解方案进展情况，及时进行调整。

步骤六：检查评价和反馈处理，把决策过程看作一种学习过程。决策过程的最后阶段是对已实施的抉择进行评价。这是在决策方案已经实施了一段时间后，对其效果进行评价，以检验决策的正确性，及时修正偏离目标的偏差。评价的结果常常导致一个新的决策，也就是决定要不要继续干下去，怎么继续干下去等问题。应当把决策看作一种学习过程，即在做出最初的抉择之后，还需要不断地对实行的情况进行检查，注意对那些新出现的未曾预料到的情况进行分析和判断，及时补充新的决策。例如，我国当前正在进行的经济体制改革，就是一个不断评价前一阶段改革的成果和失误，进一步明确改革的方向和重点，然后开始一个新的改革阶段这样一个循环往复的过程，它被形象地称为“摸着石头过河”。

3.3.2 决策的原则

什么是有效的决策？什么是正确的抉择？其判断标准是什么？除了根据决策实施的效果来判断以外，在方案抉择阶段还有没有更直接的判断标准？对于这个问题，有三种代表性的观点。

第一种观点是由科学管理的创始人泰罗首先提出的，并为运筹学家和管理科学家们一贯坚持的“最优”标准。在泰罗看来，任何一项管理工作，都存在一种最佳的工作方式。他认为：“管理这门学问注定会具有更富于技术的性质。那些现在还被认为是在精密知识领域以外的基本因素，很快都会像其他工程的基本因素那样标准化，制成表格，被接受和利用。”泰罗对管理技术所下的定义是：“确切知道要别人干什么，并注意他们用最好最经济的方法去干。”应该肯定，追求最佳是决策者的一种优良的心理品质。但必须指出的是，并非所有的管理问题和管理工作都能够数字模型化，从而求出其最优解来。管理既是科学，又是艺术。对决策来说，也是如此。所谓“最优”，只能是有条件的，并且是在有限的、极为严格的条件下达到的。

第二种代表性观点，是西蒙提出的“满意”标准。他对运筹学家们的“最优”决策标准提出了尖锐的批评，他指出，“所谓‘最优’是指在数学模型范围内的最优决策而言……热衷于‘运筹学’的人很容易低估这种方法适用条件的严格性。这可导致一种名为‘数学家失语症’的病。病人将原始问题加以抽象直到数学难点或计算难点被抽象掉为止（并失去了全部真实的外观），并且将这一简化了的新问题加以求解，然后假装着认为这就是他一直想要解决的问题。”西蒙因此提出了他的“满意”标准，他认为：“对于使用‘运筹学’方法来说，不需要什么精确性——只要能足够给出一个近似的比不用数学而单靠常识得出的那种结果要更好的结果来。而这样的标准是不难达到的。”然而，西蒙在提出他的“满意”决策标准之后，也注意到了这个概念的模糊性，容易使人们对决策产生某种误解，他于是补充说：“如果认为某事物在本质上就是定性的，在应用数学家做出尝试之前不能简化为数学形式，否则这将是危险的。”

第三种有代表性的观点是美国管理学家哈罗德·孔茨提出的“合理性”决策标准。他对合理性决策标准的解释是：“首先，他们必须力图达到如无积极的行动就不可能达到的某些目标。其次，他们必须对现有环境和限定条件下依循什么方针去达到目标有清楚的了解。第三，他们必须有情报资料的依据，并有能力根据所要达到的目标去分析和评价抉择方案。最后，他们必须有以最好的办法解决问题的强烈愿望，并选出能最满意地达到目标的方案。”由于决策的未来环境包含的不肯定因素，做到完全合理是很难的。孔茨认为，主管人员必须确定的是有一定限度的合理性，是“有界合理性”。尽管如此，主管人员还是应在合理性的限度内，根据各种变化的性质和风险大小而尽其所能地做出最好的决策。孔茨的合理性决策标准的实质，是强调决策过程各个阶段的工作质量最终决定了决策的正确性和有效性，而不仅仅在于进行方案抉择时采用“最优”还是“满意”的标准。这个观点是很有指导意义的。

我们认为，决策应遵循满意原则，而不是最优原则。对决策者来说，要想使决策达到最优，必须做到：

（1）容易获得与决策有关的全部信息；

（2）真实了解全部信息的价值所在，并据此制定所以可能的方案；

（3）准确预期到每个方案在未来的执行结果。

但是在现实中上述条件往往得不到满足，具体来说：

（1）组织内外存在的一切对组织的现在和未来都会直接或间接地产生某种程度的影响，但决策者很难收集到反映这一切情况的信息；

（2）对于收集到的有限信息，决策者的利用能力也是有限的，从而决策者只能制定数量有限的方案；

（3）任何方案都要在未来实施，而人们对未来的认识是不全面的，对未来的影响也是有限的，从而决策时所预测的未来状况可能与实际的未来状况有出入。

决策过程中除了遵守满意原则之外，也不能忽视以下原则。

1．系统原则

决策时采用系统决策技术是科学决策的重要特点，也是科学决策的重要保证。系统决策技术是指把决策对象看作一个系统，并以此系统的整体目标为核心，追求整体优化目的的决策。任何系统都具有三个特征：

（1）集合性：系统均由若干子系统组成；

（2）相关性：各子系统按一定结合方式组成系统；

（3）目的性：系统具有特定的功能和目标。

各子系统的特征并不完全一致，但系统原则强调，决策时应将各子系统的特性放到系统的整体中去权衡，用整体系统的特征和总目标去协调各子系统的目标，形成整体优化。所以，决策者要从战略的高度去决策。

2．信息原则

信息是决策的基础。因为在科学决策中必须掌握大量信息，才能系统地对信息进行归纳整理、比较、选择和加工，才能去伪存真、由表及里地对各种资料进行分析，为决策提供准确、全面、系统、可靠的信息。

管理者在决策时离不开信息。信息的数量和质量直接影响决策水平。这要求管理者在决策之前以及决策过程中尽可能地通过多种渠道收集信息，作为决策的依据。但这并不是说管理者要不计成本地收集各方面的信息。管理者在决定收集什么样的信息、收集多少信息以及从何处收集信息等问题时，要进行成本—收益分析。只有在收集的信息所带来的收益（因决策水平提高而给组织带来的利益）超过因此而付出的成本时，才应该收集信息。所以我们说，适量的信息是决策的依据，信息量过大固然有助于决策水平的提高，但对组织而言可能不经济，而信息量过少则使管理者无从决策或导致决策收不到应有的效果。

3．预测原则

预测是根据过去和现在估计未来，根据已知推测未知的活动。决策的正确与否，取决于对未来后果所作判断的正确程度，不了解未来的实施后果，常常会造成决策失误。预测原则是指通过科学的预测，对未来事件的发展趋势和状况进行描述和分析，做出有根据的假设和判断，为决策提供科学依据和准则。

4．比优原则

比较是指方案提出过程是经过系统分析和综合，确定多个达到预定目标的方案。优选是指从多个备选方案中选择满意方案的决断过程。由于任何决策的后果均有利和弊，故决策者只能在利弊之间进行合理选择。

5．反馈原则

由于事物的发展和客观条件变化或因原来决策考虑不周，可能使实施结果偏高或低于预定目标。反馈原则是指根据变化了的情况和实践结果，对初始决策做出相应的调整或改变，使决策趋于合理的原则。反馈原则是实现动态平衡，提高决策质量及实现决策科学化的保证。

3.4 决策的类型与技术

西蒙的组织设计思想认为，一个组织可分为三个层次：最下层是基本工作过程，在生产性组织中，指取得原材料、生产产品、储存和运输的过程；中间一层是程序化决策制定过程，指控制日常生产操作和分配系统；最上一层是非程序化决策制定过程，指对整个系统进行设计和再设计，为系统提供基础的目标，并监控其活动。自动化通过对整个系统进行较为清晰而正规的说明，将使各层次之间的关系更为清楚明确。大型组织不仅分有层次，而且其结构几乎普遍都是等级结构。

决策需要解决的问题不同，其决策的方法、技术是有差异的。一般认为，决策面对的问题分为例行问题和例外问题。我们首先来看看这两类问题及其差异，以及对决策的影响。

3.4.1 例行问题和例外问题

尽管主管人员的主要任务是做决策，但大量管理实践表明，一位主管人员整天忙于做出各种各样的决策，常常是一种管理不善的征兆。事实上，当问题已发生，还没有着手解决之前，应首先自问一下："是不是需要一项决策?"这里，思考的出发点，是正确判明问题的性质，即完全是属于例行问题还是例外问题。

例行问题是指那些重复出现的、日常的管理问题。处理例行问题的特点，从根本上说，不是要每次都做决策，而是要建立某些制度、规则或政策，使得问题处理实现机制化。管理者每天大量遇到的是例行问题。例如产品质量、设备故障、现金短缺、供货单位未按时履行合同等等方面的问题。但为什么不少主管人员总把这些问题当作例外问题处理呢？为什么许多主管人员每天、每时几乎都陷在这样或那样的各种决策中呢？原因多种多样，主要原因在于诸多的管理问题本身所具有的某些特点，使得仅根据是否具有重复发生的性质这一简单特征，还不容易判明哪些问题属于例行问题，以及复杂问题中包含的例行性成分。

只有那些偶然发生的、新颖的、性质完全清楚、结构上不甚分明的、具有重大影响的问题才属于例外问题。例外问题是指组织面对的问题之一，是指那些性质难以确定，偶尔发生或是从未发生过的，并且影响程度较大的问题，这类问题组织没有固定和制度化的解决措施。例如，组织结构变革问题；重大的投资问题；开发新产品或打入新市场的问题；长期存在的产品质量隐患问题；重要的人事任免问题以及重大政策的制定问题等。这类问题为数不多，但却是真正要求主管人员倾注全部精力，进行正确决策的问题。

处理例行问题和例外问题，无论从决策的性质还是方法上来看，都是两种不同类型的决策。前者一般有先例可循，有政策和规则可依；后者往往缺乏信息资料，无先例可循，无固定模式，最终解决问题可能需要创新。西蒙从解决上述两类不同性质的问题出发，将决策分为程序化决策和非程序化决策，并进一步指出，提高人们的非程序化决策能力，化非程序化决策为程序化决策，是今后决策研究的方向。

3.4.2 程序化决策

决策可以区分为性质相反的两种决策：一种是程序化决策，即结构良好的决策；另一种是非程序化决策，即结构不良的决策。区分它们的主要依据是这两种决策所采用的技术是不同的。制定常规性程序化决策的传统方式由于运筹学和数据处理等新的数字技术的研制和广泛的应用而发生了革命，而制定非程序化决策的传统方式包括大量的人工判断、洞察和直觉观察还未经历过任何较大的革命，但在某些基础研究方面正在形成某种革命，如探索式解决问题、人类思维的模拟等。自动化方面的进步和人类决策方面的进步会把组织中人的部分和电子的部分结合起来构成一种先进的人机系统。

所谓程序化决策，就是那些带有常规性、反复性的例行决策，可以制定出一套例行程序来处理的决策。比如，为普通顾客的订货单标价，办公用品的订购，有病职工的工资安排等等。这种决策是可以运用筹学技术来完成的。在这种程序化决策中，决策所需要的信息都可以通过计量和统计调查得到，它的约束条件也是明确而具体的，并且都是能够量化的。对于这种决策，运用计算机信息技术可以取得非常好的效果。通过建立数学模型，让计算机代为运算，并找出最优的方案，都是在价值观念之外做出的，至少价值观念对这种决策的约束作用不是主导因素。

程序化决策具有以下优势。

1. 便于论证决策

决策过程中有一个非常重要的阶段——可行性论证。可行性论证的对象之一是决策程序的研究，论证程序使用的方法、方式是否合乎逻辑，是否具有科学性。可行性论证主要有两种方法：一种是功能性论证，即采用“黑箱”的方法，在实际论证中常采用大量试验来论证决策的可行性；另一种是结构性论证，即直接论证。全局性的、决定性的决策，常采用两种方法来论证。无论采用哪种方式，都是以程序为基础、为线索，这可以提高决策的可操作性，同时也提高了决策的准确率、优化度。

2. 节约决策时间

时间就是效益，在当今社会已成为共识。决策者的首要任务就是决策，而决策具有很强的时效性，如何节约时间，尽快做出决策是每个决策者必须考虑的问题，在信息爆炸的时代，每一项决策都需要收集，处理大量的信息，而这些工作需要大量的时间，决策者不按一定的方式、一定的方法去处理信息是不可能做出及时的决策的。程序化决策为解决这一问题提供了一种手段，决策者根据市场需求并结合本企业的实际情况，设立合理的组织机构，聘请专家、顾问，按照一定的程序处理信息，最后由决策者结合自己的经验做出决策，从而大大减少了决策者的决策时间，在日常事务管理中更能显示其优越性：决策者把日常事务制度化、程序化，把权力下放给下属依程序办事，从而节约时间。

3. 减少组织摩擦

企业内部组织功能不同，但是某一项决策需要几十部门协调完成，协调的主要手段就是程序化，其过程是：在决策者的指导下，根据组织功能由各组织完成程序的某一段，各组织之间达成共识后把其过程程序化。这样大大减少了内部消耗，加强了内部联系，同时加快了决策节奏。

3.4.3　非程序化决策

非程序化决策，针对那些不常发生的或例外的非结构化问题而进行的决策。随着管理者地位的提高，面临的不确定性增大，决策的难度加大，所面临的非程序化决策的数量和重要性也都在逐步提高，进行非程序化决策的能力变得越来越重要。

非程序化决策所赖以进行的信息不完全，变量与变量之间的关系模糊、不确定。约束条件是由各种各样的社会发展变量，比如社会需求、消费偏好、个人收入、消费习惯等之间的关系构成的。社会发展变量的不确定性制约着约束条件的稳定性，而且这种决策的贯彻实施还会引起决策所影响对象的有意识反应，比如竞争对手采取与之相对应的措施，这就导致决策与决策实施结果之间关系的进一步复杂化。这种决策，是无法通过建立数学模型来为决策人制定决策提供优化方案的，在这种决策中，变量更多的是人的意志因素。而人又是一个奇怪的存在物，他的意志和欲望多种多样，并且各自的评价又不同。所以，这种决策就不是一种可以在数理基础上完成的逻辑选择。

非程序化决策不能是随意的、莽撞的、为所欲为的决策，要进行科学的非程序决策，应该遵循以下四条原则。

1. 掌握决策对象的有关资料

决策的两个客观要素是目标与环境，决策过程就是通过对环境的不断分析和识别，确定具体的目标。全部的环境要素，按照它们同目标之间的关系可以分两大类：一类是对目标起关键作用的要素即关键要素；另一类因素对目标有影响但不起关键作用即辅助要素。非程序决策要从大量的有关决策对象的情报资料中把握关键要素，关键要素把握得越准，决策的质量就越高。把握关键要素要适当，太多或太少都会影响决策的质量。我们应该注意的是，关键要素随目标和环境的变化而变化，准确地把握关键要素，是有效决策的必要条件，领导者一定要根据实际情况，及时准确地抓住关键要素。

2. 听取不同意见

严格的科学程序决策要求充分重视和发展智囊专家的作用，然而在非程序化决策中，一般说来都没有智囊专家参与，许多规模较小的单位或时间紧迫的决策场合也根本找不到智囊专家，许多日常决策也不一定非要智囊专家参加，在这种情况下为了保证决策的可靠性和准确性，领导者应该重视听取各方面的意见，尽可能让下级参与决策。对于需要保密的事情，可在做好保密工作的前提下征求意见。决策的效果最终是由决策的质量和人们认同的程序这两个方面的因素决定的，听取不同意见，让下级参与决策，除了提高决策的质量外，还有利于提高下级对决策的认同程序，得到下级的支持。当然，听取下级意见并不是被下级的意见所左右，对下级的意见要注意分析，领导者永远都是决策的主人。

3. 实事求是

非程序化决策解决的是实践过程中，不断涌现出来的新情况，新问题，没有现成的经验和办法可循，需要发挥创造性思维。没有创造性思维，非程序化决策就是一句空话。要提高自己的创造性决策能力，就必须解放思想，敢于打破僵化的陈规陋习，敢于向传统挑战；同时要加强培养自己的逻辑思维、联想和想象能力，以及直觉和顿悟灵感能力。

4. 只做属于自己职责范围内的决策

美国总统罗斯福有一句名言：“一位最佳的领导者，是一位知人善任者，在下级甘心从事于其职守时，领导要有自我约束力量，不要随意插手干涉他们。”如果领导者代替自己的下级做决策，既浪费了自己宝贵的时间和精力，又会造就一批没有主见没有责任感的下级。一个人的精力和能力是有限的，事必躬亲的领导者肯定无法做出高质量的非程序决策。

综上所述，下面对程序化决策和非程序化决策做一个简要的比较，见表3－2。

表3－2 程序化决策与非程序化决策的比较①

特征	程序化决策	非程序化决策
问题类型	结构化的	开放的
管理层级	低级别的	高级别的
发生频率	重复性的、常规的	不同寻常的、崭新的
相关信息	易于获得的	模糊的或不完整的
目标	清晰的、具体的	模糊的
用来寻找解决方案的时间限制	短暂的	相对较长的
解决方案依赖于……	程序、规定和政策	判断和创造力

3.4.4 决策的技术

不同类型的决策需要不同的决策技术。决策技术又分为传统技术和现代技术。传统技术是一种古典技术，是从有记载的历史到目前这一代一直为某些经理和组织所使用的工具箱。现代技术则是第二次世界大战后发展起来的一系列新技术。

除了可以从问题本身的性质出发区分程序化决策和非程序化决策以外，还可以根据决策时采用的不同技术和方法来研究这两类决策。我们可以简单地按程序化、非程序化，以及传统式、现代式四种因素将决策技术分为四大类，见表3－3。

表3－3 传统式和现代式决策制定技术②

决策类型	传统式决策制定技术	现代式决策制定技术
程序化的： 常规性，反复性决策；组织为处理上述决策而研制的特定过程	1. 惯例 2. 事务性常规工作标准，操作规程 3. 组织结构，分目标系统，明确规定的信息通道	1. 运筹学，结构分析，模型，计算机模拟 2. 管理信息系统，探索式解决问题技术
非程序化的： 偶发的、结构不良的、新的政策性决策；依靠解决问题的一般思维过程处理	1. 判断、直觉和创造性 2. 主观概率法 3. 经理的遴选和培训	1. 培训决策者 2. 编制人工智能程序

从表3－3中可以看出，传统的程序化决策技术中最普遍和最为盛行的技术是惯例。与惯例紧密相关的是标准操作规程，它提供了一种教育新成员适合于习惯性组织活动模式的手段，提供了一种将习惯模式公之于众，经受检查、修正和改进的手段。组织结构可以

① 资料来源：（美）罗宾斯，等. 管理学（第十一版）[M]. 李原，等，译. 北京：中国人民大学出版社，2012.

② 资料来源：杨文士，张雁. 管理学原理（第一版）[M]. 北京：中国人民大学出版社，1994.

看作一种更有效、更全面地进行程序化决策的手段。组织结构规定了一套关于组织的哪些成员将对哪些类型的决策负责的体制，还规定出一套目标结构，成为各级主管人员决策的标准。自21世纪初叶科学管理运动兴起以来，这后两种传统的程序化决策技术日益完善起来。

现代的程序化决策技术，几乎可以全部包含在“运筹学”和“管理信息系统”这两种技术和手段的体系中。关于这两种技术和手段，我们已在本书第四章中作过简要的讨论，这两种技术至今仍是方兴未艾。不过，尽管运筹学和管理信息系统技术在管理中的应用领域不断扩展，但今天，大量的上、中层尤其是上层主管人员处理的决策问题，仍不能便捷地转化为数学模型并由计算机来自动处理。这使得开发非程序化决策技术势在必行。

从表3－3还可看到，进行非程序化决策的技术都与人们解决问题的心理过程有关。人们拥有某种一般的解决问题的能力。虽然对于一些困难的问题可能解决得并不令人满意，但是，人们在接触到一个复杂的、陌生的例外问题时很少处于完全束手无策的状况。那么，人们怎样处理那些结构不良、偶然出现而影响重大的问题呢？这就需要了解人们进行非程序化决策的心理过程，或者说，要分析人们做出决策的行为。

3.5 决策的行为

迄今为止，我们一直是把决策过程作为一种合理的、合乎逻辑的过程来看待的。但对于决策过程来说，还有其他因素起着重要的影响作用，这就是决策的行为，包括个人的行为特性和群体在决策中的行为特性。

3.5.1 个人因素

心理学的基本观点之一是强调个人在心理上的差异，决策作为人们的一种思维心理活动自然也不例外。这些差异体现在决策者感知问题的方式，处理情报资料从中获取信息的能力，乐于发掘各种备择方案的意愿和对决策风险的态度等方面。个人之间的差异决定最后选择的方案的特征，并将影响实施决策时的魄力和果断性。

影响决策过程的行为特性很多，这里仅就影响最大的、起决定作用的两个方面，即个人对问题的感知方式和个人的价值系统进行扼要地讨论。

1. 个人对问题的感知方式

所谓感知，即通过感觉而形成的知觉，它是对事物的各种不同属性、各个不同部分及其相互关系的综合反映，即对事物整体的反映。感知在确定决策问题、处理决策的情报资料、拟定决策的可行方案等方面起着重要作用。

心理学研究表明，影响人们对问题的感知的主要因素是经验。感知不是感觉的简单总和，感知中包含的某些成分并非都来自当时的感觉，而是在过去经验的基础上产生的。知识经验会对感知产生巨大影响。这方面，西蒙对人工智能的研究结果充分说明了这一点。在对人工智能的研究中，西蒙发现了一个引人入胜的结果。他和同事们研究了为计算机下象棋编制程序的问题。最初的假设是：为计算机编制一套像一棵有多个枝杈的被称作决策树那样的程序，每走一步前，计算机都先搜索自己和对方所有可能的步子，然后做出选择。从理论上说，这是可以做到的，但事实上却是做不到的。因为可能性几乎有十的一百二十次方之多，而当今最快的计算机在一百年里不过进行约莫十的二十次方运算。显然，为计算机编制弈棋程序必须寻求更简捷的途径。西蒙继续研究了一些优秀棋手的做法。他要求世界上一些最优秀的象棋大师对一副棋盘上还有二十来个棋子的残局瞥一眼（10 秒钟）。他发现，这些象棋大师随后就能说出所有棋子在棋盘上的确切位置。而进一步对一些一级棋师进行相同的试验，这些人就相形见绌了。也许，那些象棋大师具有更好的短期记忆能力。但此说有一点不能解释，如果棋子的位置不是按棋局进行，而是随意乱放的话，那么无论象棋大师或是一级棋师都不能记住。看来必定有别的因素在起作用。

西蒙认为，这是因为那些象棋大师在象棋方面具有高度发达的长期记忆能力，这种记忆表现为下意识地记住的定式。西蒙称这是象棋“词汇”。一级棋师掌握的词汇量约莫为2000 种定式，而象棋大师则在 50 000 种上下。看来，棋师们在对弈时大都是从各种定式出发：以前见过这一定式吗？是在什么棋路上见到这种定式的？从前是怎么克敌制胜的？事实上，不仅象棋大师，其他如医生、修理工、网球运动员、工程设计人员等，都掌握有丰富的定式词汇。

西蒙的这一研究成果，进一步说明了经验对管理决策的重要作用。这也是为什么经验丰富的主管人员一般都具有良好的直觉的原因。这一研究成果提醒我们，在进行关键的非程序化决策时，应重视我们的经验和直觉。

2. 个人价值系统

个人价值系统是个人的思想、价值观、道德标准、行为准则等所构成的相对稳定的思维体系。具体讲，包括个人对成就、财富、权力、责任、竞争、冒险、创新等的欲望，以及对正确与错误、好与坏、真与伪、善与恶、美与丑、得与失或其他类似的对立事物所持的观点。个人价值系统对决策过程特别是最后的方案抉择起着重要的影响和决定作用。概括而言，个人价值系统对决策的影响作用主要表现在两个方面。

一是，它影响决策者以某种特殊的心理准备状态来反映刺激物。例如一个人往往以他正在感知的某种准备状态或他的情绪的某种状态甚至某种先入为主的准备状态来反映感知对象，把听到的内容变成了他想要听的东西，把看到的对象变成了他想要看的对象。心理学称这种心理状态为定势或心向。

二是，个人价值系统影响决策者的判断，包括对问题的判断、对情报信息的判断和对方案的抉择。例如在某企业的上层主管人员中，对国家紧缩信贷、压缩基建规模、控制经济过热等措施，有人认为会给企业发展造成困难；有人则认为这反而会给企业的发展带来机会。

个人价值系统对决策的影响因决策者而异，有积极的作用，也有消极的作用。其积极作用表现在：（1）它能使人们对事物感知得更迅速、更有效；（2）有助于使人们透过事物的表面现象抓住事物的本质；（3）有助于人们从不完全的情报中获取重要的变化信息；（4）有助于人们形成决心、做出果断而大胆的选择。其消极作用是，容易使人们在情况发生变化时固守过时的观点，因循守旧，错失成功的良机，以及固执先入为主的成见等。由此可见，一个成功的主管人员，必须具有合理的、健康的、积极的、符合社会发展要求的良好的个人价值系统。

3.5.2 群体因素

在正式组织里，一个人不作为群体成员而独自完成决策制定的全过程是罕见的。因此，决策不仅受到个体心理的影响，还受到群体心理的影响。这里所指的群体的概念，是指进行活动且相互制约的人群或人们的共同体。例如企业中的各级、各部门的领导班子、厂务委员会，生产班组等。

群体有自己特有的心理现象，例如舆论、内隐的规范（默契）、士气、情绪气氛、风尚、社会助长现象和从众现象等。个体心理是头脑的机能，是外部世界的主观印象；而群体心理则是普遍存在于各个群体成员头脑中反映群体社会关系的共同心理状态与心理倾向。群体心理对决策的影响，既有积极的方面，也有消极的方面。

1. 群体决策的优点

群体制定决策的一个最大优点，是群体可能比任何单个成员具有更广泛的知识和经验。这势必有利于确定问题和制定备择方案，并且能够更严格地分析所制定的方案。此外，群体参与制定决策，还能够使人们更好地了解所制定的决策，特别当参与决策制定的群体还负有实施决策的责任时，可增加群体每个成员对决策许诺的可能性。

群体决策的上述优点是由于群体心理中的社会助长作用。所谓社会助长作用是指许多人在一起共同工作，可以促进个人活动的效率，出现增量或增质的现象。一般认为，社会助长作用引起的个人行为增量的效果远超过增质的效果。

2. 群体决策的缺点

决定群体参与决策效果的主要限制因素是由于存在“从众现象”所产生的。所谓“从众现象”，是指个人由于真实的或臆想的群体心理压力，在认知或行动上不由自主地趋向于跟多数人相一致的现象。在正式组织里，上下级关系会导致下级方面并非真正参与决策，下级为了迎合上级，宁愿顺着上级的意图而不提出自己的真正意见。此外，用花费的总时间来衡量，群体一般比个人要花费更多的时间才能做出一个决策。

群体决策的广泛存在，促使管理学家和心理学家们提出各种有效的方法以发挥其优点避免其缺点。

3. 发挥群体决策的积极作用

关于群体对于个体“解决问题”的智力活动是否真的具有助长作用，或在什么条件下有助长作用，目前还是个有争论和正在研究的课题。

1957 年，英国的心理学家奥斯本（A. F. Osborn）在《应用的现象》一文中提出了“头脑风暴法”（brain storming，简称 BS 法），即让主持人提出待解决的问题，鼓励群体成员尽量多地提出新颖创见，而不允许互相批评。由于每一个体受到其他人提出意见的刺激和启发，激起发散性思维，结果在同样时间产生两倍于他独立思考时的意见数量。据报道，这种方法在用于拟定可行方案的决策阶段时，可以获得大量的新颖的方案和设想。但另一些心理实验研究不支持这一假设。例如美国心理学家邓尼特（M. D. Dunnit）1963 年以科研人员与设计师为对象，分别让他们在独立思考和以四人为一组采用 BS 法的两种情境中，对两个问题提供解决的办法。结果发现，独立思考时提出的意见较群体思考提出的意见更多、更高明。研究者认为，在群体中采用 BS 法，个人常因注意别人发表意见或自己的表达机会受剥夺，使自己的思维受到干扰而中断，因而它无助于新思想的产生。

还有一些研究者根据他们的实验结果认为，在群体中应用 BS 法具有“预热效应”（warm-up effect），即由于大家交流想法的气氛与互相启发，会使个人对本来不大关注的问题或工作发生兴趣，并把群体的创造行为当作社会规范迫使自己去思考，从而起到创造性思维的准备作用。一般认为，在解决问题的初期使用 BS 法，而后再引导人们深入地去独立思考，就会使社会助长作用发挥远期的效果。

从根本上说，群体参与决策的潜在效益能够发挥到什么程度，以及最终的效果如何，取决于主管人员的领导水平。作为群体的领导人，应具有创造一种鼓励每个成员做出充分贡献的环境的才能。一方面主管人员必须引导群体的讨论，这样才能得到质量最高、符合规定目标的决策；另一方面，主管人员必须承担起做出最后抉择并坚持实施的责任，而不应滥用表决的方式，把责任推给大家。

【本章小结】

决策是管理工作的基本环节之一，它贯穿于管理的全过程。决策是为了实现某一目的而从若干个可行方案中选择一个满意方案的分析判断过程。决策就是管理者识别并解决问题以及利用机会的过程。

为了保证决策的正确和合理，决策过程的每个阶段都要有一定的基本要求。同时，决策的过程中必须遵循一些原则，保证决策行为的科学进行。决策的过程主要有六个步骤：（1）识别问题，把握问题的要害；（2）明确决策的目标；（3）拟定备选方案，至少要准备两个可行方案；（4）对决策方案进行综合评价；（5）执行方案；（6）检查评价和反馈处理，把决策过程看作一种学习过程。此外，决策还有“最优”标准、“满意标准”和“合理性”决策标准三种原则。

决策需要解决的问题不同，其决策的方法、技术是有差异的。决策可以区分为性质相反的两种决策：一种是程序化决策，即结构良好的决策；另一种是非程序化决策，即结构不良的决策。区分它们的主要依据是这两种决策所采用的技术是不同的。不同类型的决策需要不同的决策技术。决策技术又分为传统技术和现代技术。

决策过程不只是一种合理的、合乎逻辑的过程，还有其他因素起着重要的影响作用，这就是决策的行为，包括个人的行为特性和群体在决策中的行为特性。

【复习思考】

1. 什么是决策？决策的原则和依据是什么？
2. 决策包括哪几个阶段？决策过程要受到哪些因素的影响？
3. 何谓程序化决策？何谓非程序化决策？与二者相对应的决策技术是什么？
4. 影响决策行为的因素有哪些？

【阅读材料】

迪士尼乐园正式落户上海①

2009年1月8日下午，上海东郊宾馆，签字桌边，上海市政府与美国华特迪士尼公司的代表们终于坐到一起。当日，双方正式签署了迪士尼上海主题公园的框架协议，这被外界誉为是迪士尼最终落户上海“黎明前的曙光”。

上海迪士尼项目可谓一波三折，从1994年第一次引入迪士尼会谈，到现在的尘埃落

① 资料来源：谭力文，刘林青．管理学［M］．北京：科学出版社，2009.

定，历经15年之久，这里面既有双方合作的模式分歧，利益分配的矛盾，又有后来人事的变动。

“当然，这次双方之所以能够签署框架性协议，双方都做了些原则性的让步。”据一位曾参与过迪士尼谈判的知情人士称，“迪士尼的要求是其整个产业链的扩张，以主题公园为筹码，要求中国文化市场的开放。尽管主题公园是整个产业链中最重要的一环，但迪士尼要求中国每年要有大片进口指标、新片的推广、动画片制作发行、各类专利品的推广，以及建立电视台、广播公司、门户网站、出版、音像制品等需求。而中国方面的要求，则是资金的必须进入、意识形态的限制以及市场换产业的需求。”这位人士分析，当然这次双方的谈妥，很大程度上双方都做出了让步，特别是引入迪士尼中文频道方面，迪士尼一直在为迪士尼频道争取“落地权”，上海市政府这方面的意见是将积极申请但并不保证其落地中国。

人们推测，当前经济下滑的趋势也是促成双方达成框架性协议的驱动因素。根据迪士尼公司2008年第四季度财报显示，全球金融危机对迪士尼公司造成了比较大的影响，公司包括消费品部、主题公园和电视广告在内的多种业务受到不同程度的拖累，公司四季度总收入同比增加了6%，但净收入却下降14%。迪士尼首席执行官罗伯特·伊格表示，由于消费开支水平下降，令该公司主题公园和度假村业务收益下滑，预计2009年业绩下降的幅度将更加明显，因此计划在全球人口最多的国家——中国拓展业务，兴建全球第6个迪士尼乐园。此外，金融危机以来，上海的房地产和金融业务遭遇下行风险，上海经济的快速稳定增长受到考验。当前上海正尝试产业升级和转型，服务业将是未来拉动上海经济的重要支点。迪士尼的项目无论从固定资产投资还是旅游消费角度来看，对上海的经济产出影响都具有持续性，可以说，上海市政府对此项目寄予厚望。

根据框架性协议，正在筹划中的上海迪士尼乐园，上海市政府下属的企业将持股57%，迪士尼公司则持股43%。据悉，项目选址基本确定为上海浦东地区，规划面积有望创下迪士尼乐园之最，项目一期工程占地1.5平方千米（折合约150公顷，比香港迪士尼乐园的43公顷大三倍多），耗资预计244.8亿元人民币（约合35.9亿美元），最快可以在2014年落成启用。

当然，根据香港迪士尼的经营状况，也有人对项目的盈利状况表示不乐观。香港迪士尼乐园一直亏损，原因被认为有两个方面：一是美国方面向香港索取高额的专营费用和管理费；二是迪士尼乐园的游览项目更新速度缓慢，不能持续吸引顾客，回头客不多。反而是海洋公园、野生动物园之类的自然主题乐园，更具吸引力。未来的上海迪士尼乐园是采用中国香港合作模式还是日本合作模式，目前尚未确定。可以肯定的是，上海迪士尼在刚开业时一定会吸引很多游客，但中长期的盈利前景极难预料。

讨论

1. 影响决策行为的因素有哪些？
2. 决策双方的利益诉求对决策会产生怎样的影响？

第4章 计划

【案例导读】

乔森家具公司五年目标①

乔森家具公司是乔森先生在21世纪中期创建的，开始时主要经营卧室和会客室家具，取得了相当大的成功，随着规模的扩大，自20世纪70年代开始，公司又进一步经营餐桌和儿童家具。1975年，乔森退休，他的儿子约翰继承父业，不断拓展卧室家具业务，扩大市场占有率，使得公司产品深受顾客欢迎。到1985年，公司卧室家具方面的销售量比1975年增长了近两倍。但公司在餐桌和儿童家具的经营方面一直不太顺利，面临着严重的困难。

1. **董事长提出的五年发展目标**

乔森家具公司自创建之日起便规定，每年12月份召开一次公司中、高层管理人员会议，研究讨论战略和有关的政策。1985年12月14日，公司又召开了每年一次的例会，会议由董事长兼总经理约翰先生主持。约翰先生在会上首先指出了公司存在的员工思想懒散、生产效率不高的问题，并对此进行了严厉的批评，要求迅速扭转这种局面。与此同时，他还为公司制定了今后五年的发展目标。具体包括：

（1）卧室和会客室家具销售量增加20%；

（2）餐桌和儿童家具销售量增长100%；

（3）总生产费用降低10%；

（4）减少补缺职工人数3%；

（5）建立一条庭院金属桌椅生产线，争取五年内达到年销售额500万美元。

这些目标主要是想增加公司收入，降低成本，获取更大的利润。但公司副总经理托马斯跟随乔森先生工作多年，了解约翰董事长制定这些目标的真实意图。尽管约翰开始承接父业时，对家具经营还颇感兴趣。但后来，他的兴趣开始转移，试图经营房地产业。为此，他努力寻找机会想以一个好价钱将公司卖掉。为了能提高公司的声望和价值，他准备在近几年狠抓一下经营，改善公司的绩效。

托马斯副总经理意识到自己历来与约翰董事长的意见不一致，因此在会议上没有发表什么意见。会议很快就结束了，大部分与会者都带着反应冷淡的表情离开了会场。托马斯有些垂头丧气，但他仍想会后找董事长就公司发展目标问题谈谈自己的看法。

2. **副总经理对公司发展目标的质疑**

公司副总经理托马斯觉得，董事长根本就不了解公司的具体情况，不知道他所制定的

---

① 资料来源：北京大学.EMBA管理学案例教学［DB/OL］. https：//wenku. baidu. com/view/a1f74cfbaef8941ea76e05f6. html.

目标意味着什么。这些目标听起来很好，但托马斯认为并不适合本公司的情况。他心里这样分析道：第一项目标太容易了——这是本公司最强的业务，用不着花什么力气就可以使销售量增加20%；第二项目标很不现实——在这领域的市场上，本公司就不如竞争对手，决不可能实现100%的增长；第三项目标亦难以实现——由于要扩大生产，又要降低成本，这无疑会对工人施加更大的压力，从而也就迫使更多的工人离开公司，这样空缺的岗位就越来越多，在这种情况下，怎么可能降低补缺职工人数3%呢？第四项目标倒有些意义，可改变本公司现有产品线都是以木材为主的经营格局，但未经市场调查和预测，怎么能确定五年内我们的年销售额达到500万美元呢？

经过这样的分析后，托马斯认为他有足够的理由对董事长所制定的目标提出质问。除此之外，还有另外一些问题使他困扰不解，一段时期以来，发现董事长似乎对公司已失去了兴趣；他已50多岁，快要退休了。他独身一人，也从未提起他家族将由谁来接替他的工作。如果他退休以后，那该怎么办呢？托马斯毫不怀疑，约翰先生似乎要把公司卖掉。董事长企图通过扩大销售量，开辟新的生产线，增加利润收入，使公司具有更大的吸引力，以便在出卖中捞个好价钱。“如董事长真是这样的话，我也无话可说了。他退休以后，公司将会变成什么样子，他是不会在乎的。他自己愿意在短期内葬送掉自己的公司，我有什么办法呢？”

思考

1. 你认为约翰董事长为公司制定的发展目标合理吗？为什么？

2. 假如你是托马斯，如果董事长在听取了你的意见后同意重新考虑公司目标的制定，并责成你提出更合理的公司发展目标，你将怎么做？

【学习目标】

1. 了解计划的概念。
2. 了解计划的各种分类和意义。
3. 掌握计划的编制过程。
4. 掌握目标管理的含义、意义和推行目标管理的方法。

4.1 计划职能概论

在一个充满不确定性的竞争环境当中，管理者必须进行全面的计划，以便找到有效的竞争战略。计划在我们的生活中无处不在，我们可以从中体会到计划的重要性。如：新学期开始了，我们需要计划新学期的学习内容；外出旅游，我们要计划好旅游路线；为了完成案例分析，我们需要计划资料搜集；等等。

对于企业而言，计划是其首要的管理职能，开展管理活动之前首先要制定好的计划。这不仅是因为计划是管理活动中首先发生的职能，而且也是由于计划职能渗透在其他各种组织职能之中。有了计划，企业管理活动才有方向，员工行动才能步调一致，才能克服盲目性，增强主动性，提高效率。

4.1.1 计划的概念

计划是企业管理的第一个职能，计划是运营及控制的基础，别的职能离不开计划，它贯穿于管理的全过程。例如一个生产企业，在每年的年末，都会编制下一年度经营计划、年度生产计划，企业下一年度的物资、资金、设备、人力资源计划依据这些计划展开。

讨论计划之前，我们必须要了解计划的概念。最早的时候法约尔在其法文原著《工业管理与一般管理》中称管理的第一个要素为“预测”，并解释其含义为“仔细研究未来并安排行动计划”。库布拉夫于1930年将“预测”译为“计划”。于是，后人称法约尔提出的管理的第一个要素为“计划”。法约尔及后来的管理学家们所描述的计划“职能”即传统的计划职能，也就是管理人员与所属有关人员一起通过对组织内外实际情况的调查研究和对未来的科学预测，在权衡需要与可能的基础上，设计出未来一定时期组织应达到的目标和实现目标的措施。对最高管理当局来说，不仅要设计出未来一定时期组织应达到的目标和实现目标的措施，有时还要设计或修正组织的宗旨以及实现宗旨的措施。所设计的“实现目标的措施”，一般包括制定战略、政策、规则、程序、规划、预算，即设计这些管理因素的目标及实现途径。

国内的研究中，计划有广义、狭义之分，广义的计划是指制定、执行和检查计划，狭义仅指制定计划。作为一项职能，多使用广义的概念，即计划是对未来行动的事先安排。综合前人的研究成果，我们认为计划指的是根据对未来的科学预测确定企业目标，然后确定战略、制定方案以实现这些目标，执行这些方案，最后根据环境的变化调整这些方案的过程。完整的计划内容一般应包括以下几个方面：（1）做什么：明确目标任务；（2）为什么做：进行目标方案的可行性论证；（3）何时做：完成目标任务的时间进度；（4）何地做：完成目标任务的环境条件；（5）谁去做：确定目标任务的实施；（6）怎么做：制定完成目标任务的政策方法等。

作为基本的管理职能，计划工作具有以下特点：(1）对目的和目标的贡献。每一个计划及其所有支持性计划，都应该有助于实现组织的目的和目标，任何组织或个人制定计划都是为了有效地实现某些目标。因为组织是为了通过有意识的合作，来完成群体的目的而生存的，脱离了这一点的计划是毫无意义的。(2）首要性。计划工作在管理职能中处于首要地位，首先是由于管理过程中的其他职能都是为了支持和保证目标的实现；第二，计划目标或说是计划工作的影响是贯穿于组织、控制、激励、领导和沟通等其他管理职能当中的；第三，要发挥各项管理职能的作用，都需要围绕总目标做好制定自身计划的工作。(3）普遍性。虽然各种计划的特征、作用不同，但计划工作是全体主管人员的一项职能，上到总经理，下到第一线的基层管理人员，都要制定计划。这是主管人员的权力，也是一项责任。制定了计划之后，在组织内部所有的管理人员都担负着做好计划工作的责任；所有的事项都应按计划从事。(4）效率性。计划工作要力求从众多方案中选择最优方案，以保证组织及其成员做正确的事，并且能正确地做事。衡量一个计划的效率，就是要看这个计划对组织的目的和目标的贡献，如果计划按合理的代价实现目标，这样的计划是有效率的。(5）创造性。计划工作不能因循守旧。世界在不断地变化，计划工作总是针对需要解决的新问题和可能发生的新变化、新机会而做出的，计划的过程总是一个创造性的管理过程。

4.1.2 计划的分类

1. 按管理等级层次划分

按管理等级层次划分，可以分为公司层次计划、业务层次计划和职能层次计划。

公司层次计划是指高层管理者为实现组织的使命和目标、公司层次战略而制定的决策。公司层次战略说明的是组织在哪些行业和哪些国家的市场上与对手展开竞争。业务层次战略阐述了业务或分部在行业中与对手进行竞争时所采用的方法，主要作用是促使分部达到组织的长远目标，以及实现分部自身的业务层次战略和结构。职能层次战略阐明了管理者为了帮助组织实现总体目标打算在诸如生产、营销和研发等部门层次上采取行动。

计划过程中，需要特别注意三个不同层次计划的一致性。职能部门的目标和战略要与分部的目标和战略保持一致，而分部的目标和战略则要与公司目标和战略保持一致，反之亦然。一旦展开了竞争，每一个职能部门的计划都要与其所属分部的业务层次计划相联系，而业务层次计划都要与其所属分部的业务层次计划相联系，而业务层次计划又要与公司层次计划相联系。

2. 按时间跨度或计划期间划分

按照时间跨度或计划期间划分，可以分为长期计划、中期计划和短期计划。

通常持续时间在五年或者五年以上的计划称为长期计划，持续时间在一年到五年之间的计划称为中期计划，而持续时间在一年或者一年以下的计划称为短期计划。一般来说公司层次和业务层次目标和战略要求制定中长期计划，职能层次的目标和战略要求制定中短期计划。长期计划时间跨度比较长，一般是以滚动计划的形式实现的。所谓滚动计划是说每年都要根据外部环境条件变化对计划进行必要的更新和修正。

3. 按计划制定者的层次划分

按计划制定者的层次可分为战略计划、战术计划和作业计划。

战略计划是由高层管理者制定，它是组织发展总目标以及基本政策的体现，一般是长期计划，涉及企业长远发展目标的计划。它的特点是长期性，一次计划可以决定在相当长的时期内大量资源的运动方向。战略计划对战术计划和作业计划有指导作用。

战术计划是由中层管理者制定，它将战略计划中的目标和政策具体化，一般按年度拟订，涉及企业生产经营、资源分配和利用的计划。它将战略计划中具有广泛性的目标和政策，转变为确定的目标和政策，而且规定了达到各种目标的确切时间。战术计划比战略计划具体、详细，并具有相互协调的作用。

作业计划是由基层管理者制定，它根据管理计划设计的具体目标和政策，确定工作流程，划分工作单位，分派任务和资源，一般来说作业计划时间间隔较短，如月度计划、周计划、日计划就属于作业计划。

4. 按计划对象划分

按计划对象可把计划分为综合计划、局部计划和项目计划。

综合计划一般具有多个目标和多方面内容，习惯上人们把预算年度的计划称为综合计划。它主要应该包括销售计划、生产计划、劳动工资计划、物资供应计划、成本计划、财务计划、技术组织措施计划等。局部计划限于指定范围，包括组织内各职能部门制定的职能计划，它是在综合计划的基础上制定的，其内容专一性强，是综合计划的一个子计划，是为了达到整个组织的分目标而确立的，例如技术改造计划、设备维修计划等。项目计划是为某种特定任务而制定的，它是针对企业的结构问题选择解决问题的目标和方法，其计划期可能为1年，也可能需要若干年，例如产品开发计划、企业扩建计划、与其他企业联合计划、职工俱乐部建设计划等。

5. 按计划的不同表现形式划分

根据计划的不同表现形式可以分为宗旨、目标、战略、政策、程序、规则、规划及预算等。

根据计划的不同表现形式，可以将计划描述为8类计划形成的层次关系。这8类计划由上而下逐层次为指导，由下而上逐层次为基础。宗旨是组织行为的最高准则。目标是在宗旨指导下的行为结果。战略是在宗旨、目标指导下的行动方针，是资源配置的总纲，具有全局性、长远性特点。政策是在上述三者指导下的行为方向和界限，既要有稳定性，又要有灵活性。规则是某一具体行为的是非界限，是对具体情况下，允许或不允许采取某种行为的规定。程序是对一系列行为的规定性，它规定了如何处理重复发生的例行问题的规范标准，它也是对一系列行为规定的时间顺序，是一种工作步骤。规划是上述宗旨、目标、政策、规则、程序以及任务分配实施办法等综合形成的计划，规划有长远和近期之分，规划一般是粗线条、纲要性的。预算是数字化的计划，以数字表示预期结果，它从资金和现金收支的角度，全面、细致地反映组织活动，预算也是进行控制管理的方法之一。

6. 按计划是否明确被规定划分

按计划是否明确被规定可以分为正式计划和非正式计划。

正式计划的每一个时期都有具体的目标，这些目标都被管理者明确规定下来，并使组织全体成员知道，这些目标是成文的，并且被组织成员共享，以降低模糊性和就需要完成的工作任务达成共识。最后还需要拥有具体的方案来实现这些目标。非正式计划没有明文的规定，很少或者没有与组织中其他人共享的目标，计划时粗略而且缺乏连续性的。

7. 制定情景计划

管理者制定计划时必须对未来进行考虑，预测会出现什么情况，以便在当前采取行动，调整组织资源，以应对未来可能出现的机遇和威胁。这种管理者通过对未来的情景进行多重预测并分析如何有效应对各种可能出现的情况，从而得到一系列如何应对不同情形的行动方案就是制定情景计划的过程。由于未来是不可预知的，进行计划的唯一合理方法就是首先要对未来可能出现的状况进行各种假设，并在此基础上形成一组“多样未来”，或者说未来的情景，然后指定出各种各样的计划，详细描述一旦假设任何一种未来情形果真出现，企业应该怎么做。

4.1.3 计划的意义

计划在管理中起着重要的作用，是管理活动的基础。它为组织成员指明方向，协调组织活动，可以为组织的未来预测变化，减少冲击，进而保证沿着既定目标前进。良好的计划还能通过设计好的协调一致、有条不紊的工作流程来避免前后协调不一、联系脱节等现象，从而提高组织的工作效率。此外，计划还有利于有效地进行控制。

早在泰勒推行他的科学管理运动时期，许多管理者就已认识到计划在管理实践中具有重要的作用。近几十年来，管理学家们做了许多研究，试图检验计划与企业绩效的关系，所得出的普遍结论有：首先，正式计划通常与更高的利润、更高的资产报酬率及其他积极的财务成果相联系；其次，高质量的计划过程和适当的实施过程比泛泛的计划更可以导致较高的绩效；最后，凡是正式计划未能导致高绩效的情况，一般都是因为环境原因。美国管理学家罗宾斯曾经引用松下电气公司的故事，说明广泛的计划能够促进一个公司巨人的创建。松下公司是二战之后建立的。20 世纪 50 年代初期，松下公司制定了控制美国电视机市场的目标，并加以实施。在 20 年时间里，松下公司将它的美国竞争对手从 25 个削减到 6 个，最终所有的美国对手不是破产就是被外国同行所兼并。为了不给竞争对手留下任何可乘之机，松下公司精心策划，已经制定了 250 年的战略计划。

总的来说，计划制定工作主要有如下意义。

（1）为企业员工指明行动方向。计划工作中有一步程序，那就是分解目标。分解目标时，将企业的各项活动在空间和时间上进行合理的分解，规定企业各环节、各部门乃至个体的员工在不同时间应该从事的活动。

当员工知道他们组织或工作部门正在努力实现什么目标以及他们必须为这些目标做出哪些贡献时，他们才能协调行动，彼此展开合作，并且从事必要的工作以实现这些目标。如果没有计划，各部门和个体可能会各自为战，从而妨碍组织有效率的实现目标。

（2）降低不确定性，规避企业经营风险。计划使管理者展望未来、预测变化、考虑变化的影响以及制定妥善的应对措施，是企业高层管理者在统揽全局、分析环境的机遇和风险、识别本企业的优势和劣势、统配资源的情况下制定的。因此，环境的各种不确定性，尤其是环境变化给企业带来的风险均应充分估计到，才能确保企业具有一定规避和防范经营风险的能力。

市场经济环境下，机遇与成绩是暂时的，只有危机和竞争才是永恒的——这是企业生存和发展不变的规律。这也是与计划经济时代最大的差异。计划工作的一个基本任务就是谋求组织的生存，其次才是发展，要在充分利用机遇的同时，使风险降到最低阶段。

（3）计划具有筹集和合理配置资源的功能，可以尽量减少浪费和冗余。计划可以使企业对经营活动所需要的各种资源进行预先的安排，这样，在各个环节、各个部门需要资源时，有关部门能够及时、准确提供适量的资源，企业也就有了资源筹措和供给计划。

通过对计划进行认真的研究，消除不必要的活动所带来的浪费，能够避免在今后的活动中由于缺乏依据而进行轻率判断所造成的损失。计划工作要对各种方案进行技术分析，选择最适当的、最有效的方案来达到组织目标。此外，由于有了计划，有利于组织中各成员统一思想，激发干劲，组织中成员的努力将合成一种组织效应，这大大提高了工作效率，从而带来经济效益。计划工作还有助于用最短的时间完成工作，减少迟滞和等待时间，减少盲目性所造成的浪费，促使各项工作能够均衡稳定地发展。计划工作对现有资源的使用可以经过充分地分析研究，各部门都明确整个组织的现状，减少闭门造车的工作方式，使组织的可能资源充分发挥作用，并降低了成本。

（4）计划具有检查、绩效考核与企业活动控制功能。在管理职能中，计划是组织、领导和控制的基础和依据。企业可以根据计划的内容，对照标准制定控制标准，监督、考核企业的实际活动，出现偏差时可以立即纠正。即进行控制时，他们会考虑这些方案是否已经实施以及这些目标是否实现。如果没有计划，就没有既定目标来衡量人们的工作努力程度。也许这些目标和指标不能被直接地在控制职能中使用，但它确实提供了一种标准，控制的所有标准几乎都源于计划。计划职能与控制职能具有不可分离的联系。计划的实施需要控制活动给予保证。在控制活动中发现的偏差，又可能使管理者修订计划，建立新的目标。

4.2 计划的编制

计划职能的发挥程度取决于计划编制是否合理、科学有效。计划编制本身也是一个过程。为了保证编制的计划合理，确保组织目标的实现，计划编制过程中必须采用科学的方法。虽然可以用不同的标准把计划分成不同的类型，计划的形式也是多种多样，但管理者在编制任何完整的计划时，实质上都遵循相同的逻辑和步骤。合理、科学、有效编制计划必须做好以下几方面的工作：

（1）企业必须确立它的全局性目标，以便战略计划的制定；

（2）必须制定各项业务的整套目标，以便各业务均做出适当的、优良的成绩；

（3）必须清楚企业的优势和劣势；

（4）企业内部的人员职责分工明确；

（5）管理层必须了解实际业务偏离经营目标的原因；

（6）计划反馈调整过程必须连续不断地进行。

计划工作是一种对知识需要的过程，它需要我们有意识地决定行动方针，而我们的决策是以目标、知识和经过深思熟虑的估计为基础的。即我们首先要确定组织的目标，有了明确而又合乎实际情况的目标，计划工作才能开展。正如理查德所说："当一个公司有了明确的使命，人们知道如何把个人的使命融入一个大的远景时，每个人都会朝着同一个方向迈进。"然后，制定实现这些目标的措施，这里还包括了在组织内部有效分配资源的方案，最后是执行这些计划，执行并不是计划的终点，计划是一项高难度的活动，组织应该追求什么样的目标以及如何最有效地去追求这些目标，也就是组织应该采取什么样的战略，并不是一下子就能弄明白的，必须要经过尝试、冒险、失败、调整等过程才能得出最有效的战略。组织需要根据环境的变化调整计划，使计划能帮助组织完成目标。

4.2.1 计划的制定者和计划的方法

计划应该由对计划确定事项承担决策责任的人或计划的执行者制定。传统上，制定公司层次计划是高层管理者的主要职责。企业通常会设立一个正式的计划部门，这个部门的职责就是为企业制定各式各样的计划。他们制定出来的计划经过高层管理者的审批通过之后，这些计划就会自上而下传递。虽然这种方法会使制定的管理方案变得更完善、更系统、更协调，但它常常使组织强调的重点是制定方案，其结果是厚厚一沓充满了无用信息的文件而被束之高阁，而且不会被任何人用来指导和协调工作的努力。

现在越来越多的企业摒弃了传统的计划制定方式，而是倾向于吸收更多其他管理人员参与企业计划的制定。尽管计划的最终责任要由组织内各个特定等级上的管理者承担，但是几乎所有的管理人员和很多非管理人员事实上都参与了计划的过程。按照这种方法，方案不是沿着组织等级链自上而下逐级传达，而是由不同组织层级、不同工作部门中的组织成员共同制定，以满足他们的特定需求。此外由工作团队来设定他们自己的每日进度计划，那么该团队的成员会制定复原方案以设法赶上进度。需要执行计划的人参与了计划的过程可能更加支持该项计划，利于计划的执行。当组织成员更积极地参与计划时，他们会发现所制定的方案不仅仅是写在纸上的某个东西。他们会真正发现，这些方案正被用来指导和协调工作。

4.2.2 计划编制的程序

1. 预测未来环境，确定企业的目标

目标是一个组织根据其任务和目的确定在未来一定时期内所要达到的成果或结果。计划的第一步是确定组织所要达到的目标，为了实现这一总目标，各个部门还要确定各种次级目标。一个组织的多样性，多层次的目标便构成了目标体系。科学地确定目标，形成目标体系，有利于实施目标管理，目标管理是提高组织管理水平的一种现代化管理方法，它是以重视成果管理的思想为基础，组织各级管理人员共同参与制定的一定时期内每个人必须达到的各项工作目标，并以此明确各人的主要责任领域，在实现目标过程中主要靠自主管理和自我控制，最终根据目标实现程度考核每个成员的贡献。

制定计划之前，首先要对企业未来面临的环境进行科学的预测，预测是计划工作的前提。预测是建立在实践基础上的科学推算，根据过去和现在预计未来，根据已知推算未知，根据主观的经验与教训，客观的资料与条件，演变的逻辑与推断，寻找需求的变化规律。预测包括经济环境预测、技术环境预测、政治法律环境预测和社会文化环境预测。预测的方法，归纳起来可分为定性预测和定量预测两大类。

确定了企业目标之后，还要确定目标责任，即将各层次目标与各层次上的具体人员结合起来。即在每一层次上，都应该在明确集体目标责任的基础上，还要明确个人目标责任，即要明确目标责任在范围、内容、数量、质量、时间、程度等方面的要求。

2. 制定资源分配方案

确定了企业目标之后，需要制定企业的资源分配方案。企业的资源分配，大体会在市场、技术、品牌、文化、场地设备、人力管理、谋略等方面。在市场上的投入，是企业的生命线，是资源最容易产生直接效益的领域，不管是公关广告、形象传播、展览会议、客户招待、沟通协调，都是需要投入相应的人力物力财力的。除非执行鸵鸟政策或者绥靖政策，否则没有企业敢于忽视市场的作用。技术上的投入是企业的基本支撑，技术上保持优势，应该是企业的核心竞争力之所在。缺乏技术含量的产品与服务，是缺乏生命力的，即使宣传到尽人皆知，都没有任何实际意义。比如网络平台搭建、内部数据传输以及数据的安全性与设备的稳定性，都是需要高度重视的核心，更重要的是那些核心技术的知识产权。更是企业进行市场竞争的利器。技术的研发与产品的制造都离不开厂房与设备，即使是写字楼，都可以看作是白领人员的厂房。企业的办公空间与规模不是越宽阔越好，更不是越气派越好，不是越高档越好；不同的功能区需要实现不同的作用与价值。厂房与办公室的合理布局，以及恰如其分的装修装饰，会为企业带来积极正面的形象传播。假如你将资源用在设备上，就是先利其器，后善其事，但设备的更新与升级换代，每次都注定需要花费巨大的投入。企业的资源也是需要投入到品牌与文化形象中去的。企业的品牌与文化形象就是企业所留下的名声。假如赚取了大量的金钱，却没有良好的口碑，难免会让人感觉企业缺乏生存的根基。企业形成独特的品牌与文化形象，就会在传播与市场确立方面，在人力资源的招募与避免流失方面节省大量的开支与浪费，在外部资源整合方面就可以产生事半功倍的效果。企业的品牌与企业文化是无形生产力，是企业可以依托的重要支撑。

企业的资源也是需要投入到人力资源之中去的。企业在人才身上所花费的投入，要通过更长时间才能回收。所以要想留住优秀的人才需要针对员工有持续性的激励。

3. 制定计划方案

确定了目标和资源分配方案之后，接下来需要拟定尽可能多的计划方案。企业应该拟定各种实现计划目标的方案，一边寻求实现目标的最佳计划方案。拟定各种可行的计划方案，一方面要依赖过去的经验，已经成功的或失败的经验对于拟定可定的计划方案都有借鉴作用；另一方面要依赖于创新。因为企业内外部的环境不断变化，以前制定的方案不一定适应今天的要求，所以计划的制定一定要创新。

4. 评估、拟定计划方案

根据企业的目标和内、外部条件的预测和考量，充分分析各个方案的优缺点，并做出认真评价和比较，选择出最接近许可条件和计划目标的要求、风险最小的方案。确定了方案之后，要将所选择的计划用文字形式正式表达出来，作为一项管理文件。

5. 计划的执行与调整

制定了行动方案之后，企业各级人员将执行计划的内容。之前已经提过计划具有创造性，计划工作总是针对需要解决的新问题和可能发生的新变化、新机会而做出的，计划的过程总是一个创造性的管理过程。也就是说计划不是一成不变的，在执行计划的过程中，管理人员会根据新的环境和状况对计划做出相应的调整。

4.3 目标管理

当高层管理者确定了组织的宗旨后，这个宗旨怎样才能变成组织的目标，整个组织的目标怎样才能变成各个部门以及各个成员的分目标呢？目标管理是一种有效的方式。

4.3.1 目标管理的含义

目标管理是美国管理学家德鲁克提出的一种管理制度，德鲁克对目标管理这一概念进行了精辟的阐释："所谓目标管理，就是管理目标，也就是依据目标进行的管理。"德鲁克认为，任何企业必须形成一个真正的整体，企业每个员工所做出的贡献可以各不相同，但是，他们都必须为了一个共同的目标做出自己的贡献。他们的努力必须全都朝着同一方向，他们的贡献都必须融为一体，创造一种整体业绩——没有隔阂，没有冲突，没有不必要的重复劳动。目标管理的精髓就是共同的责任感和团队合作。其特点是以"目标"作为各项管理活动的指南，并以实现"目标"的成果来评价其贡献大小。目标管理在指导思想上认为在目标明确的条件下，人们能够对自己负责。

所谓目标管理，其实是一种过程。首先，决策者根据组织的使命确定总目标；然后，组织的上下级通过沟通协商的方式，确定各自的责任和分目标；最后，这些分目标会成为标准，组织将以此进行考核与奖励部门、个人。它的实质是：第一重视人的因素；第二建立目标锁链与目标体系。目标管理是一种参与的、民主的、自我控制的管理制度，也是一种把个人需求与组织目标结合起来的管理制度。在这种管理制度中上级对下级的态度是平等、尊重、信赖、支持，下级在承诺目标和被授权之后是自觉、自主和自治的。日标管理强调要形成一个目标锁链和目标体系，主要目标与分目标之间要互相协调、方向一致。在实施目标管理时，忽略了人的因素，或者没有建立严密的目标体系都不成其为目标管理。

目标管理寻求企业目标与个人目标的结合点，而一旦找到了这样的结合点，员工就能实行自我激励和自我管理。可以说，真正的目标管理就是自我管理。这就是德鲁克所说的目标管理的基本理论依据。

我们认为，目标管理是德鲁克提出的一种为了使管理能够真正达到预期效果及实现企业目标而在企业管理过程中采用的一种以自我控制为主导思想，并注重结果导向、过程激励的管理方法。

4.3.2 目标管理的特点

目标管理的特点主要表现在如下四个方面。

1. 目标明确

通过多年对目标管理的实践，越来越多的学者认识到确定的目标对个人的重要性。美国管理专家通过实验证明，通过设定明确的目标取得的效果要比只简单要求个人努力去做会取得更高的成果，并且较高的目标往往会带来较好的完成结果。通过实践，大家会得出这样的结论，企业中生产率的持续提高往往是由于目标技能的改善而带来的。目标管理的效果不仅体现在企业中，对于公共组织，其一样具有重要意义，在学校、医院等事业单位，目标管理的应用同样取得了很好的效果。

2. 参与决策

目标管理中的目标设定与以往的传统方式有所不同。传统管理中，目标的确定模式表现为单向下达，即上级根据总目标进行分解并落实到组织的各个层次与个人；而目标管理确定目标则是通过共同参与的方式融入各对应层次的目标设定工作当中，具体表现为上下级通过沟通逐级制定出总目标、单位目标、部门目标、个人目标。所以，目标管理的目标设定模式表现为双向确定，既是“自下而上”的，又是“自上而下”的。

3. 规定时限

目标管理强调时限性，对于每一个目标，都必须有明确的时限要求，如一个月、一个季度、一年或更长时间。在一般情况下，目标的考核时限可与预算相结合，但也要适当考核组织的实际情况。某些目标应该在较长的时期内完成，而某些目标则应该在很短的时期内完成。同时，在确定时限时应该考虑，当组织层次较低时，其对应的完成目标时间应该较短。

4. 评价绩效

目标管理通过不断地将目标完成情况反馈给个人，实现帮助员工找到不足、寻求改善的目的。同时，下属人员有责任与上级领导一起检查组织为自己设置的个人绩效目标，而这样的结果，就使每个人明确了个人对部门的贡献程度。更为重要的，上级通过与下属人员一同检查并评价预先设立的目标，并全过程共同参与考核，这种鼓励式的评价方法，一方面可以实现员工的自我完善，而另一方面则能促使员工更加努力地投入工作，形成一种良好的激励氛围。

4.3.3 目标管理的意义

目标管理是属于系统整体的管理，具有超前性，强调人的因素，注重工作成果，因此有以下意义。

1. 企业整体目标为导向，消除部门间摩擦及资源浪费

德鲁克认为，传统的专业化分工所带来的最大危险在于，每个部门都致力于提高本部门的专业水准，这可能导致员工的愿景的努力偏离了组织的整体目标，而把职能性工作本身当成目的。这种状况下，每个部门各自为政，只关心自己的专业领域，互相猜忌提防，致力于扩张各自的势力范围，而不是建立整个公司的事业。于是各部门的努力难以形成合力，造成巨大的资源浪费，甚至成为组织分崩离析的离心力。目标管理通过员工参与制定企业的目标，加深员工清楚地知道企业的整体目标以及自己对于企业总目标的贡献，能够克服因对于企业总目标的无知而造成的只关注自己的专业领域，各部门各自为政，错把手段当目的的局面。另一方面，目标管理以企业整体目标为导向，必然将资源集中使用在对组织目标有贡献的领域，更合理地配置和利用人力、物力和财力，做到人尽其才、物尽其用，有效避免资源浪费。

在目标管理的全过程中，无论是最初的目标设置还是最后的绩效反馈，上下级以民主的方式进行有效的沟通，在某种程度可以很好地改善两者的关系。其一，目标管理中目标是由每个成员的目标组成，只有下级完成目标，上级的目标才能有所支撑，最终组织的总目标才得以实现；其二是在制定目标时，上级需要通过良好的沟通，让下级清晰地了解组织与部门对其给予的希望与目标，而这必须和下级商量，通过有效地交流取得双方的共识，而在这个过程中，上下级关系将有所改善。

2. 目标层层分解，明确责、权、利

目标管理从本质上来讲是可以使组织中的每个成员都能根据自己的目标确立自己的责任和贡献。目标分解到哪里，权力和责任就下放到哪里。企业的组织结构是根据目标体系来构建的，这样，每个部门都有明确的目标，每个目标都有人明确负责，事事有人做，人人有其责，办事有标准，检查有根据，从而把每个人的工作目标与总体目标紧密联系起来，形成一个责、权、利分明的目标体系，杜绝遇事无人负责的现象。

3. 客观绩效确定贡献大小，彰显公平

“评估必须基于绩效。评估是一种判断，总是需要有清楚的标准，才能下判断；缺乏清晰、明确的公开标准而做的价值判断是非理性而武断的，会腐化判断者和被判断者。”德鲁克如是说。关乎组织成员切身利益，同时又极易引发冲突与争议的奖惩制度必须取决于其对组织贡献的大小。目标管理的核心理念之一就是以实现“目标”的成果来评价其贡献大小，这种基于客观绩效的评估结果，能让员工心服口服。与传统的领导根据个人好恶来对员工进行评判相比，更能彰显公平，对于员工也有更好的激励作用。

4. 自我控制取代压力管理，激发员工积极性和创造性

目标管理从制定目标再到检验与评价整个过程中，都强调上下共同参与，个人目标与组织目标的相互结合。因此，从根本上讲，目标管理是一种参与管理，是一种自我控制的管理方法。自我控制的管理方法让管理者的工作动机不再是因为别人命令他或说服他去做某件事情，而是因为管理者的任务本身必须达到这样的目标。他不再只是听命行事，而是决定必须这么做。换句话说，他以自由人的身份采取行动。

在自我控制在管理方法下，组织成员摆脱了上级的控制，摆脱了压力和恐惧，员工潜能得到最大限度发挥，员工积极性得到最大限度激发。另一方面，目标管理是一种结果导

向的管理，从结果反推出能达到结果的过程。也就是目标管理赋予了达到结果的手段的多样性。结果是第一位的，为了达到目标，员工可以有更灵活和自由的选择，这样无形中激发员工处理问题的创造性。

在确定目标的过程中，每位员工可以根据自身特点与优势，与上级开展博弈，共同探讨并最终确定目标，而这也正是其发挥潜能的良好时机；同时，下级为了更好地完成甚至是超额完成目标，会不断学习，充实自我，提高自身能力。目标管理中目标的确定，要综合考虑个人能力与未来潜质，既要保证在个人的能力范围内，但还需要其去通过努力才能完成与实现，而这才恰到好处地起到了激励的效果并激发了员工的潜能。

5．克服传统管理的弊端

传统管理的弊端主要体现在两方面，其一是工作没有预见性，整天忙于对常规业务的处理，而忽视工作的方向与目标；其二是组织中的领导更倾向于官僚理论，认为权力集中才能有利于统一指标与提高效率。而这两方面的弊端，通过目标管理，可以很好地予以解决。

6．提高工作效率

以往的管理，将更多的关注集中于按照规定的工作程序与方法进行工作；而目标管理，则是在组织总目标与个体目标相互关联且都明确清晰的基础上，通过有效的激励机制，激发员工努力完成个体目标，继而实现组织总目标。这种管理模式有利于全面提高管理效率。

4.3.4 目标管理的推行

推行目标管理要有一定的思想基础和科学管理基础。要教育职工树立全局观念、长远利益观念。因为目标管理过程中有可能滋长急功近利的本位主义倾向。要建立比较完善的规章制度，使信息通畅，以做到能够较准确地度量和评估工作成果。推行目标管理关键在领导。实施目标管理的领导，是具体的领导。在目标管理中，领导的重要职能是协调，首先在设置目标过程中要协调，其次在执行目标过程中也要协调。在目标管理中领导要善于授权，因为没有分权就不能创造个人自由地达成目标的条件，终而导致目标管理的失败。推行目标管理要逐步地、长期地做工作。推行目标管理需要许多配套工作，如提高人员素质，健全各种责任制，制定有关政策措施等。因此目标管理只能根据条件逐步推行，不能期望目标管理是包治百病的灵丹妙药，在一朝一夕能取得巨大成效，需要长期坚持、不断改进，才能收到良好效果。

目标管理是当今世界很流行的一种计划方法和管理制度。但也有人认为，到目前为止，空论多于有效实施。因此实际应用中应该客观地分析目标管理的优缺点，以求实效。企业目标管理计划的推行主要包括以下内容。

1．目标管理法的筹划与推行

要有效推行目标管理法，必须首先对该方法的运用进行筹划，从整体上考虑企业为什么要实行目标管理法、要解决哪些问题及目标管理法的执行步骤等问题。一般来说，目标管理法在实施过程上主要分为三个重要阶段，即计划、执行、考核，计划阶段即设定目标过程，是目标管理法的初始阶段，同时也是非常重要的阶段。该阶段强调企业员工的全员参与，其目的是让员工真正领会目标，以获得员工的支持和理解，从而保证目标管理的有效实施。执行阶段主要解决如何完成目标问题，即寻求达成目标的手段与方法。为了实现组织的最终目标，组织领导人必须对执行阶段的关键环节进行控制，如规定工作程序、明确办事原则、加强监督制约等，同时指定专门人员对目标执行阶段实施控制。考核阶段主要是对目标管理法的实施结果进行最终检查和评价，为目标管理法的持续改进打下基础。

2．目标分类与目标设定

从不同角度来看，可以对目标进行多种分类，如从企业管理职能上划分有技术发展目标、生产发展目标、效益目标、市场目标等，从管理层次上有企业目标、部门目标和个人目标等，从宏观管理上有企业发展目标和社会责任目标，从时间上有短期目标和长远目标等。不论依照怎样的标准去分解，企业的核心目标都是相同的。因此，在企业发展的不同阶段，应从企业实际出发对企业目标进行设定，目标设定的前提条件是：要充分考虑企业自身的发展状况（人、财、物等资源的利用情况），分析企业所面临的外部环境（包括竞争对手的情况），对环境的发展变化做出预测，并对企业可能达到的目标进行测算。

3．目标的沟通与协调

无论是在目标确定还是目标实施过程中，企业主管都要保持与下级的经常沟通，并且沟通时应遵循“平等协商、以理服人”的基本原则，切不可以权势压人，否则会起到适得其反的作用。第一，要向下属讲清楚组织确定目标的原则和依据，让下属对目标有更深刻的认识。第二，告诉下属在目标管理法实施中应控制哪些环节，怎样处理组织目标与部门目标的关系。第三，在沟通时灵活运用心理技巧，让对方心悦诚服地接受所定目标。心理技巧的方法有多种，包括选择不受干扰的地方交谈、在会谈中不断激励下属、说出会谈的真实目的、让部属畅所欲言地发表意见、站在部属的立场上思考一些问题、循序渐进地不断深入所谈目标、及时称赞或批评对方、对关键问题进行确认等。选择恰当的心理方法，就会促成目标的达成。第四，要把握与部属进行目标沟通会谈的要点，有的放矢地进行会谈。要做到这一点，必须注意会谈的方式、程序和技巧，同时在会谈前还应做一些必要的准备工作。会谈方式一般包括直接会谈、间接会谈，或单个会谈、集体会谈，领导者要根据单位自身的状况及人员的性格特点选择恰当的方式达成目标。会谈程序与一般会议的组织相同，不同之处在于会谈前必须经过充分的调查研究，为会谈准备必要的资料，以确保会谈达成满意的结果。通过会谈，消除大家对目标的误解，强化大家对组织主要目标的认识，告诉大家怎样协调相互间的关系，使得目标得到大家的认同并成为促进员工积极性发挥的动力源泉。

4．目标管理法的执行

从整体上来看，目标管理法的推行以企业高层管理者为起点。首先由高层管理者制定整个企业的大目标和部门实施目标，然后各部门按照管理层次和权限分别设定各自的目标。目标管理法的执行阶段，要做大量的沟通和协调工作，如高层管理者与部门经理之间的沟通和协调、部门经理与员工之间的交流，以此加深员工对目标的认识和理解。有时，为了组织整体目标的实现还必须舍弃一些子目标、牺牲局部利益。因此，这个过程非常重要，需要做大量艰苦卓绝的工作，同时还要有卓越的胆识和前瞻的眼光。总之，要达到目标管理法的最终目的，必须重视目标实施的每个环节和过程，加强过程控制，以确保连续性和有效性。要有效实施目标管理法，必须采取恰当的方法，如如何执行目标、检查目标、目标管理法的标准化要求等。有时，需借助一些管理工具来完成目标管理法的许多工作，如目标卡、目标任务书等。对于专项目标可采用目标卡进行管理，卡上应清楚标明工作目标、主管部门、协作部门及考核日期，必要时列出奖惩措施以激励员工的工作积极性。

另外，在目标执行过程中，各级主管要给下属提供必要的支持和指导，以便及时调整工作方向，确保企业目标的实现。同时，要加强沟通、统一认识。尤其是当目标执行过程中出现问题时，要及时采取会谈、个别谈话等形式了解真实情况，正确判断形势，采取必要的措施扭转局面。如有些目标因为过多授权形成失控，已经影响到企业整体目标的完成，此刻就要及时收权，防止个别目标的任意发展。

5. 目标管理法的结果考核与跟踪

考核是检验目标管理法执行结果的重要环节，包括过程考核和最终考核。过程考核主要是发现执行过程的偏差，以便及时采取措施予以纠正，其作用不言而喻。最终考核是对目标管理法执行结果的认定，主要工作是总结和奖惩。该阶段工作一般由组织领导人委托专人负责，领导人在关键阶段也可亲自检查，以保证考核结果的客观性和真实性。目标管理法一旦推行，就要经常跟踪，跟踪的主要目的在于及时发现目标执行过程的偏差，以考核为手段的过程跟踪可以激发员工的责任意识，同时提供了上下级之间的定期联系机会，为目标管理法的更加有效实施奠定了基础。跟踪不是监视，不能造成员工之间的误解。因此，在实施目标管理法跟踪时应把握几个原则，任何跟踪行为必须紧密围绕这几个原则进行。一般来说，要处理好过程跟踪，应该坚持确保目标原则、效率原则、关键因素原则、例外原则、责任与行动原则。其中，确保目标原则是根本，它要求任何跟踪检查必须围绕企业整体目标去开展，切不可盲目扩大范围、脱离主题。同时，跟踪过程要建立标准、要讲求效率，要切实起到推动目标管理深入开展的作用。因为标准带有客观性、科学性，容易被员工从内心里接受，同时也不容易让上下级之间、员工之间产生误解。如果不带标准去监督，往往就会因人而异、引发员工和企业的矛盾，有时甚至还会在员工中产生抵触情绪，影响跟踪工作的开展。讲求效率，就是要求跟踪工作要讲时效、有时间观念，必须限定在一定时间内完成，否则将会影响目标管理下一阶段工作的开展。

6. 目标管理法的绩效及奖惩

目标管理绩效如何，必须设立客观的量化标准进行评价。及时对目标管理的阶段性工作进行评价、总结，可以促进目标管理下一阶段工作的开展。在具体操作上，应由低到高分三个层次展开：第一层，由各级人员对照目标管理的要求进行自我评价，分为完全达到目标管理要求、部分实现目标、距目标管理要求相差很大三种结果。一般来说，完全达到目标管理要求的不多，因为事物都是发展变化的，在目标管理实施的过程中可能会遇到许多难以预料的问题，因此影响了目标完成。而完全达到目标管理要求的不一定就是工作做得最好，应认真检查目标定的是否合理，是否存在保守性。因为目标要靠人去实施，而大多数人在一定意义上讲都具有惰性，如果没有来自其他方面的压力、动力和战胜自我的毅力，人们往往不会给自己定出过高的目标。因此，从这个意义上讲，如果目标设定合理，就会激发员工的积极性，目标就成了约束员工行为的动力，可以有效促进工作的开展。同时，辅以培训、扩大工作范围、增加股份等手段，牢固地把他们稳定在企业中，让他们安心为企业发展做贡献。总之，奖惩必须及时，否则会影响员工的积极性发挥，进而影响下一阶段目标管理的实施。与目前通用的传统的考核办法相比，目标管理法的绩效考评办法更为有效，它们的差异在于：传统的考核以“人”为主，其目的在于为调整薪资、人员升迁、奖金发放及教育培训等提供依据，也就是以员工的工作态度、能力与知识作为考评项目，其关键在考“人”；而目标管理法的考核则是以“事”为主，以员工年初所订的工作目标的达成状况作为考评的内容，其目的是考“事”。而绩效考核兼顾“人”与“事”，是比较完善的人事考核制度。

7. 目标管理法的检验标准

一般来讲，判断目标管理法的实施是否有效，可从以下五个方面进行识别。

（1）目标与计划的有效性。任何目标都要通过认真周密的计划去落实，仅有目标没有行动计划，一切工作只能停留在表面上。就企业而言，目标一旦确定，就要有专人负责并把目标要求的内容和时间考核分解到有关职能部门，由他们再去定计划落实。目标如果不讲时效，就会成为纸上谈兵。

（2）控制与协调的有效性。当目标管理法实施时，必须建立切实可行的标准进行控制。企业领导既不能过多地干涉下属的工作，也不能使控制落空。同时，大量的协调工作必须有人去做，以保证企业整体目标的完整性。控制和协调必须紧密围绕企业总体目标开展，要有利于企业目标的实现。当部门目标与企业目标出现差异时，企业领导要及时出面纠正。当部门在执行目标中发现问题时，企业领导应及时出现并做好解释和协调工作。

（3）人力资源的有效利用。管理者工作的好坏，取决于其工作努力程度。目标管理法能否有效实施，还要看企业是否能把具备不同能力的人用在比较恰当的位置上并进行有效的管理，因为目标的实现过程要靠人去完成。在企业中，有的员工工作积极性很高，但学识水平或经验或办事能力有限，造成其心有余而力不足，无法适应目标管理法所规定的岗位要求，影响了目标的完成。而有的员工工作潜力很大，他会克服一切困难去促进目标的实现，但由于其缺点也非常明显，同时受传统用人观念的影响，这些人很少被重用。如何合理用人，是目标管理法能否成功的关键，尤其是企业高层管理人员的选聘更为重要。

（4）管理效能的有效性。传统管理采取比较粗放的形式，对管理效能的衡量方法往往注重形式，常采用考核表，主要看管理者个人的品行，看其是否努力工作而不重视管理成绩产生的方式。在目标管理制度下，对管理者的工作职责和管理工作所要达到的目标均有明确规定，代替了繁琐并具有官僚主义色彩的考核表，只需将管理者应达成的目标与其实际成果相比较，管理业绩便一目了然。

（5）发展与提高的有效性。目标管理法的最高要求是促进企业的发展和各项业务的提高。在目标管理法的方式下，对每一位管理者或一般员工都有工作职责和所要达成的目标的规定，这就促使每个人都必须主动工作、努力工作，不能寄希望于别人的帮助，或把不应该授权的决断责任推给别人，因此促进了员工对工作积极思考的良好风气的形成，同时也促进了员工队伍整体素质的提高。通过目标完成情况的对比，也能显示员工的优缺点所在，给评价员工能力提供了一种方法。

【本章小结】

计划是企业管理的第一个职能，计划是运营及控制的基础，别的职能离不开计划，它贯穿于管理的全过程。计划的分类是多种多样的，按管理等级层次划分，可以分为公司层次计划、业务层次计划和职能层次计划；按照时间跨度或计划期间划分，可以分为长期计划、中期计划和短期计划；按计划制定者的层次可把计划分为战略计划、管理计划和作业计划；按计划对象可把计划分为综合计划、局部计划和项目计划。计划制定对企业具有重大的意义，它可以为企业员工指明行动方向；降低不确定性，规避企业经营风险；具有筹集和合理配置资源的功能，可以尽量减少浪费和冗余；具有检查、绩效考核与企业活动控制功能。

计划应该由对计划确定事项承担决策责任的人或计划的执行者制定。传统上，制定公司层次计划是高层管理者的主要职责。现在越来越多的企业摒弃了传统的计划制定方式，而是倾向于吸收更多其他管理人员也要参与企业计划的制定。计划编制的步骤为：

（1）预测未来环境，确定企业的目标；

（2）制定行动方案，分配资源；

（3）计划的执行与调整。

目标管理是美国管理学家德鲁克提出的一种管理制度，它具有如下意义：

（1）企业整体目标为导向，消除部门间摩擦及资源浪费；

（2）目标层层分解，明确责、权、利；

（3）客观绩效确定贡献大小，彰显公平；

（4）自我控制取代压力管理，激发员工积极性和创造性。

企业目标管理计划的推行主要包括以下内容：

（1）目标管理法的筹划与推行；

（2）目标分类与目标设定；

（3）目标的沟通与协调；

（4）目标管理法的执行；

（5）目标管理法的结果考核与跟踪；

（6）目标管理法的绩效及奖惩；

（7）目标管理法的检验标准。

【复习思考】

1. 公司层次计划、业务层次计划和职能层次计划之间有什么关系？
2. 计划制定工作有哪些意义？
3. 确定企业目标的时候，预测未来环境有什么作用？
4. 高层管理者的计划与基层管理者的计划有什么不一样？
5. 战略计划、战术计划和作业计划各有什么特点？
6. 简述计划编制的程序。
7. 如何理解目标管理。
8. 目标管理有什么特点？
9. 如何推行目标管理？

【阅读材料】

第一次登月[1]

这一重大的历史性事件发生的时候，大部分同学还没出生。但是，他们肯定已经从父母那里得知或从历史书上读到过这则消息。

“休斯顿，川奎特基地，‘鹰号’已经着陆了。”这句话永远铭刻在全世界所有在1969年7月20日观看第一次人类登月的人们的记忆里。这一成功盛举背后的场面是令人难以置信的。因为看起来十分理想的顺利飞行，实际上，按照计划几乎面临着一场巨大的灾难。

把三个宇航员送入太空，其中两个驾驶太空飞船，然后着陆在月球上，这需要非常详细而周密的计划。从能量巨大的Saturn V火箭倒计时和起飞，到太空飞船的精密操作，每个细节都做了周密计划，技术专家和飞行控制人员都是这样考虑的。当尼尔·阿姆斯特朗和巴兹·阿尔顿开始驾驶小型极易损坏的“鹰号”太空飞船向月球表面降落的时候出了差错。突然警报响了——一个“1202”报警声音。在指挥中心从地球上监控“鹰号”下降的一个人回忆说，“我不太清楚‘1202’到底是什么。”离月球表面着陆只剩下8分钟的时候，除了史蒂夫·比尔斯，一个26岁的技术专家，指挥中心没有一个人知道“1202”意味着什么。整个太空项目组只能等待，看比尔斯是否放弃月球着陆。比尔斯最后决定，问题是由于飞船上的计算机信息太多不能处理而引起的，只要计算机不完全关闭，他们就能成功地在月球上着陆。尽管响了警报，指挥中心还是按计划向“鹰号”发出了继续着陆的信号。当“Eagle”离月球表面只有5000英尺[2]，且以100英尺/秒的速度飞向月球时，另一个问题发生了。指挥中心的计算机引导飞船进入着陆区，但是当尼尔·阿姆斯特朗从飞船窗口看月球表面的时候，他没有看到任何事先研究月球表面时所能认出的东西。计算机制导系统正引导他们进入一个岩石地带——与事先计划的完全不同。着陆在像大众汽车那么大的岩石上，精密的月球着陆器将会粉身碎骨。在离月球表面350英尺时，尼尔·阿姆斯特朗没有与休斯顿指挥部说一句话，就直接手动操纵飞船寻找着陆地点。指挥中心的工程师和技术人员只是坐着而不能给以任何帮助。当阿姆斯特朗离月球越来越近，他能看到的还是岩石。

同时，在休斯顿，计算机显示“鹰号”着陆油箱里的燃料已经很少了。那天指挥中心的一个成员回忆说，“从那时起，我们什么忙也帮不上。我们能做的只是告诉他们还剩下多少燃料。”指挥中心的决定是如果“鹰号”不能在60秒之内着陆，登月行动即告失败。25秒，20秒，阿姆斯特朗离月球表面只有100英尺了，这时他找到了一个着陆地点，如果他能及时降落到那里的话似乎是安全的。那时，指挥中心异常的寂静，什么声音都听不到。紧接着，通信系统中传来尼尔·阿姆斯特朗平静、镇定、冷静的声音：“休斯顿，川奎特基地，‘鹰号’已经着陆了。”

---

① 资料来源：朱秀文. 管理学教程［M］. 2版. 天津：天津大学出版社，2009.

② 英尺为非法定单位，1英尺 =30.48cm。

案例证明，即使在太空行动中，最聪明的管理者和技术人员已经做了最出色的计划，也不能总是按照计划行事。

讨论

1. 在计划登月任务时，具体计划起了什么样的作用？
2. 在此案例中，你看到权变计划的证据了吗？请解释。

第5章 组织

【案例导读】

非正式组织挑战公司权威[①]

蓝伯公司是一家大的食品公司。有一天，蓝伯公司的人事主管高经理来到总经理办公室，气鼓鼓地坐下，梁总看到后，问他："发生了什么事？"

高经理告诉梁总，公司对管理人员都进行了脱产培训，但出现了负面影响——参加培训的管理人员因此成立了特定的非正式组织，其成员遍及公司所有部门和分支机构。

原来，一天前，高经理和一名管理人员商谈梁总提出的加薪和改善公司福利的计划，突然得知其为这个非正式组织中的一名资深成员。这位成员指出，中层管理人员最关心的问题是有关升迁的机会以及个人前途，对于公司采取的稳健发展战略，他们并不是很满意。这位资深成员从文件包中拿出一叠纸放在桌面上说道："坦白地说，公司新的五年计划不够合理。在这个计划中，公司过于重视赚取利润而忽略公司的发展，这使中层管理人员几乎没有升迁发展的机会，公司的五年计划应当更加重视成长。"他接着指出，如果开设新的工厂和开发新的市场、产品，将会给公司现有的中层管理人员提供更多的发展机会，而且也有利于低阶层的管理人员。

高经理对这位资深成员能够拿到这份机密文件，并代表所属的非正式组织与自己讨论公司的发展计划感到十分惊讶！这位资深成员接着提到梁总最近在考虑一个新的投资计划，关于新的投资计划，高经理也是几天前才听梁总谈及，公司内只有很少的人知道，普通中层管理人员不可能知道这个消息。高经理觉得不能再谈下去，就借口要开会终止了这次意外的谈话。梁总听了以后，问道："这些资料是怎么泄露出去的？"高经理回答："只有企划部门才能拿到这份公司五年经营计划的详细资料，我很快就能把这个人找出来。我猜测是企业部的副经理胡大伟，他是这个非正式组织的活跃成员之一。您对他很信任，我记得上次您与我讨论新的投资计划的时候，他和企划部的经理都参加了。"

"我刚刚把胡大伟叫到我的办公室，和他当面对质，他终于承认是他把这些资料透露给培训时的同僚。他对这件事毫不内疚。他说，首先，公司员工有权利知道公司的经营计划，并根据公司的发展计划决策个人的计划；其次，这些资料大家都很保密，只在有限的范围内流传，并没有给公司造成任何损失。我告诉他，公司不能容忍这样的事情发生，他这种做法是极端错误。""梁总，我建议您立即将他调到其他部门，让他无法再拿到公司的机密文件。并调查企划部其他员工是否也是非正式组织的成员。"高经理喘了一口气接着说："我认为这是基本的原则问题，我们应当明确地规定，除非获得公司高级主管的允许，任何经理都不能将公司的资料泄露出去，否则将承担相应的责任。"

---

① 资料来源：童磊．组织管理实务操作［M］．北京：企业管理出版社，2003.

这时候，高经理的手机响了，原来是那位资深成员来电要求与高经理进行谈话。梁总决定与高经理一起去。一见面，这位资深人员就说："刚才企划部的胡大伟告诉我，高经理打算将他调离企划部。我必须告诉你们，无论你们对他进行任何处理，我们都将认为他是为了我们而牺牲的。"高经理反驳道："我们仅仅是打算将他平调到销售部，这也是胡大伟一直所要求的，再说，这是公司的正常人事调动，与其他人没有任何关系。"梁总说道："公司无法保证机密文件的安全，这是我们无法容忍的。我打算召集公司所有的经理签署一个保密文件，以保证任何人都不能将有关资料随意泄露。"这位资深成员平静地说："如果是这样的话，我们或许会研究新的对策。以往我们一直对所有的资料采取保密的政策，但这个政策是随时可以改变的。例如，公司在财务方面有一些问题，我们掌握详细的资料。另外，美国一家食品厂正在筹建，需要大量的成熟工作人员，他们已经与我们有几次接触，如果公司对我们不公平，我们或许会集体辞职！"

对话结束后梁总和高经理回到办公室，事情的严重程度已经远远超过了他们的想象。高经理认为必须和那位资深人员摊牌，他说："我们必须将这个家伙开除！"梁总一时也拿不定主意。在目前情况下，公司很难与这些中层管理人员较劲看谁的力量大，但是也不能妥协，不能默认非正式组织把持公司，默认公司的机密外泄，梁总必须确定自己的权威。

思考

1. 什么是非正式组织？结合案例场景，谈谈你对非正式组织的理解。
2. 如果你是该公司的梁总，你将如何处理这个棘手问题？

【学习目标】

1. 掌握组织的含义、性质与构成。
2. 了解古典组织理论。
3. 掌握行为科学组织理论。
4. 熟悉现代组织理论。
5. 掌握组织结构设计的关键要素。
6. 掌握组织结构的影响因素。
7. 掌握典型的组织结构类型与发展演变趋势。
8. 熟悉正式组织与非正式组织。
9. 掌握制度规范与制度化管理。

5.1 组织概述

5.1.1 组织概念

组织，从广义上来看，就是指由许多要素按照一定方式相互联系起来的系统。从某种程度上来看，组织和系统是同等程度的概念。广义的组织定义中涵盖了生物学中有机体的组织，事实上，组织在西方的原义来源于器官（organ），而器官是自成系统的，如血液组织、皮下组织、肌肉组织等就是出自细胞构成的有机组织。延展开来，动物的群体组织，如一群蚂蚁，就是一个以蚁王为核心、秩序井然、纪律严明的组织；人类社会也是一个组织；等等。从狭义上来看，组织就是指人们为了实现一定的目标，互相团结而建成的集体或团体，如工会、企业、军事组织等。狭义的组织主要是围绕人类的各种社会活动。在现代社会生活中，组织是人们按照一定的目的、任务和形式而建立起来的各种社会集团。从某种意义上来说，组织不仅是社会的细胞、社会的基本单元，也是人类社会赖以存在的基础。

本书所要探讨研究的组织是指狭义的组织，而且主要是从管理学的视角进行探讨。历年来，管理学者们从不同的角度对组织进行了界定与描述，归纳起来，主要包括以下几种定义：

- 组织是一个有意识地协调两个以上的人的活动与力量的体系。
- 组织是由两个以上的人组成的，为实现共同目标，以一定形式加以编制的集合体。
- 组织是追求一定目标的社会实体。组织的存在是为了实现一定的目标，而组织成员的行为是对这些目标的理性追求。
- 组织是一个依托环境而生存的“输入—生产—输出”的、开放的转换系统。
- 组织是一个合同或契约的集合体。组织由一系列成文或不成文的合同或契约组成，组织内的每个成员都依据合同或契约进行工作，并据此获得相应的报酬。
- 组织是各种权力的集合体。具体而言，组织是由各种权力集团有机组合而成的，各权力集团为了满足本集团利益的诉求，都意图用自己的权力来控制或影响组织对各种资源的分配。
- 组织是控制和统治的工具。组织中的每个成员都被分配在一个固定的位置上，组织对每个成员应该做什么、不应该做什么以及他们的相应行为都做了极其严格的规定，每个成员都需接受一个相应上司的指挥。
- 组织是一个属于更广泛环境的分系统，它涵盖四个层面的含义：一个技术分系统——人们使用的知识、技术、装备和设施；一个结构分系统——人们在一起进行整体活动的有机结构；一个社会心理分系统——处于社会关系中的人们；一个管理分系统——负责协调各分系统，并计划与控制全面的活动。

由此可见，管理学中组织的定义有很多种，而且人们对组织的认识与探究仍处于不断深化的过程中，随着人类生产与经营管理实践的不断向前发展，人们对组织的认识还会进一步地演变与深化。另一方面，我们也可以看到，上述的各种提法均是从不同角度阐述了组织的含义，要全面把握与理解组织的内涵，还需要从静态与动态两个视角来考察。从静态的视角看，组织是一个名词，是一个按照一定的宗旨与目标建立起来的、具有体现分工协作以及相应权责关系结构模式的、功能相关的群体的集合，如企业、学校、机关单位、医院、各种党派、政治团体等。从某种意义上讲，静态层面的组织也可以理解为通常所说的组织结构，即反映人、职位、任务以及它们之间的特定关系的结构网络；这一网络可以把分工的范围、程度、相互之间的协调配合关系，以及各自的任务与职责等用部门和层次的方式确定下来，成为一个有机的组织框架体系。从动态的视角看，组织一个动词，也即组织活动，就是为了实现特定的组织目标，通过组织结构的建立与不断完善，将生产经营管理过程中的各个要素、各个环节，从时间上、空间上科学合理地组织起来，使组织中的每个成员都能够有效地接受领导与协调行动，从而产生 1 + 1 > 2 的效果；从这个角度看，组织就是管理的一种职能。

从上面对组织的界定也可以看出，组织一般具有以下三个典型特征：一是既定目标，也就是组织中的成员通过共同努力以求达成的共同目标；二是既定分工，也就是组织中的成员通过分工而专门从事某项职能工作；三是既定秩序，也就是通过一系列规则或契约所形成的组织成员之间的正式关系。

5.1.2 组织性质与构成

组织的性质是由组织本身所决定的，或者说由组织的构成要素所决定的，组织的性质同时也反映了组织的构成要素，可以通过了解组织的性质了解组织的构成要素。以人的认识过程为例，先了解组织的外在性质，再进一步去研究组织的内在构成要素。在系统科学研究中，人们从各个方面描述了系统的具体特征，例如整体性、统一性、层次性、功能性、结构性、动态性和目的性等等，而目的性、整体性和开放性是系统最普遍、最本质的特征。组织也是系统，因此，所有组织——无论是企业组织、社会组织或生物组织——都具有目的性、整体性和开放性这三个主要特征。其中，组织开放性是指，组织具有不断地与外界环境进行物质、能量、信息交换的性质和功能。任何组织作为一个整体，都不是孤立自在的，它总是处于一定的环境之中，并且同外部环境相互联系、相互作用着，从而表现出自身的整体性能。这种将组织视为开放系统的观点对现代社会科学和组织理论具有深远的意义。一直以来，传统管理理论都把组织看成封闭系统，而现代管理理论则认为组织与其环境的相互关系是一个开放系统。组织向环境开放是组织得以向上发展的前提，也是组织得以稳定存在的条件。

根据组织所表现出来的目的性、整体性与开放性等主要性质，可以把组织的构成要素细化为组织环境、组织目的、管理主体和管理客体四个方面。这四个基本要素相辅相成、相互作用、相互制约，共同构成一个完整的组织。(1) 组织环境。组织环境是组织的必要构成要素；脱离一定环境的组织是不存在的。任何组织都处于一定的环境之中，并保持与环境发生着物质、能量或信息的交换关系；组织是在不断与外界环境交互作用的过程中得以发展和壮大的。因此，所有企业管理者都必须高度重视外部环境因素，必须在不同程度上考虑到外部环境因素，并最大限度地促使组织内部和外部环境的互相协调与和谐发展。(2) 组织目的。组织目的也是一个组织要素。任何组织都有其存在的目的。组织目的往往反映了组织所有者的共同愿望，得到了组织所有成员或绝大多数成员广泛认同的。例如，企业组织的目的，就是在向用户提供满意的产品或服务的同时，也为企业创造尽可能多的利润和财富；政府行政部门的目的就是为了提高办公效率，以更好地服务广大市民。(3) 管理主体与管理客体。管理主体是指具有一定的管理能力、拥有相应的权威与责任、从事现实管理活动的人或机构，也就是通常所说的管理者；而管理客体是指在管理过程中管理主体组织、协调和控制的对象。管理主体相当于组织的施控系统，管理客体相当于组织的受控系统，这两个要素之间相互联系、相互作用、相互制约，或者说存在耦合关系。组织就是管理主体与管理客体依据一定的规律相互结合、具有特定功能和统一目标的有序系统。在实际的企业管理过程中，管理主体领导管理客体，并根据组织环境动态和组织目的的完成情况随时调整管理主体的行为，从而更好地实现组织的目的。

5.2 组织理论

组织理论研究组织的生存、适应和发展，它综合了行政学、政治学、社会学、人类学、社会心理学、哲学、经济学等多种学科的研究成果，是企业管理理论的核心内容。关于组织理论的内容，学术界尚无一致看法，涉及的内容一般包括以下内容：组织的目标、价值系统、组织结构；正式组织与非正式组织及其关系；组织成员的激励、沟通与控制过程；权力、职权与影响；群体行为和个体行为；管理策略和技术；系统组成部分及其相互关系；组织与环境的平衡；组织的稳定与发展，等等。

纵观组织理论的发展，可以追溯到我国春秋战国时期，孔子所提倡的官职制度、孙子关于军阶与军队的单位划分等都已经具备组织理论思想的雏形。但是，人类对组织理论进行系统的研究，则是从20世纪初开始的。自泰罗19世纪末20世纪初开辟了组织理论以来，组织理论的发展经历了古典组织理论阶段、行为科学组织理论阶段、现代组织理论阶段三个历史时期。组织理论的演进与社会存在和管理实践的需要有着密切的关系，其发展历史是一个不断扬弃的过程，也是辩证的否定之否定过程。

5.2.1 古典组织理论

古典组织理论又称为传统组织理论，盛行于19世纪末到20世纪30年代，它着重分析组织结构和组织管理的一般原则，历史研究内容主要涉及组织的目标、分工、协调、权力关系、责任、组织效率、授权、管理幅度和层次、集权和分权等，主要代表人物有三位：提出科学管理理论的弗雷德里克·泰勒，提出一般管理理论的亨利·法约尔，提出官僚制度理论的马克斯·韦伯。尽管泰勒的科学管理主要适用于企业组织，但其组织管理的思想深刻地影响了法约尔的一般管理理论和马克思·韦伯的行政组织理论的研究。此外，古利克和厄威克及时整合和传播了传统组织理论者的观点和主张，扩大了传统组织理论的影响。

5.2.1.1 泰勒的组织理论

泰勒的一生都在致力于科学管理研究，着力研究如何改进、提升工厂的生产效率，并于1911年发表了著名的《科学管理原理》，也因此，泰勒被誉为“科学管理之父”。泰勒对组织理论的贡献主要表现在以下三个方面。

（1）将计划职能和执行职能分开。泰勒所说的将计划职能与执行职能分开，实际上就是把管理职能与执行职能分开；所谓设置专门的计划部门，实际上就是设置专门的管理部门；所谓“均分资方和工人之间的工作和职责”，实际上就是说让资方承担管理职责，让工人承担执行职责。这也就进一步明确了厂资方与工人之间、管理者与被管理者之间的关系。应该说，泰勒的这种管理方法使得管理思想的发展向前迈出了一大步，将劳动分工理论进一步拓展到管理领域。

（2）职能工长制。泰勒不但提出将计划职能与执行职能分开，还提出必须废除当时企业中军队式的组织结构而代之以“职能式”的组织结构，实行“职能式的管理”。泰勒认为，为了使工长职能有效地发挥，就要进行更进一步地细分，使每个工长只承担一种管理的职能。泰勒的职能工长制是根据工人的具体操作过程进一步对分工进行细化而形成的，这种职能工长制主要有三个优点：其一，每个职能工长只承担某项职能，职责单一，对管理者培训花费的时间较少，有利于发挥每个人的专长。其二，管理人员的职能明确，容易提高效率。其三，由于作业计划由计划部门拟订，工具和作业方法标准化，车间现场工长只负责现场指挥与监督，因此非熟练技术的工人也可以从事较复杂的工作，从而降低了整个企业的生产费用。

（3）例外原则。所谓例外原则，是指企业的高级管理人员把一般的日常事务授权给下级管理人员去负责处理，而自己只保留对例外事项、重要事项的决策权、控制权和监督权，如重大的企业战略问题和重要的人员更替问题等。泰勒认为，规模较大的企业不能只依据职能原则来组织和管理，而必须应用例外原则。泰勒提出的这种以例外原则为依据的管理控制方式，至今仍然是管理中极为重要的原则之一，而且也成为当今授权原则、分权化原则和实行事业部制等管理体制的基础。

5.2.1.2 法约尔的组织理论

相较于泰勒的科学管理理论，法约尔是从总经理的办公桌旁，以企业整体作为研究对象，创立了他的一般管理理论，侧重于高层管理理论。法约尔的著述很多，其中，1916 年出版的《工业管理和一般管理》是其最重要的代表作，标志着一般管理理论的形成。法约尔对组织理论的贡献主要表现在以下四个方面。

（1）提出五大管理职能。即计划、组织、指挥、协调、控制，并认为组织职能是一项非常重要的管理职能。

（2）提出 14 条组织管理原则。即劳动分工原则、权力与责任对等原则、纪律原则、统一指挥原则、统一领导原则、个体利益服从整体利益原则、员工报酬原则、集权原则、等级链原则、秩序原则、公平原则、人员稳定原则、首创精神原则、团队合作原则。

（3）提出“法约尔桥”。为了克服由于贯彻命令统一性原则而产生的信息传递的迟缓，法约尔设计了一种“跳板”（即法约尔桥），利用这种跳板，上下级之间可以跨越统一的指挥链而直接进行联系。

（4）改进了管理机构的组织形式，提出了直线职能制组织模式。

法约尔的管理五大职能和 14 条管理原则历经了漫长岁月的洗礼和检验，在现代管理中已被作为普遍遵循的一般管理准则，对组织理论的发展产生了巨大的影响，并发展成为管理过程学派的理论基础。因此，继泰勒的科学管理理论之后，一般管理理论被誉为管理学史上的第二座丰碑。

5.2.1.3 韦伯的组织理论

马克斯·韦伯是一位现代社会学的奠基人，他在组织管理方面有关行政组织的观点对社会学家和政治学家都有着深远的影响。马克斯·韦伯不仅考察了组织的行政管理，而且广泛地分析了社会、经济和政治结构，深入地研究了工业化对组织结构的影响。马克斯·韦伯在管理方面的主要贡献是提出了“理想的行政组织体系”。马克斯·韦伯对组织理论的主要贡献主要表现在以下几个方面。

（1）提出理想的行政组织体系。该体系主要包括以下三点：其一，组织内的各种服务与岗位要按照职权等级来建立，形成一个逐级分层指挥系统，各人的权责要明文规定；其二，组织成员的任用应通过正式考试或培训，而不是凭世袭地位或人事关系，保证人员胜任职务的要求；其三，组织内的每个成员都必须严格遵守规章和纪律，没有例外。

（2）提出组织治理机制的三个权力基础。它们分别是：其一，理性基础，即组织建立在对权力和法规的信念之上，并通过相应的规则来组织活动；其二，传统基础，即组织建立在古老传统和统治身份的神圣信念之上；其三，魅力基础，即组织建立在具体的、非同寻常的个人及其统治方式之上。同时，韦伯用合理、合法的职权观念论证了官僚制存在的合理性。

(3) 提出行政组织体系的三层组织结构。第一层（顶层）是主要负责人，其主要职能是进行决策；第二层（中间层）是一般管理人员，其主要职能是执行主要负责人所做出的决策；第三层（底层）是业务人员，其主要职能是从事具体的业务工作。

马克斯·韦伯的“理想的行政组织理论”是对泰勒的科学管理理论和法约尔的一般管理理论的一种补充，对后世的管理学家，尤其是组织理论学家有着重大而深远的影响，因而在管理思想发展史上被人们誉为“组织理论之父”。

5.2.1.4 古利克和厄威克的组织理论

在1937年出版的由古利克和厄威克合编的《管理科学论文集》系统地总结了泰勒、法约尔等人提出的古典管理学派的组织理论。古利克将法约尔有关管理过程的论点加以展开，提出了著名的管理七职能论，即计划（planning）、组织（organizing）、人事（staffing）、指挥（directing）、协调（coordinating）、报告（reporting）、预算（budgeting），并认为组织的目标是协调。而厄威克则总结归纳出古典组织理论的8项原则，它们分别是：

（1）目标原则：即整个组织应当表现出同一个目标；

（2）相符原则：即赋予的权力和责任必须相符；

（3）责任原则：即上级对所属下级的工作绝对负责；

（4）等级原则：即组织中必须分若干等级，上级领导下级；

（5）管理幅度原则：每一个上级领导人所直接领导的下级人数不应超过5～6个人；

（6）专业化原则：即每个人的工作应限制为一种单一的职能；

（7）协调原则：即组织各层次、各部门应达到协调一致；

（8）明确性原则：即对于每一职务都要有明确的规定。

厄威克认为，这8项组织原则具有普遍意义，即对一切组织都是适用的。

可以看出，古利克和厄威克的组织理论是建立在泰罗和法约尔的组织理论基础之上的。古利克和厄威克所提出的“管理七职能论”和“组织理论8项原则”标志着“古典管理组织理论”体系的形成。总之，古典组织理论建立了集权型层级制的组织的结构，这种组织结构的表现形式适应了社会生产体制由作坊式小生产体制向工厂化的社会化大生产的体制的转化，促进了组织效率的提高和生产力的发展。

5.2.2 行为科学组织理论

自20世纪20年代开始，随着科学的进步和技术的发展，越来越多的管理学家者认为，组织不仅仅是一个经济系统，还是一个社会系统，对人的激励不仅仅有经济因素，还应有社会和心理方面的诉求，而这种诉求对组织效率的提高至关重要。由此产生了以人际关系为研究重点的组织理论，后来逐步发展成为行为科学组织理论。该理论一反传统组织理论的静态研究方法，着重研究人和组织的活动过程，如群体和个体行为，人和组织的关系、沟通、参与、激励、领导艺术等。其中最具代表性的组织理论包括人际关系学派的组织理论、社会系统学派的组织理论和行为科学学派的组织理论。

5.2.2.1 人际关系学派的组织理论

梅奥是“人际关系学派”的创始人，他提出了“社会人”假设，他认为组织成员不仅仅有追求金钱的需求，还有社会与心理方面的需求，也就是追求人与人之间的友情、安全感、归属感和被人尊重等方面的需求。同时，他还提出了“非正式组织”的问题，他认为管理组织内部的非正式群体在决定生产率高低方面起着重要的作用，并且与正式组织存在着互相依存、相互作用的关系。另外，他还强调了领导者的综合管理技能，他认为这些技能对于处理人际关系有着非常重要的作用。

5.2.2.2 社会系统学派的组织理论

社会系统学派的主要代表人物是巴纳德，他的组织理论观点集中反映在其代表作《经理人员的职能》一书中。在这本经典的组织理论著作中，他对组织和管理理论的一系列基本问题都提出了与传统组织和管理理论完全不同的观点。他认为组织是一个复杂的社会系统，应从社会学的观点来分析和研究管理的问题。由于他把各类组织都作为协作的社会系统来研究，后人把由他开创的管理理论体系称作社会系统学派。巴纳德对组织理论的贡献主要体现在以下几个方面。

（1）提出了组织系统观点。巴纳德认为，组织是人与人之间相互作用的系统，既然是系统，那么组织与组织、组织与个人、个人与个人之间就存在相互协作的情况，而协作要求将个人、目标和信息三者有机联系起来。这就突破了古典管理学派把组织单纯看成一个权责结构的框框，从而把组织结构特性与人类行为特性结合起来分析组织问题。

（2）提出了权力接受论。巴纳德认为，权力不是从上而下的行政授予，而是看下级是否接受。只有当行政命令为下级所理解，并且相信它符合组织目标和个人利益时，才会被接受，这时权力才能成立。

（3）提出了诱因与贡献平衡论。巴纳德认为，组织是由各个成员组成的，组织中的每一成员都有其个人诉求，如果要求组织成员对组织做出贡献，那么组织必须对他们提供适当的刺激以满足其个人的诉求。巴纳德把这种诱发个人对组织做出贡献的因素称之为“诱因”，诱因与贡献取得某种程度的平衡，才能使组织中的成员产生必要的合作意愿，组织的目标才能实现。

（4）提出了信息交流原则。巴纳德认为，组织作为一个协作系统应当包含合作意愿、共同目标和信息交流三个基本要素，而信息交流是实现前两个要求的条件和基础。巴纳德在强调管理部门必须建立、维持和强化信息交流职能的同时，还特别突出了“非正式群体”作为信息沟通又一渠道的重要性。“非正式群体”不仅能加强成员之间的感情联系，还能在相当大的程度上保护成员的个人利益。

（5）提出了经理三项职能论。巴纳德认为，组织经理作为信息联系系统的中心和组织成员协作努力的协调人，应当具有三项主要职能：一是维持组织的信息联系系统；二是管理、培训与激励组织成员；三是规定组织目标。此外，经理还有决策和授权职能。经理只有认真履行上述职能，使组织各要素和各系统之间互相配合、协调发展，才能够促进组织正常运行，并最终取得良好的组织效益。

以巴纳德组织理论为代表的社会系统学派的观点也奠定了现代组织理论的基础，对管理思想的发展，特别是组织理论的发展产生了深远的影响。

5.2.2.3 行为科学学派的组织理论

行为科学学派开始于20世纪50年代，是在梅奥开创的人际关系学说的基础上发展起来的，该学派已成为现代西方管理理论发展中的一个重要学派，主要代表人物包括亚伯拉罕·马斯洛（Abraham H. Maslow，1908—1970）和弗雷德里克·赫茨伯格（Fredericd Heraberg）。行为科学学派理论侧重于研究管理中的人的行为，在组织理论方面的贡献，除了具有和巴纳德相类似的观点以外，还包括以下两个方面。

（1）对古典组织理论进行了修正与补充。例如，行为科学学派在肯定劳动分工能够提高生产效率的同时，也着重指出分工过细带来的不良后果；并指出劳动分工越细，也就越需要激励与协调等观点。又如，该理论提出了职工参与管理及更好地进行信息交流等解决组织内部冲突的措施。这些都是考虑了人的行为因素后对古典组织理论所做的修正和补充。

（2）组织结构的设计必须考虑员工的需求与特点。例如，工作分配时要考虑到员工的兴趣与爱好，因而在组织设计时应考虑到工作轮换、工作扩大化、工作丰富化的要求，使员工感受到工作的乐趣和激情，以充分发挥他们的知识和才能，从而获得更好的工作绩效。

相较于古典组织理论，行为科学组织理论开始重视组织成员的重要性，倡导用心理因素和社会因素来解释整个组织结构的变化；同时，为了适应组织内部相互协作的需要，这一时期的组织结构普遍采用了分权型层级制组织形式，如事业部制、矩阵制等组织结构形式，从而有利于企业一线员工参与决策，提高员工士气与管理运作效率，适应了企业组织规模的扩大化、产品的多元化以及市场国际化的需要。

5.2.3 现代组织理论

现代组织理论是20世纪60年代以来逐步形成和发展起来的组织理论，该理论是在古典组织理论和行为组织理论的基础上，为了适应科学技术的不断进步、人员素质的不断提高以及整个外部环境的巨大变化而发展起来的系统权变性的组织理论。现代组织理论的核心观点是把组织看作开放的理性模式，开始认识到外部环境对组织内部结构和管理起着决定性的作用，并且组织结构和管理方式要服从企业的整体战略目标。同时，该理论还强调组织是个社会组织，强调组织的生存价值、社会作用和性格特征，强调人是组织的中心。另外，该理论还强调组织领导人的首要任务是塑造和培养人们的共同的价值观，搞好组织战略，领导人的权威主要靠领导者的影响力，而不是靠命令。现代组织理论的主要学派包括决策科学学派的组织理论、经验主义学派的组织理论、系统管理学派的组织理论、权变理论学派的组织理论以及新组织结构学派的组织理论等。

5.2.3.1 决策科学学派的组织理论

赫伯特·西蒙是决策科学学派的主要代表人物，他的组织理论是以决策论为基础的。西蒙认为，管理就是决策，决策贯穿于管理的全过程；一个单位的组织结构的建立必须同决策程序联系起来；组织必须以决策的类型作为依据划分为各个部门；在当代社会中职能的重要性将愈来愈大，而等级地位的重要性将愈来愈小。具体而言，决策科学学派在组织理论方面的贡献主要体现在以下几个方面。

(1) 关于组织层次与等级结构。西蒙把组织分成三层，最下层是从事基本的操作过程，中间一层是从事程序化决策制定过程，最上层则从事非程序化决策制定过程。决策过程的自动化和电子计算机等先进技术的运用并不会改变这三个基本层次的划分，而只能使各层次间的关系更明确和更清楚。而且，复杂组织不仅分层次，而且划分等级，形成金字塔式的分层等级系统。

(2) 关于集权和分权。西蒙认为，集权与分权两者并不矛盾，它们都为组织发展所必需；集权和分权问题也是同决策过程密切相关的；而且，相对于下级人员，高层领导具有更全面的认识、更丰富的信息、更多的经验和知识等条件，有关整个组织的决策必须是集权的，高层领导能做出更适合于整个组织系统的决策，也因此，各级管理者的决策要同他们的信息来源和职位相适应；另外，由于个人认识能力是有限的，即便是高层领导者，也不可能“洞察一切”，因此，必须实行适当的分权，让各个层面的经理参与决策，尤其是对于复杂的、具有多种因素的问题，更需要实行分权的方式才能做出较为合理的决策。

(3) 关于直线与参谋的关系。在直线与参谋决策权问题上，有别于传统的组织理论，西蒙认为，下级人员可以接受几个上级的命令，但如果这些命令互相发生冲突，那么下级人员就只能服从于其中一个上级的命令，即“狭义的指挥统一”。另外，每个单位在某一个特定的领域内具有全权，在此领域内，它发出的命令必须服从，即所谓的“权力分工”。以上两条原则既可单独使用，也可结合使用。

5.2.3.2 经验主义学派的组织理论

经验主义学派是以总结企业管理的实践经验为主要任务，从中概括出理论和原则，给从事实际管理工作的人提供有价值的参考与建议。经验主义学派重视组织结构的分析和系统研究。经验主义学派认为，传统组织理论越来越不能满足现代组织的要求；古典管理学派和人际关系学派各有所长，经验主义学派的任务就在于根据企业的实际经验，把这两方面的研究成果结合起来。这一学派的主要代表人物有彼得·德鲁克、艾尔弗雷德·斯隆、戴尔等。他们在组织理论方面的主要观点体现在以下几个方面。

(1) 关于战略与结构。经验主义学派认为，战略决定结构，决定组织的目标，决定组织中关键的业务活动内容。组织结构的设计就是保证这些业务活动的实施并取得成效，组织结构的设计原则是有利于决策，职责明确，具有一定的适应性和稳定性等。

(2) 提出了组织结构设计原则。为了弥补法约尔和斯隆的组织理论和模式之不足，德鲁克提出了组织结构设计的五项原理，它们分别是：法约尔的职能制（集权的职能型结构）；斯隆的“联邦式”分权结构；工作队组织（矩阵结构）；模拟性分权制；系统结构。德鲁克进一步指出，新的信息技术不仅会改变组织的工作方式，还会进一步改变组织的结构，企业——尤其是大型企业的唯一出路就是转型为以信息为基础的组织。

(3) 倡导目标管理。目标管理方法最早是彼得·德鲁克于1956年在其所著的《管理的实践》中提出来的，它的基本精神与精髓是把以工作任务为中心与以人为中心的管理方法结合起来，充分调动员工对工作任务的积极性与创造性，进而从工作中满足其自我实现的需要，最终促进企业目标的顺利实现。

5.2.3.3 系统管理学派的组织理论

系统管理学派盛行于20世纪60年代，该理论综合了早期传统组织理论和行为科学组织理论的成果，并侧重于以系统观点考察组织结构以及管理的基本职能，主要代表人物包括美国的弗理蒙特·卡斯特（F. E. Kast）、罗森茨威克（J. E. Rosenzweig）、路德维格·贝塔朗菲等。其中，路德维格·贝塔朗菲于1968年出版的《一般系统理论的基础、发展和应用》一书被公认为系统管理学派的经典著作。系统管理学派认为，组织是人们建立起来的相互联系并共同运营的要素（子系统）所构成的系统；任何子系统的变化均会影响其他系统的变化；系统具有半开特性——既有自己的特性，又有与外界沟通的特性。具体而言，系统管理学派在组织理论方面的贡献主要体现在以下几个方面。

（1）组织是一个开放的社会技术系统。它是由目标与价值分系统、技术分系统、社会心理分系统、组织结构分系统、管理分系统五个不同的分系统构成的整体，这五个分系统之间相互独立、相互作用、不可分割，构成一个有机的整体，并且这些分系统还可以继续分为更小的子系统。另外，组织的优化要强调整个系统的优化，而不仅仅是各个子系统的优化。

（2）组织是由人、物资、机器与其他资源在一定的目标下组成的一体化系统。组织的成长与发展同时受到这些组成要素的影响，在这些要素的相互关系中，人起着主导作用，其他要素则是被动的。同时，组织还是社会这个大系统中的一个子系统，组织预定目标的实现，不仅取决于内部条件，还取决于外部环境条件，如市场、技术发展水平、法律法规等，组织在与外部条件的相互影响、相互作用中寻求动态平衡。

5.2.3.4 权变理论学派的组织理论

权变理论学派是20世纪60年代末70年代初在美国经验主义学派基础上进一步发展起来的管理理论。权变理论学派认为，在组织管理中要根据组织所处的外部环境和内部条件的发展变化随机应变，没有什么一成不变、普遍适用与“最好的”管理理论和方法。该学派的主要代表人物包括伯恩斯和斯托克、劳伦斯和洛希、卢桑斯、钱德勒等。权变理论学派在组织理论方面的主要观点和贡献体现在以下几个方面。

（1）权变理论学派认为，没有一成不变的与最好的组织设计。不同的企业以及同一企业在不同的发展阶段，都应当根据当时的具体条件与情形来设计相适应的组织结构，其根本目的就在于提出最符合具体情况的组织设计和管理行为。

（2）强调外部环境对组织结构设计的影响。权变理论学派认为，组织的市场条件、科学技术的发展以及国家经济形势的变化等因素，都会对组织经营管理的目标、战略、组织结构有着极大的影响，因此，企业组织设计应当是开放式的、动态的，要求企业的组织结构既要具有稳定性，又要有动态的适应性，才能保证企业的生存和发展。

5.2.3.5 新组织结构学派的组织理论

自20世纪90年代以来，经济全球化的迅猛发展与信息技术的快速革命，整个世界开始掀起新一轮管理变革的浪潮，随之而来的是许多传统的管理模式和管理理念越来越不合适，许多组织无法适应瞬息万变的国际市场环境，无法适应日趋个性化与多元化的顾客需求，进而无法在激烈的国际市场竞争中占据有利地位。在这种严峻的挑战面前，形成了新组织结构学派的一些组织理论。新组织结构学派是一种组织理论的集大成者，全面吸收各学派关于组织结构方面的学说和主要成果。其中，加拿大著名组织学家亨利·明茨伯格是新组织结构学派的主要代表人物，他提出的组织理论被普遍认为是对组织理论的杰出贡献，其代表作包括1979年出版的《组织结构的建设》和1983年出版的《“五”字组织结构》。

新组织结构学派是一种组织理论的集大成者，优点是先根据企业规模和复杂程度来选择企业的组织协调机制，然后提出企业基本的组织结构框架、基本流程和类型，对于企业组织结构设计有实践的指导作用。

这是一个较新的管理学派，它的特点是全面吸收各学派关于组织结构方面的学说和主要成果。其主要观点有：

（1）提出了组织结构的五种协调机制。新组织结构学派认为，组织结构实质上是人们在组织内进行劳动分工与协调的方式总和，不论一个企业使用多少种具体的协调方法，都可以归纳为以下五种机制：相互调整；直接监督；工作过程标准化；成果标准化；技能标准化。

（2）提出了组织结构的五个基本构成部分。这五个基本构成部分分别是：工作核心层，由组织的基层部门组成，他们直接从事产品生产或服务；战略高层，也就是企业的最高级领导集团，他们全面负责该组织，保证实现组织的战略目标；直线中层，由组织各部分的中层经理构成，他们把战略高层与工作核心层联结起来；技术专家结构，由组织中的职能人员组成，他们不直接参加生产或服务过程，而是运用自己的专门知识与技能来帮助上述三个部分；支持（辅助）人员，这些人员为组织提供各种必要支持与服务，如企业中的法律顾问、附属服务机构等。

（3）提出了组织结构的五种流程系统。这五种流程系统分别是：正式的权力系统，即行政指挥系统；规章制度流程系统，诸如企业中的生产工艺流程与管理工作流程就反映了这种流程系统；非正式沟通流程系统，也就是组织成员间灵活的相互联系与交流，这种交流不仅包括信息的交流，也包括感情上的交流，是对组织规章制度必不可少的补充；工作群体流程系统，也就是小集团和沟通网之间的交往关系，凡是在一起工作或工作位置接近并且有共同兴趣的人，往往会彼此不拘形式地沟通和交往，形成沟通网或小集团，明茨伯格称之为工作群体流程；特殊决策流程系统，就是指由于进行特殊的非程序决策而引起的工作上的联系或者人际交往的流程系统。

从古代组织理论到行为科学组织理论，再到现代组织理论的发展演变，可以看出其背后的时代环境、管理思想与研究方法的动态发展变化过程，即经历了一个从传统的手工业时代向机器化大生产时代，再向现代化大生产时代的转变；经历了一个从经济人向社会人，再向决策人与复杂人人性假设基础的转变；经历了一个从规范研究向实证研究，再向规范研究与实证研究并重的转变，以不断适应当代复杂、动态、高度不确定的全球化环境。然而，时至今日，组织理论尚未形成统一的概念架构与核心内容，甚至有些学者对组织理论能否成为一门学科还持有不同的意见。因此，还需要更多的后来者不断地推动组织理论的向前发展，以更好地指导管理实践。

5.3 组织结构与设计

组织结构（organizational structure）是指组织内关于职务与权利关系的一套形式化系统或模式，是组织的全体成员为实现组织目标，在管理工作中进行分工协作，在职务范围、责任、权利方面所形成的结构体系，其本质是为实现组织战略目标而采取的一种分工协作体系，组织结构必须随着组织的重大战略调整而调整。组织结构理论是组织理论的重要组成部分。

适当的组织结构能够迎合组织发展战略与实际管理需要的诉求，能够清楚界定每个组织成员的职、责、权方面的角色，再通过对组织结构适当的协调、控制与优化，组织将会获得比较出色的、可持续的组织绩效，并能够有效地实现组织战略；相反，如果组织的结构与其发展战略或实际的管理需要之间出现脱节时，将导致决策延误、应变失误、成本高涨、士气低落等问题，最终影响组织出色绩效的达成与战略的顺利实现。因此，如何设计好一个适当的组织结构对于顺利实现出色的组织绩效与组织战略目标的顺利达成至关重要。随后本节通过组织结构设计的关键要素、组织结构的影响因素、典型的组织结构类型三个层面层层展开。

5.3.1　组织结构设计的关键要素

为了设计出适合的组织结构，组织管理者必须正确回答以下六个关键问题：

（1）把工作任务分解成各自独立的工作应细化到什么程度？

（2）对工作进行分类的基础是什么？

（3）员工和工作群体向谁汇报工作？

（4）一位管理者可以有效地管理多少名员工？

（5）决策权应该放在哪一级？

（6）应该在多大程度上利用规章制度？

与这六个关键问题相对应，组织管理者必须正确考虑以下六个关键要素：工作专门化（work specialization）、部门化（departmentalization）、管理宽度（span of management）、命令链（chain of command）、集权与分权（centralization decentralization）和正规化（formalization）。下面就针对这六个关键要素逐一陈述。

5.3.1.1　工作专门化

工作专门化，又称之为劳动分工，就是指组织中把工作任务划分成若干步骤来完成的细化程度。工作专门化的实质就是工作任务的分工与细化，不是由一人完成一项工作的全部，而是将工作分解成若干步骤或环节，每一步骤或环节由一个人独立去完成。让员工从事专门化的工作，可以极大地提升他们的生产效率。例如，20世纪初，亨利·福特（Henry Ford）通过建立汽车大规模流水生产线而富甲天下、享誉全球，其成功的秘诀就是将生产汽车的任务进行逐层分解细化，让公司的每一位员工只负责特定的、重复性的、标准化的工作，通过利用技能相对有限的员工，就可以每10秒钟生产出一辆汽车，极大地提升了生产装配效率。专门化工作分工和标准化工作带来的高效率最早由泰勒研究发现，并确定为组织设计的基本原则。随着科学技术的发展，专业化分工越来越细，促进了劳动生产率的大幅度提高。

工作专门化可以使各种复杂的工作简单化，许多非熟练工人只需经过简单的训练即可上岗工作，这在生产现场作业中表现得尤为明显。从组织角度来看，实行工作专门化，有利于提高组织的培训效率，挑选并训练从事具体的、重复性工作的员工比较容易，成本也较低，对于高度精细和复杂的操作工作尤其如此。另一方面，分工限制了工人的操作范围，使其精力变得更加专注，因而有助于提高操作熟练程度并获得更高层次的专业知识。

对那些需要较高专业知识和操作技能的工作来说，这具有非常重要的作用。此外，分工带来的工作的高度专业化，也有助于从组织外部聘请受过良好训练的专家，使现代组织得以进行高度专业化的工作。

然而，工作专门化也会给组织带来一些弊端，主要体现在以下三个方面：一是工作单调化。尤其是简单的重复性工作，会不可避免地让员工产生孤独感与单调感。卓别林主演的电影《摩登时代》就曾对作业简单化带来的非人性给予了一针见血的辛辣讽刺。当今欧美各国以及快速发展的我国也在进行各种研究和尝试，避免因过细的分工而造成的工作的非人性化。二是会阻碍组织内部人员的流动，降低其对组织变革的适应能力，这在工作高度专业化的组织中表现得尤为突出。三是专业化分工会助长组织内部的冲突。专业化操作要求员工不仅要具备相应的能力，还要形成相应的思维与认知模式（即组织分化）。组织分化必然导致组织内部交流的困难，不仅员工会抵制一切不利于本职工作的决定（尽管这些决定有利于整个组织），还容易引起部门之间乃至不同岗位工人之间的对立与冲突。因此，组织结构设计所要解决的第一个关键问题就是：全面权衡工作专门化的利弊，决定组织分工细化的程度，并在此基础上确定每个人的职务。

5.3.1.2 部门化

部门是指组织中管理者为完成规定的任务有权管辖的一个特定领域，部门化是将若干个职位组合在一起的依据、方式与过程，它是在工作专门化的基础上，将组织中的活动按照一定的逻辑（如组织协调的需要）安排，划分为若干个部门或组织单位。部门化的目的就是确定组织中各项任务的分配与权责的归属，以求分工合理、职责分明、协调方便，从而有效实现组织的目标。部门化应遵循的总原则是分工与协作原则，进一步细化则包括以下几个具体原则：一是最少部门原则，要求组织结构中的部门划分在有效地实现组织目标的前提下，尽量少而精。二是弹性原则，要求部门划分时应随实际业务的需要而有所增减，不存在从一而终的部门划分概念，而是应随着实际的业务工作和外部环境变化而进行增设和撤销，当然组织也可以设立临时部门或工作组来解决临时或突发出现的问题。三是目标实现原则，为了确保目标的实现，要求必须具备必要的职能；当某一职能与两个以上的部门有关联时，应将每一部门所负责的部分加以明确规定。四是指标均衡原则，要求各部门职务的指标分派应力求均衡，尽量避免工作量分摊不均从而导致忙闲不均的情形。五是稽查职务与业务部门分设原则。要求考核和检查业务部门的人员不隶属于受其检查与评价的部门，以保证稽查与考核人员的公正，从而使其能够真正发挥稽查职务的作用。纵观国内外企业的管理实践，部门化的形式（部门划分的标准）主要包括职能部门化（functional departmentalization）、产品部门化（product departmentalization）、区域部门化（geographic departmentalization）、顾客部门化（customer departmentalization）等。

1. 职能部门化

职能部门化是企业管理实践中最普遍采用的一种部门划分方法，就是按照专业化分工的原则，以工作或任务的性质为基础来划分部门。按职能设立部门往往是企业发展初期、品种比较单一、组织规模相对较小时采取的一种组织形式。基于工作或任务的重要程度可以分为基本职能部门和派生职能部门。基本职能部门一般包括生产、质量、销售、财务、工程部门等，这些部门所担负的是组织最基本的职能，缺少其中任何一项，组织都无法生存。派生的职能部门一般包括人事、法律、公共关系等，这些部门对保证生产经营的顺利展开起到辅助性的或者说次要的作用。相对于其他几种部门化形式，职能部门化有利于对从业人员进行对口管理、监督与指导以及有利于提高本部门的工作效率等。但是，职能部门化容易出现部门的本位主义、决策效率降低、不利于高级管理人才的培养以及因部门之间不协调而不利于组织整体目标的实现等。

2．产品部门化

产品部门化就是按照组织向社会提供的产品来划分部门。随着企业规模的不断扩大与品种多元化，把制造工艺或用户特点不同的产品集中在同一生产或销售部门管理，必然会给部门主管带来日益增加的困难与挑战。相反，在不同主要产品的用户或潜在用户足够多、不同主要产品的数量足够大的情况下，组织就应该考虑根据产品的种类来设立管理部门与划分管理单位，把同一产品的生产或销售工作集中在相同的组织部门进行，而组织总部只需要保留诸如财务、人事、公关等必要的职能。例如，国内的家电企业在产品多元化发展到一定程度以后，均不约而同地依据其产品类别划分出彩电部、空调部、冰箱部、洗衣机部等部门。产品部门化有利于组织将多元化经营与专业化经营有机结合起来，有利于本部门内部更好地协作与提高决策效率，有利于促进组织内部的竞争，以及有利于组织高层管理人才的培养。但是，产品部门化需要更多的高素质管理人才，而这样的人才对很多组织而言是极为稀缺的；同时，每个部门主管会过分强调本部门利益，影响整个组织层面的统一指挥协调；再者，产品部门的某些职能管理往往会与组织总部的职能部门存在重叠，导致管理运营成本增加，影响组织的整体竞争力。

3．区域部门化

区域部门化就是根据地理区位来设立或划分管理部门。组织活动在地理区位上因分散而带来的交通与信息沟通困难曾经是区域部门化的主要理由。在经济全球化快速蔓延与信息技术革命迅猛发展的今天，高度全球化的跨国公司也依然会按照其经营区域划分各个分公司。区域部门化有利于组织及时处理本地区环境的变化、便于区域性协调以及有利于高级管理人才的培养。其缺点与产品部门化类似，如需要更多的高素质管理人才、每个区域主管都会过度强调自身利益而影响整个组织层面的统一指挥与协调，以及企业部门的职能管理往往会与组织总部的职能部门重叠而增加了管理运营成本等。

4．顾客部门化

顾客部门化就是按照组织服务的对象类型来划分部门。例如，现有的四大国有银行为了应对全球化竞争与信息技术革命，都不同程度地为不同顾客提供量体裁衣式的个性化服务，纷纷设立网上银行信贷部、中心企业融资信贷部等。顾客部门化能够有针对性地按需生产、按需促销，迎合了当今面向服务经济转型的网络经济时代的诉求，提升了企业国际竞争力。然而，顾客部门化涉足的领域往往存在一个网络经济性的问题，也就是说，只有当顾客基数达到一定规模时，才比较适合顾客部门化。

以上对部门划分方式的分析，只是考虑到理论研究上的方便，然而，在真实的组织管理实践中，很少会有组织根据唯一或单一的标准来划分部门，通常都是同时利用两个或两个以上的部门化方式，形成复合式的组织结构。例如，中国的高等学府（也是一典型的组织），一方面会按照职能来设置成教务处、科研处、财务处、人事处等部门，另一方面又会按照产品来设置成本科生部、硕士生部、博士生部等部门。采用何种部门化或组合形式往往取决于组织的关键决策者对各种部门化方式优劣的权衡。

5.3.1.3 管理宽度

管理宽度，又称为“管理跨度”“管理幅度”或“控制幅度”（span of control），就是指管理人员有效监督、管理其直接下属的人数。这种有关管理宽度的问题非常重要，因为在很大程度上它决定着组织要设置多少个层次与配备多少管理人员。因此，管理人员要想有效地领导下属，就必须认真考虑究竟能直接管辖多少下属的问题，超过了管理宽度时，就必须增加一个管理层次，通过委派工作给下一级管理人员而减轻上层管理人员的负担，如此下去，便形成了有层次的组织结构。但是，上级管理人员在减轻这份负担的同时，也带来了监督下一级管理人员执行成效的工作负担，因为监督也需要时间与精力。所以，要确保增加的管理层次所节约出来的时间与精力成本一定要大于监督的时间与精力成本，这是衡量增加一个管理层次是否合理的重要标准。由此也可以看出，管理层次与管理宽度密切相关，较大的管理宽度意味着较少的管理层次，组织结构也越趋于扁平化，较小的管理宽度意味着较大的管理层次，组织结构也越趋于科层化，两者之间成反比关系。

根据历年来许多管理学者所进行的大量的理论与实证研究，影响管理宽度的因素主要包括以下几个方面：一是管理人员与其下属双方的素质与能力。如果下属普遍受过良好的训练，那么上级管理人员对他们的监督将会比较少，他们也不必时时、事事都向上级请示汇报，因减少了下属与其上级主管接触的次数，从而增大了管理宽度。同样道理，如果上级管理人员的素质与能力很强，在不降低效率的前提下，比在相同层次、担负类似工作的其他管理人员能管辖更多的人员，从而也增大了管理宽度。二是所面对问题的类型。如果管理人员经常面临的是较为复杂、困难、极具挑战性的问题或涉及组织方向性、战略性的问题，他们直接管辖的人数则不宜过多；相反，如果管理人员面临的是大量的日常事务，已有既定或标准化的程序与解决方法，管理宽度则可以大一些。三是工作任务的相似与协调程度。如果工作任务相似或工作中所需协调的频次较少，管理宽度可适当加大，组织层次也相应适当减少。反之，则要减少管理宽度，增加管理层次。四是授权大小。适当的、充分的授权可以减少管理人员与下属之间接触的次数与密度，节约管理人员的时间和精力，以及锻炼下属的工作能力与提高其积极性，在这种情况下，可适当地增大管理宽度。反之，不授权、授权不当或授权不明确的，都需要上级管理人员进行大量的指导与监督，效率不高，因而管理宽度也不会太大。五是计划完善程度。如果事前有良好的计划，使下属人员都能够明确各自的目标与任务，则可减少上级管理人员指导与纠正偏差的时间，那么管理宽度可以适当大些，反之则不然。另外，组织沟通渠道的畅通与否、组织考核机制的健全与否、下属人员的空间分布以及组织的稳定程度等因素也均会不同程度地影响着管理宽度。

5.3.1.4 命令链

命令链，又称为指挥链、指挥系统（line of command），往往是与直线职权联系在一起的。从一个组织的最高层到最低层的业务人员之间，由于直线职权的存在，便形成了一个权力线，这条权力线就被称作命令链。由于在指挥链中存在着不同管理层次的直线职权，所以指挥链又被称作层次链。指挥链是一条权力链，它表明组织中的成员是如何相互联系的，表明谁向谁报告，以及在工作中负责命令监督哪些人。指挥链涉及两个原则：一是统一指挥原则，古典学者们主张每个下属应当而且只能由一个上级主管直接负责，不能向两个或者更多的上司汇报工作，否则的话，下属可能要面对来自多个上级主管的相互冲突的要求或优先处理的要求。二是阶梯原理，这一原理强调从事不同工作和任务的人，其权力与责任应该是有区别的。换句话说，组织中所有成员都应该清楚地知道自己该向谁汇报，以及自上而下的、阶梯式的管理层次。统一指挥涉及组织中谁对谁拥有权力，而阶梯原理则涉及权力与职责的范围。因此，指挥链是决定权力、职责和联系的正式渠道。

命令链影响着组织中上级与下级之间的沟通与协调。按照传统的观念，上级不能越过直接下级向更下层次的员工直接下达命令，反之亦然。然而，现代的观点则认为，当组织相对简单时，统一指挥是合乎逻辑的，也是非常有效的，在当今大多数情况下统一指挥仍是一个非常合理的忠告，是一个在组织结构设计时应当得到严格遵循的原则。但是在一些情况下，严格遵循这一原则也会造成某种程度的组织不适应性，妨碍组织取得良好的绩效，这一点对于当今网络环境下的新兴互联网产业企业表现得尤为突出。随着全球网络环境的不断兴起以及自我管理团队、多功能团队等新兴充分授权型组织设计思想的冲击，命令链、权威、命令统一性等概念的重要性大大降低了。

5.3.1.5　集权与分权

组织结构设计的第五个问题是权限问题。任何一个组织都要做出各种决策，而且需要相互协调。如果所有的决策都由最高领导者一人做出，那么决策之间的协调是非常容易的，但是，这种决策方式并不适合于工作性质、工作内容非常复杂的组织，因为这会降低组织效率，更何况组织的最高领导者往往也不是精通一切的全才，他不可能对各项工作都做出正确的决策。在这个时候，就必须将决策权限层层授予下级，让其分担决策责任，但问题在于：各种决策权授予谁？授权的程度如何把握？这正是权限关系所要解决的两个问题。

集权与分权相结合是组织正确处理决策权限关系的基本准则，也是组织结构设计中需要慎重考虑的关键问题。集权就是指决策权在较高层次的组织系统中一定程度的集中，分权就是指为了发挥中低层组织的主动性、能动性与创造性，把大部分生产经营管理决策权层层下放到各级下属组织，而最高领导层只集中少数关系全局利益与重大问题的决策权。在组织管理中，集权与分权是一个相对的概念，绝对的集权或绝对的分权都是不可能的，任何组织都是既需要集权，又需要分权。客观地讲，集权与分权各有利弊：集权有利于政令统一、统筹全局、集中力量应对危局等优点，但是存在决策周期长、决策科学性差、缺乏弹性与灵活性、排除下级参与决策等缺点；与之相反，分权则有利于快速决策、员工参与感强等优点，但存在协调困难、各自为政、难以顾全大局等缺陷。所以，集权与分权问题的关键在于集权或分权的度的把握。

权衡一个组织集权或分权的程度，往往需要综合考虑以下几个方面的因素：一是管理哲学。在真实的企业管理实践中，有些组织往往采用高度集权的组织管理方式；而有些组织则自始至终都在推行相对高度分权的组织管理方式，这其中的原因往往与组织高层决策者的人格特质以及所持有的管理哲学不同息息相关。二是决策的代价。一般来说，决策失误的代价越高，越不适宜交给下级人员处理，也需要适度的集权。三是组织的成长规模。当组织规模较小时，一般会倾向于采取与维持高度集权的管理方式；当组织规模日益扩大后，组织的层次与部门会因管理幅度的限制而不断增加，从而造成信息延误与失真，为了加快决策速度、减少决策失误，最高决策者就要考虑适当的权力下放。四是管理人员的数量与质量。管理人员的不足或素质不高往往会限制组织实行分权，即便高层管理者有意分权，但没有可以胜任的下属也不能成事。相反，如果管理人员数量充足、训练有素、经验丰富、能力突出，则可以很好地采取相对分权式管理。另外，组织所处的职能领域、对下属的有效控制程度、组织的根基稳固与否等因素也会不同程度地影响组织的集权与分权程度。

5.3.1.6 正规化

正规化又称之为程序化，就是指组织中的工作实行标准化的程度。如果一种工作的正规化程度较高，往往意味着有明确翔实的工作说明书以及繁杂的组织规章制度，对于工作过程有着详尽的规定，那么从事这项工作的人员对工作内容、工作时间、工作手段就没有太多的自主权。相反，如果一种工作的正规化程度较低，工作执行和日程安排就不会那么死板、僵硬、按部就班，员工对自己工作的处理权限就比较大。所以，组织员工的个人权限与组织对员工行为的规定成反比关系，工作标准化程度越高，员工决定自己工作方式的权力就越小。工作标准化不仅减少了员工选择工作行为的可能性，而且使员工无须考虑其他行为选择。鉴于程序化有利于加快工作进度，减少日常协调的工作量，所以，更多的组织总是期望员工能够以同样的方式投入工作，以保证稳定一致的产出结果。

然而，组织之间或组织内部不同工作之间的正规化程度往往差别很大，一种极端情况是工作的正规化程度非常低，如大学书商（向大学推销公司出版教材的出版商代理人）工作自由权限比较大，他们的推销规范不要求标准划一，在行为约束上，是每周交一次推销报告，并对新书出版提出建议；另一种极端情况是那些处于同一出版公司的一线生产人员，他们早上 8 点准时上班，迟到会扣工资，他们必须严格遵守管理人员制定的一系列详尽的规章制度。正规化往往是针对经常发生、周期性重复出现的常规工作而言的，它不可能事先提供一切行动方案，因为在现实中还会有许多偶然或突发性事件。这些事件不经常发生，没有周期性规律可循，但又存在发生的可能性甚至必然性，这时就要借助于非程序化方法进行解决，也就是所谓的例外管理。所以，在组织设计中必须考虑到组织的正规化程度，以便采取相应的应变措施。

5.3.2 影响组织结构的因素

根据权变的组织理论，世界上没有一个普遍适用的、“最佳的”组织结构模式。在一定条件下，某种组织结构可能具有显著的优越性，然而一旦这些条件发生变化，现有的组织结构可能转变为组织进一步发展的障碍。不同的企业以及同一企业在不同的发展阶段中，都应当根据各自面临的外部条件来设计相应的组织结构。因此，评价一种组织结构的优劣，不能离开具体的条件，也就是影响或制约组织结构的各种因素，并要依据其动态变化及时调整组织结构。纵观国内外相关组织理论学者的研究以及大量的企业实战经验，影响或制约组织结构类型选择的因素主要包括六个方面，它们分别是：环境变化、技术水平、企业规模、组织战略、企业文化和人员素质。

1. 环境变化

组织环境是组织边界之外的并对组织具有直接或者潜在影响的某些方面，比如政府出台的相关政策法规、宏观经济态势、行业发展趋势、当地人才市场供给状况、市场竞争状况等等都属于组织环境。企业面临的环境特点，对组织结构中职权的划分和组织结构的稳定性具有较大的影响。如果企业面临的环境复杂多变，具有较大的不确定性，在划分权力时就有必要给中下层管理人员更多的经营决策权和随机处理权，必要时还要及时调整组织结构，甚至强化组织结构的柔性化设计，以增强企业对环境变动的适应能力。如果企业面临的环境是相对稳定的、可控的，对正常生产经营活动的影响不很显著，则可以把管理权较多地集中在企业领导者手上，设置相对比较稳定的组织结构，并实行程序化、规范化管理模式。所以，任何一个组织都离不开一定的外部环境，只有那种与外部环境变化保持动态匹配的组织结构与相应的治理模式才可能创造卓越的组织绩效。

2．技术水平

当代信息技术突飞迅猛的快速革命以及其在企业中的广泛应用，已经从根本上改变了全球众多组织的目标、结构、形态与发展态势，可以说，信息技术的发展水平已经成为影响企业组织结构的一个重要因素，从总体上将有助于组织规范性的提高以及复杂性与集权程度的降低。由于在企业信息化的不同发展阶段，信息技术对组织结构影响的内容与程度有所不同，因此，在对组织结构进行调整与组织变革时必须将其信息化发展阶段与水平作为一个重要的参考依据。传统金字塔式的组织结构是为适应工业化大生产而形成的，在当前以互联网为代表的网络新经济时代，随着以 ERP、EC、IM 等越来越先进的信息通信技术在企业中的广泛应用，这种组织结构已经不再适应企业发展的要求，信息技术对企业组织结构的再造提出了新的要求。其中一个趋势是组织结构扁平化，也就是说，为了适应网络环境下全球化激烈竞争的挑战，在充分利用当代以互联网为代表的信息通信技术的基础上，重新界定劳动分工与管理跨度等组织设计关键要素，使传统的金字塔形组织结构转型扁平结构的过程。正如管理学大师德鲁克所言："未来的企业组织将不再是一种金字塔式的等级制结构，而会逐步向扁平式结构演进。"信息处理技术的快速进步，加快了信息的收集、传递与处理，计算机系统、云计算系统等承担了以前由中层管理人员所负责的许多职能，导致企业大幅缩减中层管理人员，缩短了组织高层与基层之间的信息传递距离与信息失真程度，以及促进了组织成员之间的便捷沟通、知识共享与相互启发，最终推动了企业组织结构扁平化。

另一个发展趋势就是组织结构网络化。另外，当代以互联网为代表的信息通信技术的快速发展导致了全球市场竞争环境的日趋激烈与白炽化，单个的企业已经难以在激烈的全球市场竞争中保持竞争优势，而多个优势互补的企业联合起来形成一个实体的或虚拟的网络化组织，就可以快速适应竞争日趋激烈的全球市场环境。借助于当代信息通信技术，网络化的组织结构可以最大限度地打破企业之间、产业之间、地区之间甚至国家之间的重重壁垒，便捷高效地进行各种信息交换，共享各种信息资源，企业的经营管理活动将越来越不受时空的约束与局限，从而极大地增强了网络化组织的柔性与全球竞争力，也很好地迎合了当今网络环境下基于服务主导逻辑、面向服务经济转型的时代呼唤。组织网络化的发展趋势也与近年来倡导无边界化的管理思想不谋而合，都是当代信息通信技术革命在组织管理领域促成的结果。

3．企业规模

在组织理论中，企业规模被视为影响组织结构设计的一个重要变量。一般而言，企业规模很小的，管理工作量少，往往不需要专职的管理机构甚至专职管理人员，为管理服务的组织结构也相应比较简单；企业规模庞大的，管理工作量大，需要设置的管理机构多，各机构或部门之间的分工协作会非常复杂，需要花费很多时间与精力去协调这些机构之间的分工关系，相应的组织结构也会非常复杂。因此，组织结构的规模与复杂程度随着企业规模的扩大而相应增长。事业部制组织结构就是一种适应企业规模的扩大而出现的新的组织结构形态，它解决了传统的许多直线制组织结构或直线职能制组织结构所不能解决的诸多分工协作问题。然而，事业部制对企业规模的适应能力也是有限的，一旦各事业部的规模过大，超过了它能够有效运转的规模，就必须及时寻求新的、与时俱进的组织设计应对策略，如采用超级事业部制或网络式等组织结构形态。否则，整个企业就会因为企业规模过大而导致丧失活力，乃至失灵。

4. 组织战略

著名企业史学家钱德勒在实证研究美国多家大型企业后发现，组织结构要服从于组织发展战略，并随着组织发展战略的改变而改变。组织发展战略有许多类型，就组织发展的阶段性而言，一般有扩大规模、地区开拓、纵向发展和产品多元化等相应发展战略。在组织的起步阶段，其战略重点是扩大规模，因此，往往不具备而且也不需要系统、完整的组织结构；当战略重点放在地区开拓阶段时，则往往需要设立若干职能部门，以解决因地区分散而产生的分工协调、标准化与一体化等问题；进入纵向发展战略阶段后，就往往可能会引起或诱发组织结构的重大变革，即从相对集权的直线制或直线职能制组织结构转向相对分权的事业部制组织结构。总之，组织结构的设计、调整，甚至重大变革，都要以组织的发展战略为依据，并为实现组织的发展战略服务。

5. 企业文化

企业文化是指组织内各成员所共同分享及认同的价值观、规范与信念。企业文化反映了一个组织的精神风貌，决定着组织内在凝聚力与向心力的大小，是组织进行经营管理的内在基础。因此，企业文化组织结构的设计与选择有着重要的影响。在一个倡导随需应变、与时俱进的适应性企业文化氛围下，组织便需要一个宽松、相对开放、富有弹性与柔性的组织结构，会尽可能地降低形式化、标准化以及集权程度。相反，如果在一个弘扬稳定压倒一切的稳健保守型企业文化氛围下，组织结构则更趋于传统的、集权的金字塔形组织结构，以较高的形式化、标准化以及中央集权去加强组织内部控制，最大限度地保持组织内部的稳定状态。

6. 人员素质

组织的人员素质，具体包括组织中各类员工的价值观念、思想水平、工作作风、业务知识、管理技能、工作经验以及年龄结构等，会相当显著地影响与制约着一个组织集权与分权的程度、管理幅度的大小、部门设置的形式、横向联系的效率、组织变革与调整的实施等，从而影响与制约着组织结构类型的设计与选择。在一个以知识型员工为主的组织中，员工的素质普遍很高，他们的民主化诉求很高，也具有很强的自组织管理能力，因此，组织结构的选择往往会倾向于更加扁平化。相反，在一个知识含量很低、以劳动密集型为主的组织中，员工的素质普遍较低，组织结构的选择往往更趋于传统的、集权的金字塔形组织结构。

5.3.3 组织结构类型

组织结构一般是指为了实现组织的目标，在组织理论指导下，经过组织设计形成的组织内部各个部门与各个层次之间相对固定的排列方式，即组织内部的构成方式，换句话说，就是组织内部对工作的正式安排。组织结构一般包括三个方面的内容：一是单位、部门与岗位的设置与相应的职责、权力的界定；二是单位、部门与岗位角色相互之间关系的界定；三是企业组织架构设计规范的要求。客观来说，要设计一种适合各种企业需求的组织结构非常困难。因为每个企业所面临的组织环境、发展战略、技术水平、人员素质等都具有各自的特点，即便是针对某一特定的企业，也难以设计出满足各种要求的组织结构形式，因为有许多要求实际上是自相矛盾的。例如，希望某种组织结构既能满足迅速做出决策又要保证决策的质量的要求；又如，希望某种组织结构既具有较强的创新与应变能力又要保持相对稳定的要求。但是，组织结构为组织提供了一个框架，设计良好的组织结构对提高组织绩效具有非常重要的作用。正如著名的管理学者彼得·德鲁克所言："良好的组织结构本身并不会产生好的工作绩效，但是，糟糕的组织结构绝对不可能有好的成绩，无论这个组织的管理者本人有多么出色。"

基于历年来全球范围内企业的大量实践以及组织管理学者的相关研究，已经积累与提炼出多种行之有效的组织结构类型，随后将重点介绍几种基本的组织结构类型及其适用范围。

5.3.3.1　直线制结构

直线制结构，又称作"军队式结构"，是一种最简单的集权式组织结构形式，其结构形式如图5－1所示。在直线制结构的组织形式下，各级行政单位从上到下实行垂直领导，

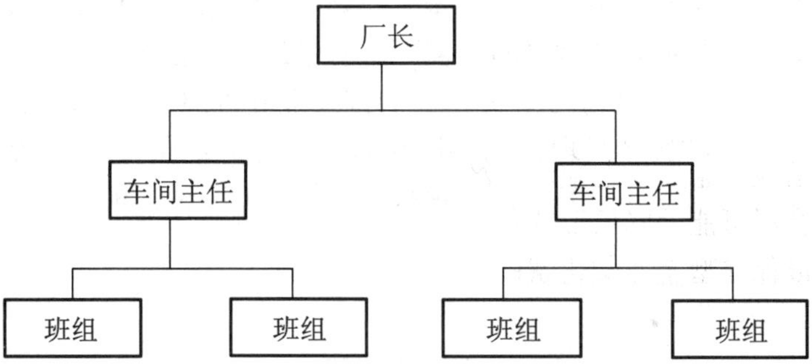

图5－1　直线制结构

下属部门只接受一个上级的指令，各级主管负责人对所属单位的一切问题负责，组织不另设职能机构（可设职能人员协助主管人工作），一切管理职能基本上都由行政主管自己执行。直线制组织结构的优点表现在：结构比较简单，命令统一，责任分明，信息沟通迅速，解决问题及时，管理效率较高；其缺点表现在：要求管理者是"全能式"的人物，能通晓多种知识和技能以及亲自处理各种业务，特别是企业的最高管理者。所以，直线结构只适用于那些规模较小、生产技术比较简单、管理者具备生产经营管理所需要的全部知识与技能的企业。相对而言，对于那些业务比较复杂、规模比较大的企业，把所有经营管理职能都集中到最高主管一个人身上，显然是难以胜任的，也因此不太适合采用直线制组织结构。

5.3.3.2 职能制结构

泰勒首先提出了职能制结构，该结构就是在厂长（经理）下面设立各种职能机构与配置相应的专业人员，协助厂长（经理）从事相应的专业职能管理工作。这种结构要求行政主管把相应的管理职责与权力交给相关的职能机构，各职能机构就有权在自己业务范围内向下级行政单位发号施令。因此，下级行政单位与所属人员除了接受上级行政主管人员的指挥外，还必须接受上级各职能机构的领导。

职能制结构的优点体现在：能够很好地适应现代化工业企业生产技术比较复杂、管理工作比较精细的特点，能够充分发挥职能机构的专业管理作用，以及减轻直线领导人员的工作负担等优势；但是缺点也很明显：该结构妨碍了必要的集中领导与统一指挥原则，导致多头领导问题，不利于建立与健全各级行政负责人和职能科室的责任制。另外，在上级行政领导与职能机构的指导和命令发生矛盾时，下级往往无所适从，容易造成纪律松弛，生产管理秩序混乱，而且影响工作的正常进行。正是由于这种组织结构形式存在着非常明显的缺陷，现代企业一般都很少采用纯职能制的组织结构形式。

5.3.3.3 直线职能制结构

直线职能制结构，又称作直线参谋制，它是一种以直线制结构为基础，在厂长（经理）领导下设置相应的职能部门，实行厂长（经理）统一指挥、职能部门参谋与指导相结合的组织结构形式（见图 5 - 2）。这种组织结构形式是把企业管理机构与人员分成两类：一类是直线领导机构与人员，按命令统一原则对各级组织行使指挥权，也就是说，各级直线管理人员在自己的职责范围内对所属下属有指挥与命令权力，并对自己部门的工作负全部责任；另一类是职能机构与人员，他们按专业化原则从事组织的各项职能管理工作，也就是说，他们是厂长（经理）的参谋与助手，其职责是向上级提供信息与建议，并对业务部门实施指导与监督，没有直接指挥权，他们与业务部门的关系只是一种指导而非领导关系。

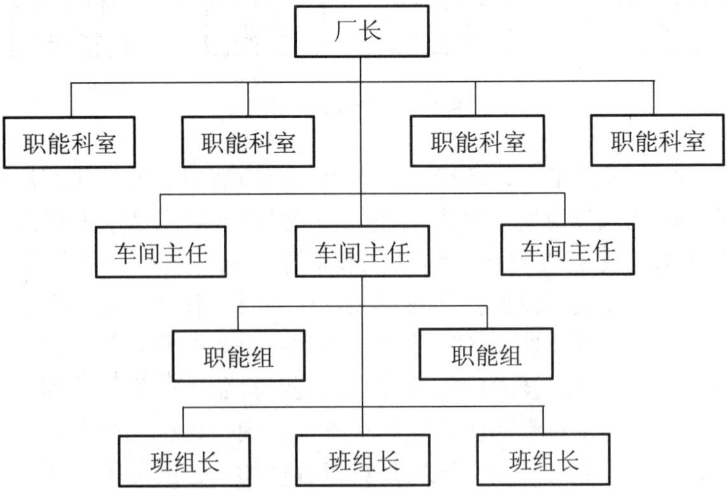

图 5 - 2　直线职能制结构

直线职能制结构的优点表现在：既能保证整个企业管理体系的集中统一领导与指挥，又可以在各级行政负责人的领导下，充分发挥各专业职能管理机构的参谋与指导作用；其缺点表现在：职能部门之间缺乏沟通、协作与配合，职能部门的许多工作要直接向上层领导报告请示才能处理，这一方面加重了上层领导的工作负担，另一方面也造成办事效率较低。尤其是随着企业规模的进一步扩大与职能部门的随之增多，各部门之间的横向联系与协作将变得愈加复杂与困难，再加上各业务与职能部门都需向厂长（经理）请示汇报而使其往往无暇顾及企业面临的重大问题，直线职能制结构的问题就尤为突出。为了克服这些缺点，企业可以设立各种综合委员会、建立各种会议制度，一方面可以促进各部门之间的沟通与协调，另一方面又可以帮助高层管理者出谋划策；再或者采用更为激进、更为分权的组织结构变革方式，如采用事业部制或矩阵式组织结构等。

应该说，直线职能制结构是一种集权与分权相结合的组织结构形式，它是在直线制与职能制的基础上，取长补短，既保留了直线制统一指挥的优点，又充分发挥了职能管理部门的参谋与指导作用，弥补了领导人员在专业管理知识与能力方面的不足引入了管理工作专业化的做法。所以，直线职能制组织结构是一种有助于提高管理效率的组织结构形式，在现代企业组织中使用范围非常广泛。

5.3.3.4 事业部制结构

事业部制结构又称作分权制结构，是一种在直线职能制结构基础上演变而成的现代企业组织结构形式（见图5-3）。事业部制结构遵循“集中决策、分散经营”的总原则，实行集中决策指导下的分散经营，基于产品、地区或顾客等标准将组织划分为若干个相对独立的经营单位，分别组成事业部。各事业部在经营管理方面拥有较大的自主权，通常是半自主的利润中心，实行独立核算、自负盈亏，并可以根据经营管理的实际需要设置相应的职能部门；公司总部主要负责研究与制定重大方针政策、重大的投融资决策、重要人事任免，以及对各事业部监管等方面的大权，并通过利润指标对事业部实施控制。

事业部制结构的优点体现在以下几个方面：一是权力下放，有利于最高管理层摆脱日常行政事务，集中精力应对与处理涉及整个公司集团层面的、长远的发展战略问题，使其成为强有力的决策中心。二是各事业部主管摆脱了时时向上级请示汇报的约束，能自主处理各种日常工作，有助于增强各事业部主管的责任感，充分发挥他们的主动性与创造性，从而提高企业生产经营管理的灵活应变能力。三是，由于各事业部都可以集中力量从事某一方面的生产经营管理活动，实现高度专业化，整个企业可以容纳若干个经营特点有很大差别的事业部，有利于形成大型企业集团。事业部制结构的主要缺点表现在：容易造成组织结构的重复建设、管理人员的膨胀现象，最终导致整个集团层面的运营管理成本加大；各事业部独立性比较强，彼此间协调性差，考虑问题时容易忽视企业全局利益；不同事业部之间产品的整合与标准化会比较困难；对各事业部主管（部长）经营管理能力与素质提出较高的要求。因此，事业部制组织结构比较适合那些经营规模非常大、经营业务多元化、市场环境差异大、要求具有很强适应性的企业所采用。

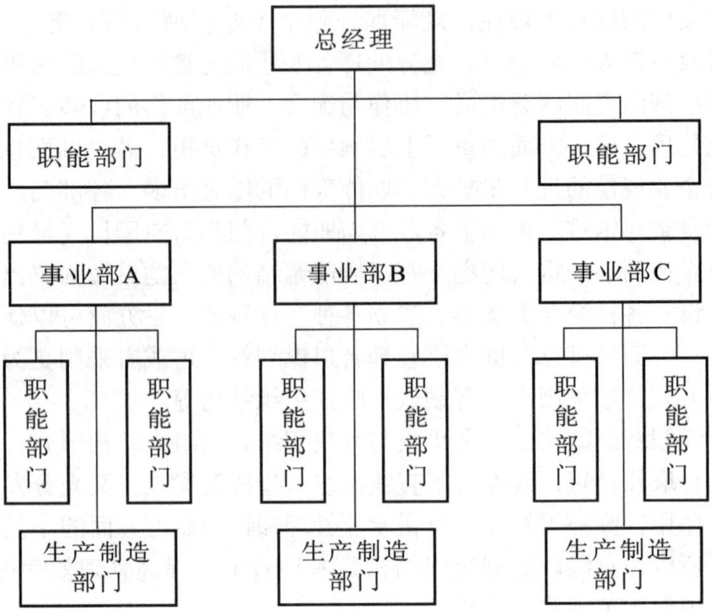

图5-3 事业部制结构

5.3.3.5 矩阵制结构

矩阵制结构（matrix structure）就是既有按职能划分的垂直领导系统，又有按产品（项目）划分的横向领导关系的一种组织结构。矩阵制结构的独特之处就在于将纵向联系和横向联系有效地结合起来，是一种实现横向联系的有力组织结构模式，改进了直线职能制结构横向联系差以及缺乏弹性与灵活性的缺点，能够很好地发挥事业部制与职能式组织结构的优势。矩阵制组织结构由两个管理系列组成，一个是职能部门系列，另一个是为完成某一临时任务而组建的项目小组系列，两个管理系列纵横交叉，构成了一个矩阵式组织结构（见图5-4）。矩阵制组织结构的最大特点在于其具有双道命令系统，小组成员既要服从于项目小组负责人的指挥，又要听命于原所在职能部门的领导，这就突破了一个员工只受一个直接上级领导的传统组织设计原则。例如，组成一个专门的产品（项目）小组去从事新产品开发工作，在研究、设计、试验、制造等各个不同阶段，由有关部门派人参加，力图做到条块结合，以协调有关部门的活动，保证任务的完成。这种组织结构形式是固定的，人员却是变动的，需要谁谁就来，任务完成后就可以离开，项目小组与负责人也是临时组织和委任的，任务完成后就解散，有关人员回原单位工作。因此，矩阵制组织结构非常适用于一些需要横向协作的重大攻关项目，或者面临的组织环境复杂多变并拥有多种产品的中等企业组织。

相较于先前的其他几种组织结构，矩阵制组织结构的优点体现在以下几个方面：一是将企业横向联系与纵向联系较好地结合起来，有利于加强各职能部门之间的横向协作与配合，有效克服了直线职能结构中各部门互相推诿的现象；二是能够在不增加机构与人员编制的前提下，将不同部门的专业人员集中在一起，组建与解散方便、灵活又有效率；三是能较好地解决组织结构相对稳定与管理任务多变之间的矛盾，使一些临时性、突发性、跨部门工作任务的执行变得不再困难。矩阵制组织结构的缺点具体体现在以下几个方面：一是项目负责人的责任大于权力，因为参加项目的人员都来自不同职能部门，隶属关系仍在原部门，只是为“会战”而来，所以项目负责人对他们管理困难，没有足够的激励手段与惩治手段；二是员工容易卷入双重职权命令体系之争中，一旦小组与部门发生矛盾，小组成员的工作就会左右为难，使之沮丧且困惑，所以，这种人员上的双重管理是矩阵结构的先天缺陷；三是由于项目组成人员来自各个职能部门，当任务完成以后，仍要回原单位，因而容易产生临时观念，对工作有一定影响。

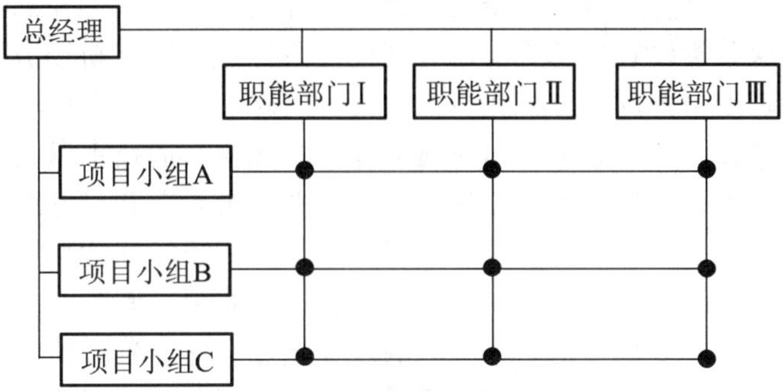

图5－4 矩阵制结构

5.3.3.6 超级事业部制结构

超级事业部制结构也称为执行部结构，是在事业部制结构的基础上，在总办事处与事业部之间增加的一个管理层级，又称之为执行事业部或超级事业部。一些跨国企业随着全球范围内的快速扩张，规模越来越超大型化，总公司直接领导各事业部，管理跨度太大，难以有效管理，因此在事业部之上增设一层管理机构，使管理在先前相对分权的基础上又适当地再度集权，对有关的几个事业部进行统一领导，以便协调与利用有关的几个事业部的力量，做好共同性的产品开发、市场开拓以及服务管理工作，并最大限度规避各事业部之间执行相同职能所造成的不经济或低效率现象。

5.3.3.7 混合型组织结构

事实上，现实中许多企业的组织结构并不是以某种纯粹的形式而存在，尤其是在当今复杂多变的全球网络新经济环境下。混合型结构（hybrid structure）就是当今全球大型组织通常采用的组织结构形式，它将不同类型的组织结构的特点综合起来加以灵活采用，以适应特定的全球战略需要。例如，多维型组织结构就是事业部制结构与矩阵制组织结构的混合，它实质上就是事业部制结构中引入矩阵制结构而形成的立体组织结构，最初由美国道科宁化学工业公司于1967年首先创建。混合型组织结构主要包括三方面的管理系统：一是按产品划分的事业部，即产品利润中心；二是按地区划分的专门机构，即地区利润中心；三是按职能划分的专业参谋机构，即专业成本中心。通过多维结构，把产品事业部、地区事业部与专业参谋机构的管理有机协调起来，为及时沟通信息、集思广益、共同决策创造了有利条件，有益于使产品事业部和地区事业部以利润为中心的管理同专业参谋机构以成本为中心的管理做到非常好的结合与平衡，快捷协调与化解它们之间的矛盾，从而最大限度地创造组织价值。

5.3.4 组织结构的发展演变趋势

从组织发展的历史来看，组织结构的发展演变过程本身就是一个与时俱进、不断创新、不断发展的过程，历史上先后出现了直线制、职能制、直线职能制、事业部制、矩阵制、超级事业部制等组织结构形式。随着经济全球化的快速蔓延，以移动互联、云计算、大数据为代表的信息通信技术的迅猛发展，以及面向基于服务主导逻辑的服务型经济的战略转型，目前企业发展已经呈现出竞争全球化、顾客主导化、员工知识化等典型特征，传统的金字塔式的科层结构已越来越不能适应现代社会特别是网络新经济时代的要求，企业组织结构形式越来越趋于弹性、分权化、柔性化。因此，以客户个性化、多元化、动态化的需求和满意度为目标，利用先进的信息通信技术、现代制造技术以及现代化的经营管理手段，对企业现有的组织结构、业务流程进行根本性地再思考和彻底地再设计，最大限度地实现技术上的功能集成和管理上的职能集成，以打破传统的职能型组织结构，建立全新的过程型、流程型组织结构，从而实现企业经营成本、质量、服务与效率的巨大改善，更好地适应以顾客、竞争、变化、信息为主题的现代企业全球经营环境。基于全球知名企业近年来在组织理论方面的大量实践，可以看出，组织结构形态的发展呈现出外形扁平化、重心两极化、运作柔性化、结构动态化等特征，比较典型的新型组织结构主要包括以下几种类型：

1. 无边界组织

通用电气公司前总裁杰克·韦尔奇创造出“无边界组织”（boundaryless organization）这个词，用来描述他理想中通用电气公司的形象。无边界组织所寻求的就是缩短命令链，对控制跨度不加限制，取消各种职能部门，代之以授权的团队。其核心目的是最大限度地减少公司内部的垂直界限与水平界限，最大限度地消除或减少公司与客户、供应商之间的外部障碍。以互联网为代表的信息化社会的加速是无边界组织产生的重要原因，这使人们能跨越组织内外部的界限进行顺畅地沟通与交流。结合通用电气公司的最佳实践与现有学者对此的大量研究，可以总结出无边界组织的主要特点表现在以下三个方面：（1）通过取消组织垂直界限而使组织结构更趋向扁平化，将等级秩序作用降到最低限度，组织看上去更像一个粮仓筒而不是金字塔。通用电气公司降低组织垂直界限的做法包括引入跨等级团队（由高级主管、中级主管、基层主管与员工组成）、让员工参与决策、360 度绩效评估等。（2）为消除组织的水平界限，以多功能团队取代职能部门，围绕公司的工作流程来组织活动。（3）为充分发挥无边界组织的职能，还要打破组织与客户、供应商之间的专业界限与心理障碍，如与外部的供应商、客户包括竞争对手进行战略合作，建立合作联盟等举措。

2. 横向型组织

横向型组织结构，简而言之，就是弱化组织纵向层级，打破刻板的部门边界，注重横向的合作与协调。横向型组织结构的特点包括以下四个方面：（1）组织结构围绕工作流程而不是围绕部门职能建立起来的，从而打破了传统的部门界限；（2）最大限度地减少纵向组织层级，使组织结构趋于扁平化；（3）管理者将会更多地授权给较低层次的员工，更为重视运用自我管理的团队组织形式；（4）高度重视顾客与市场导向，围绕顾客和市场的需求，组织工作流程，并建立相应的横向联系。从某种程度而言，横向型组织结构与无边界组织结构有异曲同工之妙。

3. 虚拟组织

虚拟组织结构，也称为网络型组织，最初的含义就是指临时把相关的组织或人员召集起来，利用特定的市场机遇，待目标完成后即解散的一种临时性组织。现在普遍认为，虚拟组织就是指两个以上的独立实体，为迅速向市场提供产品和服务，在特定时间内结成的动态联盟。具体而言，虚拟组织不具有法人资格，也没有固定的组织层次与内部命令系统，而是一种开放的组织结构，可以在拥有充分信息的条件下，从众多的全球组织中通过竞标或自由选择等方式精选出高度互补的战略合作伙伴，实现全球范围内对相关互补资源的高度整合利用，各自精力集中在自己最擅长的业务上，从而以非常强大的结构成本优势与机动灵活性完成单个企业难以承担的市场功能，如全球范围内的产品开发、生产和销售。“可以租借，何必拥有？”这句话道出了虚拟组织的实质。随着全球信息通信技术的快速发展、全球化竞争的不断加剧以及全球化市场的加速形成，如今已没有一家企业可以单枪匹马地面对网络环境下的全球化竞争，因此，由常规性的组织结构过渡到虚拟组织结构阶段是必然的。虚拟组织日益成为公司竞争战略“武器库”中的核心工具，它有着非常强大的生命力与适应性，它可以使更多企业准确有效地把握住稍纵即逝的全球市场机会。

4. 全球整合企业

传统的跨国公司全球组织架构往往是以某个区域中心作为总部，而且这个总部往往设立在欧美等发达国家，然后再向全球各个分支机构发号施令，从而协同开发市场与客户。但是在全球化背景下，为了更好地应对日趋激烈的全球化竞争的挑战，一些跨国公司开始淡化中心总部的作用，甚至干脆将公司全球范围内的某个业务、职能总部迁到中国、印度、巴西等新兴市场国家，以真正发掘与整合利用全球化的资源。应该说，以互联网为代表的信息通信技术革命也是促成全球整合企业快速发展的重要原因。全球整合企业的特点体现在以下两个方面：一是基于公司全球化战略的诉求，整合全球各地的工作流程，而不是在每个国家进行简单的复制；二是这种类型的组织往往会围绕产出或者客户来组织人力资源配置与组织结构设置，即使是职能单元也是在全球范围内服务公司，而不只是局限于某一个国家或者地区。例如，IBM 公司早在世纪之交就将全球服务交付中心放在了巴西圣保罗市，随后将全球采购总部迁往中国深圳，全球人力资源总部设在菲律宾马尼拉，客户支持总部放在澳大利亚布里斯班，技术销售支持总部整合在马来西亚吉隆坡和印度的班加罗尔。也就是说，IBM 公司几乎已经没有传统意义上的完整的“全球总部”了，来自世界上任何一个国家的客户需求都可能会被交付到其他国家或地区进行处理。IBM 公司将会选择最适合完成该项目的地方在全球范围内重构其自身的组织结构与整合全球资源。

5.4　正式组织与非正式组织

5.4.1　正式组织

5.4.1.1　正式组织的概念与特征

正式组织就是指由两个或两个以上的人为完成某一共同的目标或任务，按照一定的规则或章程正式组织起来的人群集合体或系统。通常所谈及的组织一般都是指正式组织。在正式组织中，其成员之间保持着形式上的协作关系，以完成组织目标或任务为行动的出发点与归宿点。维系正式组织的主要原则是理性原则。人们经常将“正式”与“不变”“稳定”紧密联系在一起，但是在具体的组织实践中，正式组织在保持其相对稳定性的同时还必须具有一定的灵活性，并适时地根据组织环境的变化调整正式组织的结构，以顺利有效地实现组织目标或任务。正式组织一般具有以下四个方面的典型特征：（1）组织目标是具体的、可以量化的以及可以执行的；（2）正式组织的权力具有强制性、正统性、合法性以及相对稳定性等特点；（3）正式组织的结构一般具有金字塔式的科层制等级结构特点；（4）正式组织的信息沟通渠道通常由组织规则或章程所提供。

5.4.1.2 正式组织三要素

社会系统学派的知名代表人物巴纳德认为，正式组织具有三个基本要素，它们分别是：协作意愿、共同目标和信息沟通。这三个要素是正式组织产生与赖以存在的充分必要条件。

1. 协作意愿

按照正式组织的定义来说，没有人就没有组织，但是，准确地来说，构成组织的更重要应该是人的服务、行动、行为或影响，因此，人们贡献努力的意愿是组织协作体系所不可缺少的，它是组织之所以成为组织的必要条件。协作意愿一定程度上意味着自我克制、对自己个人行动控制权的放弃以及个人行为的非个人化。其直接原因就是必须结合“团结”“凝聚”的意向，没有这种意向就不会有人对协作做贡献的持久的个人努力。

对某一具体的正式组织有贡献意愿存在两个显著特点：一是个人贡献意愿的强度存在着非常大的差异，从强烈的贡献意愿逐步下降到没有贡献意愿、再下降到强烈的不愿意、反对或憎恨。二是任何个人的贡献意愿强度都不可能维持不变，譬如，人在睡眠时很难说有什么贡献意愿，而当人疲劳、不愉快时，贡献意愿也会减退或消失。所以，在任何一个正式组织中，有积极贡献意愿的人数以及中立的或没有贡献意愿的人数是经常变动的，随之而来的推论是，在任何一个正式的组织协作体系中，贡献者的贡献意愿总量是不稳定的。

积极的或否定的协作意愿通常是每个在组织中的个人对在这个组织中与其他机会（可能是个人的机会或其他组织提供的机会）所比较感受到的，或者说是对预期的净满足或净不满足比较后的心理表现。也就是说，协作意愿与否一是诱因同付出的牺牲相比较的净结果，二是同其他机会所提供的净满足相比较的结果。从逻辑上来讲，首先需要决定进行协作是否比独立行动对个人更为有利，如果更为有利，那么紧接着要考虑的问题是，目前的协作机会比其他协作机会所提供的利益是更大还是更小。所以，从个人的观点来看，协作意愿是个人意愿与厌恶的综合权衡结果；从组织的观点来看，它是组织所提供的客观诱因与组织所能承受的负担的综合权衡结果。而这个净结果的衡量则完全是个人的、主观的，因此，如何找到提供给个人的各种诱因和组织能够获得的成员努力之间的平衡，是组织维持生存发展的重要条件。

2. 共同目标

除了要同别人联合的协作意愿以外，还必须有一个协作的共同目的，这样协作意愿才能发展起来，否则，就无法衡量或预测要求于个人的是怎样的具体努力，以及在许多情况下也无法知道有些什么样的成果可以提供给个人。换个角度来看，组织要求个人提供的行为必须是具有方向性的行为，否则不可能成为现实的、对组织有价值的行为。所以，共同目标是协作意愿的必要前提。任何正式组织都有共同的目标，不管这种目标是明文规定的还是隐含着的。组织的共同目标不仅要得到各组织成员的理解，还必须为他们所接受，否则就无法对其行为起引导作用，也因而无法成为激励的力量。

然而，组织共同目标又不同于个人目标。每个组织成员都有其个人目标，组织共同目标与个人目标有其一致性的地方，也有其不同的地方。通常，个人之所以愿意为实现组织共同目标努力，是因为实现组织共同目标能够实现部分的个人目标或有助于实现个人追求。另外，组织中的个体往往有两种身份与人格，即作为组织成员的个体和作为独立个体的个体，以及作为组织成员的组织人格与作为独立个人的个人人格，这两种角色、两种人格经常会产生差异与矛盾。相应地，个人在理解组织共同目标时有协作性的理解与主观性的理解，协作性的理解是指个人站在组织整体立场上从组织成员角色出发客观地理解组织共同目标，而主观性的理解则是指站在个人立场上主观的理解组织共同目标。当个人目标与组织目标存在冲突时，两种理解也会出现冲突与矛盾。再者，组织共同目标往往不是固定不变的，会随着内外部环境的变化而做相应的改变或调整。

3. 信息沟通

正式组织的第三个要素是信息沟通，它是指所有能够起到传递信息作用的方式与手段，包括口头、文字等方式以及上下级之间的指挥、命令、汇报、请示等过程。实现共同目标的可能性和存在着愿意为这个共同目标做贡献的人们，是组织协作努力体系的两极，使这些可能性成为现实的就是信息沟通。换句话说，协作意愿与共同目标只有通过信息沟通才能有效地连接起来，信息沟通是组织成员理解共同目标、相互沟通与协同工作的条件，是组织赖以存在的基础。

最常用的信息沟通方法是口头语言或书面语言，其实更为简单的形式是，具有明显意义的动作或行动也足以进行信息交流。在许多协作行为中，以各种方法发出信号，也是一种重要的方法。另外，不论在原始文明还是高度复杂的当代文明社会中，“以心传心”都是一种重要的信息沟通方法，尤其是在一些集团行为或商务谈判中，至少有一部分不是由“明显的”或口头的信息交流引起的，而是由“以心传心”（即心领神会）来达到信息沟通的。再者，随着互联网、移动通信技术的快速发展，组织中信息沟通的方式方法也不断推陈出新。然而，无论何种信息沟通方式，都会存在不同程度的局限性，其原因在于：一方面，组织中任何信息的沟通都要借助于一定的传递媒介，或多或少会产生理解上的偏差或者信息失真；另一方面，出于个人目的，在信息沟通过程中有意识地修饰加工。一般说来，信息沟通的渠道越长，信息失真的程度也就越高。

5.4.2 非正式组织

5.4.2.1 非正式组织的概念与特征

在正式的组织生活中，人与人之间除了按照正式确定的组织关系交往外，还会不自觉地发生正式组织关系之外的情感、喜好层面的交往、接触与相互作用，即所谓的“非正式组织”现象。这种非正式组织现象会给正式组织内部员工的经验、知识、态度、感情等心理因素带来重要影响，并赋予一定的组织化与体系化等特征，事实上，日常生活中的“心态”“舆论”等提法，一定意义上反映了这种现象。

从某种程度上而言，非正式组织是相对于正式组织而言的，最早由美国人际关系管理学派的代表人物梅奥通过“霍桑试验”发现并提出，它是指人们在共同的工作过程中自然形成的以情感、喜好等情绪为基础的松散的、没有正式规定的群体。通常，人们在正式组织所安排的工作过程中，会经常彼此接触与互动，必然会不自觉地以感情、性格、爱好相投为基础形成若干人群，这些群体不受正式组织的行政部门、管理层级、相关规章制度等约束与限制，也没有明确规定的正式结构，但是在其内部会形成一些特定的关系结构，自然涌现出自身的“头头”，形成一些不成文的行为准则与规范。

非正式组织的成因不外乎以下几个原因：一是寻求认同，经由非正式组织人们可取得社会地位、得到认同、扮演角色，让人们产生同属感。二是获得友谊，人类会有情感的诉求而去寻找友谊，正式组织中的生活圈、社交活动范围自然而然地促成了他们的相互来往乃至友谊的产生与发展，也就潜移默化地形成了非正式组织。三是寻求保护，个体的力量毕竟是有限的，组织中的成员必须借助群体的力量才能够最大限度地维系自身的利益，这种寻求集体力量防护自我的心理，也促成了非正式组织的产生，尽管此动机某种程度上具有消极的一面。四是谋求发展，俗话说得好：“孤掌难鸣。”组织中的成员要谋求发展、地位晋升、影响力扩大，就必须互相帮助、互相提携、抱团作战，才能够实现自身的发展。

非正式组织具有以下几个典型的特征。

（1）自发（自然）性。非正式组织往往是人们自愿结合而成，没有人强迫或故意安排、设计，完全是由人们在组织之中的相互行为彼此了解、认同之下，产生感情后所自然结合而成的群体，个人之间的协调程度高。

（2）难以辨识性。非正式组织往往无正式、明确的组织名称、组织结构或形态，没有清楚的上下级单位，初步接触很难辨认出来。

（3）心理层面与非理性。正式组织往往侧重于人们社会关系的理性层面、意识层面、行为层面，非正式组织往往更侧重于人们相互接触、交往、相互作用的非理性、无意识、心理层面的因素。

（4）社会距离感比较小。在正式组织中由于功能分工或权力阶梯的影响，组织人员之间多多少少都会存在一定的社会距离；但是在非正式组织之中，人员的结合往往是由于具有相同的生活工作背景或心理情感上的诉求比较趋同，故彼此的社会距离就会显著地变短了。

（5）民主与平等性。非正式组织成员往往都是自由结合的，没有正式规章制度的限制，尽管会经常存在非正式组织群体默认的“行为规范”的约束，彼此之间也通常没有地位的高低之分，成员之间普遍在一种平等的原则之下彼此来往与互动，任何的行为都是大家同意而产生，表现出充分的民主与平等氛围。

（6）用影响力来领导。正式组织往往都是通过正式的权力结构——职权进行层层领导与指挥的，而非正式组织若存在领导的话，依赖的往往就是在成员彼此潜移默化地交往过程中所形成的影响力，而非职权。非正式组织的这些典型特征也一定程度上体现出与正式组织的区别。

5.4.2.2 非正式组织对正式组织的作用

非正式组织对正式组织的作用主要体现在以下几个方面。

（1）为正式组织的正常运转创造条件。人与人之间非正式接触所形成的共同的心理基础、行为方式、习惯等将有助于正式组织确定的一系列规则秩序得以顺利实现，某种程度上对正式组织所履行职能的顺利落地起着润滑剂的作用。

（2）为正式组织赋予组织活力。可以这样说，离开了非正式组织，正式组织仅仅是一堆干巴巴的制度、职能、程序与目标，仅仅是理性的、机械式的行为系统，但有了人们相互之间非正式的接触、情感交流、认同等心理与非理性层面的潜移默化的互动，正式组织被赋予了血肉、活力与创造力。

（3）为正式组织促进信息沟通。在正常的组织运作中，不可能事无巨细都通过正式的信息沟通渠道来传递，事实上非正式组织反而承担了相当可观的信息沟通量。非正式组织形成的共同理解基础与同质化思维方式为共同理解创造了条件，大大提高了正式组织信息沟通的效率与效果。

（4）有助于维持正式组织的凝聚力与向心力。非正式组织给组织中的成员提供了某种情感交流、心理认同、相互理解等方面的心理满足，甚至影响到组织中成员的价值偏好，因而往往有助于强化组织中成员之间的协作意愿，增强正式组织的凝聚力与向心力，提升组织成员对组织的忠诚度。

（5）维护组织成员的完整人格。正式组织强调了组织成员的社会化侧面，强调组织共同目标对组织成员的非人格性支配，一定程度上导致组织成员人格的偏离或扭曲；而非正式的接触、互动与交流将有助于维护组织成员的自尊心、自主选择与人格整体感等情感与心理诉求，从而有效地维护了组织成员的完整人格。

5.4.2.3 正式组织对非正式组织的作用

正式组织对非正式组织的作用主要体现在以下几个方面。

（1）正式组织一旦形成，实际上就为非正式组织的诞生创造了条件。因为正式组织为人们聚集在一起发生关系——譬如接触、情感交流、寻求心理认同等创造了基本条件。换句话说，正式组织的层级结构、生产经营活动，以及赖以存在的共同场所等，既为组织成员的相互接触创造了条件，也从某种程度上限制了组织成员之间接触与交往的程度。

（2）正式组织为非正式组织的长期存在与发展创造了条件。离开正式组织这个依托或载体，组织成员之间的相互接触、交往与互动只能是一时的、转瞬即逝的；相反，正是有了正式组织，组织成员之间的接触、交往与互动才具有持续性、反复、长久的特征，从而为非正式组织的生长发育孕育了良好的条件。

所以，正式组织与非正式组织互为基础、互为条件、相辅相成，共同构成了一个完整的组织。

5.4.3 正式组织与非正式组织的统一

正式组织与非正式组织作为组织管理理论中两个基本范畴，为我们认识组织管理过程提供了基本工具和方法论，大大加深了我们对组织管理过程的认识。

首先，正式组织与非正式组织理论把组织的管理过程科学化、理性化的部分和难以科学化、非理论化的部分区别开来。为具体区别把握不同管理问题提供了手段和方法。组织的正式侧面往往与组织管理过程中技术性、规律性、必然性、一般性强的部分相联系，非正式侧面更多地与个性、心理特征、思维方式、风土文化、价值观念等个人化、个性化的部分相关。不仅如此，这种区别还为管理学本身的组成部分与影响管理的外部因素之间的联系、界限提供了可靠的把握手段，为深入研究管理中各类要素与有关方面的联系开辟道路。

其次，组织的正式侧面和非正式侧面的思想揭示了组织管理中一个最基本的事实，找到了问题的核心所在，为理解和把握现实的组织管理过程提供了有力帮助。我们知道，在任何组织、任何类型的管理过程中都存在着正式的管理制度、体系的一面，同时也存在非正式的一面。实际的组织运转过程中，两方面都在起作用，有时非正式侧面起着比正式侧面更为重要的作用。明确这一点，对于把握管理过程、提高管理艺术和水平具有极其重要的意义。

应当说，前面对正式组织与非正式组织理论的描述都仅仅是一种抽象的理论，客观地讲，不应该也不可能把两者割裂开来理解，现实世界中真实的组织都是正式组织与非正式组织的统一。可从以下几个方面来理解：首先，正式组织与非正式组织都是同一个组织的两个侧面，正如同一枚硬币的两面一样，互为条件、互为基础，共同生存于同一个组织当中。换句话说，离开了其中任何一方，另一方都无法单独存在。其次，也只有在两者相统一的基础上，才能更好地理解组织的本质。通常，观察一个组织的正式层面，也只能了解到该组织的诸如规模、结构、目标、章程、制度等明文规定或固化了的东西，也只能得到一个大概的、粗略的印象。只有对该组织的人际关系、活动特点、组织氛围等非正式层面的东西有了较为深入的了解后，才能获得对组织的完整的概念，仅仅通过了解组织的正式层面是不可能做到的。再者，正式组织与非正式组织的一体化程度往往反映了组织的实际状况。其中，组织的一体化程度就是正式组织与非正式组织之间的结合程度。很显然，在一体化程度高与一体化程度低的两个极端之间存在一系列中间状态，绝大部分组织都处于中间状态。在一体化程度高的情形下，非正式组织的心理倾向、情感诉求、作用方向与正式组织的组织目标高度一致，组织中的成员不仅在行为层次而且在心理层次、价值观念方面都与正式组织高度协同一致。其结果是，组织成员具有极强的向心力与凝聚力，组织集体力量大大增强，从而组织集体目标与个人目标都能够在较高的程度上得以实现。然而，在一体化程度很低的情形下，非正式组织的心理倾向、情感诉求、作用方向与正式组织的组织目标相偏离，甚至背道而驰，但还没有达到退出组织协作的程度。其结果是，正式组织的目标实现将会受到很大的限制与羁绊，组织成员的个人人格面临严重背离与分裂，正式组织与非正式组织的作用相互抵消，组织将面临被解体的危险。

5.5 制度规范

所谓制度规范，是指组织为有效实现目标，对组织的活动及其成员的行为进行规范、制约与协调，而制定具有稳定性与强制力的规定、规程、方法与标准体系。换句话说，制度规范就是指，在组织管理过程中，用以约束全体组织成员行为，确定办事的方式方法，规定工作程序的各种章程、条例、程序、守则、办法、标准等的总称。制度规范是组织管理体系和框架的一个重要组成部分，是合理组织集体协作行为、规范组织成员个人行为、有效实行科学管理以及维持组织正常运转的必不可少的手段。组织制定制度规范最基本的功能是对组织的活动及其成员的行为进行规范、制约与协调，以保证有效实现组织的目标。

可以从广义和狭义的视角来理解组织的制度规范。从广义的视角看，制度规范就是指组织管理中所有具有约束力、稳定性、规范化、体系化的标准、规程、条例与程序，如组织结构、计划、控制等规范；从狭义的视角看，制度规范就是指在组织结构、计划与控制规范基础上用来约束和协同企业全体员工行为、规定活动程序与方法的制度规范。本节主要是从狭义的视角来说明制度规范，具体包括制度规范的种类、制度规范的特点、制定制度规范的基本要求以及制度规范的制定和调整四个方面。

5.5.1 制度规范的种类

制度规范可以依据多种标准进行分类，如果依据制度规范对所涉及的层次和约束的内容进行分类的话，可以分为如下五种类型。

1. 企业基本制度

企业基本制度（或根本制度），是企业的“宪法”，是企业制度规范中最具根本性质的、规定企业形成和组织方式的、决定企业性质的东西。企业基本制度主要包括企业的法律与财产所有形式、企业章程、董事会组成、高层管理组织规范等方面的制度和规范。具体而言，企业基本制度规定了企业所有者、经营管理人员和企业组织成员各自的权力、义务以及相互关系，确定了企业财产的所有关系和分配关系，制约着企业活动的范围和性质，是涉及企业组织所有层次、决定企业组织根本的一种制度规范。

2. 企业管理制度

管理制度是一种对企业管理各基本方面规定活动框架、协调集体协作行为的制度规范，是比企业基本制度低一个层次的制度规范。企业管理制度主要用来约束集体性行为的、成体系的活动和行为规范，主要针对的是集体层面而非个体层面，如企业各部门、各层次的权力、职责以及相互间的配合、协调关系，各项专业管理规定（如财务、人事、研发、生产等方面的管理规定），等等。在一个企业组织管理体系中，有相当一部分内容都属于管理制度，它是单独分散的企业个体层面的行为整合为有目的的集体化行为的必要手段与环节，是企业管理赖以依托的基本手段。

3. 企业技术规范

企业技术规范是指那些涉及某些技术标准、技术规程等方面的相关规定。企业技术规范反映了企业在生产与流程中客观事物运作的内在技术规律，具有非常强的可行性与规律性，是企业在经济运行中必须遵循的东西。企业技术规范所涉及的范围很广，所涵盖的内容也很多，从各类技术、到生产加工，乃至包装、运输、保管、使用、处理等，都有其内在规律，需要有相应的技术标准、生产工艺流程、操作规程、保管运输要求、使用保养维修规定。一般来说，技术规范所约束的主要是企业的各种业务活动。另外，由于技术的特殊性以及与企业其他层面的相关性，所以，企业的管理活动要充分遵守技术规范，企业个体层面的行为也要受技术规范制约。

4. 企业业务规范

企业业务规范是指企业针对业务活动过程中那些大量存在、反复出现又能够摸索总结出科学处理方法的事物所制定的作业处理规定。业务规范多为定性的描述，程序性强，是人们用来处理常规化、重复性问题的有效手段。业务规范大多数都具有技术背景，以经验为基础，是总结、提炼出来的工作程序和处理办法，如企业生产安全规范、客户服务规范、业务操作规范等。通常情况下，企业业务规范会和企业其他的制度规范交叉或重叠在一起。

5. 组织成员的个人行为规范

在企业各种制度规范中，前面所提及的企业基本制度、企业管理制度、企业技术规范和企业业务规范实际上对组织成员的个人行为都有着这样或那样的要求，除此之外，企业还有专门针对组织成员的个人行为制定的相关规定，如个人行为品德规范、仪态仪表规范、劳动纪律等。因此，个人行为规范是一个企业所有对个人行为起制约作用的制度规范的统称，它是企业组织中层次最低、约束范围最广但也是最具基础性的制度规范。应该说，个人行为规范是一个组织中最底层、最基本的行为和活动约束，其成效好坏和程度如何往往是更高层次约束能否有效实现的先决条件。

从上面的描述可见，企业制度规范涉及的范围很广、层次很多，从最基础的个人行为规范到业务规范和技术规范、企业管理制度，再到企业基本制度全部涵盖其中。换句话说，将所有的这五个层面的制度规范有机结合起来，就共同构成了企业管理过程中的一整套完整的约束系统。

5.5.2 制度规范的特征

相较于企业的其他管理手段，制度规范有其独特的性质和特征，具体体现在以下几个方面。

（1）权威性。制度规范一经形成，企业的所有成员都必须执行或遵守，违反相关的规定必然要受到应有的惩罚。制度规范就是企业的“法”。

（2）系统性。一个企业组织中的各个方面、各个层次均会有完整配套、严密具体的制度规范，它们之间相互衔接、相互补充，具有内在的一致性，形成一套严密、完整、系统的制度规范体系。

（3）科学性。制度规范一般都要遵循科学、合理、客观的原则构建，要么直接按照技术规律制定，要么依照事物的客观规律制定，要么遵循合乎情理的角度制定，总之，制度规范反映了一个企业组织经营管理科学、合理、成熟的一面。

（4）无差别性。制度规范作为一种具有法律法规效力的经营管理手段，应在规范约束的范围内一视同仁，不应区别对待。制度规范是一套理性的、非人格化的约束体系，往往以成文的形式确定下来，具有明确的、是非分明的特征。

（5）借助强制力。制度规范作为规范、约束企业组织正常运营的一种有效手段，必须借助一定的强制力或措施。强制力是制度发挥作用的力量；没有强制力的制度规范只能是一纸空文。强制力通常表现为行政处分、降职降薪、开除等惩罚措施。

（6）稳定性。制度规范通常都是一个企业组织在长期的管理实践中，经过多年的经验总结、分析研究、系统提炼而形成的理性准则。制度规范在相当程度上反映了一个企业组织活动和经营管理过程的内在要求，具有相当的稳定性，这也是维持制度规范权威性的重要手段之一。只有保持制度规范的相对稳定性，才能够有效地发挥其约束力。

5.5.3 制定制度规范的基本要求

在制定一个企业组织的制度规范过程中，通常要遵循以下几个方面的基本要求：

（1）从实际出发。制定制度规范，务必要从企业的实际情况出发，无论是企业基本制度层面、管理制度层面、业务和技术规范层面，还是员工个人层面，都要严格遵循该企业经营管理活动的内在客观规律和现实情况，以切实保证制定出的制度规范的可行性和实用性。

（2）根据需要制定。制度规范的制定要从企业的实际需要出发，切勿生搬硬套。企业的实际需要是制度规范制定的唯一标准，制定不必要的制度规范反而会扰乱企业正常的经营管理活动。例如，如果有些非正式的行为规范能够很好地发挥作用，就没有必要制定类似内容的正规的行为规范，以免伤害企业组织成员的自尊心与工作热情。

（3）建立在法律和社会道德规范基础上。法律法规和社会道德规范是在全社会范围内约束团体行为和个人行为的基本规范，也是一个企业组织正常运行的基本条件和保证，也因此，企业制定的各种制度规范，就不应当违背法律法规和社会道德规范的相应规定，并最大程度地保持彼此的一致性。

（4）系统和配套。一个企业组织的制度规范应该全面、系统、配套，基本章程、各种条例、规程、办法等要形成一个相辅相成、内在一致的有机体系，还应当保持制度规范的一贯性，最大限度地避免发生前后矛盾、相互重复、漏洞百出等现象。

（5）合情合理。制度规范既要体现出科学、合理、客观的一面，又要体现出人性化、合乎情理的一面。在制度规范的约束方面，既要采取适度的强制措施和手段，更要充分发挥全体员工的自我约束、自我激励的机制。

（6）先进性。制度规范的制定要从企业组织的实际调查研究入手，善于勤于总结本企业组织的过往经验与教训，同时，也应当充分吸收其他企业的最佳实践，以及国内外先进的管理理念、科学技术与管理方法，以保证所制定的制度规范的先进性。

5.5.4 制度规范的制定与调整

5.5.4.1 制度规范制定的原则

制度规范的制定通常要遵循四个原则：

（1）法制性原则。

（2）目标性原则。

（3）科学性原则。

（4）系统性原则。

5.5.4.2 制度规范的制定者

正如前面所述，由于一个企业组织有各种不同层面、不同类型的制度规范，因此其制定主体也有所不同。一般而言，企业基本制度规范应由企业所有者和企业的主要经营管理人员依据相关的法律法规，并在与有关政府机构磋商的基础上制定；管理制度规范应由制度所涉及部门的管理人员以及相关组织成员制定；技术规范有些直接来自国家标准和规定，有些则以技术专家和企业相关管理人员共同协商确定；业务规范的制定应由相关的管理人员和直线操作人员共同制定；个人行为规范通常是在充分征询企业组织成员意见的基础上由企业高层管理人员最终敲定。总之，不管是哪种类型的制度规范，一般都应当充分考虑该项制度规范所约束对象的意见与要求。换句话说，企业各个层面制度规范的最终落实情况，都有赖于他们的执行，因此，事前能否得到他们的支持和认可至关重要。

5.5.4.3 制度规范的制定程序

制度规范的形成过程，一般要经过以下四个步骤或环节。

（1）提出。由有关部门和相关管理人员根据企业组织实际管理工作需要，提出制度规范制定需求，然后，经上级有关部门和相关管理人员同意后，进行充分的调查研究，并形成制度规范草案。

（2）讨论与审批。制度草案提出后，需要广泛征求相关各方的意见和建议，集思广益，群策群力，充分讨论。在此基础上，修正不切合实际之处、疏漏之处或与其他制度规范重复、矛盾之处，从而使制度规范草案得到进一步完善。修改完善后的制度规范草案，随后需要报请上级管理部门审批。

（3）试行。制度规范草案经由上级管理部门审批后，方可予以试行。试行的目的是在实践中进一步检验与完善，使之合理化、成熟化。尤其是对于新制定的制度规范，试行往往是必不可少的一个阶段。

（4）正式执行。制度规范经过一段时间的试行并不断完善后，即可稳定下来，形成正式的、具有“法律效力”的制度规范文本，并按照事先确定的范围和时间正式执行。与此同时，还要向相关方面说明，并报送上级管理机关备案。

5.5.4.4 制度规范的调整

通常情况下，企业的制度规范应当保持较强的稳定性。然而，由于企业组织所处外部环境的不断变化，一旦制度规范所赖以存在的前提条件发生了变化，那么也需要对制度规范做出相应的调整。从企业组织内部环境来看，由于制度规范本质上是一个企业组织经营管理的重要手段，因此要服从企业组织经营管理与协调集体协作行为的需要，当管理协调整体结构发生了变化时，就必须对相关的制度规范做出相应的调整。一般而言，制度规范的调整包括现行制度规范的修改和现行制度规范的废除两种情况。

（1）现行制度规范的修改。通常在发生下述三种情形之一的条件下，需要对现行制度规范进行修改：①与企业制度规范有关的国家法律法规或政策出现了变化，而原制度规范与变化后的国家法律法规或政策不一致或相抵触。②企业组织管理基本决策有重大变化，如企业组织走集团化道路、战略联盟、战略收购、经营范围作重大调整等情况下，都需要对相关的制度规范做出相应的修改和调整。③在制度规范实际实施过程中暴露出来的问题，需要对相应的不合理、不完善的制度规范做出修改和调整。制度规范修改的内容与程度大小要具体情况具体对待，有时可能是个别条款的修改，有时可能是某一类规定的修改，也有时可能是针对某一层面制度规范的重大修改。另外，修改或调整的程序与制定程序大致相同，但一般不必经过试行阶段，往往在修改并审批通过后即可直接实行。

（2）现行制度规范的废除。制度规范的废除往往发生在以下几种情形下：①企业组织破产倒闭，其制定规范也相应地自然失效；②由于某些国家基本法律法规或政策的废除，使得企业组织的有关制定规范失去了依托与意义；③企业组织制定规范约束的事项已告结束；④同一事项有了新的制度规范，原来的制度规范自然废止，如国家颁布了最新的技术标准或规范，原有的标准自然失效。

总之，企业组织制度规范调整的主要工作就是修改与完善，将“破”和“立”有机地结合起来，当认识到原有的制度规范不合理时，应积极及时地修改或调整。但是在新制度规范正式推行之前，为避免出现无约束的混乱局面，应继续执行原有的制度规范。另外，还应注意，企业组织制度规范的调整不宜过分频繁，要确保维护企业制度规范的严肃性与稳定性。

5.6 制度化管理

以制度规范为基本手段协调企业组织集体协作行为的管理方式，就是制度化管理。制度化管理理论通常又被称作“官僚制”“科层制”或“理想的行政组织”理论，是由德国著名管理学者马克斯·韦伯所提出并为现代大型组织所广泛采用的一种管理方式。

5.6.1 制度化管理的实质

制度化管理的实质就是以科学确定的制度规范作为组织协作行为的基本约束机制，主要依靠非个人的、科学的、合理的理性权威进行管理。在企业经营管理过程中，由于管理所依托的基本手段不同，因此存在多种不同类型的管理方式。在市场经济发展早期，企业的组织管理多依靠个人的权威，以传统的家族式权威或“天赋神授”的权威作为最基本的管理控制手段。随着欧洲工业革命向北美的迅速蔓延与资本主义经济的快速发展，各种企业组织，尤其是大型企业组织，逐渐把管理过程中所依赖的基本权威由相对感性、随意的个人转向理性、科学的管理制度与规范。这种以理性的、正式规定的制度与规范作为基本权威实施各项组织管理，就是制度化管理的本质。当然，制度化管理并不意味着不允许发挥个人权威在组织管理中的作用，但其对组织起基本制约作用的主要是制度权威而已。

通常，个人权威被认为是非正式权威，而制度权威被认为是正式权威。正式权威来源于组织结构设计中对管理者地位、权力的正式制度化规定与安排。在这种体制框架下，各级组织管理者拥有组织所赋予的相应的命令权、奖惩权等，可以基于组织管理任务的实际情况或下属的不同情况，进行发号施令或决定给予相应的奖励或惩罚。制度权威建立在强制力的基础上，是正式的、理性的、法的权威，而不是自发形成的、相对感性的个人的权威。相对于正式权威，非正式权威往往来自个人所具有的某些独特的品质或人格魅力，如个人在某些技能方面具有独特的专长或具有非凡的组织领导能力等，具有这些独特个人品质或魅力的人往往能够潜移默化地把周边的人群吸引到自己身边来，使之心甘情愿、忠心耿耿地服从其管理与领导。所以，非正式权威主要是建立在对某个具有独特魅力个人的崇拜、忠诚关系维系上，这些有人格魅力的领袖也往往会相对感性的、非正式地领导、指挥其受众，而制度化管理则是各级组织管理者依靠理性的、正式的权威来进行组织管理的管理方式。

5.6.2 制度化管理的主要特征

从管理制度与规范的主要内容以及制度化管理的实质来看，制度化管理的主要特征表现在以下几个方面。

（1）在劳动分工的基础上，明确规定组织中各个岗位的责任与权力，并且把这些责任与权力作为明确规范而固化（制度化）下来。

（2）基于组织中各机构与各层次不同职位权力的大小，明确其在企业中的地位，并进而形成一个有序的命令链或等级系统，并以制度形式巩固下来。

（3）以正式的书面形式明确规定组织中各职位特性，以及各职位对组织成员应有的素质、能力、资格等要求，并依据通过正式考试、培训或教育等方式获得的技术资格或任职资格来挑选组织中的所有成员。

（4）在实行制度化管理的企业组织中，所有权与管理权相分离。企业组织中的各级管理人员不是所管理企业的拥有者，他们只是根据法律、法规、制度等所赋予的权利暂时处于拥有一定权利的地位，原则上企业中所有人员都应服从制度管理的规定。

（5）组织中各级管理人员在具体实施管理时要遵循以下原则：每个管理者均拥有执行自己职能所必要的权利；各级管理人员所用的权利必须受到严格的限制，服从有关组织章程、制度的相关规定。

（6）组织中各级管理者的职务就是他们的职业，他们拥有固定的报酬，具有按资历、按才干晋升的机会，他们忠于职守而不是忠于某个人。

5.6.3 制度化管理的优越性

与传统的非制度化管理相比，制度化管理的优越性主要体现在以下几个方面。

（1）体现了理性精神与合理化精神。制度化管理是以理性、科学分析研究制定的管理规章、制度为基础，是一种不徇人情的正式管理体制，所有管理行为都来自相关规章、制度的规定，职务是职业，不再是个人身份。在典型的制度化管理中，存在着一套科学、合理、严谨的规章制度体系，涉及管理过程的方方面面，摆脱了传统非制度化管理的那种随机、易变、主观、偏见的影响，具有比传统管理优越得多的准确性、连续性、可靠性与稳定性，体现了制度化管理的理性精神与合理化精神，这也正是制度化管理的主要指导思想。

（2）适合现代大型企业组织的需要。现代大型企业组织由于规模体量大、内部分工精细、管理层次众多，需要有一套非常准确、连续、稳定、科学、合理、严谨的制度化管理体系，来保证大型组织内部各部门之间的协调一致、有序稳健运行，从而保证组织目标的顺利达成。而传统的过分依赖个人裙带关系、人身依附关系，采用相对主观、感性、随意、多变的管理方式，已经不适合现代大型企业组织管理的实际诉求了。

（3）有利于提升现代企业的组织运作效率与应变能力，增强企业的竞争力。制度化管理意味着标准化、程序化与透明化，因此，制度化管理有利于组织成员迅速掌握本岗位的工作技能与操作规程，有利于组织内部部门与部门之间、员工与员工之间以及上下级之间的信息沟通与业务协调，使员工最大限度地减少工作失误或损失。而且，制度化管理也有利于现代企业对组织成员的工作绩效进行有效的监控与公平合理的考核，从而有助于促进组织成员不断改善与提高工作效率。另外，规范化与程序化的制度化管理，也有利于形成对整个外部供应链体系与市场竞争态势的快速反应机制，及时掌握市场变化情况并相应地调整应对策略，从而有助于提升企业的竞争力。

（4）有利于现代企业更加规范化与标准化的运行，促进企业与国际的接轨。“一切按制度办事”是现代企业制度化管理的根本宗旨。企业通过各种规章制度来规范组织成员的行为方式，使组织成员更多的是依据契约精神——即正规的制度安排来处理各项组织事务，让企业的运行逐步趋于规范化与标准化，处事原则更符合国际惯例，从而有利于现代企业更顺利地融入日趋激烈的国际市场竞争环境中。

（5）制度化管理有助于减少决策失误。正规的制度化管理要求现代企业的决策过程必须程序化、透明化，决策必须有科学依据，决策的结果也必须经得起实践的检验与市场的考验，决策者必须对决策结果承担相应的责任，从而在根本上排斥了“一言堂”式或没有科学依据的决策机制，在最大程度上减少了决策失误。

（6）制度健全而规范的现代企业更容易吸引优秀人才的加盟。首先，制度健全而规范的现代企业往往需要有良好的信誉与诚信作为支撑，在当今社会诚信普遍缺失的大环境下，具有良好信誉与诚信支撑的企业更容易在稀缺的人才争夺战中胜出。其次，制度健全而规范的现代企业也往往最大程度地体现了企业经营管理的公正性与公平性，优秀的人才更愿意选择这样的工作氛围。再者，在制度健全而规范的现代企业中，也必然会有着规范而诱人的激励制度，而这正是现代企业赢得人才争夺战的最有力武器。

5.6.4　制度化管理与人性化管理

由上面的分析可以看出，制度化管理往往倾向于把企业组织和管理过程设计为一台运转精确无比、完美无缺的机器，它只讲求规律、科学、理性，而不顾及企业组织管理中人性化的一面。然而，企业组织是由一个个活生生的人组成的集合，人在工作中不可能像机器一样百分之百的准确、稳定与节律有制的。从这个意义上看，完美的制度化管理也只能是一种抽象概念。另外，从组织生态学的角度来看，任何企业组织都只是所处生态环境中求生存与发展的一个生物机体，鉴于企业所处环境的动态、复杂与不确定，任何企业组织都不可能设计成一台完美无缺的机器，而是必须随着外部环境的不确定的动态变化而做相应的调整，即随机应变、伺机而动。所以，从企业组织生存发展的现实情况考虑，也不可能变成机器。

因此，极端的制度化管理既不可能、也不理想，科学的制度化管理强调与倡导的，是以制度化管理体系为基础，并充分考虑到人的本性，最大限度地谋求制度化与人性化、制度化与组织活力的动态平衡。从这个着眼点来看，现代企业在推行科学的制度化管理的同时，要着重处理好“经”与“权”之间、自律与他律之间两组关系的动态平衡问题。

1. “经”与“权”的关系平衡

“经”与“权”在中国传统的文化中均有着极为丰富的内涵，在本书中，“经”是指规范、原则、制度，而“权”是指权宜、权变、相机行事、随机制宜、权衡是非轻重。换句话说，“经”与“权”的关系，就是原则性与灵活性的关系，是坚持按制度办事还是适当变通的关系。应用到企业管理实践中，“经”就是严格按照企业的各项基本原则、基本制度与基本规范来进行运作，而“权”就是从实际出发，根据企业内外部环境变化的情况采取适当的措施，必要时还要采取应急或变通的办法。

很显然，在现代企业的组织管理实践中，“经”与“权”是一对矛盾统一体。企业管理中既需要坚持原则，按照相应的规章制度办事，这是现代制度化管理的基本要求，同时，也要考虑到组织中的人性化与组织所处生态环境的不确定性的一面，在管理过程中必须随机制宜、随需应变。因此，如何处理好“经”与“权”之间这一矛盾统一体的动态平衡，是摆在现代企业管理者面前的一个难题。一般来说，在处理“经”与“权”之间的动态平衡时，需要注意把握以下两点：一是鉴于我国企业深受华夏文明的熏陶，并考虑到近年来我国企业经营的实际情况，应着重加强“经”的一面，严格推行制度化管理，即使牺牲部分灵活性也在所不惜。其二，在企业的实际管理过程中，在基本的、关系全局的方面应坚持原则，坚决不动摇，而在局部性的、无关大局的方面可以适当放宽些，多些灵活性与机动性。

2. 他律与自律的关系平衡

他律与自律是指在涉及组织中员工个人行为的管理时，究竟是应该更多地借助于教育、约束、强制甚至惩罚等外部规范的方式，还是更多地依靠员工个人的自觉性、自我约束来达到组织管理目的的问题。如果是借助于教育、约束、强制等手段规范组织中员工个人行为的则称为他律；如果是依靠组织成员个人自我控制、自我约束来管理个人行为的则称为自律。从根本上说来，强调他律还是自律，往往取决于企业组织管理者心目中关于人性的假设：如果认为人性是“恶”的，那么就以他律管理为主；如果认为人性是“善”的，那么就多依靠自律来进行管理。制度化管理所强调的，往往是他律的一面，但它不是以人性本“恶”为基础的，而是出于使组织成员的单独行为形成组织有目的性的行动，并且在时间、空间及程度等方面都需要配合集体行动的需要，因此，也存在与自律的矛盾。

尽管在现实的企业管理实践中，处理他律与自律之间这一矛盾统一体有着各种不同的主张与见解，但有两点还是必须注意的：其一，在保证组织活动正常进行的情况下，应尽可能地发挥组织成员自律的作用，缩小他律的作用范围。因为，过度的他律往往会导致组织成员的信任感降低，会潜在地助长组织成员的紧张、冲突，因此要将他律控制在必要的限度内。相反，如果自律运用得当，则可以很好地培养组织成员的自觉性、责任感、主人翁精神，最大限度地发挥组织成员的积极性、创造性。其二，鉴于组织成员的自觉性、自我约束程度往往有限，许多组织管理活动依靠组织成员的自觉性往往难以无法按部就班、协调一致地进行，因此，也有必要依靠他律来发挥制度规范的作用。

【本章小结】

从广义上看，组织就是由许多要素按照一定方式相互联系起来的系统。从狭义上看，组织就是指人们为了实现一定的目标，互相团结协作结合而成的集体或团体。尽管管理学中有关组织的定义有很多种，但都离不开静态和（或）动态两个考察视角。组织是管理的一种职能。组织通常具有既定目标、既定分工和既定秩序三个典型特征。组织通常由组织环境、组织目的、管理主体和管理客体四个方面构成。

早在我国春秋战国时期，孔子所提倡的官职制度、孙子关于军阶与军队的单位划分等就已经具备组织理论思想的雏形，但人类对组织理论进行系统的研究，则是从 20 世纪初才开始。自泰勒 19 世纪末 20 世纪初开辟了组织理论以来，组织理论的发展历史经历了古典组织理论阶段、行为科学组织理论阶段、现代组织理论阶段三个时期。组织理论的演进与社会存在和管理实践的需要有着密切的关系，其发展历史是一个不断扬弃的过程，也是辨证的否定之否定过程。

组织结构是指组织内关于职务与权利关系的一套形式化系统或模式，是组织的全体成员为实现组织目标，在管理工作中进行分工协作，在职务范围、责任、权利方面所形成的结构体系，其本质是为实现组织战略目标而采取的一种分工协作体系。组织结构必须随着组织的重大战略调整而调整。组织结构设计的关键要素包括工作专门化、部门化、控制幅度、命令链、集权与分权、正规化六个方面。影响或制约组织结构类型选择的因素一般包括以下六个方面：环境变化、技术水平、企业规模、组织战略、企业文化和人员素质。

正式组织就是指由两个或两个以上的人为完成某一共同的目标或任务，按照一定的规则或章程正式组织起来的人群集合体或系统。按照巴纳德的观点，正式组织具有协作意愿、共同目标和信息沟通三个基本要素，这三个要素是正式组织产生与赖以存在的充分必要条件。在正式的组织生活中，人与人之间除了按照正式确定的组织关系交往外，还会不自觉地发生正式组织关系之外的情感、喜好层面的交往、接触与相互作用，即所谓的“非正式组织”现象。这种非正式组织现象会给正式组织内部员工的经验、知识、态度、感情等心理因素带来重要影响，并赋予一定的组织化与体系化等特征。非正式组织一般具有自发性、难以辨识性、心理化与非理性、社会距离感小、民主与平等性、凭借影响力来领导等六大典型特征。

非正式组织对正式组织的作用：为正式组织的正常运转创造条件，为正式组织赋予组织活力，促进信息沟通，有助于维持正式组织的凝聚力与向心力，维护组织成员的完整人格。正式组织对非正式组织的作用：为非正式组织的诞生创造了条件，为非正式组织的长期存在与发展创造了条件。所以，正式组织与非正式组织是同一个组织的两个侧面，正如同一枚硬币的两面一样，互为基础、互为条件、相辅相成，共同构成了一个完整的组织。

制度规范就是在组织管理过程中，用以约束全体组织成员行为，确定办事的方式方法，规定工作程序的各种章程、条例、程序、守则、办法、标准等的总称。制度规范是组织管理体系和框架的一个重要组成部分，是合理组织集体协作行为、规范组织成员个人行为、有效实行科学管理以及维持组织正常运转的必不可少的手段。可以从广义和狭义的视角来理解组织的制度规范。从狭义的角度看，制度规范包括企业管理制度、企业管理制度、企业技术规范、企业业务规范和组织成员个人行为规范五种类型。制度规范制定一般要遵循以下基本要求：从实际出发，根据需要制定，建立在法律法规与社会道德基础之上，全面、系统和配套，合情合理。

以制度规范为基本手段协调企业组织集体协作行为的管理方式，就是制度化管理。制度化管理的实质就是以科学确定的制度规范作为组织协作行为的基本约束机制，主要依靠非个人的、科学的、合理的理性权威进行管理。制度化管理的优越性表现在：体现了理性精神与合理化精神，适合现代大型企业组织的需求，有利于提升现代企业的组织运作效率，有利于现代企业更规范化与标准化的运行，有助于减少决策失误，更容易吸引优秀人才的加盟等。现代企业在推行制度化管理的同时，也要充分考虑到人的本性，最大限度地谋求制度化与人性化、制度化与组织活力的动态平衡。

【复习思考】

1. 什么是组织？如何理解组织的职能？
2. 古典组织理论包括哪几个主要流派？它们各自的主要观点是什么？
3. 行为科学组织理论包括哪几个主要流派？它们各自的主要观点是什么？
4. 现代组织理论包括哪几个主要流派？它们各自的主要观点是什么？
5. 试述组织结构设计的六个关键要素。
6. 什么是管理幅度？如何确定有效的管理幅度与合理的管理层次？

7. 有效的管理要求适度的集权与分权，如何才能合理地掌控集权与分权的平衡？
8. 影响组织结构的因素主要包括哪几个方面？
9. 有哪些典型的组织结构类型？它们各自有何优缺点？
10. 怎样理解正式组织的含义？
11. 简述正式组织三要素。
12. 什么是非正式组织？非正式组织有哪些典型的特征？
13. 试述正式组织与非正式组织的关系。
14. 什么是制度规范？其主要特征是什么？包括哪几种主要类型？
15. 制定制度规范的基本要求是什么？
16. 如何制定制度规范？并简述制度规范调整的情况。
17. 什么是制度化管理？其主要特征是什么？
18. 制度化管理的优越性主要体现在哪些方面？
19. 如何看待制度化与人性化管理？

【阅读材料】

乐百氏组织结构悄然变脸①

架构轨迹

3 月 15 日，身兼乐百氏总裁的达能中国区总裁秦鹏悄然来到成都，召集了西南事业部的核心人员：云南、贵州、四川及重庆四地乐百氏分公司的负责人，开了一个为期两天的会议。此举意味着乐百氏在 3 月 11 日出台的区域事业部制架构正式拉开运营帷幕。

区域事业部将乐百氏划分五大“藩地”：西南、中南、华东、北方和华北，每个事业部都成了一个“小乐百氏”，从生产到销售都将建立起一套自己的独立体系。每个事业部将紧紧抓住本地区各种产品的消费优势，迅速对市场变化做出反应，灵活调整生产计划。

自此，在乐百氏的历史上，经历了三种业态的架构模式：从 1989 年创业到 2001 年 8 月，乐百氏一直都采取直线职能制，按产、供、销分成几大部门，再由全国各分公司负责销售；从 2001 年 8 月到 2002 年 3 月，实施了产品事业部制，这在乐百氏历史上实施的时间虽然很短，但为现在实施区域事业部制奠定了基础，实现了组织结构变革中的平稳过渡。

架构调整无疑是一个公司的重大战略转变，也必然是外界甚至内部的各种环境变化促成的。值得令人关注的是，乐百氏在不到 8 个月的时间里，就进行了两次架构调整，原因何在？

直线职能制

乐百氏创立于 1989 年，在广东中山市小榄镇，何伯权等 5 个年轻人租用“乐百氏”商标开始创业。据乐百氏一位高层人员介绍，创业伊始，何伯权等与公司的每个员工都保持一种很深的交情，甚至同住同吃同玩，大家都感觉得到，乐百氏就是一个大家庭，“有福同享，有难同当”，公司的凝聚力很强。这时采用直线职能制这种架构模式，使乐百氏

① 资料来源：凤陶．领导变革：挑战知识经济时代的经营困境［M］．北京：地震出版社，2004.

在创业初期得到快速稳定的发展。

12年间，5位创始人不但使乐百氏从一个投资不足百万的乡镇小企业发展成中国饮料工业龙头企业，而且把一个名不见经传的地方小品牌培育成中国驰名商标。

然而，随着乐百氏的壮大，原来的组织结构显得有点力不从心。此时，再按前面那位高层人士的话说，何伯权不可能再与公司的每一个员工同吃同住，原来的领导方式也发生了变化，起不到原有的作用了。何伯权有些迷茫了。

特别自2000年3月与法国最大的食品饮料集团达能签订合作协议，并由达能控股后，直线职能制的弊端更加暴露无遗。为了完成销售任务，分公司都喜欢把精力放在水和乳酸奶这类好卖的产品上，其他如茶饮料等不太成熟的产品就无人搭理，这对新产品的成熟非常不利。更糟糕的是，由于生产部门只对质量和成本负责，销售部门只对销售额和费用负责，各部门都不承担利润责任，结果就变成了整个集团只有何伯权一个人对利润负责。

近几年来，乐百氏的销售额直线下降，有着50年国际运作经验的达能肯定不愿看到这种局面，因此，寻求变化势在必行，其中组织架构的改革就是为适应新形势的举措之一。

很显然，稳定性的战略是在市场条件和竞争环境很少发生重大变化的时候，组织普遍采用的一种战略。以职能部门划分工作任务，实行集权式决策，控制跨度狭窄，通过“命令链”进行经营决策来维持日常的组织运行。其优点是能够实现规模经营，使组织资源充分利用；对中低层管理人员的创新能力，决策水平，工作经验要求较低，可以节约沟通和协调成本；易实行标准化操作和高度的正规化经营；决策权的集中可在某种程度上提高决策的时效性。这种结构对于乐百氏初创之时，再恰当不过。

产品事业部

2001年8月，乐百氏历史上最为关键的一次组织结构变革在月间完成：75%员工换座位，原五人创业组合中的四大元老位置同时发生重要变化，都退出原先主管的实力部门，何伯权是唯一不变的，仍然担任总裁职务。

改革后，乐百氏的事业部制架构变为：在总裁之下设5个事业部、8个职能部门和1个销售总部。其目的是利润中心细分，瓶装水、牛奶、乳酸奶、桶装水和茶饮料共5个事业部，每一个都将成为一个利润中心。同时减少了中间层，集团的权力结构由从前的5人会议，变为总裁和14个总经理的会议，成为一个比较扁平化的组织架构。这是公司首次将战略管理和日常营运分开，形成多利润中心的运作模式。

促成这次改革的重要力量是达能这个欧洲第三大食品集团，它自1987年进入中国成立广州达能酸奶公司后，就开展了一系列“收购行动”，并且每次都难以预测，“收购刀法极其温柔”。尤其是在水市场上对行业内领袖企业的浙江娃哈哈、深圳益力、广州乐百氏、上海梅林正广和的控股或参股分别达到41%、54%、2%、50%的股份，足以让人相信达能已经完成了它在中国水市场的布局，成了当之无愧的老大。

但这老大只是表面现象，许多问题都摆在达能管理者的面前，收购的这些企业能够赢利的很少，它需要整合资源，减少运行成本。乐百氏连年亏损的状况，迫使何伯权痛下决心实施组织结构改革。

然而，新的架构还没实施几天，就在2001年11月底，乐百氏爆出大新闻：何伯权、杨杰强、王广、李宝磊、彭艳芬等五位乐百氏创始人向董事会辞去现有职务，并决定由达能中国区总裁秦鹏出任乐百氏总裁。

何伯权称，五位元老集体辞职的原因是与董事会的战略思路发生重大分歧，无法达成一致，而且，也因为没有完成董事会下达的销售任务。

还没有来得及检验自己的改革成果，何伯权就匆匆退出了乐百氏的历史舞台。

又一场架构改革在秦鹏的控制下悄悄地酝酿。

由此可见，何伯权等人适应不了新的企业发展，在达能的整体布局中，早已准备对乐百氏的高层下“狠招”，因此采用了产品事业部制这种过渡的组织架构，实现让他们一步一步稳妥地“退位”。

区域事业部

2002年3月11日，区域事业部正式出台，乐百氏按地域分为五大块：西南、中南、华东、北方和华北。

这次架构改革距上次仅仅7个多月的时间，据业内人士分析，速度之所以这么快，其中一个重要原因是达能的全国战略思路在操纵着这次变革。随着达能旗下产品的不断增多，它也在寻求一种更能整合现有生产和销售资源的最佳方法，来改变许多品牌因为亏本，反而成为它的负担的局面。据可靠消息，达能为了加强对自己绝对控股的乐百氏的支持，要求乐百氏扮演更加重要的角色，甚至欲将其他如深圳益力、上海梅林正广和、广州怡宝等在外地的工厂和销售渠道交由乐百氏托管。

除了上述一些已收购的品牌，达能的收购行动远未停止。前不久，达能将持有豪门啤酒和武汉东西湖啤酒分别以62.2%和54.2%的股份转让给华润；华润则投桃报李，心甘情愿让达能收购其旗下的怡宝公司。

然而，正如达能一位高层人士所说，这还只是它欲将中国水市场进一步控制在自己手中的一个很小的行动计划。据一些媒体报道，达能已将触角伸到了许多地方品牌。

乐百氏也因拥有良好、稳定的经销商网络，得到达能的青睐并委以重任，使它在中国市场上的战略地位变得愈来愈重要。随着乐百氏托管的产品增多，每个市场的产品更加复杂、各种产品的销售情况各不相同。原来的产品事业部制可能对客户的变化需求反应不再迅速，不再适合新的发展，于是地域事业部制，这种以工厂为中心、更扁平的组织结构应运而生。因为它将更有助于了解消费者的需求，能更灵活地进行品牌定位。

其次，区域事业部将更有利于培养事业部的全局观念。负责人注重利润的追求，使决策和运营更加贴近市场，对市场形势和客户需求做出快速预测和反应，加强了区域的市场主动权和竞争力，对资源的调控更为快捷和趋于合理。同时，让总部从日常业务中脱离出来，多进行一些宏观性的战略决策。换句话说，原来的乐百氏只有何伯权一人是企业家，现在的乐百氏可以造就五个甚至更多有全局观念的企业家。

有业内人士开玩笑说，善于资本运作的达能将乐百氏一分为五之后，到了一定的时候，它可以把其中任何一个事业部单独转让，既灵活又比整体卖更赚钱。

但达能一位高层人士矢口否认这种说法，他认为，因为“水”是达能的三大主业（其余两项是乳制品和饼干）之一，达能只有加强水市场的投资力度和资源整合，没有理由把自己的主业都卖掉。

当然，这次改革还有一个不容忽视的原因，那就是随着领导的更替，特别是前者是有极强影响力的何伯权，他与其他四位创业者亲密无间的合作一直被业内和传媒传为美谈，何伯权的名字一直与乐百氏紧密相连。何伯权等五位创业元老在乐百氏的关系错综复杂，根深蒂固，他们这些高层领导的出局，肯定会在乐百氏内部布下一层阴影，带来一些消极影响。新领导上任后，不得不采取一些有效的措施改变这种被动局面。组织架构的重新调整，必然会导致各种人事关系、职位的变动，所谓“一朝天子一朝臣”，新的领导把老的人才重新分配，把涣散的人心收拢，尽快摆脱“何伯权时代”的阴影，提出新的发展方向，有利于增强公司的凝聚力。

事实证明，乐百氏人并未受这次“乐百氏地震”的高层领导更替事件的影响，没有外界想象中的动荡和冲突，顺利进入了“秦鹏时代”。

3月16日，西南事业部会议开完后的当天晚上，几位核心人士聚到一起，他们对给予了更多自主权的架构模式感到兴奋，无不摩拳擦掌，对今年能取得更好的业绩充满信心。

时下商界有一句培养竞争优势的话：“小就是大。”也就是说，在大企业中培养小企业的企业精神，使每个员工成为企业家。“摧毁”大企业，把它们分散成一个个脱体小企业，打破部门界限、层次扁平化、下放决策权、这是保持竞争优势的重要途径。但在开始实施时，对人才的要求较高。乐百氏当机立断，走出了关键的一步，当然，实施后的效果究竟如何，还必须经过一段时间的检验。

目的只有一个：利润

乐百氏在组织架构上进行重大调整，目的只有一个：利润。任何营业性组织的目的也只有一个：利润。所以，乐百氏的做法无论如何新鲜，总是“万变不离其宗”的。

利润有短期和长期之分，对于一个产权明晰的企业来说，所追求的无疑是企业整个生命周期内利润总额的最大化。增加利润的方式无非是增加收入和节省成本两种，企业追求的无非是单位利润的成本最低或单位成本的利润最大以及利润总额的最大化。现在不妨让我们以这个思路来分析一下乐百氏组织结构调整的意义。

乐百氏把组织结构从以产品为中心改变成以地区为中心，一方面有利于产品的市场开发，增加了收入；另一方面则通过减少管理层次和监督成本，节约了费用。

由于不同地区居民在口味上以及食品选用上的偏好不同，对不同的地区分别有选择性地推销不同的产品，就可以“抓大放小”“重点突击”，避免了“四面出击”“到处撒胡椒面”的不经济的做法。5个地区分别集中精力抓各自的市场开发，并且分别考核利润指标，这比集中到一起更能调动员工在产品创新上的积极性和主动性。俗话说“三个和尚没水喝”，就是因为这“三个和尚”没有“挑水”的积极性；而之所以没有“挑水”的积极性，就是因为没有对“三个和尚”进行单独的考核。考核指标有多种多样，而定量指标比定性指标更有效也更容易实施。在定量指标中，最有说服力的就是利润指标。乐百氏对5个地区分别进行利润指标考核，正是贯彻了这一原则。

企业运行到现在，组织创新的重要性更加显现，所谓管理出效益也更多地体现在制度创新方面，而组织创新正是制度创新的最为重要的一个方面，这为企业增加灵活性，降低管理层次和管理成本，化解企业日益庞大后带来的“大公司病”提供了可能。乐百氏以地区为中心的组织结构，很显然比以产品为中心的组织结构更能节约运营成本，因为前者的运行模式相对后者来说要简单明了得多。

我们不妨这样设想一下：在以产品为中心的模式中，每一个产品事业部都要对全国的生产、销售进行管理，由于面太广，不仅容易出现管理空隙，也增加了管理和监督成本；而在以地区为中心的模式中，每个地区只对本地区的产品生产和销售负责，管理成本大大降低。举例来说，一个大家庭有5个子女，分别在5个不同的地方工作和生活，如果让父母直接统管5个子女的财产和工作，那不难想象，这是一个浩繁的工程；但如果分家，每个小家庭自行负责各自的工作和生活，父母只负责教育子女的品行，那就要简单得多了。

利润目标是每个企业和企业管理者都牢记在心的，企业之间不同的不是目标，而是追求目标的力度以及实现目标的途径。决定追求目标力度的是产权结构，左右实现目标途径的是管理创新。对比国企，我们就不难理解其尴尬的现状：产权不明，管理者没有追求利润目标的动力；动力不足，就不可能在管理创新和组织创新上下功夫。而乐百氏在短短8个月的时间里对自己的组织结构进行了两次大的调整，暂且不去论证效果怎样，其管理创新的精神是令人钦佩的。

讨论

1. 分析直线职能制和事业部制组织结构各自的优缺点有哪些？
2. 乐百氏组织结构两次悄然变脸的原因是什么？

第6章 人员配置

【案例导读】

H公司的招聘[①]

H公司是一家生产型企业，由私人投资兴办，成立于2010年。其公司负责人刘总正在为公司的人才引进问题烦恼。H公司成立8年多以来，业务量日益增长，市场逐渐扩大，逐步站稳了脚跟。前一段时间，公司新添加了一些新产品的制造业务，同时也增设了相应的新岗位。因此，人力资源部门的李经理向刘总提出了招聘的需求。这一建议得到了刘总的支持。

公司发展到现在，业务得到了新的拓展，要增加一些如新产品的制造部经理、技术主管等岗位。现有的在职员工的知识素质、技能似乎还差一截。因此，李经理想利用此次机会招聘优秀的外部人才为公司新产品的生产注入新的活力。人力资源部门抽选了一些工作人员，再加上一些重要部门的主管，构成了招聘小组，开始了招聘工作。此次招聘与以往不同的是，李经理认为公司要获取持久的竞争优势，并能够长久的发展，必须招聘一些知识层次较高、工作经验丰富、能力素质都很优秀的人才加入公司。

招聘后，新员工试用的效果并不尽如人意。许多刚刚应聘的人员提出了换岗或者干脆主动放弃该工作机会。人力资源部的李经理对此困惑不已。新招进来的员工共6个，基本上都有两年以上制造业的工作经验。从学历看，其中有3个博士，2个硕士，1个本科生。他们都被安排在新产品制造的各个岗位中，公司提供的薪水并不低，领导对他们的工作基本持满意态度，再者，工作环境也比较理想。因此，面对新员工提出的主动辞职，李经理陷入了沉思。他找来部门主管，询问了新产品的制造情况，发现岗位设置不大合理，特别是岗位对任职者的需求和实际任职者的能力之间存在较大差异。新招的员工具有良好的专业背景，并且拥有相关工作经验，他们的能力超过了这些岗位对员工的技能要求。因此，许多人认为工作没有挑战性，很难获得工作成就感，于是提了辞职的要求。李经理认为应该重新认真思考这些问题了。

人力资源是社会各项资源中关键的资源，是对企业产生重大影响的资源，历来被国内外的许多专家学者以及成功人士、著名企业所重视。近年来，高层管理者之所以日益重视人力资源的战略地位，其根本原因在于，对人力资源的有效利用是企业在国内外保持竞争优势的必要条件。如何才能有效利用人力资源，关键在于要在既定的组织条件下，甄选合适的员工，把他们安排在适当的岗位上，向他们提供最新的技能和知识，最后通过合理的方法考核员工，激励高绩效的员工，淘汰低绩效的员工。也就是说，只有对组织内的人员进行有效配置，才能使组织的人力资源得到有效利用。

① 资料来源：万玺，冉军. 招聘管理［M］. 北京：科学出版社，2011.

思考

1. H公司在招聘过程中存在什么问题？
2. 若你是李经理，你将如何解决H公司目前存在的招聘问题？

【学习目标】

1. 掌握人员配置的概念、基本原理和原则。
2. 掌握管理人员配置的主要内容。
3. 掌握管理人员配置的有关内容。
4. 了解新型组织下的人员配置问题。

6.1 人员配置概论

从前面的章节我们可以了解到，企业的主要职能是计划、组织、管理和控制。以资源为基础的理论告诉我们，企业的竞争优势来源于对稀缺资源的持有。在众多稀缺资源当中，人力资本是企业最重要的和最富活力与创造力的资源，在企业管理中的功能和作用越来越受到人们的重视。人才是企业的灵魂，企业的生存和发展在很大程度上依赖于其拥有的人力资源优势。企业的竞争归根到底是人才的竞争，人是生产力诸要素中最重要的因素，一切知识、科技、信息无不以人为载体，企业的成败主要取决于能否发挥员工现有的才能和发掘员工潜在的才能。

但是单有人才还不足以使组织获取竞争优势，更关键的是如何在既定的组织结构下找到合适人选来填充那些空缺的工作岗位，或者在商业环境需要时把那些不适用的员工解雇。现实中管理者面临的一项主要挑战是确保公司拥有一支高质量的员工队伍。获得和留住有才华的优秀员工对于每一个组织的成功都至关重要。也就是说，管理者根据企业的发展需要，招聘到足够数量的人才，然后把人才安排在合适的岗位上，让其发挥自己的才能，为企业创造价值，对其进行必要的激励措施，留住这些人才。这就是人员配置。

人员配置的内涵远远不止如此。随着企业的发展，人员配置需要与时俱进，灵活变通。本章我们首先会探讨人员配置的概念、重要性和主要内容，然后探讨如何进行管理人员配置，即管理人员的招聘、选拔、培训和考评。此外，我们还对新型企业的人员配置进行有关讨论。

6.1.1 人员配置的概念

关于人员配置的概念，学术界众说纷纭。国外的学者通常将人员配置与组织结构联系起来。如施耐德（Schneider，1987）的“吸引—甄选—淘汰”框架认为，组织会吸引相同类型的人，而和其他成员不合的人会离开，导致组合内成员的同质性不断提高。同质的员工类型又构成了新的组织环境特征，形成新的组织氛围，这种氛围会反过来影响员工的行为，决定员工的去留。也可以说，组织和成员都在互相寻求平衡，而留下来的则是和组织可以相辅相成的人。而查特曼（Chatman，1989）提出的“人与组织契合”模式认为当组织价值观和规范与个人价值观间契合度较高时，组织的效率最高。国内的研究普遍认为企业人员配置中两个最重要的变量是人才和岗位。人才有以下两个特点：一是人才有差异性，人的能级变化也不同，有的人能级发展提高快，有的人能级发展提高慢。二是人才分为管理人才、技术人才和普通员工。技术人才通过不断的知识积累和技术培训，不断提升能力，岗位上需要进行纵向调配。管理人才更多的是横向的调配。企业中的岗位有层次和种类之分，它们占据着不同的位置并处于不同的能级水平。企业人员配置，就是通过考核、选拔、录用和培训，把符合企业发展需要的各类人才及时、合理地安排在所需要的岗位上。企业人力资源的合理配置，使之与其他经济资源相结合，形成现实的经济运动，使得人尽其才，提高人力资源生产率。人力资源配置既是人力资源管理的起点，又是人力资源管理的终点，其最终目的是要提升组织的整体效能，最大限度地为企业创造更多的经济效益与社会效益。

6.1.2 人员配置的重要性

人力资源配置是为了达到更充分地利用人的体力、智力、知识力、创造力和技能，促使人力资源与物力资源实现更完美的结合，以产生最大的社会效益和经济效益。合理的人力资源配置是社会保持活力的基本要素之一，其不但使社会组织内的人力资源结构趋向合理，而且最大限度地实现人尽其才，才尽其用，使每个人的才智和潜能都得到充分的发挥。

1．调整组织内部的人际关系和工作关系

任何组织内部都存在着各种各样的人际关系，这些关系往往会对组织的正常运作产生重大影响。融洽的人际关系是使员工保持饱满工作热情，顺利开展工作的重要条件。客观上，由于组织内部的员工，在性格、工作方式、工作思路以及利益问题上往往因存在各种差异而容易产生不同意见。在人际关系方面，员工上下之间、相互之间的矛盾和意见也是经常发生的，所有这些工作关系和人际关系之间的矛盾，有时可以通过加强相互间的沟通和思想交流等方式加以解决，但有时却是无法解决的。对于那些思想交流解决不了的矛盾，最后的解决办法就是人员调解。

一般说来，在一个组织内部，员工们的才能、风格、知识之间存在着互补效应，把能够互补的员工合理地调整在一起，不仅可以更好地形成有利的群体优势，提高工作效益，还有利于发展成为融洽的人际关系。因此，科学合理的人力资源配置，对于调整组织内部的人际关系和工作关系，处理和解决有关矛盾，起到积极的作用。

2．形成组织内部的竞争机制及其对外的竞争力

科学合理的人力资源配置，不仅能增强人力资源配置的有效性，还能带动和产生一系列有利于人力资源发展的机制。例如，人力资源配置的动态调整过程，是形成能者上、庸者下的优胜劣汰竞争机制的基础。对于人力资源，无论是行政配置，或是市场配置，都存在着对人的选择问题，但这种选择并不是一劳永逸的。

任何组织内部的人员情况随时都会发生变化，这就促使组织必须对自己的员工进行不断选择和调整。这种新老交替、优胜劣汰的过程，实际上就是人力资源配置的动态过程。社会、经济、科技等外部环境因素在发展，人类自身在不断发生变化，因此人力资源配置也需要不断变化，出现就业和岗位的竞争。这种竞争正是组织生存和发展的活力，它将使组织显得更加朝气蓬勃，使人力资源的潜能得到更充分的发挥。知识经济时代，随着科学技术的进步和信息通信技术的发展，知识的传播将加快。一个组织拥有某项技术，其他组

织也可以在较短的时间里获得并掌握该项技术。因此，业内人士认为，未来企业之间的竞争不单是技术上的竞争，而是如何使用技术上的竞争。正因为如此，企业将着重强调自己的核心技术和核心能力，并将人力资源管理作为营造自己核心技术和核心能力的主要途径，利用知识经济时代人力资源管理的系统性和难以模仿性，使得企业获得持续竞争优势。

3. 产生双向激励作用

人力资源配置必然要涉及人员的工作岗位变动、薪金的增减、工作性质或行业的变化等。这些变化都可能转变成为一种内在的激励因素，即上行激励和下行激励。

追求更好的是促使人们对激励做出反应的内在动力和基础。一般人都具有追求个人成长进步、干一番事业、实现自我价值的内在要求。对于组织来说，如果不断地把优秀人员适时地配置到更富有挑战性，能够承担更多责任，并享有相应的权利和劳动回报的岗位上，必定会产生一种榜样的力量，从而对优秀人才本身，以及对组织内周围的员工产生强有力的、持久的激励作用。这就是上行激励。

人力资源存在着层次、类别、素质高低等差异，人力资源配置必须不断进行择优汰劣。在这过程中，组织内部将对员工随时调整，辞退技能过低或表现不好的人员，这无疑会对周围人的工作、学习造成一定的强制性压力，从而激励有关人员更严格地要求自己，更注意遵守规章制度，更积极地去提高自己的工作技能，避免被组织淘汰。这是下行激励。

6.1.3 人员配置的基本原则

人岗达成最佳的匹配，是发挥员工潜力、调动员工积极性和主动性的基本前提，也是提高组织效率、企业绩效的根本保证。因此，在进行人员配置的过程中，应该掌握效益最大化、因岗设人、能岗对应、互补增值、动态适应和弹性冗余等六个基本原则。

1. 效益最大化原则

以较少的人力投入获得较大的有效产出，即对效益的追求是人力资源管理活动永恒的主题。效益包括经济效益和社会效益两个方面，通常经济效益比较直观，可直接运用若干指标来计算和考核，而社会效益具有间接性，难以完全量化。不同性质的人力资源组织对经济效益或社会效益追求的目标不同，但总体来讲，在人力资源配置中，应努力追求经济效益与社会效益的有机结合。追求效益应成为人力资源管理活动的出发点与归宿，效益是人力资源管理活动结果的体现。

2. 因岗设人原则

因岗设人是企业根据任务目标的需要设立工作岗位，然后根据工作岗位的需要配置相应人员的一种现象。诸葛亮有一句名言："为官设人者治，为人设官者乱。"这里的官即指职位、职务、岗位。为官设人，因事设人，是根据职位或职务对人员素质、能力的需要，挑选合适的人去担任。相反，为人设岗或因人设岗，则偏离了企业目标，也离开了"岗"的需要，是一种不正常的人事调动，是机构臃肿，人浮于事的直接原因之一。因此，因岗设人是人员配置的基本原则。

3. 能岗对应原则

人与人之间不仅存在能力特点的不同，而且在能力水平上也是不同的。具有不同能力特点和水平的人，应安排在要求相应特点和水平的职位上，并赋予该职位应有的权力和责任，使个人水平和岗位要求相适应。人力资源管理的根本任务是合理配置使用人力资源，提高人力资源投入产出比率。要合理使用人力资源，就要对人力资源的构成和特点有详细的了解。人力资源是由一个个劳动者的劳动能力组成的，而各劳动者的劳动能力由于受到身体状况、受教育程度、实践经验等因素的影响而各自不同，形成个体差异。就个体能力来说，这种差异包括两方面：一是能力性质、特点的差异，即能力的特殊性不同。个人能力的特殊性，形成他的专长、特长，即他能干什么，最适合干什么。二是能力水平的差异，不同的人，能力才干是不同的，有高有低。世界上也不会存在两个能力水平完全相等的人。合理的人力资源配置应使人力资源的整体功能强化，使人的能力与岗位要求相对应。企业岗位有层次和种类之分，它们占据着不同的位置，处于不同的能级水平。每个人也都具有不同水平的能力，在纵向上处于不同的能级位置。岗位人员的配置，应做到能级对应，就是说每一个人所具有的能级水平与所处的层次和岗位的能级要求相对应。

4．互补增值原则

人的能力不仅有高低之分，而且由于个人心理、心理条件不同，所受教育培训的程度和内容，各人的知识、专长、性格也不一样，即具有质的差异。因此，在人力资源配置中，遵循互补的原则，就是要把具有不同技术特点、心理素质、生理素质的人科学地组合在一起，具体来讲就是通过专业互补、知识互补、职能互补、年龄互补、生理心理素质的互补来达到群体结构的合理化。此原则强调人各有所长也有所短，应以己之长补他人之短，从而使每个人的长处得到充分发挥，避免短处对工作的影响，通过个体之间取长补短而形成整体优势，实现组织目标的最优化。当个体与个体之间，个体与群体之间具有相辅相成作用的时候，互补产生的合力要比将单个人能力简单相加而形成的合力大得多，群体的整体功能会正向放大；反之，整体功能会反向缩小，个体优势的发挥也受到人为的限制。按照现代人力资源管理的要求，一个群体内部各个成员之间应该是密切配合的互补关系，互补的一组人必须有共同的理想、事业和追求，而互补增值原则最重要的是"增值"。也就是说在人员配置中，在考虑个体与岗位相互适应时，同时也要考虑个体与个体之间产生的互补作用对生产效率的促进作用。

5．动态适应原则

此原则指的是人与事的不适应是绝对的，适应是相对的，从不适应到适应是在动态中实现的，随着事物的发展，适应又会变为不适应，只有不断调整人与事的关系才能达到重新适应，这正是动态适应的体现。从组织内部来看，员工与工作岗位的适应不是绝对的和一定的，岗位或岗位要求是在不断变化的，人也是在不断变化的，无论是由于岗位对人的要求提高了，还是人的能力提高要求变动岗位，都要求及时地了解人与岗位的适应程度，从而进行调整，以达到人适其位，位得其人。如果只搞一次定位，一职定终身，既会影响工作又不利于人的成长。能级对应，优势定位只有在不断调整的动态过程中才能实现。

6．弹性冗余原则

此原则要求在人力资源配置过程中，既要达到工作的满负荷，又要符合劳动者的生理心理要求，不能超越身心的极限，保证对人、对事的安排要留有一定的余地，即带给人一定的压力和紧迫感，又要保证所有员工的心理健康。它要求我们既要避免工作量不饱满的状况，也要避免过劳的现象发生，因此体力劳动者强度要适当，不能超过劳动者能承受的范围；脑力劳动也要适度，以促使员工保证旺盛的精力；劳动时间也要适度，以保证劳动者的身心健康；工作目标的管理也要适度，既不能太高，也不能太低。总之，根据具体情况的不同，如工种、类别、行业的不同，以及环境、气候的不同，弹性冗余度也需有所不同。

6.2 人员配置的主要内容

从人员配置的过程来说，人员配置主要包括四个方面的内容：①识别和甄选优秀员工；②把员工安排在所要从事的实际工作岗位；③向员工提供最新的技能；④留住优秀员工。

6.2.1 识别和甄选员工

人力资本获取的配置是指通过选择合适的人力资本，使企业人力资本的数量、质量、结构满足企业目前及未来目标的实现。人力资本的获取是人力资本配置的起点，既要选择合适的人才，又要使人力资本选择的成本尽可能地低。选择到合适的员工，意味着企业拥有了更高的工作效率和实现价值的可能，一旦不符合能力水平要求或能力不适合企业需求的人力资本被选拔进入企业，不仅会加大企业的成本支出，甚至会威胁企业的生存，导致人力资本稳定性的下降，增加人力资本维持的难度，影响企业人力资本的配置效率。企业必须要重视人力资本获取的配置，在企业人力资本的流入环节，充分考虑到人力资本与组织、人力资本与岗位的匹配，减少未来人力资本的流失风险。国外先进企业都非常重视人力资本选择，微软每年都要为了招聘2000多名新雇员在12万名求职者中进行筛选，通用电气的总裁韦尔奇曾经说过："我的全部工作便是选择适当的人。"

招聘与选拔是企业获取人力资本的主要方式，企业通过招聘来补充初级岗位。企业扩张形成的职位空缺以及通过不同背景员工的引进来获取先进技术和新的思维方式，主要形式有校园招聘与社会招聘。选拔是企业对应聘人员所具备的知识、技能、心理素质尤其是潜质进行测定，通过对应聘人员测试与评价，以保证所获取的人力资本能够符合岗位与组织的匹配要求。由于个体的差异性，每个个体人力资本的价值与能力不同，决定了企业对其招聘方式与选拔标准的不同。企业应采用适当的配置方式获取人力资本，降低人力资本的配置成本，使人适其岗、人尽其才、才尽其用。除了招聘与选拔，企业还可以通过人力资本外包、合作、联盟等方式来获取企业所需的人力资本。

6.2.2 安排工作岗位

在明确不同职位素质要求的基础上，企业应酌情采取有效的方式，将具有良好素养和卓越才能的优秀人才选拔到各级管理岗位上。这是人力资本配置的重要环节，通过企业内部的工作安排、调动、晋升、降职以及新项目任务等形式来实现。人力资本的使用是人力资本配置动态调整的重要手段，一旦人力资本进入企业，企业就应该根据人力资本个人能力的发展，结合企业的战略需要，促进人力资本在组织内部的合理流动。

企业对人力资本的稳定性与忠诚度越重视，就应越关注人力资本的使用，并通过内部人力资本市场实现人力资本在组织内部的长期职业生涯规划。绩效考核是对人力资本使用效果的评价，评价的结果是人力资本在企业内部流动和提升的依据。通过对企业的各类人力资本进行绩效考核，才能有效区分不同人力资本的价值性与专用性，采用适当的配置策略。人力资本进入企业后，随着企业内外部环境及企业战略的变化，岗位的工作要求会随之变化，员工的能力也会发生变化，人力资本的能力与原有的岗位可能不适应或者其能力超出该岗位的工作要求，因此有必要进行持续的绩效考核，对人力资本重新定位，使合适的人能够安排在适合的岗位上，从而达到人力资本配置动态调整的目的。否则不恰当的人员配置，不仅会由于人力资本的不称职而产生直接成本，还会由于错过提升有潜力员工的机会而导致人力资本配置成本的增加和企业价值的降低。

6.2.3 培训技能和知识

企业的内外部环境是不断变化的，对人力资本的要求会随之调整。就是同一个工作岗位，其工作要求也不是一成不变的。企业在考虑自身发展的同时，要充分认识到员工也有不断学习、完善自己的渴望。因此，企业需要采用培训和开发的方式不断提高人力资本的知识和技能，实现企业与人力资本价值的共同提高。尤其对于那些与企业核心价值相关并且专用性强的核心型人力资本，由于其稀缺性，企业往往难以直接从外部市场获取，需要企业在人力资本的使用过程中，通过人力资本的培训与开发逐渐形成。

大部分人力资本的职业忠诚度往往高于组织忠诚度，为了更好地实现个人价值，高素质人力资本更愿意流向那些培训项目丰富，提供多种岗位经验积累，具有良好职业发展机会的企业。因此，高新技术企业应该设计合理的培训体系，做好员工的职业生涯规划，使员工的职业目标与企业的发展目标紧密结合。通过人力资本的开发与培训，加强高新技术企业人力资本的企业专用性，使其更加适应企业的需要，同时也加大了员工流失的个人成本，有助于降低企业人力资本的配置风险。

员工培训的方式多种多样，总的来说有如下类型。

(1) 从培训实现的过程来看，可以分为在实践中培训员工和系统的教育。在实践中培训员工是指员工直接参与实际工作，通常在更有经验的人的带动下，在实践中学习和提高自己的技能。在实践中培训员工的方式主要有：①有计划地提升：按计划由低到高相继经过若干管理职位的锻炼来培养管理人员的方法。②职务轮换：让管理人员依次分别担任同一层次不同管理职务或不同层次相应职务，全面培养管理人员能力。③委以助手职务：安排有培养前途的管理人员担任本部门或企业领导者的助手。④临时提升：出现管理职务暂时空缺时，临时指定有关人员代理相应职务。

(2) 从接受培训的时间来看，可以分为上岗培训和非上岗培训。刚开始从事一份新工作的员工同样需要这种对其工作岗位和所在组织的入口介绍。这种介绍叫上岗培训。有两种类型的上岗培训。第一种是工作部门的上岗培训，使新员工了解所在工作部门的目标以及他的工作如何为其工作部门的目标做出贡献，并且把他介绍给现在的同事。第二种是组织上岗培训，使新员工了解公司目标、历史、经营哲学、程序和规章制度。它还应该包括介绍有关的人力资源制度，甚至包括带领新员工参观组织的工作或生活场所。非上岗培训是指员工工作一段时间后，发现自己的知识技能不能胜任工作岗位，从而进一步接受的培训。通常这样的培训出现在工作岗位出现了新的工作方法，需要使用新的技术等。

(3) 从培训的实现方式来看，可以分为传统的培训和新型培训。传统的培训方式包括课堂讲座、工作手册、岗位轮换等。随着技术的进步，现在很多企业更倾向于运用新型的工具对员工进行培训，例如：制度光盘、数字化光盘、录像带、视频会议、电话会议、卫星电视、电子化学习等。

6.2.4 留住优秀员工

一旦一个组织投入高昂贵费用来招聘和甄选员工，并且对他们进行上岗培训和在职培训，它就希望留住这些员工，尤其是那些高绩效的优秀员工。高素质人力资本的获取是企业生存与发展的关键。优厚的薪酬和福利待遇是吸引人才、留住人才的重要举措。不同的人力资本需求层次不同、偏好不同，因而企业的激励手段也应该是多层次、多元化的，企业应根据实际情况，灵活运用多种激励策略，充分调动员工的工作积极性、主动性、创造性。

在企业中，薪酬是指员工因为被雇用而获得的各种形式的收入，包括基本工资、奖金、津贴、加班加点工资、各种福利项目、长期与短期激励等。狭义的薪酬一般指工资。广义的薪酬可以分为经济类薪酬和非经济类薪酬两类。经济类薪酬包括工资、奖金、津贴与补贴等，还可以包括企业对职工的生活照顾，即福利。非经济类薪酬指的是员工获得的成就感、满足感及良好的工作气氛等，如职工在企业或社会中的身份地位、对职工的业绩和能力评价等。薪酬的激励作用是非常重要的，是其他因素所不能替代的。根据赫兹伯格的双因素理论，对人的激励因素可分成保健因素和激励因素。保健因素只能让人不产生不满意，而激励因素则直接让人产生满意。高薪酬就属于保健因素，它保证让员工不会产生不满意，但并不能必然导致员工满意。因而，在制定经理人和员工基本薪酬的时候，要综合考虑多方面的因素，保证薪酬体系的建立和完善服从于组织战略管理的需要，保证保健因素和激励因素的最佳组合，调动员工的积极性，提高企业生产率，从而实现企业和个人的双赢。

6.3 管理人员配置

在企业人员配置计划中，管理人员的配置计划尤为重要。中高层管理者是驱动企业持续发展的关键因素，企业能否正确地录用中高层管理者是决定企业实现战略目标和企业管理效率的直接因素。

6.3.1 管理人员的招聘和选拔

中高层管理人员处在企业的中高层位置，既是经营者，又是管理者，还是培训者，承上启下，举足轻重，所以管理人员的招聘和选拔比普通人员更加重要。管理人员没有校园招聘，因为毫无经验的毕业生往往不能胜任管理岗位。管理人员一般来自内部选拔或者外部招聘。管理人员的选拔和招聘也具有很多鲜明的特点。

6.3.1.1 建立企业管理人员选拔标准的原则

在进行管理人员配置之前，首先要确定管理人员选拔的原则。管理人员选拔具有三大原则：人职匹配、人企匹配和人人匹配。

1. 人职匹配

（1）管理职位的描述和分析。在进行管理人员配置之前，首先要对管理职位进行详细的描述和分析，对这一管理岗位的具体工作内容或任务范围、工作条件等都要作详尽的了解和说明。此外，还要对能胜任这一管理岗位的管理人员做出明确而具体的要求，包括知识水平、技术能力等。岗位分析是进行其他相关程序的基础，其重点在于总结那些与组织的愿景、价值观、战略等相关活动，分析它们的特征，并由此概括胜任该岗位所需具备的能力。

（2）构建岗位胜任力模型。胜任力模型是某个工作岗位或职业的绩效优秀者为成功而出色地完成工作任务所使用的知识、能力和合适的在岗行为的组合。胜任力模型的构成要素主要有三个方面：知识、能力、合适的在岗行为。例如：项目管理知识、关键技术的掌握等。能力是指取得成功绩效所必需的能力（包括技术性能力和非技术能力）。合适的在岗行为则需要知识和能力的参与。如，与他人积极而合适的沟通、搜寻所需信息等行为。一般来说，胜任力或胜任特征模型的结构有三个层次：胜任特征类别、相应的定义和典型行为表现。即针对一个职业或岗位建立的胜任力模型包括：在这个职位取得出色绩效的几大类所需要的胜任特征类别、定义，每个胜任特征的典型行为表现。

在招聘选拔符合公司发展需要的人才的过程中，公司可参考岗位胜任力模型，可以从各个方面对应聘者进行评价，有效地避免招聘选拔的随意性与不确定性。

胜任能力模型的呈现形式是行为描述，其对个人和企业成功具有重要作用，因此也正是我们在招聘和选拔中需要寻找的行为。根据不同层级岗位要求的胜任能力，我们可以有针对性地开发面试问题和笔试题本，设置有效的问题。同时所有招聘和选拔人员都需要有效地掌握行为面试评估方法，在面试过程中考察应聘者是否具备岗位所要求的关键行为，这种方法不仅应为人力资源工作者掌握，也应为负责招聘的业务经理掌握，从而提高招聘的成功率。

2. 人企匹配

人企匹配，指的是从企业文化价值观中发现管理者的选拔要素。企业文化是企业解决如何在外部生存以及在内部共同生活的一套哲学，回答企业和企业人一切行为“是什么、为什么、怎么做”，这种价值观决定了企业对各种事物的偏好，也是企业文化个性化的根本原因。企业文化必须转化为员工心中的价值和理念，转化为企业评价员工能力素质的标准之一，才能称得上是真正的企业文化。企业文化是企业成员的思想观念、思维方式、行为方式以及企业规范、企业生存氛围的总和，是企业在经营过程中创造的具有企业特色的精神财富的总和，对企业员工有感召力和凝聚力。一个人即使其能力再强，但是如果和企业的文化格格不入，也无法很好地胜任管理职位。因此，在进行管理人员招聘时，必须考虑管理人员的能力素质是否与企业文化匹配。

考察管理人员的能力素质是否与企业文化匹配，需要从企业文化中提炼出具体的要素，将企业核心文化转化为具体的文化元素，并分析该文化元素与哪些具体能力素质、职业素养相符。假如企业倡导“诚信”的价值观，在招聘和选拔的过程中需要重点考察应聘者的诚信情况。

3. 人人匹配

人人匹配指的是根据合作对象分析发现管理者选拔需要。管理人员除了要与企业文化匹配之外，还要和企业中的其他人匹配，这点非常重要。大多数猎头公司有一个注重经历的“基本假设”，这建立在一味迎合外企选人、用人标准的基础之上。有学者对猎头行业做了一次研究，结论是他们对职业经理人最看重两点：第一，高级管理岗位候选人目前的薪酬；第二，高级管理岗位候选人目前的职位。猎头以为，只要把握住这两点，就能以最低的时间和精力成本将候选人卖个好“身价”。可是薪酬和职位并不能决定一名职业经理人活得很好。很多事实已经表明，职业经理人在公司更重要的作用不是职能上的匹配，而是与合作对象及团队在风格上，即价值观、个性和动机上能否契合。如果把一个职业经理人的特质比作一座冰山的话，他的学历、知识水平、工作经历及能力、业绩等只是露出海平面的1/3，而决定他是否适合企业的关键因素，比如价值观、风格和动机等，却是隐藏在水下那看不见的2/3部分。据统计，差不多90%从外企“空降”到民营企业的职业经理人都在一年之内离开了，其中最重要的原因就是不能与合作对象及团队的风格水乳交融。

国内方便面企业的一位老板物色高层管理人员时，惯用的方法是先与之长期交往，成为无话不谈的朋友，非常了解并相互信任对方之后再聘请。

6.3.1.2 管理人员选拔的方法

1. 公文筐测试

公文筐测验又称文件处理测验或文件包测验，是一种情景模拟测验，是对实际工作中管理人员掌握和分析资料、处理各种信息，以及做出决策活动能力的一种抽象和集中的测验。公文筐测验作为一种正式的情景模拟人才测评方法，最初起源于美国，迄今为止已经有60多年的应用历史。该测验工具一般在假定情景下实施，要求被测者以目标岗位管理者的身份，在规定条件下（通常是比较紧迫困难的条件，比如时间和信息有限、独立无援等）处理一系列目标管理岗位在实际工作中将会遇到的典型、棘手问题。在这种测试活动中，主考官向被试人员提供一些该岗位经常需要处理的文件，包括电话记录、请示报告、上级主管的指示、待审批签发的文件、备忘录、各种函件等。这些文件是根据同类岗位相关的各种典型问题设计的。测验前，需要向被试人员进行背景介绍。所有这些文件都要求在一定的时间和规定的条件下处理完毕。测试者通过观察受测者的行为表现，分析受测者的公文处理报告，评估受测者捕捉信息、分析信息、处理信息、做出决策、组织工作的能力，对受测者现场表现进行综合评价。

公文筐测试比较适合测量中高层管理者的计划、决策和授权等方面的能力，其作为现代人事测评的核心技术之一，具有良好的效度和信度。同时也为特定管理岗位人才选拔和晋升提供有效的鉴别，帮助决策者做出录取、晋升与否的决策，确实做到人岗匹配、人尽其才、才尽其用。

公文筐测试具有如下特点：（1）适用对象。公文筐测试的适用对象为中高层管理人员，它可以帮助组织选拔、考核或甄选出新的管理人员。（2）测试角度。公文筐测试从以下两个角度对管理人员进行测查：一是技能角度；二是业务角度。（3）考察范围。公文筐测试对评分者的要求较高，考察内容范围十分广泛。（4）高仿真性。情境性强，短时间内能对管理人员进行全面的测试与评价。

2. 无领导小组讨论

无领导小组讨论是一种常用的管理人员选拔方式，它采用情景模拟的方式对候选者进行集体面试，是评价一个人的综合能力而经常使用的一种方法。顾名思义，无领导小组讨论的实施方式主要是数名候选者一起进行一小时左右的与工作相关的讨论。在讨论过程中不指定角色，让候选者自行组织。评价者通过对候选者的言语和非言语表现来观测其组织协调、口头表达、快速反应等各方面能力以及自信心、进取心、情绪稳定性等个性特征，由此来综合评价候选者。与其他选拔方式相比，无领导小组讨论具有如下特点：

（1）无领导小组讨论能够测量候选者多种能力和个性特质。在中国传统招聘或选拔过程中，组织往往只是查看履历表、申请表或进行一些非结构性面试，这样的过程缺乏科学根据。无领导小组讨论可以考察候选者的多种能力和素质，例如沟通能力、团队合作能力、组织协调能力等人际方面能力，以及思维逻辑性、分析能力、创造性等个体能力，同时还可以考察自信心、稳定性、工作风格等个性特征。无领导小组讨论为候选者提供了充分展现其能力的舞台，使评价者得到大量有关候选者能力、个性特点的信息，为企业选拔全面型管理人员。

（2）无领导小组讨论能激发候选者的竞争性。在传统面试测评方式中，候选者是一个一个轮流进行面试，不同候选者之间的评价缺乏对比性。而且在面试过程中，候选人只要回答评价者的问题即可。这种问答式的测评方式缺乏直接竞争性，候选人之间并没有发生正面较量，而是一种间接竞争。无领导小组讨论则改变了传统面试的模式，它迫使候选者之间进行正面接触、正面抗衡。所以，无领导小组讨论使候选者之间的竞争由间接变为直接，强化了测评的竞争性。

（3）情景设计灵活，真正考察应聘者的实际能力。无领导小组讨论除了具有和实际工作情境比较接近的优点以外，从考察评价的角度讲，无领导小组讨论能够从多方面考察应聘者的综合素质，真正考察其实际能力。由于讨论试题是根据现实情况设计出来的，一般具有逼真性、针对性、熟悉性、争论性、多元性、平等性等特点。这就保证在实施过程中能够让应聘者之间存在着很强的互动性，更容易暴露出真实的个性特征，因此能观察到应试者之间的相互作用，对预测真实团队中的行为有很高的效度，能测试出笔试和其他面谈所不能测评出的能力和素质。

（4）横向对比，增加招聘的公平性。采用无领导小组讨论法可以节省更多的面试时间，且能够同时将参加应聘的多名人员的表现进行横向对比，考官能够很轻松地在讨论中看到小组每一位成员的表现，分析出每一位成员在整个讨论中扮演的角色。相对于面试在全部结束后再比较更客观，且减少了考官前后对比偏差等主观误差。

6.3.2 管理人员的培训

企业管理人员的培训非常必要，企业人力资本集聚的实践表明，只有持续有效地开展管理人才培训，才能使他们不断获得新知识、提高管理能力。

企业管理人员培训须遵从企业管理高层、管理中层、普通员工的顺序进行，如同大海航行靠舵手一样，掌舵人认清了正确的前进方向，才能带领大家齐心协力地朝同一个目标前进，一个好的管理者本身也应该是一个好的老师，他不单是自己工作能力出众，更应该将整个团队的工作积极性调动起来，使整个团队强大。所以一个完善的、合理的企业中高层培训计划非常重要。

6.3.2.1 管理人员的类型和培训对策

企业管理人员可分为四类：第一类是老黄牛型的管理人员，他们工作兢兢业业，但是胸无大志。大多数管理人员都属于这一类。第二类是明星型管理者。他们工作成就显著，具有巨大的发展潜力。第三类是问题型管理者，虽然暂时工作成绩不佳，但有很大潜力。最后一类是老化型管理者，他们目前的工作成绩不佳，而且没有发展潜力。

我们可根据每类管理人员的特点制定具体的培训对策。对于老黄牛型的管理人员，应引导他们改善目前绩效，但对他们的升迁愿望不予鼓励。但是，有些老黄牛后来居上，应考虑这种可能性来制定相应的和有效的培训和发展计划。对明星型管理人员，应给他们时间，以积累经验，开发他们的潜能。对于问题型管理人员，培训应集中在纠正行为问题方面。老化型管理人员业绩不佳又无潜力可挖，因此无须在他们身上浪费任何时间和金钱。

6.3.2.2 管理人员培训的内容

1. 基层管理人员的培训重点

基层管理人员的工作重点主要是在第一线从事具体的管理工作，执行中、高层管理人员的指示和决策。因此，为他们设计培训内容应着重于管理工作的技能、技巧，如怎样组织他人工作，如何为班组成员创造一个良好的工作环境等。因为“授人以鱼不如授人以渔”，“鱼”好比是企业的管理职位，而“渔”则是管理人员的组织能力。在观念技能方面，首先应该培养他们在思考问题时，如何改变思维方法，由被管理者转变为管理者，即由被动地执行具体指示转为主动地发布指示。其次，要重视培训他们掌握组织他人工作的技巧。管理者必须尽力使班组内每个成员之间的相互关系都能融洽，创造一个良好的工作环境，使每一个被管理者能心情舒畅地工作。

2. 中、高层管理人员的培训重点

中、高层管理人员的培训应注重于发现问题、分析问题和解决问题的能力，用人能力，控制和协调能力，经营决策能力以及组织设计技巧的培养。

中层管理人员对于本部门的经营管理必须十分精通，除了熟悉本部门工作的每个环节和具体工作安排以外，还必须了解与本部门业务有关的其他部门的工作情况。

高层管理者的工作重点在于决策。因此，他们所要掌握的知识更趋向于观念技能。例如，经营预测、经营决策、管理会计、市场营销和公共关系等。

6.3.2.3 管理人员培训模式

1. 职业模拟培训模式

职业模拟就是假设一种特定的工作情景，由若干个受训组织或小组，代表不同的组织或个人，扮演各种特定的角色，例如总经理、财务经理、营销经理、秘书、会计、管理人员等。他们要针对特定的条件、环境及工作任务进行分析、决策和运作。这种职业模拟培训旨在让受训者身临其境，以提高自身的适应能力和实际工作能力。近年来，在国际上出现了一种职业模拟公司。例如荷兰有家国际植物贸易公司，经营各种花卉，公司业务十分繁忙，但是他们并不真正卖花，而是专为受训者提供相应的职位模拟工作。在这家公司里，客户由秘书介绍并引进销售部，双方激烈地讨价还价并签订合同。假若存货过多，公司立即设计出特价优惠广告，供促销员外出推销。然后管理者发“红包”，发出工资单，公司也对失职员工“炒鱿鱼”等。但是，这些运作只是模拟，公司并未卖出一盆花，资金流动只停留在纸面上，工资、奖金全是“空头支票”。它只是让受训售货员置身其中，让其在公司工作氛围中提高实际工作能力。

2. 案例评点培训模式

企业管理人员培训最为关键的是决策能力的培训，而案例评点培训正是提高管理人员决策艺术及其分析和解决问题能力的有效培训模式。案例评点培训的程序有三：

（1）案例的遴选。培训师选择案例要有真实性，是社会经济生活中确实存在的事例，切忌虚构案例哗众取宠。案例还要有启迪性，启迪管理人员阐述自己的看法，分析问题并提出解决问题的手段。

（2）实际角色分析案例。培训师将案例发给学员并提出问题让学员预习案例，在粗略提示中引而不发，含而不露。然后要求学员进入角色，在独立分析思考问题的基础上拿出解决问题的方案和办法。随后进行课堂发言，在交流中培训师引导发言，鼓励交锋，提倡创新，控制课堂局面。这样，既贯穿了学员的实践经验，又展现了学员思想理论水平，还能碰撞出新的智慧火花。

（3）进行案例的点评和升华。同一案例，由于学员能力、经历和水平不同，可能解决案例中问题的手段和方案也各不相同，甚至完全相悖。解决问题的方法可能多达几十种。实际上现实社会经济生活中的许多问题多半没有一种精确的答案，也没有一种凝固不变的结论。因此，培训师在进行案例评点时要注意激发学员去思考、去探索、去创新。这样，在评点中，要结合学员的实践；要注意每一方案的闪光点；要启发学员去联想、对比、创新；不要把结论约束在某一方案的窄巷里。总之，让学员多角度、多层次、多渠道去解决案例中的问题，使点评升华，让学员有显著提高。

6.3.3　管理人员的考核

管理人员作为企业的核心人力资源，其才能发挥的好坏对企业的生存和发展有着重要影响，其绩效状况直接影响所在企业的工作绩效，因此如何正确对管理人员进行绩效考评是每个企业都面临的重要课题。同时由于管理人员工作的复杂性和非程序化特点，对其工作成果进行合理评价成为企业员工绩效评估的难点。选择正确的管理人员绩效考核方法对企业来说十分必要。

现今的绩效考核方法包括关键业绩指标法（KPI）、目标管理法、平衡记分卡和360度考评法等。360度考评法可以用来全面了解职能部门管理人员工作技能、积极性以及工作方法等。从绩效考评周期的角度来看，目标管理法适用于周期长，比较艰巨且不好量化的岗位，它的好处是在弹性范围内自由度比较大，能有效调动企业职能部门管理人员积极性。KPI和平衡计分卡相比较前面的方法不仅能够把目标分解到部门及企业职能部门管理人员的日常工作当中，强调了工作的规范化操作，可集中企业的资源优势来完成战略目标，不仅适合短期的绩效考核，还适合企业长期的战略考核。

6.3.3.1　KPI 绩效考核

关键绩效指标是用来衡量某一职位工作人员绩效表现的具体量化指标，是对工作完成效果的最直接衡量方式。关键绩效指标描述的是企业总体战略目标，反映最能有效影响企业价值创造的关键驱动因素。设立关键绩效指标有利于使经营管理者集中精力放在企业的发展上，频繁的绩效考核促使经营者不断地开拓进取，探寻提高绩效水平的措施。

（1）关键绩效指标是用于考核和管理被考核者绩效的量化标准体系。换句话说关键绩效指标是一个包括定量化和行为化的标准体系，必须是量化的或是行为化的，二者必具其一。如果定量化与行为化两个特征都无法满足，那么就不是符合要求的关键绩效指标。

（2）关键绩效指标体现对组织目标有增值作用的绩效指标。关键绩效指标将个体绩效与组织目标有机地联系在一起，二者是相互促进、相辅相成的。关键绩效指标的设定促进组织目标的发展，对组织目标起到增值作用，同时可以保证和鼓励对企业有贡献的行为。

（3）关键绩效指标上达成的承诺，提高了企业员工的工作热情，促进了企业的未来的发展规划和工作目标，关键绩效指标的传达是由顶层到低端，由总体到个体。关键绩效指标是企业内部组织和个人之间进行沟通的桥梁，桥梁的一端是企业职能部门的领导，另一端是企业各个部门的员工。二者在工作中就可以使用共同的语言——关键绩效指标进行沟通。

KPI 法符合一个重要的管理原理——二八原理，它是一个不平衡原理，对于企业来说描述的是在一个企业的价值创造过程中，20% 的骨干人员创造企业 80% 的价值，即 80% 的工作任务是由 20% 的关键行为完成的，“二八原理”基本都会发生在每一个单位或个人的身上。关注 20% 的关键行为，抓住重点进行研究分析，有利于掌握业绩评价的核心。

在确定关键绩效指标时以 SMART 作为指导准则，SMART 的五个字母分别代表不同的英文单词，每个单词表示相应的汉语意义。从左至右依次来讲，S 是 specific 的缩写，译为“具体的”；M 表示的是 measurable，译为“可度量的”；A 是 attainable 的简称，译为“可实现的”；R 是 realistic 的缩写，译为“现实的”；最后 T 代表的 time-bound，译为“有时限的”，五个联合在一起形成关键绩效指标的确定原则。

6.3.3.2　360 度绩效考核

360 度绩效考核也称全视角反馈，是让被考核人的上级、同级、下级和服务的客户等对他进行评价，通过综合各方面的意见，来达到提高自己的目的。这种自上而下、自下而上、本人的、平级的以及来自企业外部的顾客的全方位的考核，反映了追求全面和以客户为中心的管理思想。360 度绩效考核的缺点和不足可以总结为以下几个方面：

（1）360 度绩效考核以企业职能部门管理人员个人特质、人际促进、职务奉献等为主要考核内容，对于整体绩效中最重要的任务绩效难以涉及或深入，或者容易使客观性最强的任务绩效指标主观化，这是 360 度绩效考核最致命的缺陷。

（2）360 度绩效考核的最大问题是评估效率低，不适合进行大规模考核。

（3）360 度绩效考核的过程容易受到文化等因素影响，360 度考核容易转化为考核人对被考核人的道德评判，使考核结果发生扭曲，使考核变形、走样。

6.4　新型组织下的人员配置

6.4.1　多项目环境下的人员配置

项目管理伴随着社会发展与进步、企业面临内外生存环境复杂化而在不断的实践中逐渐形成的一门专业管理科学。实践证明，项目管理作为管理科学的最新分支，在国际上多个领域有无数成功案例，被各行业、各领域所推崇，是一种非常有效的管理方式。随着全球一体化和企业公司的发展，项目越来越多，专业分工与协作更加细化，由单一项目管理向多项目管理发展已经是组织走向规模化发展的必经之路，组织需要面对同时并行的多个项目，多项目管理的理论与实践应运而生。

随着全球化竞争的加剧，企业面临着越来越多的新课题，多项目管理便是其中较为突出的一个，同时也是目前项目管理研究和实践中的焦点与热点问题。多项目管理理论体系与模型日臻完善，并逐渐在各行业成功实施，多项目管理的重要性与必要性也日益突出，多项目人员管理已成为企业最主要的管理内容之一。无论是企业还是公司，需要进行多项目人员管理、协调的现象越来越普遍，人力成本也越来越高，人员在项目间流入流出时产生的冲突问题也日益突出。提高企业组织人员的复用性和效率，从而增强企业效益与持续竞争力，已成为摆在我们面前不可回避的现实问题。

6.4.1.1　建立项目管理办公室

多个项目的实施过程中，必然要求企业有一个对项目工作提供强大支持的机构，来协助项目经理和项目团队及时、有效地克服各种困难，高质量、高绩效地完成项目。这个强大的机构就是项目办公室。项目办公室作为项目管理的资源配置和协调指挥中心，应配置企业内最高素质的人才，这些人员是在项目运作中随时界定服务和管理工作的关键人员。项目管理办公室的成员应该定期进行调整，以使更多的高素质人员进入，使项目管理办公室始终保持对项目管理的敏感性，并及时根据管理中的问题进行变革和持续改进。项目管理办公室是企业内部项目管理最优实践的中心，它负责把项目所需的各类人才和资源组合在一起，在其组织和领导下共同完成多个项目。是组织提高项目分析、设计、管理、检查等方面能力的关键资源。一个成熟的项目管理办公室的作用与功能是非常强大的，它可以带动整个企业组织的多个不同类型的项目同时运转，实行人员、资源、时间、财力等多方的协调。

6.4.1.2　实现项目人员角色化分工

在项目管理办公室的协调下，有效的项目团队应由担当各种角色的人员组成。企业组织规模越大，内部的角色分工越细，组织内的分工与专业化的发展使组织内部的角色化趋势加强，每位成员均扮演一个或多个角色；可能一个人专门负责项目管理，而另一些人则积极地参与系统的设计与实现。“工”是企业成长和经济发展的根源，对所有人员实现角色化分工的优点有以下几点。

（1）可以将组织内担任不同角色人员的知识、技能和经验集中起来，以利于知识与技能资源在多个项目间优化与共享，既节约了时间，又节约了劳动力和资源，实现了劳动的专业化，提高了生产效率。

（2）项目组内的人员各负其责，职责明确，避免出现功劳人人争，事故人人推的现象。

（3）实现角色分工还可以促进项目组内人员的交流。各个角色之间为确保顺畅的协作，必须要求高质量的交流，这也就能使很多原本隐晦的事情书面化、明晰化。

由此可知，实现角色分工可以保证组织内部达到人员、资源、信息和经验的高度协调统一，有效地调动人员积极性。要在项目组内实现角色化分工，需要依次完成以下几项工作。

（1）掌握所有员工的有效信息。为实现基于角色的项目人力资源管理，企业需要建立人力资源管理信息系统。该系统中包含员工基本信息、成功项目经历、最大价值取向、现在的工作状态、团队角色取向、知识或技能等级等信息。“员工基本信息”收集该员工的年龄、性别、政治面貌、籍贯等。这些信息几乎所有的企业都会记载，它们与工作的关系不大。“成功项目经历”是指该员工曾经做成过哪些、哪种项目，在这些项目中承担过什么责任、扮演过什么角色。“最大价值取向”表示该员工在目前阶段最看重、最需要的激励方式。“现在工作状态”是指该员工目前的工作负荷和在项目工作中承担的角色与责任。“团队角色取向”是指该员工在项目团队中更倾向于扮演何种团队角色。“知识或技能等级”表示该员工拥有的知识或技能种类及其程度，以及这些知识或技能等级能够胜任哪些项目角色。

（2）基于角色分工组建项目团队。具体步骤如下。

第一步，进行项目工作分析。该项工作可以通过工作结构分解及其工作说明得到。由于企业很多项目都是基本相同或相似的，因此企业有必要建立各类项目的标准 WBS 和相应的工作说明。这样，在执行具体项目时就会有章可循。

第二步，在工作分析的基础上，了解和定义完成项目各项工作都需要何种角色，这些角色都需要具备哪些技能，何时需要这些角色。

第三步，从人力资源信息系统中了解企业有哪些人具备担任这些角色所必需的技能，有哪些人有过类似的经验，有哪些人有合适的时间能够担任这些角色。在此基础上，预选项目组成员。角色需要的能力可以通过员工所拥有的基础素质（包括基本技能、知识等）、经验、构件和态度而得到。按照国际项目管理协会的定义，能力是知识、经验和态度的集合。但是用构件来代替个人的经验可能会更有效。构件是企业利用其他项目中积累的经验提炼而成的技术化产品。有了构件，可以缩短员工为积累个人经验而需要的时间，也比个人经验具有更高的可靠性。

第四步，对这些预选出的成员进行性格或人气、团队角色和谐性分析。团队成员之间性格和角色分配上的和谐性能够弥补许多激励方面的不足。如果有人明显与其角色分工不和谐，或在性格或人气方面与其他团队成员有冲突，则需要重新选择。

第五步，进行角色分工，初步确定项目团队成员。

第六步，判断团队与项目客户及其他利益相关方的性格或人气和谐性。因为项目很少能由项目团队单独完成，它的成功一般需要利益相关方之间的配合。当然，这种人际关系的不足也可以通过团队成员高超的技术能力来弥补。但对于很多企业来说，这样做的代价会很大。

第七步，如果初步确定的项目团队成员能够与客户及其他利益相关方在性格或人气方面具有较高的和谐性，或他们拥有的技能能够弥补那些性格或人气方面的不足，那么就可以将其确定为项目团队成员了。否则，就需要返回第三步重新进行选择。

6.4.1.3 角色人员来源

人才是企业最宝贵的财富，拥有高质量的角色人员会极大地推动企业的发展。获得项目人员就是在基于角色化项目人力资源的基础上，在已建立的人力资源管理信息系统中评价并确定企业组织所需的内部和外部人员。一般获得所需项目人员的方式有对外招聘和内部培养两种。

（1）对于要求技术含量低、简单的带有重复性工作的角色，我们可以从社会临时雇佣，达到阶段性目标后即可合法地解聘。

（2）对于项目活动非常重要的角色人员，企业可以通过外部招聘和内部培养相结合的方式选择。外部招聘人力资源，尽管在使用上与企业组织内部的专业人员基本一致，但却存在很多不确定问题：首先，要找到合适的外部专业人才是费时费力的事情。其次，由于自身或非自身的原因很多专业人才不能将全部精力投入到项目工作中，致使项目对他们的依赖性落空而降低了项目效率。企业内部培养人才，是越来越多步入良性发展的企业正采用的一种方式。企业根据自身的商业发展目标，前瞻性、储备性的培养人才，为将来的业务发展解决人才的供应问题。还有一些冷门的行业或产业，学校可能没有这样的专业课程，市场上这类人才也极为稀有，企业自己动手来培养，既成就企业也成就个人。

6.4.2 跨国企业人员配置

为了实现全球效率与当地市场反应力的双重目标，跨国企业不仅要有与多变的外部环境相适应的灵活的组织结构和战略目标，更要开发出能有效实施总部战略的海外人员。而后者，往往决定了企业国际化经营的成败。因此，跨国公司人员配置问题是其跨国战略的重要方面。

跨国企业人员配置就是跨国公司基于自身发展的合作与控制的需要，在其实施全球战略过程中对管理和技术人员的配置。具体来讲，它涉及跨国公司国外分支机构的外派人员与东道国人员管理的问题。

6.4.2.1 跨国公司子公司人员配置方式

第一种方式，一般而言，当复制母公司的一些内在优势对于跨国公司的竞争力来说相对没有那么重要，而要求分支机构顺从母国环境的来自制度上的压力却很大的时候，母公司采取顺从东道国环境的策略不会给它带来什么大的损失。在这种情况下，外派经理的人数是最少的。

第二种方式，当复制母公司的一些内在优势对于跨国公司的竞争力来说相对没有那么重要，同时来自东道国的制度压力也较低时，本质上跨国公司不需要采取任何战略反应。在这种情况下，母公司对外派经理和当地经理之间应该没有什么偏向，而选择的依据应该是其他因素，比如成本、培训需要以及个人贡献等。

第三种方式，当复制母公司的一些内在优势对于跨国公司的竞争力来说很重要而来自东道国的制度压力较低时，跨国公司可以被视为处于一个权力地位。在这种情况下，跨国公司就可以根据自身需要相对自由地大量聘用外派经理。

最后一种情况，就是当复制母公司的一些内在优势对于跨国公司的竞争力来说很重要，同时来自东道国的制度压力也很大时，跨国公司必须想方设法部署外派人员，同时至少在表面上应该顺从东道国的制度环境。这就需要一种顺从或者避免的战略，以有效地避免制度压力。同时需要部署重要的外派经理，以确保必要的控制。这可能意味着，在企业的较低层部署较少的外派人员。

6.4.2.2 人员配置的模式

第一种模式，母国化。这一模式的特点是把跨国企业母国人员安置在海外各分支机构中主要职务上。现实中许多企业选择这一模式以显示其国外分公司中母公司的“存在”。以美国公司为例，很多美国跨国公司愿意任用母国公司人员担任分公司的总经理或总会计师。特别是在企业国际化经营的早期阶段。使用母国人员作为分公司的高级管理人员是最有效的人事安排。

第二种模式，本土化。这一模式的特点是任用东道国的人员管理当地的公司。以当地利益为前提，开发当地人才资源。总公司则由母国人员管理。

第三种模式，全球化。人才资源开发与管理的决策主要从公司的全球利益出发。一般不分人员国籍，只要能胜任工作，符合公司的用人标准就可以，目的是组建具有国际性的管理班子。这一模式的指导思想是：既然跨国公司有能力在全球范围内合理地利用自然资源、财政资源和技术，就没有理由怀疑它能在国际市场上合理地利用人力资源。随着经营的国际化，人才资源开发管理全球化是必然发展趋势，同时相应地造就和涌现大批世界性管理人员。

6.4.2.3 不同发展阶段的跨国公司人员配置

1. 国内生产阶段——生产导向

产品技术和工艺占据了管理者的主要注意力，产品销售主要在高度专业化和有限的国内市场范围内进行。国际市场很小、产品的独特性及缺乏竞争者的市场环境，使企业采用民族中心型的态度，即使存在产品出口，企业通常也完全忽视文化差异的存在。母国人员对国外代理商只是偶尔进行商务访问，基本不使用外派人员。

2. 国际化阶段——市场导向

由于竞争者的加入，企业重心集中于扩大市场和产量，企业通常在这一阶段开始国际化经营。企业开始通过出口输出产品，随着市场培育成熟，逐渐将生产职能向消费市场转移。在这一阶段，改进生产手段和开拓国际市场成为企业突出的管理任务。公司出于一般管理、技术转移和控制的目的大量使用外派人员。同时，由于生产与营销均需考虑文化差异因素，来自东道国的管理人员往往被招聘安置到销售、营销或人事部门，人员本土化初显端倪。

3. 多国经营阶段——价格导向

此时产品市场的发展已进入成熟期，产品标准化使生产成本大幅下降，市场竞争的加剧则要求企业将生产转移到要素价格低廉的国家。文化差异在企业经营中的重要性在下降，价格、生产成本替代市场位置成为决定厂商选址的重要因素。因此，公司出于成本控制的目的将减少外派人员，尽量使用东道国人员，从而出现管理本土化的高潮，但并不是说没必要继续维持外派人员，只是其比例和重要性在相对下降。

4. 全球经营阶段——战略导向

产品既要满足全球成本竞争的需要，又要区分当地市场的偏好和特定要求。“思想全球化，行动本土化”成为这一阶段的典型写照。这一阶段企业的经营将同时在生产、市场和价格等多个角度进行全球化竞争，而经营中对差异性和全球化的共同关注，使得文化差异因素在此引起管理者的注意。企业从全球范围内获得产品创意、要素进行生产，但在最终产品的生产和建立客户联系上强调对当地市场的了解。与此同时，管理强调为有潜质的管理人员提供成长和积累经验的机会，并在整个企业中建立持续学习的环境。这时，跨国公司海外分支机构的高层经理人员配置将以全球为导向，注重于选择最合适的人才担任最合适的职位，管理人员的国籍则逐步淡化。

【本章小结】

企业人员配置，就是通过考核、选拔、录用和培训，把符合企业发展需要的各类人才及时、合理地安排在所需要的岗位上。企业人力资源的合理配置，使之与其他经济资源相结合，形成现实的经济运动，使得人尽其才，提高人力资源生产率。人力资源配置既是人力资源管理的起点，又是人力资源管理的终点，其最终目的是要提升组织的整体效能，最大限度地为企业创造更多的经济效益与社会效益。

在进行人员配置的过程中，应该掌握效益最大化、因岗设人、能岗对应、互补增值、动态适应和弹性冗余等六个基本原则。从人员配置的过程来说，人员配置主要包括四个方面的内容：（1）识别和甄选优秀员工；（2）把员工安排在所要从事的实际工作岗位；（3）向员工提供最新的技能；（4）留住优秀员工。

在企业人员配置计划中，管理人员的配置计划尤为重要。管理人员选拔具有三大原则：人职匹配、人企匹配和人人匹配。在对管理人员进行培训的过程中要根据每类管理人员的特点制定具体的培训对策，处在不同层次的管理人员，管理的重点也不同。管理人员的绩效考核方法包括关键业绩指标法（KPI）、目标管理法、平衡记分卡和360度考评法等。

项目管理伴随着社会发展与进步、企业面临内外生存环境复杂化而在不断的实践中逐渐形成的一门专业管理科学，多项目人员管理已成为企业最主要的管理内容之一。在进行多项目人员配置的过程中，通常要进行两方面的工作：（1）建立项目管理办公室；（2）实现项目人员角色化分工。

跨国企业人员配置就是跨国公司基于自身发展中合作与控制的需要，在其实施全球战略过程中对管理和技术人员的配置。跨国公司进行人员配置的模式有：母国化、本土化、全球化。不同发展阶段的跨国公司人员配置的导向不同，国内生产阶段人员配置是生产导向；国际化阶段的人员配置是市场导向；多国经营阶段的人员配置是价格导向；全球经营阶段的人员配置是战略导向。

【复习思考】

1. 人员配置为什么重要？
2. 简述人员配置的动态适应原则。
3. 如何识别和甄选优秀员工？
4. 如何留住高绩效的员工？
5. 管理人员配置和一般的人员配置有什么不同？
6. 如何培训管理人员？
7. 多项目环境下如何进行人员配置？
8. 企业跨国经营时怎样进行人员配置？

【阅读材料】

艾尔逊公司是一家中等规模的私有企业，员工有2000余人。该公司主要从事电信行业的生产与销售，连续多年呈现了高利润、高增长的发展趋势，未来发展潜力看好。在当今激烈的市场竞争中，公司提出以人为动力的“人本原则”，倡导“沟通、合作、团队、奋斗”的企业文化。

鲍尔今年29岁，获得MBA学位后，进入艾尔逊公司工作，担任人事部经理。在此之前，他曾在一家设备安装公司做过3年的人力资源管理工作。现在，他准备到新公司好好干一番事业。

艾尔逊公司人事部有40多名员工，相对于全公司而言，大体是一个人事员工对应50名普通员工。人事部有多名职能主管，分管薪酬设计、人员招聘和培训开发以及绩效考核工作。

鲍尔到任之后不久便发现了问题。比如，公司各部门的工作很少有“规划”，每个员工的工作都没有明确的分工，一份工作可以由甲干，也可以由乙干，全凭各人的技能和兴趣完成。有不少个人能力强于本人职务要求的雇员为此感到不快。当问及公司为何如此安排时，回答是：“一开始就是这样的。”

另外，人事部仅有一半员工具备人力资源及相关专业的学历，仅有1/4的员工具备人力资源管理经验。除此之外，很多员工都是由普通员工转任或提升上来的。人事部的4名主管，一位原先是图书馆管理员，一位是办公室秘书，另两名主管虽然有人事工作经验，但又都没有专业学历。至于4名主管手下的员工，更是五花八门。

公司内部其他职能部门的员工，拥有公认的学历与相关的工作经验后，就获得了一种“资历”，这些拥有“资历”的员工可以对新员工进行业务上的指导和帮助。在人事部一般无人具备这种“资历”，所以很少能对新员工进行帮助和指导，大家都是各干各的，彼此很少沟通。尽管人事部的工作任务非常繁重，但其他部门似乎并不满意，总认为人事部不能及时对他们的要求作出反应。而且，人事部对公司的战略规划了解甚少，人事部的决策也很难对公司的大政方针产生影响。

鲍尔的前任比尔在担任人事经理的任期内，员工工资涨幅不大，员工不满情绪日益高涨。比尔也曾向公司总裁提出调整员工工资标准的方案，并建议公司适当修改一下薪资制度。总裁虽然表示可以考虑，但至今没有动静。

鲍尔认为，公司的实际情况与先前所想象的大不一致。但仔细想想，自己又不能对此提出太多的异议。公司的每项制度与管理方式都有自己的传统，鲍尔还不敢说这种传统有多么不好，况且，目前公司运转情况还是不错的。

正当他犹豫不决时，他无意中听到财务部经理在训斥一名员工：“你最近怎么搞的？连连出错！这样下去对你没什么好处！你知道吗？像你这样，即使送你去人事部，恐怕人家也不要你！”

鲍尔听后，心里很不是滋味。他该怎样强化人事部的职能作用呢？①

讨论

1. 艾尔逊公司人力资源管理上存在哪些问题？
2. 鲍尔怎样强化人事部的职能？

① 资料来源：秦志华. 人力资源管理［M］. 北京：中国人民大学出版社，2003.

第7章 激励

【案例导读】

谷歌超级新福利：浓浓人情味的员工激励①

谷歌今年推出新福利：如果员工不幸去世，未来10年其配偶还能获得半数薪酬，甚至还有股权授予。谷歌还将向其未成年子女每月发放1000美元直至19岁成年。谷歌发言人称，这只是应该的，确保员工遭遇意外后，家属仍能获得照顾。该福利没有入职期限要求，全球3.4万员工均能享受。

据国外媒体报道，谷歌对待自己去世的职员甚至比一些公司对他们的在职员工还要好。谷歌首席人力官（CPO）拉兹洛·博克（Laszlo Bock）在接受《福布斯》采访时透露，谷歌不同寻常的“遗属福利”（death benefits），包括了在10年里每年向死者配偶或同居伴侣支付死者生前年薪的50%。

此外，谷歌在职员死后立即发放其应得的所有股票奖励。每个去世职员的孩子每月可领取1000美元补助直至19岁，如果是全日制学校的学生可以领到23岁。谷歌对《福布斯》称，这些福利不只限于长期职员，没有在职时间规定——因此，谷歌现有的全球3.4311万名职员显然都有资格。博克透露，目前谷歌最老的职员为83岁。

谷歌已经推出的职员福利包括：免费食物、桌上足球、干洗服务、优越的产假等，而遗属福利的出现更为这个福利表添加了传奇色彩。该公司的福利网站称，“公司礼宾队可以为职员的普通生活提供帮助，如规划晚宴以及更多不同寻常的要求，像找到匹配谷歌职员特殊万圣节道具的一根缀满珠宝的权杖。”

但博克对《福布斯》称，他不喜欢“福利”这个词，帮助职员最终也将有利于公司。正如他所说的：“的确有研究显示，像我们这样的职员福利计划，可以提高职员留下比例，似乎在一定程度上也能提高业绩。”

激励理论就是调动员工积极性的理论。激励就是激发员工的工作动机，以促使个体有效地完成组织目标。在现实生活中，一些能力并不怎么强的人，往往通过自己的主观努力而晋升到较高的地位，取得较大的成绩，就是由于他们通过强烈的内驱力的激发而获得的。激励理论在科学管理中占有特别重要的地位，合理的薪酬以及福利待遇对激励员工具有重要作用。

像谷歌这样绞尽脑汁为创新福利添砖加瓦、锦上添花的，目的只有一个：凝聚人心，增强员工的归属感，激发员工努力工作的活力，让企业和员工得以共同发展，化福利为生产力。

① 资料来源：阿里巴巴商人论坛.2012，https：//club.1688.com/threadview/30169696.html.

思考

1. 谷歌是如何激励员工的?
2. 在企业管理中，激励有何作用?

【学习目标】

1. 了解激励的实质与功能。
2. 了解激励的心理机制与作用过程。
3. 掌握激励理论模式。
4. 掌握有效激励的原则与方法。

7.1 激励概述

7.1.1 激励的概念与实质

英语中的 motivation（激励）一词由 motive（动机）演化而来，含有激发和鼓励的意思。简单地说，激励就是激发人们内在的行为动机并使之朝着既定目标前进的整个过程，其基本含义就是激发动机。激励是管理过程中不可或缺的一种手段、环节和活动，有效的激励可以成为组织发展的动力保证，可以最大限度地实现组织目标。作为一个专业术语，过往几十年以来，有多位国际知名学者对激励给予了科学界定。尽管这些来自不同领域的学者对激励各执一词，但是都涵盖了以下几个方面的内容：

➢ 激励的出发点是为满足组织成员的各种需要，即通过系统设计适当的工作任务、奖酬形式与工作环境，来满足企业员工的外在性需要和内在性需要。

➢ 激励的对象是产生某种行为的个体或群体，目的在于引导该类行为的重复与强化，以期实现组织的目标与总体利益。

➢ 科学的激励工作需要奖励和惩罚并举，既要对员工表现出来的符合企业期望的行为进行奖励，又要对不符合员工期望的行为进行惩罚。

➢ 激励贯穿于企业员工工作的全过程，既包括对员工个人需要的了解、个性的把握，也包括对员工行为过程的控制和行为结果的评价等。因此，激励工作需要耐心，正如赫兹伯格所言，“如何激励员工？——锲而不舍。”

➢ 信息沟通贯穿于激励工作的始末，从对激励制度的宣传、企业员工个人的了解，到对员工行为过程的控制和对员工行为结果的评价等，都依赖于一定的信息沟通。信息沟通是否通畅，以及是否及时、准确、全面，将直接影响着激励制度的运用效果和激励工作的成本。

➢ 激励的最终目的是在有效实现组织预期目标的同时，也能让组织成员实现其个人目标，即达到组织目标和员工个人目标在客观上的有机统一。

纵观以上的理解，本书认为，激励就是组织通过设计适当的工作任务、奖酬形式和工作环境，依托一定的行为规范和惩罚性措施，借助信息沟通，来激发、引导、保持和归化组织成员的行为，以有效实现组织及其成员个人目标的系统活动过程。从心理学的角度看，激励是人类活动的一种心理状态，具有加强和激发动机、推动并引导行动使之朝向既定目标的作用。通常认为，一切内心要争取的条件或诉求，如欲望、需要、希望、梦想等都构成对人的激励。

作为一种内在的心理活动过程或状态，激励往往具有不可直接观察的外部形态。但是，由于激励对人的行为具有驱动与导向作用，因此，往往可以通过行为的表现与效果来对激励的效果及程度加以推测与评估。激励的这一特点决定了激励过程总是与人的行为过程紧密联系在一起的，是在行为过程中发生和进行的。由此也可以推断，人类的行为表现与行为效果往往很大程度上取决于他们所受到的激励水平或程度，激励水平或程度越高，行为表现也就越积极，行为效果也就越显著，或者说，二者之间呈现出正相关的关系。

7.1.2 激励的作用

现代企业管理高度重视激励问题，并将其视为管理的主要职能之一，企业管理人员如果不懂得激励员工是无法胜任其管理工作的。激励在企业管理中具有多方面的主要作用和功能，大量的国内外管理实践充分证明了这一点。归纳起来，激励的作用主要表现在以下几个方面：

1. 吸引与留住优秀的人才

在当今市场经济不断完善与全球化竞争日趋激烈的大环境下，有竞争力的激励机制是企业吸引优秀人才的至关重要的举措，尤其是在人才市场出现比较严重的供不应求时，与竞争对手相比，有竞争力的激励举措与制度安排将是企业吸引与留住优秀人才的不二法宝，如提供员工持股制度、给予丰厚的福利待遇或具有良好快捷的“双通道”人才晋升制度等激励措施。换个角度来看，良好的激励机制在调动员工工作积极性的同时，无形中也提高了员工的跳槽成本，对优秀人才的流动具有一定的抑制作用，从而也有助于企业留住优秀的人才。

2. 有助于激发和调动员工的工作积极性

积极性是员工在完成工作任务时一种能动的、自觉的心理与行为状态，这种状态可以促进员工体力、智力能量的充分释放，并诱发或导致一系列积极的行为后果，如提高劳动生产率、超额完成工作任务、提高工作技能、改善服务态度、增强组织承诺等。大量的实验表明，未受到激励的员工，其工作积极性往往只发挥了20%～30%的水平；而受到有效激励的员工，由于其思想、情绪处于高度激发状态，他们的工作积极性可以发挥到80%～90%的水平，甚至达到或超越100%的水平，并在工作中始终保持高昂的士气和热情，这也无形中提升了企业的凝聚力与向心力。

3. 有助于将员工的个人目标导向实现组织目标的轨道

员工个人目标与个人利益的诉求和实现是员工行动的根本动力，它们与企业的组织目标和总体利益既存在诸多差异，也存在一致性。当二者发生冲突甚至背离时，员工的个人目标和个人利益往往会干扰，甚至破坏企业目标和总体利益的有效实现。而激励的作用就在于企业要以员工的个人利益和需要的满足作为基本着眼点，引导员工把个人目标与个人利益统一于企业的组织目标与整体利益，最大限度地引导、激发员工为完成工作任务而做出自身应有的贡献，从而最终推动及促成员工个人目标与个人利益和企业组织目标与整体利益的共同实现。

4. 有助于增强企业的凝聚力，促进企业内部各组成部分的协调统一

企业是一个由若干员工个体、工作群体、各种非正式组织以及其他的有形与无形资源等构成的有机统一体。为保证企业这个有机统一体的高效协同运作，除了需要建构科学合理的组织架构与井然有序的制度安排外，还需要设计一个有效的激励机制，以满足员工的社交、自尊、自我价值的实现等多元化的价值诉求，最大限度地激发员工士气、协调人际关系，促进企业各个部门、群体、人员之间的密切合作、协同配合，进而增强企业的凝集力与向心力，最终有效地促成员工个人目标和组织目标的共同实现。

5. 营造良性的企业内部竞争氛围

科学有效的激励机制往往都涵盖了一种竞争精神，它的运行能够创造出一种良性的企业内部竞争氛围，进而形成良性的企业内部竞争机制。在这种具有竞争性的激励氛围中，组织成员就会受到积极性的环境或工作压力，这种压力将会建设性地转变为员工努力工作的动力。正如麦格雷戈所言，“个人与个人之间的竞争，才是激励的主要来源之一。”员工工作的动力和积极性实际上变成了企业有效激励的间接结果。

7.1.3 激励的分类

不同的激励类型对员工的行为过程会产生不同程度的影响，因此，在企业管理实践中，激励类型的选择是做好员工激励工作的一项先决条件。

7.1.3.1 物质激励与精神激励

虽然二者的目标是一致的，但是它们的作用对象却是不同的。前者作用于人的生理方面，是对人物质需要的满足；后者作用于人的心理方面，是对人精神需要的满足。随着人们物质生活水平的不断提高，人们对精神与情感的需求越来越迫切，比如期望得到爱、得到尊重、得到认可、得到赞美、得到理解等。

7.1.3.2 正激励与负激励

所谓正激励就是当一个人的行为符合组织的需要时，通过奖赏的方式来鼓励这种行为，以达到持续和发扬这种行为的目的。所谓负激励就是当一个人的行为不符合组织的需要时，通过惩罚的方式来抑制这种行为，以达到减少或消除这种行为的目的。正激励与负激励作为激励的两种不同类型，目的都是要对人的行为进行强化，不同之处在于二者的取向相反。正激励起正强化的作用，是对行为的肯定；负激励起负强化的作用，是对行为的否定。

7.1.3.3 内激励与外激励

所谓内激励是指由内在报酬因素所引发的、源自工作人员内心的激励。内在报酬因素是指工作任务本身的刺激，即在工作进行过程中所获得的满足感，它与工作任务是同步的。如追求成长、锻炼自己、获得认可、自我实现、乐在其中等所引发的内激励，对员工会产生一种持久性的作用。所谓外激励是指由外在报酬因素所引发的、与工作任务本身无直接关系的激励。外在报酬因素是指工作任务完成之后或在工作场所以外所获得的满足感，它与工作任务不是同步的。例如，如果一项又脏又累、谁都不愿干的工作有一个人干

了，那可能是因为完成这项任务，将会得到一定的奖金及其他额外补贴，一旦这些奖金或额外补贴消失，他的积极性可能就不存在了。所以，由外在报酬因素所引发的外激励是难以持久的。

7.1.4　激励的心理机制

大量的心理学研究表明，人类的行为无不具有目的性，而目的源于一定的动机，动机又产生于需求。这种由需求引发动机、而后动机又支配行为，进而指向预定的目标的整个过程，是人类行为的一般模式，也是激励发生作用的心理机制与作用基础。

7.1.4.1　需求

需求也就是需要，就是指人们对某种事物的渴求与欲望。当人们缺乏所需事物而引起生理或心理紧张时，就会产生需求，并进而为满足需求而采取相应的行动。因此，需求是一切人类行为的最初原动力。但是，需求并非纯主观的一种现象，而往往是客观事物在人们头脑中的一种主观反映，即人类所需要的形式与内容主要取决于所需对象物的客观存在。当给予、改变或剥夺对象物时，人类的需求会发生相应变化，或者会因为得到满足而需求消失，也可能会因为缺乏而使需求增强。在现实的企业管理实践中，很多企业正是利用人类需求对人类行为的原动力作用，通过提供种种外部诱因，以满足员工的不同需求，进而引发员工的积极性行为，最终实现良好的组织绩效。一般来说，人类的需求往往具有以下几个典型的特征。

1. 多样性

由于人类的社会实践活动范围非常广泛，在此基础上所形成的需求也往往是多种多样的，除了衣食住行等基本物质生活需求外，人们还有社交、自尊、成就等社会层面与精神层面的需求。许多知名管理学者就曾针对人类的需求进行过多种分类研究，例如，美国的管理学者马斯洛将人类的需求分为生理、安全、社交、自尊、自我实现五种类型，奥尔德弗则在马斯洛研究成果的基础上，进一步把人类的需求概括为生存的需求、关系的需求和成长发展的需求，而麦克莱兰则认为，人类有成就、权力、亲和三种需求。

2. 结构性

除了多样性之外，人类的不同需求之间往往是互相关联、互相制约，由此构成了一个复杂的需求结构体系。在需求结构体系中，各种需求处于不同的层次地位，从而对人类的行为产生不同程度的影响。其中，占据主导地位的需求对人的行为往往具有决定性的支配作用，又称为优势需求；而其他的需求则处于次要地位，对行为的影响作用相对较小。另外，不同的个体在不同时期或不同环境条件下也往往有着不同的优势需求，而优势需求与其他需求的不同组合结构又往往决定了人类行为方式的差异。随后对马斯洛需求五层论的描述中也可以看到这一点。

3. 社会制约性

鉴于需求是人类的主观感受与客观环境共同作用的结果，因而必然会受到人类所处外部环境条件的制约，换句话说，人类的需求往往是由特定社会历史条件下的生产力水平、社会关系性质以及个人在其中的社会角色地位所决定的，必然会受到不同程度的社会制约。因此，尽管不同个体往往因主观感受的不同而对需求存在差异，但任何人都将无法逾越所处的历史阶段给人类的需求所带来的社会制约性。

4. 发展性

如前所述，一定的社会条件会制约人类的需求，但同样，社会历史条件的发展变化也会引起人类需求的内容、范围以及满足方式的相应变化。换句话说，人类的需求不可能永远停留在同一起跑线上。相反，随着人类社会的进步，往往是某些旧的需求消失了，新的需求又相继产生，从而不断推动着人类寻求新的需求满足方式与手段。

7.1.4.2 动机

现代心理学研究表明，人类的动机一般是在需求的基础上产生的，它诱发、维持着人类的行为，进而将其导向一定目标的心理机制。正如前面所述，在人类行为发生的整个过程中，最初的需求具有原动力作用，但是需要作为一种潜在的心理状态，往往不能直接引起人类的行为，只有当需求指向特定目标并与某种客观事物建立起具体的心理联系时，才能由潜在的心理状态转化为激发状态，成为引发人类采取行动的内在力量。这种在人类需求与目标对象衔接基础上所形成的、直接驱动人类行为的内在力量就是动机。由此也可以看出，动机是引发人类行为的更为直接的原因与现实动力，它体现着客观事物对人类行为的激励作用，并把人类行为引向能满足需求的具体对象。

一般来说，动机的产生依赖于两个条件：一是个体的生理或心理的需要；二是能满足个体需要的客观事物，即外部诱因。一般情况下，前者处于既定状态，而后者则能够人为地给予改变，引起所期望的行为。在现实的企业实践中，员工的各种积极或消极的行为往往是受到各种动机支配的结果，企业管理层运用激励手段，调动员工积极性，实际上就是利用动机对员工行为的这种驱动与支配作用，通过外部诱因激发员工的动机，并直接引导员工产生积极的工作行为。

另外，动机在激发行为过程中的具体作用主要表现在以下三个方面：一是始发功能，也就是动机能够唤起与驱动人们采取某种行动。二是导向功能，即动机总是引导人们指向某一具体目标，因而对人类的行为具有导向作用，正确的动机导向目标可以引发积极的行为，进而对组织产生有益的结果。三是选择功能，就是在进行行为定向时，动机还能够指导人们对各种行为方式加以比较与评价，从中选择出能够达到预期目标的最佳行动方案。四是维持、强化与削弱功能，长久稳定的动机可以维持某种行为，使之持续进行，然而，动机也会因行为结果而得到加强或抑制，对以后的行为产生强化或削弱作用，因良好结果而不断得到加强的动机，则可以促使该行为重复出现。相反，因不良结果而减弱的动机，则会抑制行为的重复发生。

7.1.4.3 目标

目标是人类行为所要实现的结果，应该说，人类的一切行为，总是指向特定的目标。大量的心理学研究表明，目标在人类的行为过程中一般具有两层含义，一方面，目标总是表现为人类行为的结果，一般来说，目标达到，人类的需求得到满足，行为也就结束；另一方面，目标又往往表现为人类行为的诱因，通常构成目标内容的是那些能够满足人类需要的各种对象性事物，如金钱、职位、荣誉等，它们在人类的行为过程中推动着动机的产生，并引导、调节着人类行为的方式与方向，从而成为诱导人类行为的主动因素。因此，在实际的企业管理实践中，企业管理层可以利用目标对员工行为的诱导作用，通过合理选择与设置组织目标，可以有效地激励与改善员工的行为。

另外，鉴于人类需求以及动机指向的复杂性，企业员工的行为体系中必然存在着多种目标追求，某些较为复杂的行为，往往会包含一系列相互关联的目标，因此，对目标进行合理选择与设置，是有效运用目标诱因进行激励的重要环节。

7.1.5 激励过程

从上一节的描述可以看到，需求、动机、目标作为激励的主要心理机制，分别处于行为形成过程的不同阶段，它们既相互独立，又相互依存，按照所处阶段密切关联，顺次对人类行为发挥激励的作用，从而构成一个完整的激励过程，如图7－1所示。其中，处于整个激励过程起点的是人类的各种需求，当需求萌发而未得到满足时，就会引发生理或心理紧张，从而激发起寻求满足需求的动机，随后，在动机的驱使下人们会采取行动，如果行动的结果达到预定目标，则需求得到满足，并进一步强化原有的需求，或促成新的需求，而新的需求将又会导致新的激励过程的开始。由此可见，激励本质上就是以人们未满足的需求为基础，利用各种目标诱因激发出人们相应的行为动机，进而驱动与诱发人们的行动，从而促进实现目标并进而提高需求满足程度的连续性的心理与行为过程。在实际的企业管理过程中，如果企业管理层对员工激励过程的不同阶段施以各种可行的诱因或条件，就可以达到有效激励员工行为的目的。

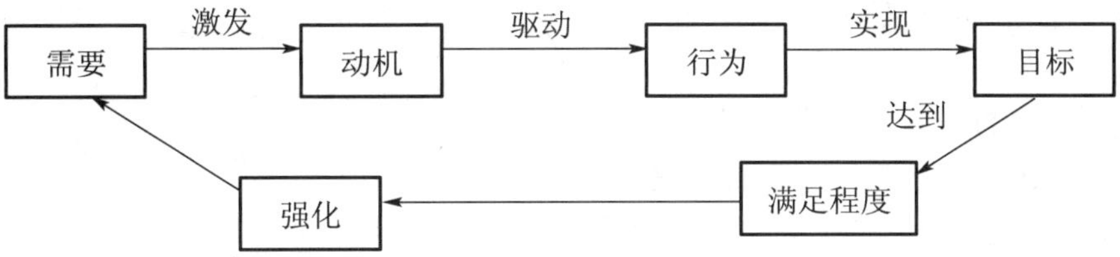

图7－1 激励过程

7.2 激励理论模式

激励理论是关于激励的基本原理、规律、机制以及方法的概括和总结，是激励在日常管理活动中有效发挥作用的理论基础。自20世纪20年代以来，西方的管理学者、心理学家、行为科学家等分别从不同的角度对激励理论进行探索与研究，提出了各种各样的激励理论。归纳起来，现有的激励理论大致可以分为四类：

（1）内容型激励理论。该类型的激励理论着重研究引发动机的因素，也就是研究如何从满足人们生理和心理上的需要来激励员工，主要包括需求层次理论、ERG理论、双因素理论、成就需要理论等。

（2）过程型激励理论。该类型的激励理论着重研究从动机产生到采取行动的心理过程，也就是在日常管理中如何为员工设定合理的外在目标来激励员工，主要包括期望理论、公平理论、目标设置理论、自我决定理论等。

（3）修正型激励理论。该类型的激励理论也称作行为改造型理论，也就是研究如何通过调整或转换人的行为以达到激励的目的，主要包括强化理论、挫折理论等。

（4）综合型激励理论。由于内容型激励、过程型激励和修正型激励模式都各有所侧重，也因此都存在着一定的局限性。针对这种现状，美国学者波特尔和劳勒·迪尔等在总结归纳先前激励理论的基础上，分别提出了综合型激励理论模式，以寻求全面地认知激励的全过程。基于对现有的激励理论的分类，下面具体介绍西方管理学界最具代表性的几种激励理论。

7.2.1 内容型激励理论

7.2.1.1 马斯洛的需求层次理论

1. 需求层次理论的基本内容

美国社会心理学家亚伯拉罕·马斯洛（Abraham Harold Maslow，1908—1970）在1943年发表的《人类动机的理论》一书中，首次提出了需求层次理论。马斯洛认为，人类的需求大致可以分成生理需求、安全需求、社会需求、尊重需求和自我实现需求五类，它们依次由较低层次向较高层次形成和发展（如图7-2所示）。各个层次需求的基本含义如下：

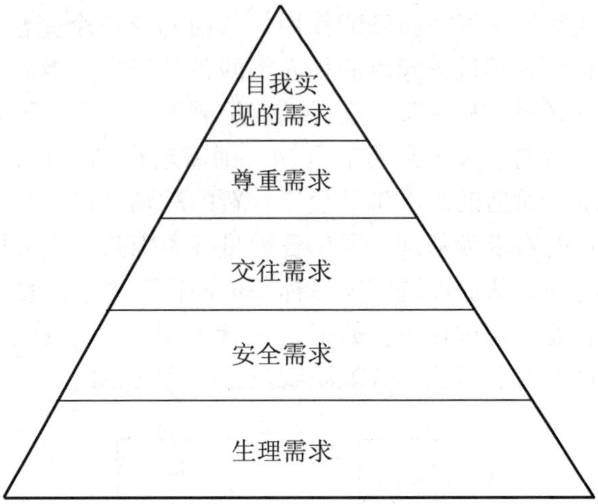

图7-2 马斯洛的需求层次理论模型

（1）生理上的需求。这是人类维持自身生存的最基本要求，包括衣、食、住、行、性等方面的基本需求。如果这些需求得不到满足，人类的生存就成了问题。从这个意义上说，生理需求是推动人们行动的最强大动力。只有生理需求得到基本满足后，其他的需求才能成为新的激励因素，到了此时，这些已相对满足的需求也就不再成为激励的因素了。

（2）安全上的需求。当一个人的生理需求得到满足后，就会对自身安全，如生命安全、劳动安全、职业安全、环境安全、财产安全、心理安全等方面产生需求。马斯洛认为，整个有机体是一个追求安全的机制，人的感受器官、效应器官、智能等主要是寻求安全的工具，甚至可以把科学和人生观都看成是满足安全需求的一部分。当然，当这种需求一旦相对满足后，也就不再成为激励因素了。

（3）社交上的需求。社交上的需求也称作归属和爱的需求。当基本生理需求和安全需求得到了一定的保障后，人类便产生更高一层的社会心理需求，这一层次的需求包含两个方面的内容：一是友爱的需求，即人人都需要伙伴之间、同事之间的关系融洽或保持友谊和忠诚，人人都希望得到爱情，希望爱别人，也渴望接受别人的爱。二是归属的需求，即人类都有一种归属于一个群体的感情，希望成为群体中的一员，并相互关心和照顾。感情上的需求往往比生理上的需求来得细致，它和一个人的生理特性、经历、教育、宗教信仰都有关系。

（4）尊重的需求。一个人在前述三种需求获得满足后，就会进一步产生尊重的需求。尊重的需求是个人获得他人的认同、信赖、尊敬而产生的一种自信、自立、自重、自爱的思想感情。人人都希望自己有稳定的社会地位，要求个人的能力和成就得到社会的认可。

尊重的需求又可分为内部尊重和外部尊重：内部尊重是指一个人希望在各种不同情境中有实力、能胜任、充满信心、能独立自主，内部尊重也就是人的自尊；外部尊重是指一个人希望有地位、有威信，受到别人的尊重、信赖和高度评价。马斯洛认为，尊重需要得到满足，能使人对自己充满信心，对社会满腔热情，体验到自己活着的用处和价值。

（5）自我实现的需求。这是人类最高层次的需求，它是指实现个人理想、抱负，发挥个人的能力到最大程度，完成与自己的能力相称的一切事情的需求，这样才会使他们感到最大的快乐。马斯洛认为，为满足自我实现需求所采取的途径是因人而异的，而且自我实现的需求产生有赖于前四种需求的满足，只有在前述四种得到满足的基础上，人们才会产生人生的最高追求，才能够最大限度地发挥自身的潜能和创造力，实现自己的理想和抱负，使人的价值最终得以完美的体现。

2. 需求层次理论的基本观点

（1）五种需求像阶梯一样从低到高，按层次逐级递升，但这种次序不是完全固定不变的，可以变化，也有种种例外情况出现。

（2）一般来说，某一层次的需求相对满足了，就会向更高一个层次发展，追求更高一个层次的需求就成为驱使行为的动力。相应的，获得基本满足的需求就不再是激励力量了。

（3）五种需求可以分为高低两级，其中生理上的需求、安全上的需求和感情上的需求都属于低一级的需求，这些需求通过外部条件就可以满足；而尊重的需求和自我实现的需求是高级需求，必须通过内部因素才能得以满足，而且一个人对尊重和自我实现的需求是无止境的。

（4）同一时期，一个人可能有几种需求，但每一时期总有一种需求占支配地位，并对行为起决定作用；任何一种需求都不会因为更高层次需求的发展而消失；各层次的需求相互依赖和重叠，高层次的需求发展后，低层次的需求仍然存在，只是对行为影响的程度大幅度减小。

（5）一个国家多数人的需求层次结构，是同这个国家的经济发展水平、科技发展水平、文化和人民受教育的程度直接相关的。在不发达国家，生理需求和安全需求占主导的人数比例较大，而高级需求占主导的人数比例较小；而在发达国家，则刚好相反。在同一国家不同时期，人们的需求层次也会随着生产水平的变化而变化，

3. 需求层次理论在企业管理中的应用

了解员工的需求是应用需求层次理论对员工进行激励的一个重要前提。因为在同一组织中的不同员工的需求是多元化的，即使是同一组织同一员工在不同时期的需求也是经常变化的，因此，企业管理人员应经常性地采用各种方法了解员工，弄清员工未得到满足的需求到底是什么，然后有针对性地进行激励。

7.2.1.2 奥尔德弗的ERG理论

1. ERG理论的基本内容

美国耶鲁大学的克雷顿·奥尔德弗（Clayton Alderfer）在马斯洛提出的需求层次理论基础上，通过大量实证研究，于1969年提出了一种新的人本主义需求理论，即“生存（existence）、关系（relatedness）、成长（growth）”理论，也就是ERG理论。奥尔德弗认

为，人类都有三种基本的需求，它们分别是生存的需求、关系的需求和成长发展的需求，它们各自涵盖的内容如下：

（1）生存的需求。生存的需求是人类最基本的需求，即对一个人基本物质生存条件的需求，如人类对衣、食、住、行等方面的需求。生存的需求大致相当于马斯洛需求层次理论中的生理上的需求和安全上的需求。

（2）相互关系的需求。相互关系的需求也就是维持人与人之间关系的需求。这种需求大致相当于马斯洛需求层次理论中人际关系的需求（如对归属和爱的需求）和自尊的需求中的外在部分。

（3）成长发展的需求。奥尔德弗把成长发展的需求独立出来，它表示了个人谋求发展的内在愿望。成长发展的需求大致相当于马斯洛需求层次理论中自尊需求分类中的内在部分以及自我实现的需求。

2．ERG 理论的基本观点

（1）各个层次的需求获得的满足越少，人们越渴望这种需求得到满足。例如，当人们生存的需求和成长发展的需求都获得了较为充分的满足，而当相互关系的需求没有得到满足时，人们就会渴望与他人交往，希望获得理解。

（2）当较低层次的需求获得满足后，人们就会渴望向更高层级的需求发展。这一点与马斯洛的需求层次理论观点相似，奥尔德弗称之为“满足—上升”趋势。

（3）当较高层次的需求得不到满足时，人们就会转而追求较低层级的需求。例如，人们在事业上没有追求或受到挫折时，就会更加注重追求物质享受或渴望他人的理解。这一点与马斯洛的需求层次理论有很大区别。奥尔德弗称之为“挫折—倒退”趋势。

（4）三种需求并不都是与生俱来的。奥尔德弗认为，生存的需求是先天具有的，而相互关系的需求和成长发展的需求则是通过后天学习才能形成的。

（5）三种需求不是严格按照由低到高的次序发展，可以越级发展。也就是说，人们可以在低层次需求尚未得到满足的情况下，先发展较高层级的需求。

3．ERG 理论和马斯洛需求层次理论的区别

（1）ERG 理论除了用三种需求替代了马斯洛的五种需求，与马斯洛的需要层次理论不同的是，奥尔德弗的 ERG 理论认为，各类需求层次之间并不是刚性结构，例如，即使一个人的生存和相互关系需求尚未得到完全满足，他仍然可以为成长发展的需求工作，而且这三种需求可以同时起作用。而马斯洛的需求层次理论则认为，五种需求层次之间是一种刚性的阶梯式上升结构，即认为较低层次的需求必须在较高层次的需求满足之前得到充分的满足，二者具有不可逆性。

（2）ERG 理论提出了一种称作“受挫—回归”的管理思想，也就是说，当一个人在某一更高等级的需求层次受挫时，那么作为替代，他的某一较低层次的需求可能会有所增加。如果一个人社会交往的需求得不到满足时，他可能会增强“得到更多金钱或更好的工作条件”的愿望。而马斯洛则认为，当一个人的某一层次需求尚未得到满足时，他可能会停留在这一需求层次上，直到获得满足为止。

应该说，奥尔德弗的 ERG 理论在需求的分类上并不比马斯洛的需求层次理论更为完善，对需求的解释也并未超出马斯洛需求层次理论的范围。换句话说，如果认为马斯洛的需求层次理论是带有普遍意义的一般规律，那么，ERG 理论则偏重于带有特殊性的个体

差异。

4. ERG理论在企业管理中的应用

按照奥尔德弗的ERG需求理论，人类有生存的需求、相互关系的需求和成长的需求三个层次，而且需求层级依次提高。在满足了低级需求后，人们就会随之产生更高级别的需求，并且需求可以跳跃式发展，也就是说，可以从“生存的需求”直接跳跃到“成长的需求”。同时，ERG需求理论的“挫折—倒退”思想也说明，如果较高级别的需求得不到满足时，人们就会把欲望放在较低级别的需求上。联系到现实的企业管理实践，随着当代经济的发展和社会的进步，人们“生存的需求”普遍得到了满足，人们的需求正在向“相互关系的需求”和“成长的需求”迈进，当然，也可以两者同时进行。但由于各种社会原因和个人原因，大部分人难以达到自我价值的实现，难以完全实现“成长的需求”，转而寻求满足“相互关系的需求”。因此，企业的管理者应该根据员工的需求结构的变化而在管理措施上做出相应的改变或调整，并根据每个员工不同的需求制定出相应的管理策略。

7.2.1.3 赫兹伯格的双因素理论

1. 双因素理论产生的背景与主要内容

双因素理论（Two Factor Theory）又称作“激励保健理论”（Motivator-Hygiene Theory），是由美国著名的行为科学家弗雷德里克·赫茨伯格（Fredrick Herzberg）于1959年提出来的。20世纪50年代末期，赫茨伯格和他的助手们在美国匹兹堡地区对二百名工程师、会计师进行了调查访问。调查访问主要围绕以下两个问题：①在工作中，哪些事项是让他们感到满意的，并估计这种积极情绪持续多长时间；②又有哪些事项是让他们感到不满意的，并估计这种消极情绪持续多长时间。赫茨伯格以对这些问题的回答为材料，着手研究哪些事情使人们在工作中感到快乐和满足，哪些事情会造成不愉快和不满足。研究结果发现，使职工感到满意的基本上都是属于工作本身或工作内容方面的（赫茨伯格称之为激励因素），而使职工感到不满的，往往都是属于工作环境或工作关系方面的（赫茨伯格称之为保健因素）。据此，赫茨伯格提出了双因素理论（见图7－3）。

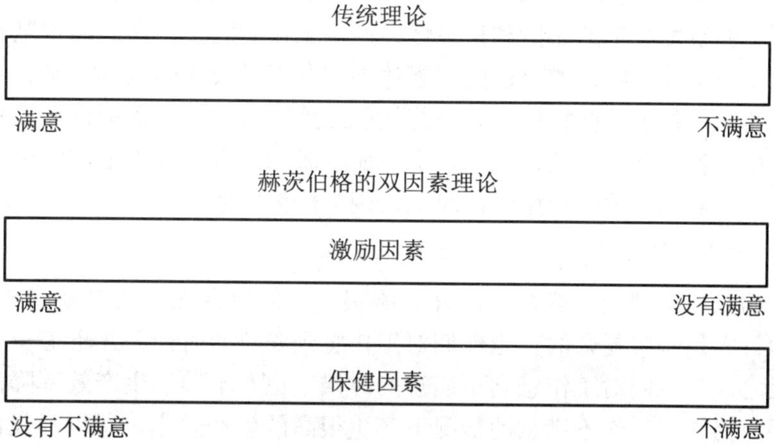

图7－3 赫茨伯格的双因素理论模型

赫茨伯格认为，激励因素就是那些能带来积极态度、工作满意感和深层次激励作用的因素，通常包括以下内容：工作上的成就感；工作中得到认可或赞赏；工作具有挑战性；工作职务上的责任感；工作能带来个人成长与发展的机会；等等。这些因素往往都涉及工作本身或工作内容方面，是与工作相联系的内在因素。这些因素的改善，或者说这类因素的满足，往往能够给员工的行为带来持久的推动力，产生工作上的满足感，激发起对工作的极大热情，从而能够有效、充分、持久地调动起员工的工作积极性，并使他们取得最好的工作绩效。而保健因素就是那些与人们的不满情绪有关的因素，通常包括以下方面的内容：公司政策；管理措施；工资水平；工作环境；劳动保护；人际关系；等等。这些因素往往与工作氛围和工作环境有关，对工作和工作本身而言，这些因素是外在的。这些因素处理得不好就会引发员工不满情绪的产生，处理得好就可预防和消除这种不满，但不会影响工作的积极态度。换句话说，保健因素的满足对职工产生的效果类似于卫生保健对身体健康所起的作用。卫生保健往往会从人的生存环境中消除有害于自身健康的事物，它虽然不能直接提高健康水平，但有预防疾病的效果；或者说，它不是治疗性的，而是预防性的。

赫茨伯格的双因素激励理论同马斯洛的需求层次理论也有相似之处，他提出的保健因素相当于马斯洛提出的生理需求、安全需求、感情需求等较低级的需求；激励因素则相当于受人尊敬的需求、自我实现的需求等较高级的需求。另外，这两种理论都没有把“个人需求的满足”同“组织目标的达成”这两点联系起来。

2. 双因素理论的主要观点

（1）传统的理论往往认为，满意的对立面是不满意，而根据双因素理论，满意的对立面是没有满意，不满意的对立面是没有不满意。换句话说，对工作的满意感和不满意感并非存在于单一的连续体中，而是截然分开的。也因此，影响员工工作积极性的因素可以分为两类：保健因素和激励因素。这两种因素彼此独立并且以不同的方式影响人们的工作行为。这种双重的连续体意味着一个人可以同时感到满意和不满意，它还暗示着工作条件和薪金等保健因素并不能影响人们对工作的满意程度，而只能影响对工作的不满意程度。如图 7－3 所示。

（2）赫茨伯格认为，激励因素基本上都是属于工作本身或工作内容方面的，这些工作因素的改善，能够激发员工的热情和积极性，产生工作满意感；保健因素基本上都是属于工作环境和工作关系方面的，如果这些因素达不到职工可接受的最低水平，就会引发员工的不满情绪，然而具备了这些条件也并不能使职工感到激励。赫茨伯格还注意到，激励因素和保健因素都有若干重叠现象，例如，赏识属于激励因素，基本上起积极作用；但当没有受到赏识时，又可能起消极作用，这时又表现为保健因素。

3. 双因素理论的缺陷

赫茨伯格的双因素理论虽然在国内外影响很大，但也存在着诸多缺陷与争议。譬如，有些学者认为，人是非常复杂的，当他们对工作感到满意的时候，并不等于生产效率就会得到提高；反之，当他们对工作感到不满意的时候，也并不等于生产效率降低，因为人们也会由于种种原因，在工作不满意的情况下产生很高的生产效率。所以，仅仅以满意—不满意作为指标，并不能证明工作满意感与工作生产效率的正相关关系，因而对“双因素理论”的可信度提出怀疑。又如，有些行为科学家认为，赫茨伯格及其同事所做实验的方法本身也存在缺陷，因为人们总是把好的结果归结于自己的努力，把不好的结果归罪于客观条件或他人身上，而他们的问卷恰恰没有考虑这种一般的心理状态。再者，赫兹伯格及其同事的调查样本只有203人，被调查对象的代表性明显不够，而且对象只局限于工程师、会计师，他们在工资、安全、工作条件等方面都比较好，这些因素对他们的激励作用不大，很难代表一般职工的情况。事实上，不同职业和不同阶层的人，对激励因素和保健因素的反应是各不相同的。

4. 双因素理论对现代企业管理的启示

双因素理论告诉我们，为了有效地实现员工的激励，企业管理人员既要考虑激励因素又要考虑保健因素。换句话说，要提高员工的积极性首先得关注保健因素，尽量满足员工，以消除员工的不满、怠工和对抗。但是，保健因素只能使员工感到没有不满意，并不能使职工变得非常满意，而且它所起的作用往往是很有限的、不持久的，也不能深层次地激发员工的内在工作积极性，所以更重要的是要利用激励因素来激发职工的工作热情和工作效率。总之，二者要有效地协同起来，以最大限度地激发员工的工作干劲与热情，并最终有效地实现组织目标。

7.2.1.4 成就需求理论

美国哈佛大学教授戴维·麦克利兰（David·C. McClelland）是当代研究动机的权威心理学家。他从20世纪40年代展开了针对人的需求与动机理论的研究，并于50年代提出了具有广泛影响的“成就需求理论”。随后，美国心理学家约翰·威廉·阿特金森（John William Atkinson）在20世纪60年代对麦克利兰的成就需求理论给予了进一步地深化、发展与完善。麦克利兰认为，个体在工作情境中具有三种重要的动机或需求，它们分别是成就需求（need for achievement）、权力需求（need for power）以及亲和需求（need for affiliation）。这三种需求的界定、特点与相应的激励措施表现如下。

1. 成就需求

成就需求就是希望做得最好、争取成功的需求。麦克利兰认为，具有强烈的成就需求的人渴望将事情做得更为完美，获得更大的成功，他们追求的是在争取成功的过程中克服困难、解决难题、努力奋斗的乐趣，以及成功之后的个人的成就感，他们并不看重成功所带来的物质奖励。高成就需求者往往具有以下主要特点：①高成就需求者喜欢设立具有适度挑战性的目标，不喜欢凭运气获得的成功，不喜欢接受那些在他们看来特别容易或特别困难的工作任务。对他们而言，当成败可能性均等时，才是一种能从自身的奋斗中体验成功的喜悦与满足的最佳机会。②高成就需求者喜欢能立即给予反馈的任务。目标对于他们非常重要，所以他们希望得到有关工作绩效的及时明确的反馈信息，从而了解自己是否有所进步。这就是高成就需求者往往选择专业性职业，或从事销售，或者参与经营活动的原因之一。③金钱刺激对高成就需求者的影响很复杂。高成就需求者往往对自己的贡献评价甚高，自抬身价，他们也一般总以自己的最高效率工作，很难说清金钱刺激究竟能够对提高他们绩效起多大作用，但是如果在组织工作出色而薪酬很低，他们觉得这配不上付出的贡献，可能会引起不满，导致他们很快离开。④具有高成就需求的人，对工作的胜任感和成功有强烈的要求，他们喜欢表现自己，也担心失败。因此，针对具有高成就需求的人应采取以下的激励措施：为其设立具有适度挑战性的目标，避免为其设置特别容易或特别难的任务；及时给予其工作绩效的明确反馈信息，使其了解自己是否有所进步。

2. 权力需求

权力需求就是影响或控制他人且不受他人控制的需求。麦克利兰认为，不同的人对权力的渴望程度有所不同。权力需求较高的人对影响和控制别人表现出很大的兴趣，喜欢对别人"发号施令"，注重争取地位和影响力。他们常常表现出喜欢争辩、健谈、直率和头脑冷静；善于提出问题和要求；喜欢教训别人；乐于演讲；喜欢具有竞争性和能体现较高地位的场合或情境；会追求出色的成绩。但是，他们这样做并不像高成就需求的人是为了个人的成就感，而是为了获得地位和权力或与自己目前的权力和地位相称。权力需求是管理成功的基本要素之一。麦克利兰还认为，组织中管理者的权力分为个人权力和职位权力两种，追求个人权力的人表现出来的特征是围绕个人需求行使权力，在工作中需要及时地反馈和倾向于自己亲自操作；职位权力要求管理者与组织共同发展，自觉地接受约束，从体验行使权力的过程中得到一种满足。因此，对于具有高权力需求的人，组织应该为他们设立具有竞争性和体现较高地位的工作场合和情境。

3. 亲和需求

亲和需求就是建立友好亲密的人际关系的需求。麦克利兰认为，高亲和动机的人更倾向于与他人进行交往，至少是为他人着想，这种交往会给他们带来愉快；他们喜欢合作而不是竞争的工作环境，希望彼此能沟通与理解；他们对环境中的人际关系更为敏感。在某些情况下，亲和需求也表现为对失去某些亲密关系的恐惧和对人际冲突的回避。亲和需求是保持社会交往和人际关系和谐的重要条件。麦克利兰的亲和需求与马斯洛的感情需求、奥尔德弗的关系需求基本相同。麦克利兰进一步指出，注重亲和需求的管理者容易因为讲究交情和义气而违背或不重视管理工作原则，从而可能会导致组织效率的下降。具有高亲和需求的人，有效的激励措施就是为他们设立合作而不是竞争的工作环境。

总之，成就需求理论指出了人们的各种社会需求，往往会对人们的行为共同起作用，而且会有一种需求对人们的行为起主要作用，所以，从这个角度看，这是对马斯洛需要层次理论的一个批判与进一步发展。同时，麦克利兰也指出，预测组织成员业绩的最好因素不是诸如学历、技能等外在条件，而是人的深层次素质，也就是冰山模型中水下的冰山部分。这个比喻看似非常浅显，实际上却蕴含着巨大的理论与实践价值，尤其是对人力资源管理产生了重大影响，因为它揭示出影响组织成员个体绩效的最主要因素并不是传统所认为的。另外，麦克利兰对于权力（支配）需求的研究前进了一大步，譬如他对成就需求会妨碍领导活动的论证、对亲和需求不足以维系组织运转的论证以及对权力两面性的区分等，这些新颖的观点对当代领导理论的发展与完善极具启发意义。

7.2.2 过程型激励理论

7.2.2.1 期望理论

期望理论（Expectancy Theory），又称作"效价—手段—期望理论"，是由北美著名心理学家和行为科学家维克托·弗鲁姆（Victor H. Vroom）于1964年在《工作与激励》中提出来的激励理论。期望理论的基本内容主要包括期望公式和期望模式两个方面，其理论精髓表现如下。

1. 期望公式

期望理论认为，个体行为倾向的强度取决于个体对这种行为可能带来结果的一种期望值，以及这种结果对行为的个体来说所具有的吸引力。期望理论可以用公式表示如下：

激励力量（M）＝目标价值（V）×期望概率（E）

激励力量（motivation）是指个体产生行为动机的强度，也就是调动人的积极性、激发人内部潜力的程度。只有当激励力量达到一定强度时，才能让个体把愿望转化为行为的动机，从而产生行为。

目标价值（valence），又称作“效价”，这是一个心理学概念，是指个体对于某种结果的效用价值的判断，或者说，它是某种目标、结果对于个体所具有的价值和重要程度的评价。效价越大，吸引力越强，对于个体的激励效果也就越好。当然，同一目标，由于每个人所处的环境不同，需求不同，因此其需要的目标价值也就不同。

期望概率（expectancy），又称作期望值，是指个体对通过自己努力达到某种目标或结果的可能性大小的一种预测和判断。期望概率是个体主观上估计达到目标或结果的可能性。一般来说，实现目标或结果的可能性越大，也就越能调动人们的工作积极性。

总之，期望公式表明：目标价值大小直接反映了人们的需求动机强弱，期望概率反映了人们实现需求和动机的信心强弱。如果一个人把某种目标的价值看得很大，并且实现该目标的概率也很高，那么这个目标激发动机的力量就很强烈。

2. 期望模式

为了使激励力量达到最好值，弗鲁姆提出了一个著名的期望模式，如图7－4所示。

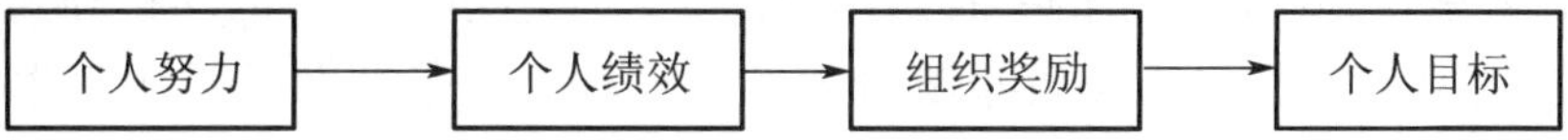

图7－4　弗鲁姆的期望理论模式

在该期望模式中，“个人努力”是指个体自发行为的强度；“个人成绩”是指个体预期达到的成绩或外界确定的成绩标准；“组织奖励”包括内在奖励（如赋予重任、提供发展机会等）和外在奖励（如提薪、晋级等）两种；“个人需要”指个体尚未得到满足的优势需要，它是外在目标发挥激励作用的内在基础。该模型说明，运用目标进行激励时，个体经历了两个层次的期望和效价的评估。期望Ⅰ是指个体根据目标难度与自我力量的分析，判断行为成功的概率。假如这个概率恰当，个体就有信心和动力去实现一级目标。期望Ⅱ指个体根据以往经验及情境条件分析，判断个人成绩导致组织奖励的概率。假如这个概率恰当，个体就会进一步评价组织奖励对满足个人需要的价值。因为人与人之间存在着个别差异，所以同一个目标对不同的人会产生不同的效价和期望。

弗鲁姆的期望模式辩证地提出了进行激励时需要处理好的四个方面的关系，这四个方面的关系也是调动人们工作积极性的四个条件。其一，努力和绩效的关系。这两者的关系取决于个体对目标的期望值，期望值又取决于目标是否适合个人的认识、态度、信仰等个性倾向，以及个人的社会地位、别人对他的期望等社会因素。也就是说，由目标本身和个人的主客观条件决定。其二，绩效与奖励的关系。人们总是期望在达到预期成绩后，能够得到合适的组织奖励，如奖金、晋升、提级、表扬等。个体认为取得绩效后，没有相应的物质和精神奖励来强化，时间一长，积极性就会消失。其三，奖励和满足个人需要的关系。人们总是希望自己所获得的奖励能够满足自己某些方面的需求。不过，奖励要适合不同人的不同需要，要考虑效价。因此，组织要采取多种形式的奖励，满足各种不同的个体需要，以最大的限度挖掘人力资本的潜力和以最有效的方式提高工作效率。其四，需求的满足与新的行为动力之间的关系。当一个人的需求得到满足之后，他会产生新的需要和追求新的期望目标。需求得到满足的心理会促使他产生新的行为动力，并对实现新的期望目标产生更高的热情。

3. 期望理论对现代企业管理的启示

在现实的企业管理实践中，为了使激励力量达到最佳效果，根据弗鲁姆的期望理论，首先应当注意目标的设置。心理学认为，恰当的目标能给人以期望，使人产生心理动力，从而激发起热情、产生积极行为。因此，在设置目标时，必须考虑以下两个原则：第一，目标必须与员工的物质需要和精神需要相联系，使他们能从组织的目标中看到自己的利益，得到较大效价。第二，先让员工看到目标实现的可能性很大，增加期望概率。其次，组织要向员工展示科学有效的、公正的、客观明确的员工绩效评估体系。再者，组织应该向员工做出针对绩效奖励的承诺。

7.2.2.2 公平理论

公平理论又称作社会比较理论，由美国心理学家约翰·斯塔希·亚当斯（John Stacey Adams）在《工人关于工资不公平的内心冲突同其生产率的关系》（1962，与罗森鲍姆合写），《工资不公平对工作质量的影响》（1964，与雅各布森合写）、《社会交换中的不公平》（1965）等著作中所提出来的一种激励理论。该理论是研究人的动机和知觉关系的一种激励理论，并且侧重于研究工资报酬分配的合理性、公平性及其对职工生产积极性的影响。

公平理论的基本观点是：人的工作积极性不仅与个人实际报酬多少有关，而且与人们对报酬的分配感到是否公平更为密切。人们总会自觉或不自觉地将自己付出的劳动代价及其所得到的报酬进行种种比较，并对公平与否做出判断。公平感直接影响职工的工作动机和行为。因此，从某种意义来讲，动机的激发过程实际上是人与人进行比较，做出公平与否的判断，并据此指导行为的过程。一般来说，比较有两种，它们分别是横向比较和纵向比较。

1. 横向比较

所谓横向比较，就是指一个人要将自己所获得的“报偿”（包括金钱、工作安排、所获得的赏识等）与自己的“投入”（包括教育程度、所作努力、用于工作的时间、精力、其他无形损耗等）的比值与组织内的其他人作社会比较，只有在相等时个体才认为公平。如下式所示：

$$O_P/I_P = O_C/I_C$$

式中，O_P 表示自己对所获报酬的感觉；O_C 表示自己对他人所获报酬的感觉；I_P 表示自己对个人所作投入的感觉；I_C 表示自己对他人所作投入的感觉。

当上式为不等式时，可能会出现以下两种情形：

（1）$O_P/I_P < O_C/I_C$。在这种情形下，个体可能要求增加自己的收入或减少自己今后的努力程度，以便使左方增大，趋于相等；第二种办法是个体可能要求组织减少比较对象的

收入或让其今后增大努力程度以便使右方减少趋于相等。此外，个体还可能另外找人作为比较对象以便达到心理上的平衡。

（2）$O_P/I_P > O_C/I_C$。在这种情形下，个体可能要求减少自己的报酬或在开始时自动多做些工作，但久而久之个体会重新估计自己的技术和工作情况，直到觉得自己确实应当得到那么高的待遇时，产量又会回到过去的水平了。

2. 纵向比较

除了横向比较外，人们也经常做纵向比较。所谓纵向比较，就是指把自己目前投入的努力与目前所获得报偿的比值，同自己过去投入的努力与过去所获报偿的比值进行比较，只有相等时他才认为公平。如下式所示：

$$O_P/I_P = O_H/I_H$$

式中，O_P 表示自己对现在所获报酬的感觉；O_H 表示自己对过去所获报酬的感觉；I_P 表示自己对个人现在所作投入的感觉；I_H 表示自己对个人过去所作投入的感觉。

当上式为不等式时，也可能会出现以下两种情况：

（1）$O_P/I_P < O_H/I_H$。当出现这种情况时，人也会有不公平的感觉，这可能导致工作积极性下降。

（2）$O_P/I_P > O_H/I_H$。当出现这种情况时，人不会因此产生不公平的感觉，但也不会觉得自己多拿了报偿，从而主动多做些工作。

在现实的企业管理实践中，公平理论为企业管理人员公平对待每一个员工提供了一种分析处理问题的方法，对于有效地激励员工和组织管理有较大的启示意义。具体而言，首先，企业管理人员要引导员工形成正确的公平感，多看到他人的长处，认识自己的短处，客观公正地选择比较基准，多在自己所在的地区、行业内比较，尽可能看到自己报酬的发展和提高，避免盲目攀比而造成不公平感。其次，由于职工的公平感不仅对职工个体行为有直接影响，还将通过个体行为影响整个组织的积极性，因此，在组织管理中，管理者要着力营造一种公平的氛围。如正确引导职工言论，减少因不恰当舆论传播而产生的消极情绪；经常深入群众中，了解职工工作与生活中的实际困难，及时帮助解决；关心照顾弱势群体等。其三，领导者的管理行为必须遵循公正原则。领导行为是否公正将直接影响职工是否能正确选择比较对象，如领导处事不公，职工必将选择受领导“照顾者”作比较基准，以致增大比较结果的反差而产生不公平心理。因此，组织管理者要平等地对待每一位职工，公正地处理每一件事情，依法管理，避免因情感因素导致管理行为不公正。第四，报酬的分配要有利于建立科学的激励机制。对员工报酬的分配要体现“多劳多得，质优多得，责重多得”的原则，坚持精神激励与物质激励相结合的办法。

7.2.2.3 目标设定理论

目标设定理论（goal setting theory ）是从行为的目的性出发来对行为动机进行研究的一种激励理论。它是由美国马里兰大学管理学兼心理学教授爱德温·洛克（Edwin A. Locke）和他的同事历经20年的时间，对8个国家、88个企业的4000多位工作者进行调查研究后总结出来的。他们的研究发现，大多数的激励因素都是通过目标来影响工作动机的，因此，在管理过程中重视并设置合理的目标是激励员工提高工作积极性的一种重要方法。

目标设定理论认为，目标是人们行为的最终目的，是人们预先规定的、合乎自己需要的"诱因"，是激励人们的有形的、可以测量的成功标准。目标本身就具有激励作用，它能把人的需要转变为动机，使人们的行为朝着一定的方向努力，并将自己的行为结果与既定的目标相对照，及时进行调整和修正，从而实现既定的目标。这种把需要转化为动机，再由动机支配行动以达成目标的过程就是目标激励。达到目标是一种强有力的激励，是完成工作最直接的动机，也是提供激励水平的重要过程。目标激励的效果受目标本身的性质和周围变量的影响。

1. 目标设定理论的基本模式

目标有两个最基本的属性：明确度和难度。①从明确度来看，目标内容可以是模糊的，也可以是明确的。明确的目标可使人们更清楚要怎么做，付出多大的努力才能达到目标。目标设定得明确，也便于评价个体的能力。相反，模糊的目标不利于引导个体的行为和评价他的成绩。因此，目标设定得越明确越好。事实上，明确的目标本身就具有激励作用，因为人们有希望了解自己行为的认知倾向，对行为目的和结果的了解能减少行为的盲目性，提高行为的自我控制水平。②从难度来看，目标可以是容易的、中等的、难的或者是不可能完成的。难度依赖于人和目标之间的关系，同样的目标对某人来说可能是容易的，而对另一个人来说可能是困难的，这取决于他们的能力和经验。一般来说，目标的绝对难度越高，人们就越难以完成。一般认为，绩效与目标难度水平之间存在着线性关系，是因为人们可以根据不同的任务难度来调整自己的努力程度。当然，这是有前提的，其前提条件就是完成任务的人有足够的能力、对目标有高度的承诺。在这样的条件下，任务越难，绩效越好。目标对绩效直接产生的影响可用模型表示，如图 7－5 所示。

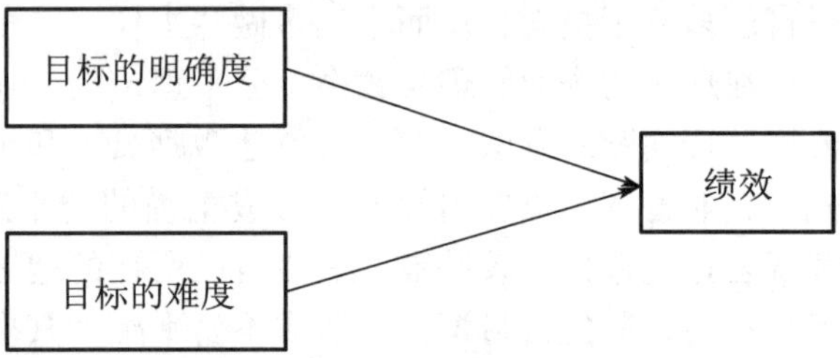

图 7－5　目标设定理论的基本模型

2. 目标设定理论的扩展模式

在目标设定与绩效之间还有其他重要的因素产生影响，这些因素包括对目标的承诺、反馈、自我效能感、任务策略、满意感等。

（1）承诺。承诺是指个体被目标所吸引，认为目标重要，持之以恒地为达到目标而努力的程度。个体在最强烈地想解决一个问题的时候，最能产生对目标的承诺，并真正解决问题。

（2）反馈。反馈是组织里常用的激励策略和行为矫正手段。目标与反馈结合在一起更能提高绩效。目标给人们指出应达到什么样的目的或结果，同时它也是个体评价自己绩效的标准。反馈则告诉人们这些标准满足得怎么样，哪些地方做得好，哪些地方尚有待于改进。

（3）自我效能感。自我效能感是个体在处理某种问题时能做得多好的一种自我判断，它是以对个体全部资源的评估为基础的，包括能力、经验、训练、过去的绩效、关于任务的信息等。目标激励的效果与个体自我效能感的关系也是目标设定理论中研究得比较多的内容。当对某个任务的自我效能感强的时候，对这个目标的承诺就会提高。这是因为高的自我效能感有助于个体长期坚持在某一个活动上，尤其是当这种活动需要克服困难、战胜阻碍时。高自我效能感的人比低自我效能感的人坚持努力的时间要长。

（4）任务策略。任务策略是指个体在面对复杂问题时使用的有效的解决方法。尤其是当面临困难任务时，仅有努力、注意力和持久性是不够的，还需要有适当的任务策略。要想完成目标，得到更好的绩效，选择一个良好的任务策略是至关重要的。

（5）满意感。当个体经过种种努力终于达到目标后，如果能得到他所需要的报酬和奖赏，就会感到满意；如果没有得到预料中的奖赏，个体就会感到不满意。同时，满意感还受到另一个因素的影响，就是个体对他所得报酬是否公平的理解。另外，目标的难度也会影响满意感。

综合考虑以上几个方面的影响因素，就形成了扩展的目标设定理论，也被称作高绩效循环模型（high performance cycle），如图7－6所示。该模型从明确的、有难度的目标开始，如果对这些目标设定了高度承诺、恰当的反馈、高的自我效能感以及适宜的策略，就会产生高的绩效。假如高的绩效获得了希望的回报，例如有吸引力的奖赏，就会产生高的满意感。工作满意感与工作承诺联系在一起。高的承诺使人们愿意为该项工作留下。此外，高度的满意感还能增强自我效能感。人们的满意感和对工作的承诺使他们愿意接受新的挑战，这样就能导致新一轮高绩效的产生。反过来，如果没有满足这个高绩效循环的要求，如低挑战性，缺少回报，就会导致低绩效循环。

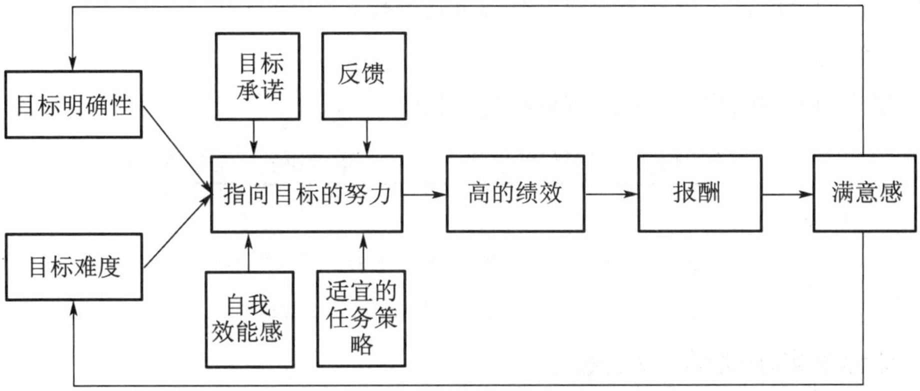

图7－6　扩展的目标设定理论的模型

自洛克1967年提出目标设定理论，40多年来的研究有力地证明了从目标设定的观点来研究激励的方法是有效的。在这个领域已经取得了很多有意义的成果，这些理论成果也已应用到实际管理工作中去，给实际工作带来了很大帮助。但是，在通过设定目标提高工作表现的实操中，要注意以下四个问题：①目标的难度必须适中，太容易达到的目标使人失去对工作的兴趣；相反，太困难的目标也会使人对目标的完成失去信心。②目标必须明确，最好是能够清楚地衡量是否达到目标。③在工作进行过程中应当为员工提供反馈。因为反馈可以使员工知道自己的工作进度，以及离目标还有多远，能起到激励的作用。④必须使员工投入到实现目标的努力之中。员工接受了目标并不表示他会投入其中，但假如达到目标可以得到奖赏，或者上级适当地利用职权进行惩罚，都可使员工努力地争取达到目标。

7.2.3　修正型激励理论

内容型和过程型激励理论都是研究如何激发人的动机、调动人的积极性的问题，而修正型激励理论则是探讨如何引导人们改正错误的行为，强化正确的行为。修正型激励理论主要包括强化理论和挫折理论两个子流派。

7.2.3.1 强化理论

强化理论是美国的心理学家和行为科学家斯金纳（Burrhus Frederic Skinner）等人提出的一种理论，也称为行为修正理论或行为矫正理论。斯金纳所倡导的强化理论是以学习的强化原则为基础的关于理解和修正人的行为的一种学说。不过，最早提出强化概念的是俄国著名的生理学家巴甫洛夫，他首先提出了“经典条件反射”。在其经典条件反射中，实验对象的行为是刺激引起的反应，称为“应答性反应（respondents）”。强化指伴随于条件刺激物之后的无条件刺激的呈现，是一个行为前的、自然的、被动的、特定的过程。在巴甫洛夫经典条件反射的基础上，斯金纳提出了一种“操作条件反射”理论，认为人或动物为了达到某种目的，会采取一定的行为作用于环境。当这种行为的后果对他有利时，这种行为就会在以后重复出现；不利时，这种行为就减弱或消失。人们可以用这种正强化或负强化的办法来影响行为的后果，从而修正其行为。斯金纳的实验对象的行为是有机体自主发出（emitted）的，称为“操作性反应（operant）”。而强化是一种人为操纵，是指伴随于行为之后以有助于该行为重复出现而进行的奖罚过程。

1. 强化的类型

基于强化理论，强化通常包括四种类型，如图 7－7 所示。

	令人愉快或所希望的事件	令人不愉快或不希望的事件
事件的出现	正强化 （行为变得更加可能发生）	惩罚 （行为变得更加不可能发生）
事件的取消	消退 （行为变得更加不可能发生）	负强化 （行为变得更加可能发生）

图 7－7　强化理论模型

（1）正强化，又称作积极强化。它是指当人们采取某种行为时，能从他人那里得到某种令其感到愉快的结果，这种结果反过来又成为推动人们趋向或重复此种行为的力量。例如，企业用某种具有吸引力的结果（如奖金、休假、晋级、认可、表扬等），以表示对职工努力进行安全生产的行为的肯定，从而增强职工进一步遵守安全规程进行安全生产的行为。

（2）负强化，又称消极强化。它是指通过某种不符合要求的行为所引起的不愉快的后果，对该行为予以否定；然而，若能够按照所要求的方式行动，就可减少或消除令人不愉快的处境，从而也增大了符合要求的行为重复出现的可能性。例如，企业安全管理人员告知工人不遵守安全规程就要受到批评，甚至得不到安全奖励，所以工人为了避免这种不期望的结果，而认真按操作规程进行安全作业。

（3）自然消退，又称衰减。它是指对原先可接受的某种行为强化的撤销。由于在一定时间内不予强化，此行为将自然下降并逐渐消退。例如，企业曾对职工加班加点完成生产定额给予奖酬，后经研究认为这样不利于职工的身体健康和企业的长远利益，因此不再给予奖酬，加班加点的职工自然逐渐减少。

（4）惩罚。惩罚产生于一些行为之后所出现的一个令人不愉快或不如意的事件，并使这种行为在以后尽可能少发生的情境下。惩罚是负强化的一种典型方式，即在消极行为发生后，以某种带有强制性、威慑性的手段（如批评、行政处分、经济处罚等）给人带来不愉快的结果，或者取消现有的令人愉快和满意的条件，以表示对某种不符合要求的行为的否定。

正强化是用于加强所期望的个人行为；负强化（包括惩罚）和自然消退的目的是减少和消除不期望发生的行为。这三种类型的强化相互联系、相互补充，构成了强化的体系，并成为一种制约或影响人的行为的特殊环境因素。

2. 强化理论应用的一般原则

在强化理论的实际应用中，关键在于如何使强化机制协调运转并产生整体效应，其应遵循以下五个方面的原则：①应以正强化方式为主；②采用负强化（尤其是惩罚）手段要慎重；③注意强化的时效性；④因人而异，采用不同的强化方式；⑤利用信息反馈增大强化的效果。

3. 强化理论对企业管理的启示

强化理论对企业的管理实践具有重要的指导作用，结合上面关于强化理论应用的五个原则，对企业管理的启示具体体现在以下几个方面：

（1）奖励与惩罚相结合。也就是说，对正确的行为和有成绩的个人或群体给予适当的奖励；同时，对于不良行为及一切不利于组织工作的行为则要给予处罚。大量实践证明，奖惩结合的方法优于只奖不罚或只罚不奖的方法。

（2）以奖为主，以罚为辅。强调奖励与惩罚并用，并不等于奖励与惩罚并重，而是应以奖为主，以罚为辅，因为过多运用惩罚的方法会带来许多消极的作用，在运用时必须慎重。

（3）及时而正确强化。所谓及时强化是指让人们尽快知道其行为结果的好坏或进展情况，并尽量地予以相应的奖励；而正确强化就是要“赏罚分明”，即当出现良好行为时就给予适当的奖励，而出现不良行为时就给予适当的惩罚。及时强化能给人们以鼓励，使其增强信心并迅速地激发工作热情，但这种积极性的效果是以正确强化为前提的；相反，乱赏乱罚决不会产生激励效果。

（4）奖人所需，形式多样。要使奖励成为真正强化因素，就必须因人而异地进行奖励。每个人都有自己的特点和个性，所需也各不相同，因此他们对具体奖励的反应也会大不一样。奖励应尽量不搞一刀切，应该奖人之所需，形式多样化，只有这样才能起到奖励的效果。

7.2.3.2 挫折理论

挫折理论是由美国的行为科学家亚当斯（J. S. Adams）提出的。不过，挫折理论的渊源最早可以追溯到20世纪极负盛名的奥地利心理学家弗洛伊德（S. Freud）所创立的精神分析学说。有关挫折的系统的心理学阐释，包括挫折的含义、内容、形式、原因以及解决挫折的方法等，属于动机理论范畴。一般而言，挫折是指人类个体在从事有目的的活动过程中，指向目标的行为受到障碍或干扰，致使其动机不能实现，需要无法满足时所产生的情绪状态。挫折理论主要揭示人的动机行为受阻而未能满足需要时的心理状态，并由此而导致的行为表现，力求采取措施将消极性行为转化为积极性、建设性行为。

1. 挫折产生的四种情形

个体受到挫折与其动机实现密切相关，人的动机导向目标时，受到阻碍或干扰有四种情况：

（1）虽然受到干扰，但主观和客观条件仍可使其达到目标；

（2）受到干扰后只能部分达到目标或使达到目标的效益变差；

（3）由于两种并存的动机发生冲突，暂时放弃一种动机，而优先满足另一种动机，即修正目标；

（4）由于主观因素和客观条件影响很大，动机的结局完全受阻，个体无法达到目标。其中，第四种情况下人的挫折感最大，第二和第三种情况次之。挫折是一种普遍存在的心理现象，在人类现实生活中，不但个体动机及其动机结构复杂，影响动机行为满足的因素也极其复杂。因此，挫折的产生往往是不以人们的主观意志为转移的。

2. 挫折产生的原因与必备条件

引起挫折的原因既有主观的，也有客观的，主观原因主要是指个人因素，如身体素质不佳、个人能力有限、认识事物有偏差、性格缺陷、个人动机冲突等；客观原因主要是指社会因素，如企业组织管理方式引起的冲突、人际关系不协调、工作条件不良、工作安排不当等。应该说，挫折的形成是由于人的主观认知与外界刺激因素相互作用失调所引发的结果。然而，挫折心理的实际发生需要三个必备条件：①个人所期望的目标是重要的、强烈的；②个人认为这种目标有可能达成；③在目标与现实中存在难以克服的障碍。

3. 挫折心理的态度与对人的影响

对于同样的挫折情境，不同的人会有不同的感受，引起某一个人挫折的情境，不一定是引起其他人挫折的情境。挫折的感受因人而异的原因主要是人的挫折容忍力不同。根据不同人的心理特点，受到挫折后的行为表现主要体现为两种类型：其一，采取积极进取态度，即采取减轻挫折和满足需要的积极适应态度；其二，采取消极态度，甚至是对抗态度，诸如攻击、冷漠、幻想、退化、忧虑、固执和妥协等。与之相对应，挫折对人的影响具有两面性：一方面，挫折可增加个体的心理承受能力，使人猛醒，汲取教训，改变目标或策略，从逆境中重新奋起；另一方面，挫折也可使人们处于不良的心理状态中，出现负向情绪反应，并采取消极的防卫方式来对付挫折情境，从而导致不安全的行为反应。

4. 挫折理论对企业管理的启示

在企业的日常管理实践中，由于员工受到挫折后往往会产生不良的情绪反应及相伴随的消极性行为，这不仅会对职工的身心健康不利，而且也会影响企业的安全生产，甚至易于导致事故的发生。因此，企业管理者应该高度重视员工的挫折问题，采取有效措施，最大限度避免挫折心理给员工本人和企业的正常生产所带来的不利影响。对此，企业可以采取如下措施：

（1）培养员工掌握正确战胜挫折的方法，教育员工树立远大的目标，不要因为眼前的某种困难和挫折而失去前进的动力；

（2）正确对待受挫折的员工，为他们排忧解难，维护他们的自尊，使他们尽快从挫折情境中解脱出来；

（3）要积极改变情境，避免受挫折员工“触景生情”，防止造成心理疾病和越轨行为；

（4）通过培训提高职工工作能力和技术水平，增加个人目标实现的可能性，减少挫折的主观因素；

（5）开展心理保健和咨询，消除或减弱挫折心理压力。

7.2.4 综合型激励理论

上面所讲的几种激励理论无论是内容型激励理论、过程型激励理论还是修正型激励理论，只是涉及了激励问题的某一个侧面，要想全面、系统地认知激励理论，还有赖于对先前几种激励理论的综合与集成。应该说，综合型激励理论就是基于这种思路，在先前的几种激励理论的基础上，进一步综合、归纳、集成，以一种更加综合、全面、系统的视角探讨激励问题，为充分解决如何调动人的积极性问题指出了更为有效的途径。当前最具代表性的综合型激励理论是波特与劳勒的综合型激励模型。

7.2.4.1 波特与劳勒综合激励模型的运作机理

1968 年，美国行为科学家莱曼·波特（L. W. Porter）和爱德华·劳勒（E. E. Lawer）提出了综合激励模型。在这个模型中，波特与劳勒把激励过程看成外部刺激、个体内部条件、行为表现、行为结果相互作用的统一过程，从而把行为主义的外在激励和认知派的内在激励有机地整合起来。波特与劳勒的综合激励模型如图 7－8 所示。从该模型中可以看出，一个人经过努力后做出成绩，将会得到两类报酬，一类是外在报酬，包括工资、地位、提升、安全感等。基于马斯洛的需求层次理论，外在报酬往往满足的是一些低层次的需要。由于一个人的成绩，特别是非定量化的成绩往往难于精确衡量，而工资、地位、提升等报酬的取得也包含多种因素的考虑，不完全取决于个人成绩，所以在图中用了一条曲折的线把工作成绩与外在报酬联系起来，表示二者并非直接的、必然的因果关系。另一种报酬是内在报酬，也就是一个人由于工作成绩良好而给予自己的报酬，如感到对社会做出了贡献、对自我存在的意义及能力的肯定等，它对应的是一些高层次需要的满足，而且与工作成绩直接相关。但是，“内在报酬”与“外在报酬”并不能直接决定个体对工作的“满足”或“满意”，而是要经过“个体所理解的公正报酬”或“公平感”来调节。也就是说，一个人要把自己所得到的报酬同自己认为应该得到的报酬相比较，如果他认为相符合，他就会感到满足，以此为激励以便更好地努力；如果他认为自己得到的报酬低于“所理解的公正报酬”，那么，即使事实上他得到的报酬量并不少，他也不会感到满足，甚至失落，继而影响以后的努力。

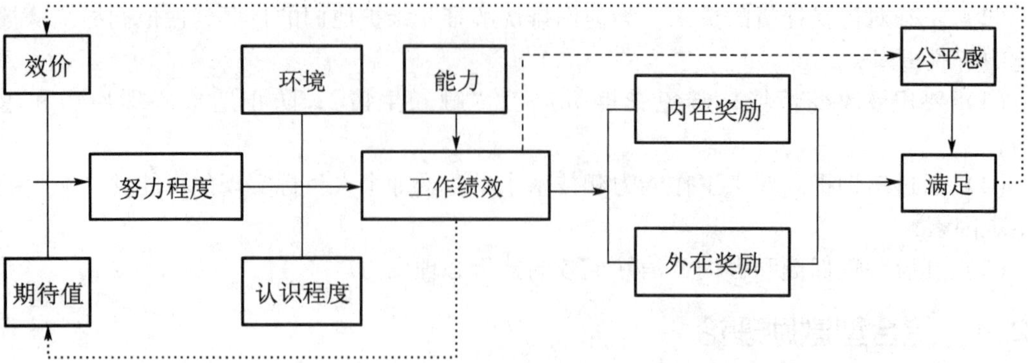

图 7－8　波特与劳勒的综合激励模型

所以，波特与劳勒的综合激励模型告诉我们，不要以为设置了激励目标、采取了激励手段，就一定能获得所需的行动和努力，并使员工满意。事实上，要想形成激励→努力→绩效→奖励→满足并从满足回馈努力这样的良性循环，还取决于奖励内容、奖惩制度、组织分工、目标导向行动的设置、管理水平、考核的公正性、领导作风及个人心理期望着多种综合性因素。因此，尽管该理论的提出至今已 50 年，但是在今天看来仍有相当的现实意义。

7.2.4.2　波特与劳勒综合激励模型的主要特点

波特与劳勒综合激励模型的特点主要表现在以下几个方面。

（1）“激励”将会影响一个人是否努力及其努力的程度，而“激励”的大小又由完成该工作时所获得的激励价值和个人做出努力后可能获得奖励的期望概率所决定的；

（2）工作的实际绩效不仅取决于努力程度，还取决于个体能力的大小、外部环境条件的约束以及个体对自己工作的认知理解等因素；

（3）奖励要以工作绩效为前提，必须先完成组织任务才能获得精神的和物质的奖励；

（4）当员工发现奖励与工作绩效关联性很差时，奖励将难以成为提高绩效的刺激物；

（5）奖惩措施是否会让员工满意，取决于员工是否认为获得的报偿公平；换句话说，如果他认为符合公平原则，当然会感到满意，否则就会感到不满；

（6）人们对绩效与奖励的满足程度反过来又影响以后的激励价值。

7.2.4.3　波特与劳勒综合激励模型的应用

基于综合激励模型的机理与特征，企业管理者必须将努力—业绩—报酬—满足这个连锁过程切实贯彻到企业员工的激励过程中去，并结合员工的认知、能力、素质、客观环境等因素，促使这个连锁过程形成积极正向的良性循环。只有这样，才能够有效地激励员工，做到人尽其才，人尽其位。

7.3　激励工作系统设计

在实际的企业管理实践中，激励主要表现为管理主体运用各种方法手段作用于管理对象（员工），使之为实现企业目标而做出努力与贡献的动态过程。为最大限度地保证这一过程的有效运行，企业管理人员有必要对激励工作系统进行科学的系统设计，包括在确定激励模式的基础上设定激励原则、确立激励方法等方面。只有经过周密、科学的系统设计，才能够推动激励过程的顺利实施，达到最大限度地激发员工工作积极性的目的。

7.3.1 激励的原则与注意事项

7.3.1.1 激励的原则

1. 系统性原则

激励是一种极为复杂的心理与行为现象，它不仅受到员工的需求内容、动机强度、个性特征等因素的影响，还受到企业外部环境、企业组织文化等因素的制约。因此，在激励过程中，必须坚持系统性原则，从总体上、全局上把握激励各要素之间以及要素与整体之间的内在联系，在发挥各个要素独特效用的同时，充分重视各种激励机制、各种激励方法与手段以及相关影响因素的协同配合与综合运用，以最大限度促进激励系统的总体功能达到最优化。

2. 差异化原则

在当代企业管理实践中，企业激励的对象往往是众多相互独立的员工个体，他们在需求结构、个性特征、文化背景、能力素质等方面均存在不同程度的差异，特别是随着“80后”“90后”新生代员工的不断崛起，这种多元化、个性化的需求结构表现得尤为突出。例如，有些员工对交往、归属等情感诉求表现得非常强烈，有些员工对自我价值实现需求表现得突出，还有些员工对自尊需求表现得特别敏感；有些员工希望从事常规性、程序化的工作，有些员工则希望从事创造性、极具挑战性的工作；有些员工希望随时都能够得到工作的反馈，而有些员工只在乎工作过程的趣味性；等等。另外，随着企业内外部环境的动态变化以及时间的推移，员工自身的需求内容、需求结构、思想观念、认知水平也会发生相应的改变。凡此种种，使得企业的激励过程变得愈加复杂化。这往往导致同一激励诱因或方式作用于企业的不同员工、不同时期或不同环境，都会引起迥然不同的反应与效果。为适应这种动态、复杂、不确定的局面，在实际的激励过程中，必须坚持差异化原则，根据激励对象、激励环境、激励时期的不同而采取相应的激励方法与手段，以求达到最佳的激励效果。

3. 物质激励与精神激励相结合的原则

在一个企业组织中，企业员工的需求结构呈现出明显的多元化趋势，他们既注重物质利益的实现，又要追求精神需求的充分满足。作为企业的管理人员，在激励过程中必须充分了解员工的多元化、个性化需求构成，一方面要善于运用工资、奖金、福利、工作条件改善等物质激励手段与方法，通过满足员工的物质需求来充分调动员工的工作积极性；另一方面，也要高度重视精神激励手段与方法的有效运用，充分满足员工的社交、自尊、成就、自我价值实现等方面的精神需求，以形成更强大、更持久的激励效果。大量的实践充分表明，物质激励和精神激励是互为条件、相互作用、相辅相成的。只有将二者充分有机地结合起来，才能够最大限度地达到激发员工工作积极性的目的，削弱其中任何一方都会显著地降低激励效果。

4．正激励与负激励相结合的原则

与前面提到的差异化原则相一致，在激励过程中，必须坚持正激励与负激励相结合的原则。正激励是指运用某种正面、积极、建设性的措施，如赞赏、认可、晋升、改善工作环境等手段，以表示对员工行为的肯定或认可。而负激励则是指对员工不良的行为或业绩，采取某种负面、消极或惩罚性的措施，如批评、扣发工资、降级、处分等手段，以表示对员工行为的否定或不认可。

5．内激励与外激励相结合的原则

依照作用方式的不同，可以将激励分为内激励与外激励两种类型。与前面提到的差异化原则相一致，在激励过程中，必须坚持内激励与外激励相结合的原则。内激励是指通过工作的趣味性、价值、挑战性以及完成工作的成就感等激发员工的积极性；而外激励则是借助于工作以外的奖励报酬、改善工作环境、晋升等引发员工的积极性。二者必须有效的结合，才能够最大限度地发挥激励的效果。

6．组织目标与个人目标相结合的原则

激励的目的往往都是双重的，既要有效达成组织目标，也要在实现组织目标的过程中实现员工的个人目标。然而，在实际的企业管理实践中，组织目标和员工个人目标之间往往存在冲突或矛盾。为了有效地激励员工，企业管理者必须重视培养或引导员工的个人目标，使其与组织目标保持一致性或相容性，从而实现组织和个体的和谐发展。

7.3.1.2 激励的注意事项

正确地运用激励原则，可以有效地提高激励的效果，以达到企业管理中预先设定的组织目标。一般而言，激励原则的运用应注意把握以下四个方面的因素。

1．准确地把握激励时机

在企业管理实践中，并不存在一种绝对有效的、时时适宜的激励时机，激励时机的选择是随机制宜的。企业管理者应根据具体客观条件，灵活地选择激励的时机或采用综合激励的形式，有效地发挥激励的作用。

2．采取恰当的激励频率

激励频率是指在一定时间进行激励的次数，它一般以一个工作学习周期为时间单位。激励频率与激励效果之间并不是简单的正比关系，在某些特殊条件下，两者可能成反比关系。因此，只有区分不同情况，采取相应的激励频率，才能有效发挥激励的作用。

3．恰当地运用激励程度

激励程度是激励机制的重要因素之一，与激励效果有极为密切的联系。所谓激励程度是激励量的大小，即奖赏或惩罚标准的高低。能否恰当地掌握激励程度，直接影响激励作用的发挥，过量激励和不足量激励不但起不到激励的真正作用，有时甚至会起反作用，造成对工作积极性的挫伤。因此，要求企业管理者从量上把握激励，做到恰如其分，激励程度要适中，超过了一定的限度或不到一定程度，激励的作用就不能得到充分的发挥。

4．正确地确定激励方向

所谓激励方向是指激励的针对性，即针对什么样的内容来实施激励，它对激励效果也有显著影响。马斯洛的需求层次理论有力地表明，激励方向的选择与激励作用的发挥有着非常密切的关系。当某一层次的优势需求基本上得到满足时，应该调整激励方向，将其转移到满足更高层次的优先需求，这样才能更有效地达到激励的目的。还有一点要指出的是，激励方向的选择是以优先需求的发现为其前提条件的，所以及时发现下属的优先需求是企业管理者实施正确激励的关键。

7.3.2 激励的方法

将前面所讲的各种激励理论运用于企业实践，是一个创造性的过程。理论所描述的只是一般性的原理和规律，而在企业实践中所碰到的问题往往都是千差万别、千变万化的，这就需要企业管理者灵活运用各种激励理论，并在具体的企业实践中结合组织特点进行大胆探索，摸索出行之有效的激励方法或方式。下面简要介绍几种在企业实践中运用较为广泛的激励方法。

7.3.2.1 工作丰富化

工作丰富化通常是指，通过改进组织工作任务设计、丰富组织成员工作内容、赋予组织成员更多的尝试机会以增加工作本身的刺激性与挑战性，使组织成员获得发挥聪明才智与取得个人成就的机会，从而能够有效地实现组织的两个目的：一方面，增强了组织成员的满足感与成就欲，为更好地开展工作与提升组织向心力、凝聚力打下坚实的基础；另一方面，可以有效地提高组织成员的工作效率，并使组织取得良好的绩效。一般来说，工作丰富化立足于满足组织成员的成就感、创造欲、自我实现等高层次的心理诉求，力求使组织成员从工作本身获得激励，而无须过多地依赖外在奖励与报酬的刺激，因而对工资、奖金、工作环境等问题的关注程度相对较低。另外，大量的企业实践也证明，实行工作丰富化确实可以比较稳定、持久地激发组织成员的工作积极性，具有非常良好的激励效果。

在具体的企业管理实践中，通常可以采取以下措施来促进组织成员的工作丰富化。

(1) 认清组织成员之间的个体差异，根据组织成员的个性、态度、不同心理诉求等因素，并结合企业的实际情况，对组织成员进行人与工作的有机匹配；

(2) 安排与鼓励组织成员定期轮换工作岗位与工种，以及参与某项业务活动的全过程；

(3) 在决定诸如工作方式方法、工作次序安排、作业速度等方面给予组织成员以更大的自由；

(4) 使每个组织成员对自己的工作负有明确的责任；

(5) 把工作完成情况及时反馈给组织成员；

(6) 使组织成员明确认识到自己的工作与贡献对企业组织整体发展的重要意义。

需要注意的是，工作丰富化的激励作用是有限定条件的，而且其效果大小往往也因人及情况而异，其原因主要体现在以下两个方面：一方面，通常并非所有组织成员都具有渴望丰富工作内容的心理诉求。大量的激励实践研究表明，组织中层次或水平较低的员工，通常更关注职业的稳定、工资的增加、良好的人际关系以及领导的关心等外部因素的满足；相对而言，只有那些具有较高成就欲、具有较强自我价值实现诉求的员工，才渴望通过丰富的工作内容来施展其才华与抱负，并实现自我的最大价值。另一方面，在现实的企业管理实践中，也并非所有的工作都适宜丰富化。例如，某些技术性与专业性非常强的工种、流水线作业的工种、受机器运转规律严格制约的工种等，频繁地变换人员往往会严重影响组织运作的效率，也因此，这些企业相对而言难以实现工作丰富化。所以，在运用工作丰富化的方法进行激励时，必须充分考虑到组织成员的层次差异、需求差异以及工作性质的差异，切忌简单划一，否则会适得其反。

7.3.2.2 员工参与管理

员工参与管理是现代企业管理的基本制度，也是有效激励的重要方法之一。大量的企业管理实践与相关研究表明，在企业管理中赋予组织成员较大的自主权与参与权，如：鼓励组织成员实行自治管理，鼓励组织成员参与企业重大问题的商讨与决策，鼓励组织成员对管理人员实行监督等。这些举措可以有效地满足组织成员多方面的诉求，极大地激发起组织成员采取积极行为的动机，进而达到有效激励的目的。

具体来说，员工参与管理的形式多种多样，但通常不外乎以下几种形式：建立组织成员代表大会制度，为组织成员全面行使民主权利、参与决策、实施监督以及保障员工权益等制度保障；成立有若干比例组织成员参与的工厂委员会，保证组织成员能够直接参与企业的一些重大决策；设立组织成员提案建议制度，鼓励组织成员就企业经营管理问题积极发表意见与提出合理化建议；吸收组织成员参股入股，通过组织成员与企业股东双重身份的兼容，可以有效促进组织成员个体利益与企业利益的高度融合，形成同甘共苦、休戚与共的命运共同体；促进组织成员自治小组的组建，让组织成员自主完成某项业务活动的全部程序，并承担相应的计划、组织、领导、控制等各项管理职能。总之，在员工参与管理的诸多形式中，很重要的一点就是，让组织成员参与组织目标的制定，并且确保组织成员个人认为其目标是可以实现的。

另外，员工参与管理所起的激励效果主要体现在以下三个方面：首先，通过参与管理活动，组织成员可以全面了解企业的有关情况，如企业发展规划、财务状况、人事变动、利润分配等，从而提高工作环境的透明度，使组织成员获得安全感与信任感，保持良好的心理状态与工作情绪。其次，通过直接参与决策制定过程并充分发表意见，可以提高组织成员对企业决策的认同与接受程度，形成心理上对组织的认同感与归属感，增强企业主人翁的责任感，并会在决策执行中采取积极主动合作或配合的工作态度。再者，通过参与管理，可以充分调动组织成员的个人潜能，最大限度地发挥其聪明才智，并提高组织成员对自身地位与存在价值的认识与认同，从而增强组织成员的自尊心、自信心、获得成就感以及自我价值实现需求的满足，最大限度地实现激励的效果。

7.3.2.3 薪酬与奖励

在人力资源管理实践中，薪酬与奖励是外在性激励的最主要方法之一，它是通过考评与鉴定组织成员的工作表现与工作成果，给予其相应的报酬与奖励，以此来达到激励组织成员工作积极性的目的。一般来说，薪酬与奖励的形式通常包括工资、奖金、晋升、表扬、福利等。

现有的激励理论研究表明，薪酬与奖励通常与多种激励因素息息相关：一方面，薪酬与奖励作为组织成员行为发生的诱因，可以引导组织成员制定特定的需求目标，并通过对个人目标的追求，有效地促进企业组织目标的实现。另一方面，薪酬与奖励作为组织成员行为结果的报酬，能够满足组织成员物质或精神等多方面的心理需求，成为其采取积极行为的强大驱动力。再者，薪酬与奖励对组织成员行为后果的重要反馈，通过薪酬与奖励，组织成员可以了解自身行为的正确与否、工作业绩的多少以及与企业组织目标的偏离程度，从而增加对薪酬与奖励激励的感受与反应强度，自觉地及时修正不合理的个人行为，并使组织成员的积极行为得以重复与延续。所以，薪酬与奖励对组织成员行为具有多方面的激励作用，是一种典型的综合性的激励手段。

另外，薪酬与奖励的激励效果大小往往取决于运用方式的正确与否。通常，在运用薪酬与奖励激励组织成员时，要注意把握以下几个方面的原则：其一，在薪酬与奖励中应坚持公平合理的原则，将薪酬与奖励的多少与组织成员的工作表现和贡献大小紧密结合起来，即奖励要与组织成员的业绩挂钩。其二，在给予组织成员物质奖酬的同时，也要充分重视精神奖酬的作用，最大限度地满足组织成员多元化的心理需求。其三，应经常将本企业的薪酬与奖励制度同其他同类型企业的薪酬与奖励制度进行横向比较，以避免本企业的薪酬与奖励水平明显低于其他企业，让组织成员产生不必要的不公平感。其四，应对企业内部各类人员的薪酬与奖励加以横向比较，以避免组织成员之间的薪酬与奖励不合理、不平衡，进而影响部分组织成员的满意程度与工作积极性。其五，应充分考虑不同组织成员对薪酬与奖励要求的差异性，适当采取个性化、多元化的奖励方法与形式，最大限度地满足更多组织成员的心理诉求与预期，以达到良好的激励效果。

【本章小结】

从管理学的角度看，激励是组织通过设计适当的工作任务、奖酬形式和工作环境，依托一定的行为规范和惩罚性措施，借助信息沟通，来激发、引导、保持和归化组织成员的行为，以有效实现组织及其成员个人目标的系统活动过程。激励是管理过程中不可或缺的一种手段、环节和活动，有效的激励可以成为组织发展的动力保证，可以最大限度地实现组织目标。

激励的心理机制，由需求引发动机、而动机又支配行为并进而指向预定的目标的整个过程，是人类行为的一般模式。需求、动机、目标作为激励的主要心理机制，分别处于行为形成过程的不同阶段，它们既相互独立，又相互依存，并按照所处阶段密切关联，顺次对人类行为发挥激励的作用，从而构成一个完整的激励过程。

激励理论是关于激励的基本原理、规律、机制以及方法的概括和总结，是激励在日常管理活动中有效发挥作用的理论基础。现有的激励理论大致可以分为四类：

（1）内容型激励理论，着重研究引发动机的因素，也就是研究如何从满足人们生理和心理上的需求来激励员工，主要包括需求层次理论、ERG 理论、双因素理论等；

（2）过程型激励理论，着重研究从动机产生到采取行动的心理过程，也就是在日常管理中如何为员工设定合理的外在目标来激励员工，主要包括期望理论、公平理论、目标设置理论等；

（3）修正型激励理论，也称作行为改造型理论，研究如何通过调整或转换人的行为以达到激励的目的，主要包括强化理论、挫折理论等；

（4）综合型激励理论，鉴于内容型激励、过程型激励和修正型激励模式都各有所侧重，也因此都存在着一定的局限性，美国学者波特尔和劳勒在总结归纳先前激励理论的基础上，提出了综合型激励理论模式，以寻求全面地认知激励的全过程。

为最大限度地激发员工工作积极性，企业管理人员有必要对激励工作系统进行科学的系统设计，包括在确定激励模式的基础上设定激励原则、确立激励方法等方面。激励的原则一般遵循六个方面：系统性、差异化、物质与精神相结合、正负激励相结合、内外激励相结合、组织目标与个人目标相结合。激励的主要方法通常包括工作丰富化、员工参与管理、薪酬与奖励等方面。

【复习思考】

1. 什么是激励？它的实质和功能是什么？
2. 激励有哪些典型的分类？
3. 如何理解激励的心理作用机制？
4. 激励的过程包含哪些？
5. 内容型激励理论有哪些主要流派？它们各自的主要内容和观点是什么？对当代企业管理有何启示？
6. 过程型激励理论有哪些主要流派？它们各自的主要内容和观点是什么？对当代企业管理有何启示？
7. 修正型激励理论有哪些主要流派？它们各自的主要内容和观点是什么？对当代企业管理有何启示？
8. 简述波特尔和劳勒的综合激励理论的主要内容和观点，以及对当代企业管理的启示。
9. 激励的原则及其应注意的事项有哪些？
10. 联系实际，论述如何有效地激励员工？

【阅读材料】

海底捞的员工管理秘诀[①]

海底捞的扩张速度不算快，从1994年创办，到现在整整17个年头，才60个连锁店，营业额也就十几亿元。海底捞所在的产业一点都不酷，就是火锅。它既不是资源垄断行业，也不是高科技行业，只要是中国人，自己在家都会涮。海底捞的商业模式并不独特，就是一锅一锅卖、一店一店开。但是，就是这样一家企业，先后在四川、陕西、河南等省荣获“先进企业”“消费者满意单位”“名优火锅”等十几项称号和荣誉，创新的特色服务赢得了“五星级”火锅店的美名，并连续多次被评为“最受欢迎10佳火锅店”“最受欢迎20佳餐馆”，获得“中国餐饮百强企业”名誉称号。如今，海底捞更是成为高校商学院甚至不同行业的企业纷纷研究的典范企业。

善待员工

海底捞董事长张勇说：“人心都是肉长的，你对人家好人家也就对你好；只要想办法让员工把公司当成家，员工就会把心放在顾客上。”张勇道出了海底捞的秘诀：善待员工，把员工当成家里人，海底捞也正是这么做的。

---

① 资料来源：https：//wenku. baidu. com/view/f3bafaf9ba0d4a7302763 a66. html.

善待员工首先要信任员工，而信任的标志就是授权。张勇在公司的签字权是 100 万元以上，100 万元以下是由副总、财务总监和大区经理负责；大宗采购部长、工程部长和小区经理有 30 万元签字权；店长有 3 万元签字权，这种放心大胆的授权在民营企业中实属少见。张勇对一线员工的信任更让同行匪夷所思。一线普通员工有给客人先斩后奏的打折和免单权。不论什么原因，只要员工认为有必要，都可以给客人免一个菜或加一个菜，甚至免一餐。这等于海底捞的服务员都是经理，因为这种权力在其他所有餐馆都是经理才有的。

在大多数餐饮业的打工者居住在简陋的地下室时，海底捞不仅为员工提供公寓，还配套 24 小时热水与空调。公寓内电话、电视和网络一应俱全，有专人打扫卫生，换洗床单，员工生病了，公司会送上药品和病号饭，下夜班的员工还能享受到夜宵服务。对那些夫妻员工，公司还考虑给单独房间。除了关怀员工外，海底捞还会给每个店长的父母发工资，他们的子女在海底捞做得越好，他们父母拿的工资会越多。海底捞在简阳建立了一所私立寄宿制学校，海底捞员工的孩子可以免费在那里上学，只需交书本费。也许海底捞的员工并不比其他餐厅的服务员赚得多，但是他们所得到的关怀和享受到的福利超过了普通打工者的待遇，大大提高了他们的工作积极性。

海底捞的平等主义

作为北方区的总负责人，袁华强每个月都有一项特殊的任务：去员工的宿舍生活三天，目的在于体验员工的衣食住行是否舒适，以便及时的改善。员工对待他，从来不叫“袁总”，而是亲切地唤他“袁哥”。在海底捞分店，他与来自家乡的小服务生随意地开着玩笑，互相拍着肩膀。“在海底捞，店长也可以跟普通员工一起，去给客人端锅打扫。”

在袁华强看来，很大程度上，这得益于中用充满理想主义的“人生而平等”的价值观，现在海底捞的核心高管，除了财务和工程师是外聘，其他都是在海底捞从基层开始，一步一步走到现在的普通人。袁华强几乎干过海底捞所有的职务：门童、厨师、洗碗工……至今他还记得刚进入海底捞时，曾连续三个月吃菜花的经历，这让他到现在对这种寻常蔬菜还留有阴影，同时，这种从苦难中成长起来的经历也让他们保持一颗平常心。在最近一次的公司高层会议上，员工早餐被重新提到议事日程上。“希望能够尽量让员工每天都可以品尝到不同的饭菜，如果某日员工不吃饭，我们会反省，是不是你给他提供的不够好?”袁华强说，“太多人往高处走的时候，都忘记自己原本的样子了，其实尊重员工不过是人的本能”。

鼓励创新并给员工提供成长的平台

关于海底捞被人广为称道的细节服务——发圈、眼镜布等，最初只是一个自发的想法。袁华强说：“员工提出新建议，大家讨论后觉得可行就会去实施。”包丹袋就是这个想法的代表，这是一个防止顾客手机被溅湿的塑封袋子。由于是一名叫包丹的员工提出这个创意的，就用员工的名字命名。“这种命名的方式既能实现他的价值，也是对他的尊重，很多员工都有很多不错的创意，要给他们提供机会。”当包丹袋在其他店也开始使用时，这些店会给这位员工缴纳一定的费用。

当然，不是每一个创意都可以得到应用和推广，但海底捞鼓励员工自由提出想法，允许员工犯错误。为了鼓励员工创新，现在海底捞已经形成了一个代表着创新意识的红黄蓝榜机制。在海底捞总部的办公室墙上，每月以店为单位进行创意统计。每个月 9 号，各个片区的店经理都要向总部提交一份创新的评估报告，上面将详细列出各店员工最近的一些想法和创意，而几位核心高层则会在月底讨论，负责对此进行总结和评比，确定哪些在本店可行，哪些可以推广到全国连锁应用，“如果是蓝榜，那代表无创新，黄榜则代表本店可以应用，红榜则代表全国可以推广”。

海底捞这种开放的平台还体现在培养员工的兴趣爱好上。一名员工在和外国顾客交流时说起了流利的英语，随后公司为此举行了一次英语竞赛，并为优胜者请来了外语老师。“让员工能够发挥自己的特长，在工作中获得乐趣，使工作变得更有价值。”

良好的晋升通道

在海底捞，只有两个岗位有学历的特殊要求：技术总监与办公室主任合并由一个人担任；财务总监与物流董事长合并由一个人担任。这两个岗位从外部招聘，要求有学历和专业的管理水平。而其他所有员工、干部，都是从最基层服务员培养起来的，但是都具备同样的素质，就是勤奋、诚实和善良。

除了入职前的集训，工作期间并不进行额外的培训。所有问题都在例会上解决，员工有什么创意、工作上有什么疑问和困难，都在例会上提出来，大家进行讨论和沟通，无形中让所有人都得到了进步。在具备了基本品质与共同进步的基础上，谁的能力提高得快、显现出来了，谁就有机会晋升。

在海底捞，干事会给员工明确的晋升方向：从管理线、技术线、后勤线三个通道让不同岗位的员工都有机会晋升；所有的高管，包括店长，必须从最基层的员工开始做起，一步一步升级上来。按照张勇的说法，管理者要是没有做过服务员，即使换位思考也是“近台看戏”——看戏的，哪怕是票友，也不能完全体会真正靠唱戏为生的压力与追求。

这种晋升制度，让所有的员工都感受到公平——哪怕你今天只是一个切菜的厨房小工也会有机会晋升，这样让有能力和追求的员工都能够在这里找到发展的方向。即使你当了店长，还有更大的区域和连锁店给你提供施展的空间，只要你想，海底捞早就给你设计好了职业生涯的舞台。

激发员工工作热情的考核制度

海底捞超越了一般企业最重要的一点是，它更大程度地发挥了员工的热情，并把这个热情传递下去。如果一个人的热情只有30，即使能力有90，也只能有2700的效用；倘若一个人的能力有60，热情被激发到90，就能产生5400的效用。

对餐饮连锁企业来说，店长起着极为重要的作用。在张勇的办公室墙上，贴着对店长以上干部的考核表，目的就是检测干部和员工的热情程度。考核分为多个项目，除了业务方面的内容之外，还有创新员工激情、顾客满意度、后备干部的培养。每项内容都必须达到规定的标准，唯独缺少的就是业绩指标。“我们优秀店长的产生不跟他所管理店的命运成正比，评选优秀店长不看他赚了多少钱，看的是员工激情，看的是顾客满意度，看的是后备干部的培养。他哪怕赚很多钱，利润始终是公司最高的，也很可能由于在这几个问题上出了漏洞而被撤掉。”张勇解释说。

这几项不易评价的考核内容，海底捞都有自己衡量的标准，例如“员工激情”，总部不定期地会对各个分店进行检查，看员工的注意力是不是放在顾客的身上，看员工的工作热情和服务的效率，如果有员工没有达到要求，就要追究店长责任，“你平时是怎么要求的？你是怎么带动的？”一次可以原谅，可以给机会，几天后再派人检查，员工的服务是否快速、准确、热情，是否能够马上满足顾客的要求，是否快速准确、大方得体。

直到现在，海底捞单点仍然没有财务报表，“过度强调数字会伤害员工工作的积极性和顾客满意度”。换个角度来看，这笔看似糊涂实则聪明的生意恰恰是张勇的高明之处，他并非不看中财务指标，而是他把完成财务指标要具备的条件都琢磨清楚了，只要关注这几个条件是否完成，也就意味着关注了财务指标的完成。

讨论

1. 海底捞运用了哪些激励理论，又是如何具体应用的？
2. 海底捞的员工激励实践对中国的其他民营企业有何启示？

第8章　领导

【案例导读】

沃尔玛：企业成功源于沟通①

企业的员工千差万别，对于管理者来说，成功的管理就是要善于同各种类型的员工打交道，其根本就是企业管理者准确掌握员工的语言与行为方式。若企业管理者能做到利用员工的语言去与他们打交道，就能轻而易举地突破沟通障碍，减少许多不必要的管理麻烦。

美国沃尔玛公司前总裁萨姆·沃尔顿曾说过："如果你必须将沃尔玛管理体制浓缩成一种思想，那可能就是沟通。因为它是我们成功的真正关键之一。"

沟通就是为了达成共识，而实现沟通的前提就是让所有员工一起面对现实。沃尔玛决心要做的，就是通过信息共享、责任分担实现良好的沟通交流。

沃尔玛公司总部设在美国阿肯色州本顿维尔市，公司的行政管理人员每周花费大部分时间飞往各地的商店，通报公司所有业务情况，让所有员工共同掌握沃尔玛公司的业务指标。在任何一个沃尔玛商店里，都定时公布该店的利润、进货、销售和减价的情况，并且不只是向经理及其助理们公布，也向每个员工、计时工和兼职雇员公布各种信息，鼓励他们争取更好的成绩。

沃尔玛公司的股东大会是全美最大的股东大会，每次大会公司都尽可能让更多的商店经理和员工参加，让他们看到公司全貌，做到心中有数。萨姆·沃尔顿在每次股东大会结束后，都和妻子邀请所有出席会议的员工约2500人到自己的家里举办野餐会，在野餐会上与众多员工聊天，大家一起畅所欲言，讨论公司的现在和未来。为保持整个组织信息渠道的通畅，他们还与各工作团队成员全面注重收集员工的想法和意见，通常还带领所有人参加"沃尔玛公司联欢会"等。

萨姆·沃尔顿认为，让员工们了解公司业务进展情况，以及与员工共享信息，是让员工最大限度地干好其本职工作的重要途径，是与员工沟通和联络感情的核心。而沃尔玛也正是借用共享信息和分担责任，适应了员工的沟通与交流需求，达到了自己的目的：使员工产生责任感和参与感，意识到自己的工作在公司的重要性，感觉自己得到了公司的尊重和信任，积极主动地努力争取更好的成绩。

从某种意义上讲，沟通已成为现在员工潜意识的重要部分，是员工激励的重要源泉。可以说，没有沟通，企业管理者的领导就难以发挥积极作用；没有顺畅的沟通，企业就谈不上机敏的应变。重视每一次沟通所产生的激励作用，企业管理者慢慢发现，"士为知己者死"，企业管理者的"理解、认同"的"知遇之恩"也必将换来员工的"涌泉回报"。

---

① 资料来源：沟通——企业管理成功之道［J］. 技术与市场. 园林工程，2005（06）：32－34.

作为一名企业管理者，要尽可能地与员工们进行交流，使员工能够及时了解管理者的所思所想，领会上级意图，明确责权赏罚，避免推卸责任，彻底放弃“混日子”的想法。而且，员工们知道得越多，理解就越深，对企业也就越关心。一旦开始关心，他们就会爆发出数倍于平时的热情和积极性，形成势不可挡的力量，任何困难也不能阻挡他们。这正是管理沟通的精髓之所在。

值得一提的是，是否能突破沟通障碍，有赖于企业管理者是否在管理活动中用心去做。企业管理者在管理中不要以自我为中心，不要太想当然，有时候，通过换位思考，站在员工的角度去考虑问题，企业管理者可能会忽然间发现，“哦，原来他们是这个意思”。另外，正如《圣经》所言：“你愿意他人如何待你，你就应该如何待人。”对于必须与员工相处的企业管理者来说，这不仅是一条再完善不过的管理行为准则，也是管理上最适用的一把沟通“钥匙”。总之，有了这层理解和认同作为沟通基础，哪怕管理者与员工间的语言方式和行为习惯差异再大，相信企业管理者也能自然适应并接受。

思考

1. 管理沟通有什么重要意义？
2. 管理沟通一般遵循哪些原则？有哪些主要形式和方法？

【学习目标】

1. 了解领导的含义和功能。
2. 了解领导与管理的区别。
3. 掌握领导的相关理论。
4. 了解领导权力和影响。
5. 掌握领导的有效性和领导方式。
6. 掌握沟通的原则、形式和方法。

领导是领导者及其领导活动的统称。领导者是组织中那些有影响力的人员，他们可以是组织中拥有合法职位的、对各类管理活动具有决定权的管理人员，也可能是一些组织没有正式赋予其合法职位的权威人士。领导活动是领导者运用权力或权威对组织成员进行引导或施加影响，使组织成员自觉地与领导者一起去实现组织目标的过程。

在整个管理工作中，管理是领导的基本职能，是连接计划（决策）、组织、控制的纽带，它贯穿于管理活动的整个过程，是有效实现组织目标的最为关键的环节之一。作为一种管理职能，领导就是一个组织的管理者根据组织的目标和要求，运用其手中的权力和影响力引导、指挥、协调下属努力工作，从而有效保证组织目标顺利实现的过程。从事领导工作，需要具备一定的素质，既要采取科学的领导方法，更要学会驾驭领导的艺术。本章主要从领导概述、领导理论、领导权力与影响力、领导方式以及领导与沟通等几个方面介绍领导职能。

8.1　领导概述

本节首先引入领导的概念，然后探讨领导与管理的区别，最后介绍领导的功能。

8.1.1 领导的含义

作为人类社会中的一员，我们生来就属于某一或某几个特定群体和组织，如家庭、学校、单位、社会等，在每日的生活、工作和学习中，每个人都能感受到身边领导的存在。然而，“什么是领导”，答案往往是仁者见仁、智者见智。纵观现有的有关领导的文献，主要有以下几种典型的认识和表述。

➢ 意大利政治学家马基雅维里是较早研究领导理论的人，他认为，“领袖是权利的行使者，是那些能够利用技巧和手段达到自己目标的人”。

➢ 美国政治学家伯恩斯更进一步地将“追随者”纳入领导的要素，他认为，“领导人劝导追随者为某些目标而奋斗，而这些目标体现了领袖及其追随者共同的价值观和动机、愿望和需求、抱负和理想”。

➢ 德国著名社会学家马克斯·韦伯认为，“有效的领导有一种魅力，其所具有的某种精神力量和个人特征，能够对许多人施加影响”。

➢ 毛泽东认为，“领导就是依照每一具体地区的历史条件和环境条件，统筹全局，正确地决定每一时期的工作重心和工作秩序，并把这种决定坚持地贯彻下去，务必得到一定的结果，这是一种领导艺术”。

➢ 美国前总统尼克松认为，“伟大的领导能力是一种独特的艺术形式，既要求有非凡的魄力，又要求有非凡的想象力；经营管理是一篇散文，领导能力是一篇诗歌”。

➢ 管理学的鼻祖彼得·德鲁克认为，“领导就是创设一种情境，使人们心情舒畅地在其中工作；有效的领导应能完成管理的职能，即计划、组织、指挥、控制”。

➢ 著名的管理学者哈罗德·孔茨认为，“领导是一种影响力，它是影响人们心甘情愿和满怀热情地为实现群体目标而努力的过程和艺术；领导是管理的一个重要方面，有效地进行领导的本领是作为一名有效的管理者的必要条件之一”。

➢ 当代知名管理学者斯蒂芬·罗宾斯认为，“领导就是影响他人实现目标的能力和过程”。

➢《中国企业管理百科全书》把领导界定为“率领和引导任何组织在一定条件下实现一定目标的行为过程”。

尽管关于领导的概念有不同的理解和界定，但是以上的各种界定都涵盖了以下几个层面的含义：

其一，领导者必须拥有追随者；

其二，领导者必须拥有影响追随者的能力或力量，这些能力或力量既可能包括组织所赋予领导者的职务和权力，也可能包括领导者个人所具有的内在影响力；

其三，无论是运用权力还是影响力，领导的最终目的就是通过影响下属以实现组织的既定目标；

其四，领导既是一门科学，又是一门促进或激发下属满怀热情完成特定组织任务的艺术；

其五，领导是一个过程，领导的有效性是领导者、追随者和特定情境三者相互作用的函数。

因此，本书认为，作为一种管理职能，领导就是一个组织的管理者，在一个特定的情境下，根据组织的目标和要求，运用其手中的权力和影响力（基于被组织所赋予的职务和权力，以及其自身所具有的人格魅力)，引导、指挥、激励、协调下属努力工作，从而有效保证组织目标顺利实现的过程和艺术。

8.1.2 领导与管理

谈到领导与管理，一般人很容易把这两个概念混为一谈，认为领导和管理是一回事，管理者就是领导者，管理过程就是领导过程。实际上，管理和领导是两个不同的概念，二者存在着明显的区别，具体主要体现在以下几个方面。

1. 领导和管理的职能范围不同

从前面对管理职能的界定我们知道，管理就是为实现组织的目标，对组织的人、财、物、信息、时间、关系等资源进行有效的计划（决策）、组织、领导、控制过程。从中可以看出，领导是管理的主要职能之一；管理活动的范围比领导活动宽泛得多，管理的对象既包括人，也包括物、财、信息、时间、关系等资源，而领导的对象通常都是人，通过对人施加影响来实现组织的目标。

2. 领导和管理在组织中的作用不同

领导的主要作用就是做正确的事，领导者更为关注组织的未来，确定组织正确的行动方向，所以更倾向于从事风险很高的工作；管理强调的是正确地做事，一旦组织的发展方向确定下来，如何采用最好的途径与方法以高效地达到组织目标则是管理的重点，所以，管理者更为关注组织的现在，从事相对比较稳定的工作。

3. 领导不等同于管理

从本质上讲，管理是管理者依据法定职权规定下属的工作方向和方式，对其工作过程进行计划、组织、协调和控制的活动，所以，管理者是基于组织或上级所赋予的职位和权力来管理下属的，下属既可能会尽最大的努力去完成任务，也可能尽一部分努力去完成任务；领导更多的是建立在个人的影响力、专长以及人格魅力基础之上的，而不仅仅是组织所赋予的职位和权力，甚至领导者并不是管理者。如在很多非正式组织中，最具影响力的人——也就是领导者并没有被组织赋予职务和权力，他们也没有义务去负责所在组织的计划、组织、控制工作，但是他们却能够领导、激励甚至命令自己的追随者。因此，在一个组织中，当一个人仅仅利用职权的合法性采用强制手段命令下属工作时，他充其量只是个管理者，而不是领导者；而只有当他在行使法定职权的同时，更多地依靠自身的人格魅力或影响力指挥并引导下属时，才可能既是管理者又是领导者。

4. 领导是一门艺术，管理是一门科学

在现实的管理中，人们往往把领导看作一门艺术，“到什么山上唱什么歌”是对领导最好的诠释，领导往往因人、因时、因地而异，没有什么万能的、一成不变的领导方法与理论；而管理则相对更为科学与正规，人们往往会在不同的企业环境下，采用较为标准化、一体化的管理方法与工具。

8.1.3 领导的功能

是“时势造英雄”还是“英雄造时势”这个问题争论已久，至今尚无定论，但是至少有一点毋庸置疑，那就是伟大的历史人物（也就是英雄人物、领袖或卓越的领导者）对人类历史的巨大推动作用。同样，卓越的企业领导者也是企业获得非凡成功的重要先决条件之一。从某种意义上讲，没有卓越的企业领导者也就没有成功的企业。纵观过往百年来世界五百强的兴衰沉浮史，无论是艾尔弗雷德·斯隆之于通用电气、松下幸之助之于松下、李嘉诚之于和记黄埔和长实系、乔布斯之于苹果、比尔·盖茨之于微软、李健熙之于三星、任正非之于华为、马化腾之于腾讯等，无不充分印证了这一点。同样，相反的诸多实例也反复证明了一点，那就是企业领导者的昏聩无能或碌碌无为，将会导致一个企业坠入长期衰退甚至断送企业发展前途的致命境地。

一个企业领导者作用的发挥有赖于领导功能的不断释放，即领导者通过发挥其组织、激励、鼓舞、引领、控制等功能，带领其下属为实现组织目标而努力的过程。因此，领导对任何一个组织来说都是不可或缺的重要职能。概括起来，领导的功能主要表现在以下几个方面。

1．向导作用

领导就是向导。企业领导人的作用首先就是“领”，这也是领导的核心价值。而引领行动，首先是引领思想。所以，企业领导人首先应该是组织全体成员思想的“领路人”、精神的“导航者”。如果一个企业的领导人具备异常清晰的头脑、高瞻远瞩的战略眼光、运筹帷幕的战略决策能力以及超强的学习能力等优秀品质的话，那么他（他们）就能够帮助其下属认清企业所处的内外部环境，在此基础上科学地构建该企业的发展愿景与战略目标，并义无反顾地引领组织成员“走向他们从未走过的美好的地方”。相反，如果一个组织缺乏这样一个或一些领导人的话，他（他们）所带领的组织犹如盲人摸象、夜半临深池，甚至会将其组织及其下属带入一个可怕的死胡同或深渊。

2．协调作用

在一个拥有众多员工的企业组织中，即使在极具战略前瞻性眼光的英明领导人的统帅下，有了明确的企业目标，但也会因为组织中不同成员的人格特质、专业技能、工作态度、认知能力等不同，加上组织内部不同部门之间的利益冲突，以及企业所处外部环境各种情境因素的干扰或约束，导致企业内部员工之间出现摩擦、各部门之间出现冲突以及实际进展偏离预期目标等情形。这就要求企业领导人必须具有较强的组织协调能力，及时出面协调部门之间、人与人之间、组织内外部环境之间以及计划目标与实际执行情况之间的冲突或矛盾，从而把整个组织有机地整合、协调、团结起来，朝着共同的组织愿景和战略目标而前进。正如一个交响乐队的指挥一样，企业领导的一个重要作用就在于促成该企业的各部门之间、组织成员之间、内外环境之间的高度协调统一，使之顺利地演奏出和谐美妙的交响乐曲。

3．激励作用

应该说，有效地激励员工是领导者的一个非常重要的能力。在一个企业组织中，指望所有的下属长久热情、满怀信心地去实现企业的发展目标是不现实的，更可能的情形是，下属中很少有人会以长久持续的热情和高昂士气去工作，大部分员工往往在实际工作、生活和学习中会遇到难以预料的各种困难、挫折或不幸，或者某种物质的、精神的诉求得不到满足，这必然会或多或少地影响到工作的热情和干劲。而企业领导人的激励作用就在于，通过有效的激励诱导或劝说下属，让他们以最大的努力为实现组织目标而奋斗。然而，实施有效激励的基础在于要满足组织成员各种各样的个人需求。大量的事实表明，人们往往倾向于追随这样的企业领导人，即能够设身处地地想员工之所想，并最大限度地去满足下属的种种愿望与需求的领导者。唯有如此，才能够有效地发挥企业领导人的激励作用。

4. 鼓舞作用

企业领导人的又一重要能力表现为不同凡响地鼓舞组织成员能力，也就是激发下属心甘情愿、在所不辞地把自己的聪明才智用于组织目标的实现上。与上面的激励作用有所不同，鼓舞能力主要不是源于满足组织成员的需求，而是来自企业领导人自身。成功的企业领导人往往因其自身具有高尚的品质、非凡的智慧、卓越的胆识或超人的领袖魅力等，而引起组织成员发自内心的崇敬、忠诚与信任，赢得他们心甘情愿地服从、追随以及无条件地支持。尤其是当一个组织面临发展困境或陷入低谷时，如果该企业有一个如上所述的领导人的话，下属将会紧紧地团结在该企业领导人的周围，甘愿与企业领导人同舟同济，为其赴汤蹈火、在所不辞。这就是卓越企业领导人鼓舞力量的作用体现。显而易见，领导的这一鼓舞作用是其他管理职能所无法取代的。

5. 营造氛围

领导的功能还在于设计、营造、维持一个良好的工作环境或氛围，以提高组织的运转效率。我们知道，严密的组织架构设计、规范的组织规章制度以及完善的组织管理控制是保证一个企业正常运转的基本条件。但是，要保持一个组织高质高效又非常和谐地发展下去，就需要营造一种让组织绝大多数成员认同的工作文化环境或氛围，而这有赖于该组织拥有卓有成效的领导活动。一个卓越的企业领导人应该能够创造这样的一种工作环境：良好的工作条件、具有吸引力的劳动报酬、和谐的人际关系、畅通的沟通网络、明确的工作目标与职责、适时适度的援助指导等，从而使该组织内的成员能够以最大限度地发挥其积极主动性与创造性，全力以赴地协助组织可持续地发展下去。

8.2 领导理论

自从20世纪40年代领导特质理论诞生以来，西方领导理论的研究大致经历了三个发展阶段：领导特质理论；领导行为理论；领导权变理论。本节按照这个顺序逐一梳理这三种领导理论，并对最新的领导理论发展做了简要介绍。

8.2.1 领导特质理论

领导特质理论，又称作领导素质理论，早期曾被称作伟人论，它是所有领导理论中最古老的一种，是其他领导理论提出与发展的基础。领导特质理论着重研究领导者的人格特质，并且建立在这样的假设之上：领导特质是生而具有的，或者说是由先天因素所决定的，天生不具备领导特质的人，就不适合当领导；领导效率的高低主要取决于领导者的特质，往往成功的领导者都会具有某些共同点。早期的领导理论研究都着重在找出杰出领导者所具有的某些共同的特性或品质上，而且是从静态的角度展开研究的。例如，早期美国管理学家爱德文·吉赛利（Edwin E. Ghiselli）在其《管理者探索》中提出了领导者的8种个性特征和5种激励特征。他研究得出的8种个性特征分别是：才智、首创精神、督察能力、自信心、决断力、适应性、性别、成熟程度；5种激励特征分别是：对工作稳定的需求、对金钱奖励的需求、对指挥别人权力的需求、对自我实现的需求、对事业成就的需求。1969 年，吉普（Gibb）通过研究认为，天才的领导者应该具备 7 种特质：善于言辞、外表英俊、高超智力、充满自信、心理健康、支配趋向、外向敏感。随后，斯托格蒂尔（Ralph M. Stogdill）则认为，领导者的先天特性应该包括 16 种特质：有良心、可靠、勇敢、责任心强、有胆略、力求革新进步、直率、自律、有理想、有良好的人际关系、风度优雅、胜任愉快、身体强壮、智力过人、有组织能力、有判断能力。

鉴于早期静态领导特质理论存在的弊端，后来的研究者尝试着从动态角度深入研究领导者的特质，他们密切联系管理实践，不断地改进研究方法，发展成现代的领导特质理论。现代理论特质理论认为，领导是一个动态过程，领导者的人格特征和品格是可以在后天实践中通过训练和培养形成与塑造的；而且，不同的社会历史条件、不同的国情特点或不同的文化氛围，对一个合格的领导者所提出的个性特质标准是不一样的。现代领导特质理论最具代表性的研究包括鲍莫尔的领导特质论和鲍尔的领导特质论。鲍莫尔是美国普林斯顿大学教授，他认为，一个领导者应该具备下述 10 个条件才算是合格的：合作精神、决策才能、组织能力、精于授权、善于应变、勇于负责、敢于求新、敢担风险、尊重他人、品德超人。马文·鲍尔是麦肯锡公司的创始人之一，他在 1997 年出版的《领导的意志》一书中提出了领导者所必须养成的 14 种品质：值得信赖、办事公正、举止谦逊、善于倾听、心胸宽阔、对人敏锐、对形势敏锐、进取、卓越的判断力、宽宏大量、灵活性和适应性、稳妥而及时的决策能力、激励人的能力、紧迫感。除了以上两种现代领导特质论外，日本企业界普遍认为，一个领导者要具备 10 项品德（使命感、信赖感、负责感、忍耐感、积极性、进取心、忠诚老实、公平、热情、勇敢）和 10 项能力（思维决策能力、规划能力、判断能力、创造能力、洞察能力、劝说能力、对人理解的能力、解决问题的能力、培养下级的能力、激发积极性的能力）。

从这些研究可以看出，作为一名领导者必须在多个方面拥有比常人更为优秀的品德与更为卓越的能力。这些研究成果，仍然适用于现代企业领导者的招募、选拔和考核。

8.2.2 领导行为理论

领导行为理论主要研究领导者的行为及其对下属的影响，以期寻求最佳的领导行为，也就是要回答一个领导者是如何领导他所在的群体或组织的。领导行为理论研究的真正萌芽开始于 19 世纪 40 年代，那时，许多管理心理学家在调查研究中发现了领导者在领导过程中的领导行为与他们的领导效率之间存在密切的关系，基于此，为了寻求最佳的领导行为，许多机构对此进行过大量的研究。其中，最具代表性的领导行为理论有俄亥俄州立大学的二维构面理论、领导行为连续统一体理论、利克特的领导系统理论、布莱克和穆顿的管理方格理论等。

8.2.2.1 俄亥俄州立大学的二维构面理论

俄亥俄州立大学的二维构面理论（two dimension theory），又称作领导双因素模型、俄亥俄模型、四分图模型。从 1945 年起，在让尔法·斯托格蒂尔（Ralph Stogdill）的指导下，美国俄亥俄州立大学开始对领导行为进行了大量的研究，研究目标是确定领导行为在实现群体和组织目标过程中的重要性。他们的研究发现，领导行为可以利用两个构面加以描述：①关怀（consideration），是指一位领导者对其下属所给予的尊重、信任以及互相了解的程度；从高度关怀到低度关怀，中间可以有无数不同程度的关怀。②定规（initiating structure)，是指领导者对下属的地位、角色与工作方式，是否都制定了相应的规章或工作程序，这也可有高度的定规和低度的定规。一般称之为“俄亥俄学派理论”或“二维构面理论”。也因此，基于关怀和定规两个维度可构成一个领导行为坐标图（如图8－1所示），形成四种领导方式。

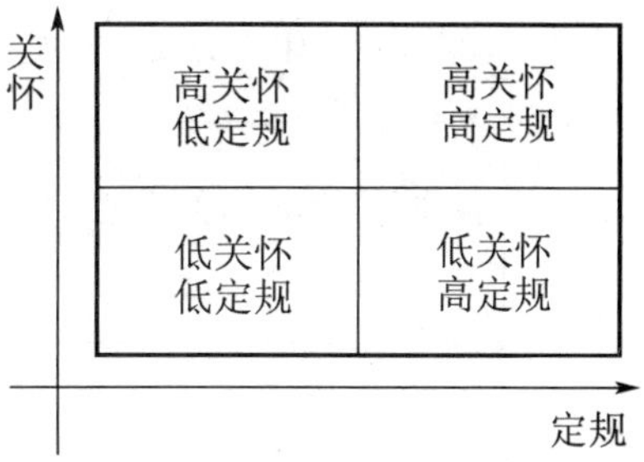

图8－1 俄亥俄州立大学的领导行为二维构面图

1. 高关怀低定规的领导者

该种领导者注意关心爱护下属，经常与下属交换思想，交换信息，与下属感情融洽，但是组织内规章制度不严，工作秩序不佳。这是一个较仁慈的领导者。

2. 低关怀高定规的领导者

该种领导者注意严格执行规章制度，建立良好的工作秩序和责任制，但是不注意关心爱护下属，不与下属交流信息，与下属关系不融洽。这是一个较为严厉的领导者。

3. 高关怀高定规的领导者

该种领导者注意严格执行规章制度，建立良好的工作秩序和责任制，同时关心爱护下属，经常与下属交流信息，沟通思想，想方设法调动组织成员的积极性，在下属心目中可敬又可亲。这是一个高效成功的领导者。

4. 低关怀低定规的领导者

该种领导者不注意关心爱护下属，不与下属交换思想，交流信息，与下属关系不太融洽，也不注意执行规章制度，工作无序，效率低下。这是一个无能、不合格的领导者。

8.2.2.2 领导行为连续统一体理论

罗伯特·坦南鲍姆（Robert Tannenbaum）和沃伦·施密特（Warren H. Schmidt）于1958年提出了领导行为连续统一体理论，也称为“领导模式连续分布场”。他们在研究中发现，经理们在决定何种行为（领导作风）最适合处理某一问题时常常产生困难，他们往往不知道是应该自己做出决定还是授权给下属做决策。为了使人们从决策的角度深刻认识领导作风的意义，他们提出了领导行为连续统一体模型（如图8－2所示）。他们主张按照领导者运用职权和下属拥有自主权的程度把领导模式看作一个连续变化的分布带，以高度专权、严密控制（即高度专制）为其左端，以高度放手、间接控制（即高度民主）为其右端，从高度专权的左端到高度放手的右端，划分成7种具有代表性的典型领导模式。这7种典型的领导模式分别是：领导做出决策并宣布实施；领导者提出计划并征求下属的意见；领导者提出可修改的计划；领导者提出问题并征求意见做决策；领导者界定问题范围，下属集体做出决策；领导者允许下属在上司规定的范围内发挥作用。

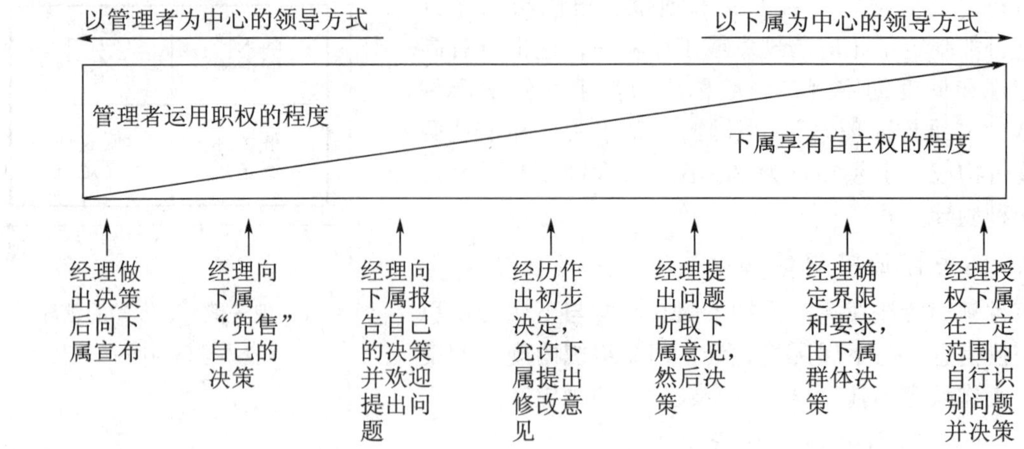

图 8－2　坦南鲍姆的领导行为连续统一体模型

坦南鲍姆和施米特进一步认为，不能简单地认为 7 种模式中某一种模式是最好的或者某一模式是最差的，而应该在具体的情况下考虑到各种因素，采取最恰当的行动。而且，他们还认为，实践中的领导风格是丰富多彩的，影响领导风格成效的因素甚多，不能给领导风格简单排序。正因为坦南鲍姆与施米特在研究领导作风与领导方式时摆脱了较为绝对的“两极化”倾向，反映出领导模式的多样性与情景因素，研究成果显示出了良好的适应性与生命力，所以其理论受到了西方管理学界的普遍重视。

8.2.2.3　利克特的领导系统理论

密执安大学伦西斯·利克特（Rensis Likert）教授和他的同事对领导人员和经理人员的领导类型和作风做了长达 30 年的研究，其对象包括企业、医院及政府各种组织机构，在此基础上，他们提出了领导系统模型，又称作“工作中心”与“员工中心”理论。在 1961 年利克特等人出版的《管理新模式》一书中，他们把领导者分为两种基本类型，即“以工作为中心”（job-centered）的领导与“以员工为中心”（employee-centered）的领导，并基于这两个维度形成了四种类型的领导风格，即领导系统模型（如图 8－3 所示）。

图 8－3　利克特的领导系统理论模型

1．专制独裁式

采用这种领导方式的主管人员非常专制，很少信任下属，采取使人恐惧的惩罚方法，偶尔兼用奖赏来激励人们，采取自上而下的沟通方式，决策权也只限于最高层；上下级之间交流很少，即使是交流也是在恐惧和互不信任的氛围下进行的。

2．温和独裁式（开明权威式）

采用这种领导方式的主管人员对下属怀有充分的信任和信心；采取奖赏和惩罚并用的激励方法；允许一定程度的自下而上的沟通，向下属征求一些想法和意见；授予下级一定的、较低层面的决策权，但牢牢掌控战略性的、大政方针层面的决策权。

3. 协商式

采取这种领导方式的主管人员对下属抱有相当大但又不充分的信任和信心，他常设法采纳下属的想法和意见；企业管理当局主要采用付给报酬的方式（包括精神上的报酬）奖赏下属，偶尔也采用惩罚和让下属一定程度地参与激励和督促下属；企业上下级之间的信息交流以双向沟通的方式进行，通常是在信任的氛围中进行的；在最高层制定主要政策和总体决策的同时，允许低层部门做出具体问题决策，并在某些情况下进行协商。

4. 群体参与式

采取这种领导方式的主管人员对下属在一切事务上都抱有充分的信心和信任，总是从下属处获取设想和意见，并且积极地加以采纳；决策权和控制权不是完全集中于上层，而是分布于整个组织中，鼓励各级组织做出决策，较低层级也能参与；不仅有上下级之间的双向信息交流沟通，而且有平级之间横向的信息交流沟通，并且这些信息交流沟通是在相互信赖和友好的氛围下进行的；在这种领导氛围中的组织目标和个人目标通常都是高度一致的。

通过研究，利克特等人发现，采用群体参与的领导方式是最高效的，那些应用群体参与式从事经营的主管人员往往都取得了最大成就。另外，利克特等人指出，采取群体参与式进行管理的部门和公司在设置目标和实现目标方面是最有效率的，通常也是更富有成果的。他们把这种成功主要归因于群体参与程度和坚持贯彻支持下属参与的实际做法。

8.2.2.4 布莱克和穆顿的管理方格理论

管理方格理论是研究企业的领导方式及其有效性的理论，这种理论倡导用方格图来表示和研究领导方式。该理论是由美国德克萨斯大学的行为科学家罗伯特·布莱克（Robert R. Blake）和简·穆顿（Jane S. Mouton）在1964年出版的《管理方格》（1978年修订再版，改名为《新管理方格》）一书中提出的。他们认为，在企业管理的领导工作中往往出现一些极端的方式，或者以生产为中心，或者以人为中心，或者以X理论为依据强调靠监督，或者以Y理论为依据强调相信人。为避免趋于极端，克服以往各种领导方式理论中的“非此即彼”的绝对化观点（也就是要么以生产为中心，要么以人为中心的观点），他们指出，“在对生产关心的领导方式和对人关心的领导方式之间，可以有使二者在不同程度上互相结合的多种领导方式。”为此，他们就企业中的领导方式问题提出了管理方格法（又称管理方格图，如图8－4所示）。管理方格图是一张纵轴和横轴各9等分的方格图，纵轴表示企业领导者对人的关心程度（包含了员工对自尊的维护、基于信任而非基于服从来授予职责、提供良好的工作条件和保持良好的人际关系等），横轴表示企业领导者对业绩的关心程度（包括政策决议的质量、程序与过程、研究工作的创造性、职能人员的服务质量、工作效率和产量）。其中，第1格表示关心程度最小，第9格表示关心程度最大，全图总共81个小方格，分别表示“对生产的关心”和“对人的关心”这两个基本因素以不同比例结合的领导方式。

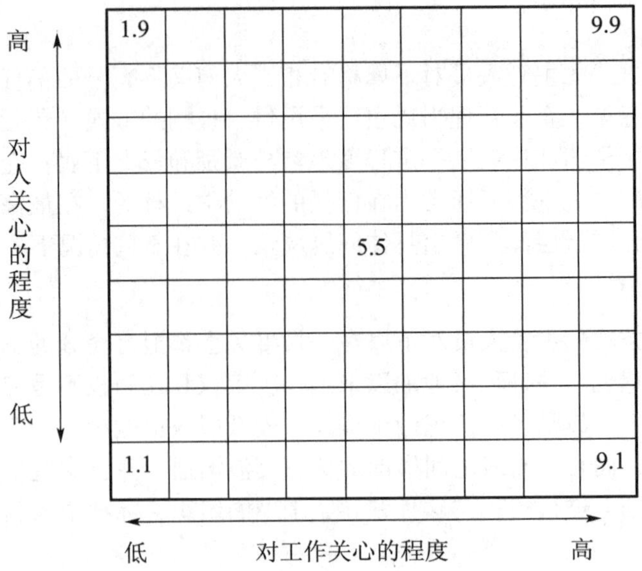

图 8-4　布莱克和穆顿的管理方格理论模型

根据企业管理者“对业绩的关心”和“对人的关心”程度的组合，可以将领导风格分为 5 种类型。

1. “1.1”方格——贫乏式领导

这种方式的领导者对工作和人都很少关心，只做维持自己职务的最低限度的工作，也就是只要不出差错，多一事不如少一事，因而称为“贫乏型管理”。

2. “1.9”方格——乡村俱乐部式领导

对人关心多，对业绩关心少，他们努力营造一种人人得以放松、感受友谊与快乐的环境，重视搞好关系，强调同事和下级同自己的感情，但是对指挥监督、规章制度不够重视，对协同努力以实现企业的生产目标并不热心，因而被称为“乡村俱乐部式领导”。

3. “5.5”方格——中庸之道式领导

表示领导者对人的关心和对工作的关心保持中间状态，既不偏重于关心生产，也不偏重于关心人，风格中庸，兼而顾之，不设置过高的目标，只求维持一般的工作效率与士气，能够得到一定的士气和适当的产量，但不是卓越的，不积极促使下属发扬创造革新的精神。这种领导往往缺乏进取心，乐意持现状，因而被称为“中庸之道式领导”。

4. “9.1”方格——专制式领导（任务式领导）

对业绩关心多，对人关心少，作风专制，他们眼中没有鲜活的个人，只有需要完成生产任务的员工，他们唯一关注的只有业绩指标。这种方式的领导者拥有很大的权力，强调有效地控制下属，而下属只能奉命行事，努力完成各项工作，不能充分发挥下属的积极性和创造性，因而称之为“专制式领导”。

5. “9.9”方格——理想式领导

这种方式的领导者对生产和人都很关心，对工作和人都很投入，在管理过程中把企业的生产需要同个人的需要紧密结合起来，既高度重视组织的各项工作，带来生产力和利润的提高，又能通过沟通和激励，使群体合作，下属人员共同参与管理，充分调动组织成员的极性，让工作成为组织成员自觉自愿的行动，使员工得到事业的成就与满足。这种领导方式要求创造出这样一种管理状况，即职工能了解组织的目标并关心其结果，从而自我控制，自我指挥，充分发挥生产积极性，为实现组织的目标而努力工作。因此，该种领导风格又称之为“理想式领导”。

管理方格法一经问世便受到了管理学家的高度重视。应该指出，上述五种典型的领导风格，也仅仅是理论上的描述，都是一种极端的情况。在实际生活中，很难会出现纯之又纯的典型领导方式。不过管理方格法也启示我们，在实际管理工作中，一方面领导者要高度重视手中的工作，要布置足够的工作任务，向下属提出严格的要求，并且要有相应的法律法规作保障；另一方面又要十分关心下属，关心他们的物质与精神诉求，创造良好的工作条件和工作环境，给予适度的物质和精神的鼓励等，以提高下属的积极性和工作效率，从而使整个组织在实现组织目标和个人目标方面高度协同，最大限度地创造组织价值和个人价值。

8.2.3 领导权变理论

领导权变理论是继领导者行为研究之后发展起来的领导学理论。领导权变理论学者们针对领导特质理论、领导行为理论研究的不足，在研究领导风格与绩效的关系时把情境因素考虑在内。“权变”一词有“随具体情境而变”或“依具体情况而定的意思”。领导权变理论主要研究与领导行为有关的情境因素对领导效力的潜在影响。该理论认为，在不同的情境中，不同的领导行为有不同的效果，所以又被称为领导情境理论。比较有代表性的领导权变理论包括菲德勒（Fred Fiedler）的领导权变理论模型、Psul Hersey & Kenneth Blanchard 的情境领导理论、Graeo 提出的领导成员交换理论、Robert House 提出的路径——目标理论、Vector Vroom & Phillip Yetton 提出的领导者参与模型等。这一理论的出现，标志着现代西方领导学研究进入了一个新的发展阶段。

8.2.3.1 菲德勒的领导权变理论模型

弗雷德·菲德勒（Fred E. Fiedler）是美国当代著名的心理学和管理学专家。他从1951年起由管理心理学和实证环境分析两方面研究领导学，提出了“权变领导理论”（contingency model of leadership effeveness），即菲德勒模型（the Fiedler model），开创了西方领导学理论的一个新阶段，使以往盛行的领导形态学理论研究转向了领导动态学研究的新轨道，对以后的管理思想与管理理论发展产生了重要影响。其主要代表作包括《一种领导效能理论》（1967）、《让工作适应管理者》（1965）、《权变模型——领导效用的新方向》（1974）以及《领导游戏：人与环境的匹配》（1976）等。

20世纪五六十年代，在许多研究者仍然争论究竟哪一种领导风格更为有效时，菲德勒从组织绩效和领导态度之间的关系着手，在大量研究的基础上提出了“有效领导的权变模型”。该理论模型把领导人的特质研究与领导行为的研究有机地结合起来，并将其与情境分类联系起来研究领导的效果。菲德勒认为，影响领导成功的关键因素之一是领导者的基本领导风格，这是菲德勒权变理论的基本出发点。菲德勒将领导方式归纳为两类，即“员工导向型”领导方式和“工作导向型”领导方式。前一种方式以维持良好的人际关系为其主要需要，而以完成任务之需要为辅；后一种方式则以完成任务为其主要需求，而以维护良好的人际关系之需求为辅。由于领导行为与领导者的人格特质是相联系的，而人格特质是一种具有持久性且不易改变的特征，所以领导者的风格是稳定不变的。菲德勒还设计出一种 LPC 量表，用以鉴别不同的领导方式，并认为无论何种领导方式均有利弊，十全十美的领导方式是不存在的。LPC 量表的主要内容是询问领导者对最不与自己合作的同事即“最难共事者”的评价。如果领导者对这种同事的评价大多用敌意的词语，则该领导趋向工作任务型的领导方式（低 LPC）；如果评价大多用善意的词语，则该领导趋向人际关系型的领导方式（高 LPC）。对低 LPC 型领导来说，他比较重视工作任务的完成，如果环境较不利，他首先保证完成任务；当环境较有利时，任务能够确保完成，这时他的目标将是搞好人际关系。对高 LPC 型领导来说，他比较重视人际关系，如果环境较不利，他首先将人际关系放首位；如果环境较有利时，人际关系也比较融洽，这时他将追求完成工作任务。

菲德勒不仅对领导方式作了分类，还对领导效能作了界定，并在此基础上深入地探讨了如何使各种领导方式充分发挥其功能的问题。菲德勒认为，一个领导者，无论他采取何种领导方式，其最终目的都是获取最大的领导效能；要想取得理想的领导效能，必须使一定的领导方式和相应的领导情境匹配（领导情境也称作“团体—任务”情境，是指发生领导行为时所处的人际环境）。换句话说，不存在一种“普遍适用”的领导方式，任何领导形态均可能有效，其有效性完全取决于是否与其所处的环境相适应。菲德勒把影响领导者领导风格的环境因素归纳为三个方面：职位权力、任务结构和上下级关系。

1. 职位权力

职位权力指的是与领导者职位相关联的正式职权和从上级与整个组织各个方面得到的支持程度，这一职位权力由领导者对下属所拥有的实有权力决定的。领导者拥有这种明确的职位权力时，组织成员会更顺从于他的领导，有利于提高工作效率。

2. 任务结构

任务结构是指工作任务的明确程度和有关人员对工作任务的职责明确程度。当工作任务本身十分明确，组织成员对工作任务的职责也明确时，领导者易于控制工作过程，整个组织完成工作任务的方向就更加明确。

3. 上下级关系

上下级关系是指下属对领导者的信任、爱戴和拥护程度，以及领导者对下属的关心、爱护程度。这一点对履行领导职能是很重要的，因为职位权力和任务结构可以由组织控制，而上下级关系是组织无法控制的。

菲德勒通过考察两种领导风格和三种情境因素的匹配，在对 1200 个工作团体实证研究的基础上，得出以下研究结论：任务取向的领导者在上下级关系比较好、任务结构比较高和职位权力比较强的情境，以及上下级关系差、任务结构低和职位权力弱的情境下工作会取得比较好的工作绩效，关系取向的领导者会在上下级关系、任务结构和职位权力均中等的条件下工作会取得比较好的工作绩效，如图 8－5 所示。

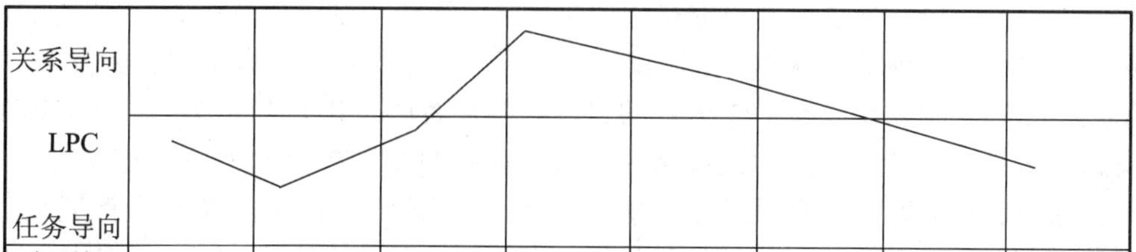

上下级关系	好	好	好	好	差	差	差	差
任务结构	高	高	低	低	高	高	低	低
职位权力	强	弱	强	弱	强	弱	强	弱
环境	有利			中等			不利	
有效领导方式	任务导向型			关系导向型			任务导向型	

图 8－5　菲德勒的领导权变理论模型

菲德勒进一步认为，由于领导风格是与生俱来的，你很难、甚至不可能改变你的风格去适应变化的情境，因此提高领导者的有效性实际上只有两条途径：

（1）替换领导者以适应工作情境。例如，如果群体所处的情境被评估为十分不利，而目前又是一个关系取向的管理者进行领导，那么替换一个任务取向的管理者则能提高群体绩效。

（2）改变情境以适应领导者。例如，领导者与下属之间的关系可以通过改组下属组成加以改善，选择经历、技术专长和文化水平更为合适的下属；任务结构可以通过详细布置工作内容而使其更加定型化，也可以对工作只做一般性指示而使其非程序化；领导的职位权力可以通过变更职位充分授权，或明确宣布职权而增加其权威性。

菲德勒模式的最大优点在于它吸收了过去有关领导行为的研究成果，分清了不同领导方式能够发挥领导效能的情境。菲德勒模型强调为了领导的有效性而需要采取什么样的领导行为，而不是从领导者的素质出发强调应当具有什么样的行为，这为领导理论的研究开辟了新方向。菲德勒模型表明，不存在一种“普遍适用”或绝对最好的领导方式，任何形态的领导方式都可能有效，其有效性完全取决于领导方式与环境是否匹配。换句话说，有效的组织绩效取决于以下两个因素的合理匹配：与下属相互作用的领导者的领导风格；情境对领导者的控制和影响程度。菲德勒模型的效用已经得到大量研究的验证，虽然在模型的应用方面仍存在一些问题，比如 LPC 量表的分数不稳定，权变变量的确定比较困难等，但是菲德勒模型在实践中还是具有重要的理论指导意义。

8.2.3.2　路径—目标理论

继菲德勒的权变理论之后，20 世纪 70 年代初，一种新型的领导权变理论颇受重视，这就是最初由多伦多大学的组织行为学教授罗伯特·豪斯（Robert House）提出、后来由华盛顿大学管理学教授特伦斯·米切尔（Terence R. Mitchell）进一步地发展和完善的路径—目标理论（path-goal model），目前已经成为当今最受人们关注的领导理论之一。该理论把伊万斯（W. G. Evans）的研究加以延伸，又把美国心理学家弗鲁姆的期望理论与俄亥俄州立大学的领导行为二因素理论充分结合起来。路径—目标理论认为，领导的作用在于促进努力与绩效、绩效与报酬之间的联系，进而达到满足员工的需求、激发员工的动机、增加员工满意度以及提高工作绩效的目的。领导者的工作是利用结构、支持和报酬，建立有助于员工实现组织目标的工作路径。这里涉及两个主要概念：一是建立目标方向；二是改善通向目标的路径以确保目标实现。路径—目标理论具体包括以下五个方面。

（1）领导过程。路径—目标的领导过程如下：领导者确认员工的需要，提供合适的目标，通过明确期望与目标的关系，将实现目标与报酬联系起来；消除绩效的障碍，并且给予员工一定的指导。该过程的期望结果包括工作满意、认可领导和更强的动机。这些将在有效的绩效和目标实现中得到反映。

（2）目标设置。目标设置是取得成功绩效的标准，它可以用来检测个体和群体完成绩效标准的情况。群体成员需要感觉到他们的目标是有价值的，并且可以在现有的资源和领导下达到该目标。如果没有共同目标，不同的成员会走向不同的方向。

（3）路径改善。领导者在决定顺利实现目标的路径之前，还需要了解一些权变因素和可供选择的领导方案，特别是必须权衡确定对两类支持的需要。第一类是任务支持，领导者必须帮助员工组合资源、预算以及其他有助于完成任务的因素，消除有碍于员工绩效的环境限制，产生积极的影响，并且对有效的努力和绩效给予及时认可；第二类是心理支持，领导者必须给予员工相应的工作刺激。

（4）领导风格。按照路径—目标理论，领导者的行为被下属接受的程度取决于下属是将这种行为视为获得满足的即时源泉还是作为未来获得满足的手段。领导者行为的激励作用，在于它使下属的需要和满足与有效的工作绩效联系在一起，并提供了有效的工作绩效所必需的辅导、指导、支持和奖励。为此，豪斯区分了四种领导风格：指导型领导、支持型领导、参与型领导和成就取向型领导。①指导型领导（directive leadership）。领导者对下属提出要求，指明方向，制定工作标准，给下属提供他们应该得到的指导和帮助，使下属能够按照工作程序去完成自己的任务，实现自己的目标。②支持型领导（supportive leader）。领导者对下属友好，平易近人，平等待人，关系融洽，关心下属的生活福利，能够对下属表现出充分的关心和理解，在部下有需要时能够真诚帮助。③参与型领导（participative leader）。领导者经常与下属沟通信息，一道进行工作探讨，虚心听取下属的想法和意见，让下属参与决策与管理，将他们的建议融入团体或组织将要执行的决策中。④成就取向型领导（achievement-oriented leader）。领导者做的一项重要工作就是树立具有挑战性的组织目标，激励下属想方设法去寻求工作的不断改进，以有效地实现目标，同时，除了对下属期望很高外，成就取向型领导者还非常信任下属有能力制定并完成具有挑战性的目标。

（5）路径—目标理论提出了两类情境作为领导行为与结果之间关系的中间变量。它们是下属控制范围之外的工作环境特征（任务结构、正式职权系统、工作群体等）和下属的部分个性特征（控制点、经验、感知能力等），如图 8－6 所示。要想使下属的产出最多，环境因素决定了作为补充所要求的领导行为类型，而下属个性特征决定了对环境和领导者行为做出何种解释。在工作环境中，领导者必须确认员工的任务是否已经结构化、正式权力系统是否最适合于指挥型或参与型领导，以及现在的工作群体是否满足了员工的社会和尊重需要。

在现实的企业管理实践中，究竟采用哪种领导方式，要根据下属的权变因素、环境的权变因素以及领导活动结果的不同因素，以权变的观念寻求同领导方式的恰当匹配：当领导者面临一个新的工作环境时，他可以采用指导型领导方式，指导下属建立明确的任务结构和明确每个人的工作任务；接着可以采用支持型领导方式，有利于与下属形成一种协调和谐的工作气氛；当领导者对组织的情况进一步熟悉后，可以采用参与型领导方式，积极主动地与下属沟通信息，商量工作，让下属参与决策和管理；在此基础上，就可以采用成就取向型领导方式，领导者与下属一起制定具有挑战性的组织目标，然后为实现组织目标而努力工作，并且运用各种有效的方法激励下属实现目标。

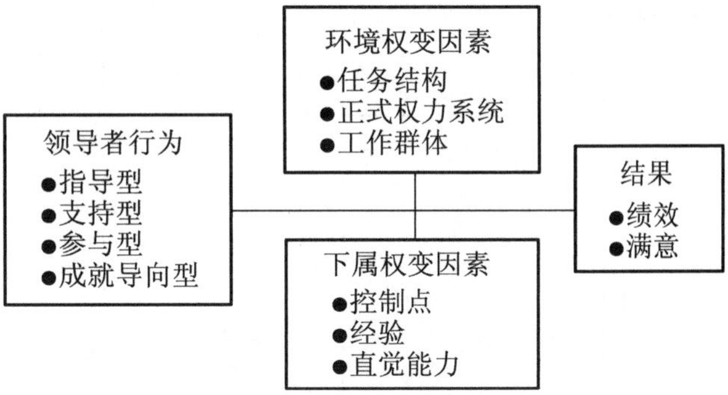

图8－6 路径—目标理论模型

与菲德勒理论不同，路径—目标理论认为这四种领导方式可由同一领导者在不同情况下使用，这就比菲德勒的二维领导模式更进了一步。但通过路径—目标理论关于高效率的领导行为的预言，并未得到完全一致性的结果。这可能是由于领导行为的测定方式以及工作结构的测量尺度不够完善所致。因此和其他领导权变理论一样，“路径—目标”理论也是了解有效领导行为的主要方向之一，但是必须更进一步地深入研究，以提高该理论的有效性。

8.2.3.3 情境领导理论

美国知名管理学者保罗·赫塞（Paul Hersey）教授在20世纪60年代率先提出了“情境领导模式”理论。“情境领导模式”一经提出即受到了西方企业界的大力追捧，热度一直持续到今天。1969年，他编著了《情境领导》教科书，该书被翻译成14种文字，销量达百万册。1975年，赫塞又创建了“领导力研究中心”，推出情境领导培训课程，不断深入研究并完善该理论。在近40年的发展过程中，肯尼思·布兰查德（Kenneth Blanchard）后来又提出了升级版的情境领导Ⅱ，令这一管理模式更加适合现代企业的运用。

“情境领导模式”理论认为，在领导和管理公司或团队时，不能用一成不变的方法，而要随着下属的准备状态或“成熟度”的不同，改变企业领导和管理的方式。换句话说，下属的“成熟度”对领导者的领导方式起着重要的作用，对于不同“成熟度”的员工所采取的领导方式应有所不同。所谓“成熟度”（readiness）是指员工完成某一具体任务的能力和愿望的大小，它取决于工作成熟度和心理成熟度两个因素：工作成熟度是指一个人的知识和技能，工作成熟度高的人拥有足够的知识、能力和经验完成他们的工作任务而不需要他人的指导；心理成熟度指的是一个人做某事的意愿和动机。一般来说，心理成熟度高的员工不需要太多的外部激励，他们靠内部动机激励。

在管理方格图的基础上，根据员工的成熟度不同（有能力有意愿、有能力无意愿、无能力有意愿和无能力无意愿四种），可以将领导方式（基于关系取向和任务取向两个维度）也相应地分为四种：命令式、说服式、参与式和授权式，如图8－7所示。

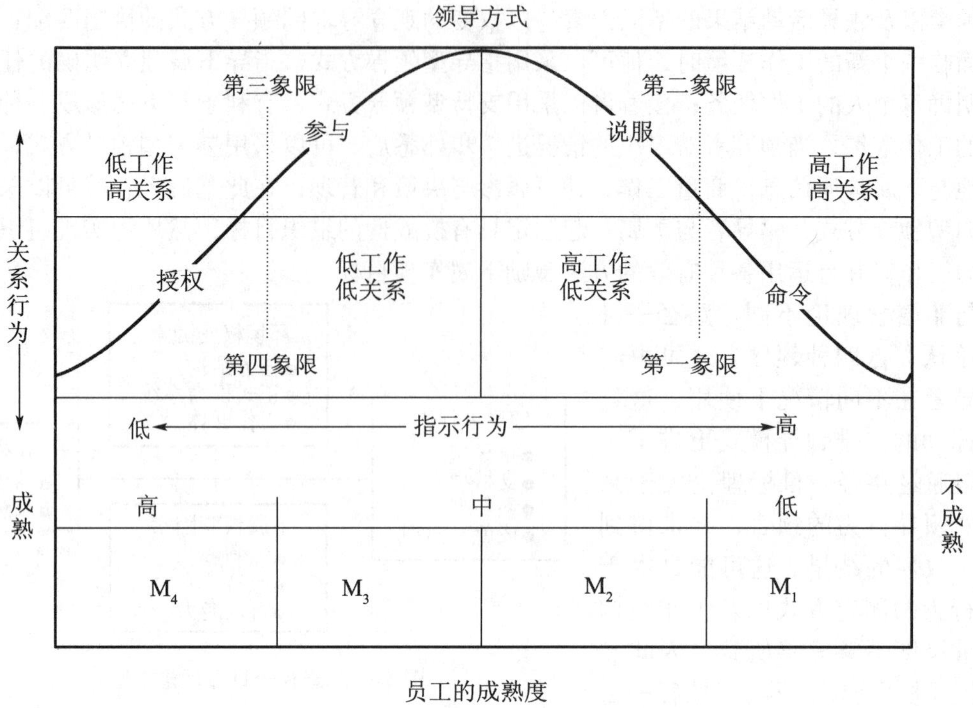

图 8－7　情境领导理论模型

1. 命令式

表现为高工作低关系型领导方式，领导者对下属进行分工并具体指点下属应当干什么、如何干、何时干，它强调直接指挥。因为在这一阶段，下属缺乏接受和承担任务的能力和愿望，既不能胜任又缺乏自觉性。

2. 说服式

表现为高工作高关系型领导方式。领导者既给下属以一定的指导，又注意保护和鼓励下属的积极性。因为在这一阶段，下属愿意承担任务，但缺乏足够的能力，有积极性但没有完成任务所需的技能。

3. 参与式

表现为低工作高关系型领导方式。领导者与下属共同参与决策，领导者着重给下属以支持及帮助其进行内部的协调沟通。因为在这一阶段，下属具有完成领导者所交给任务的能力，但没有足够的积极性。

4. 授权式

表现为低工作低关系型领导方式。领导者几乎不加指点，由下属自己独立地开展工作，完成任务。因为在这一阶段，下属能够而且愿意去做领导者分配的任务。

“情境领导模式”理论又常常被称为“领导生命周期理论”，随着下属从不成熟走向成熟，领导行为遵循着下列思路逐步演变：高任务与低关系、高任务与高关系、高关系与低任务、低任务与低关系。也就是说，当下属成熟度不高时，领导者要给予明确的指导和严格的控制；当下属成熟度较高时，领导者只要给出明确的目标和工作要求，由下属自我控制和完成。

应该说，赫塞和布兰查德与菲德勒对领导维度的划分相同，但是这两个权变理论考虑的情境不同，赫塞和布兰查德将下属的成熟度（个体完成某一具体任务的能力和意愿的程度）设定为情境，并根据下属的成熟度界定出四种有效的管理方式；而菲德勒的领导权变模型则设定了上下级关系、任务结构和职位权力三种情境因素，并基于此推断出有效的领导风格。

8.2.3.4 领导者—参与模型

1973 年，根据下属参与决策的程度，维克多·弗罗姆（Victor Vroom）和菲利普·耶顿（Phillip Yetton）提出了领导者—参与模型（leader-participation model）。该模型将领导行为与参与决策联系在一起。由于认识到常规活动和非常规活动对任务结构的要求各不相同，弗罗姆和耶顿认为领导者的行为必须有所调整以适应这些任务结构。弗罗姆和耶顿的领导者—参与模型提供了根据不同的情境类型而遵循的一系列的规则，以确定参与决策的类型和程度，因此是规范化的。这一复杂的决策树模型包含 7 项权变因素（可通过“是”或“否”选项进行判定）和 5 种可供选择的领导风格（从完全独裁到群体决策设定为 5 个等级），领导者可根据权变因素调整自己的行为。后来弗罗姆和亚瑟·加哥（Arthur Jago）又对该模型进行了修订。新模型包括了与过去相同的 5 种可供选择的领导风格，但将权变因素扩展为 12 个（质量要求、承诺要求、领导者信息、问题结构、承诺的可能性、目标一致性、下属的冲突、下属的信息、时间限制、地域的分散、激励—时间、激励—发展），其中 10 项按 5 级量表评定。应该说，修订后的领导者—参与模型十分复杂、繁琐，不过弗罗姆和加哥运用计算机程序简化了新模型的复杂性。

弗罗姆等人认为，对于某种情境而言，5 种领导行为中的任何一种都是可行的，它们分别是独裁 I（AI）、独裁 II（AII）、磋商 I（CI）、磋商 II（CII）和群体决策 II（GII），具体描述如下：

➢ AI：你使用自己手头现有的资料独立解决问题或做出决策。

➢ AII：你从下属那里获得必要的信息后独自做出决策。在从下属那里获得信息时，你可以告诉或不告诉他们你的问题。在决策中下属的任务是向你提供必要信息而不是提出或评估可行性解决方案。

➢ CI：你与有关的下属进行个别讨论，获得他们的意见和建议。你所做出的决策可能受到或不受下属的影响。

➢ CII：你与下属们集体讨论有关问题，收集他们的意见和建议，然后你所做出的决策可能受到或不受到他们的影响。

➢ GII：你与下属们集体讨论问题，你们一起提出和评估可行性方案，并试图获得一致的解决办法。

弗鲁姆和加哥在修订后的新模型中进一步认为，领导的有效性是决策的有效性减去决策成本，再加上参与决策的人的能力开发而实现的价值函数。做出有效的决策是可能的，但是如果这些决策对发展下属的能力没有作用或作用太小，或者决策过程很昂贵，那么这些决策会降低组织整体人力资本的水平。因此，领导风格可能是时间驱动的，也可能是发展驱动的。领导者—参与模型也进一步证实了领导研究应指向情境而非个体，因此称为专制和参与的情境要比称为专制和参与的领导更合乎逻辑。

对弗罗姆和耶顿的领导者—参与模型进行考察，得到的结果十分积极，由于弗罗姆和加哥新修订的模型出现不久，其效度还有待于评估。不过新模型是 1973 年版本的直接扩充，它与目前对该模型价值的认识应是一致的。所以，在此有充分理由相信修订后的模型对于帮助管理者在不同情境下选择最恰当的领导风格提供了非常有效的指导。另外，与豪斯的路径—目标理论相同，弗罗姆、耶顿和加哥都反对把领导者的行为看作固定不变的，他们认为，领导者应根据不同的情境调整他们自身的领导风格。

8.2.4 领导理论的新发展

8.2.4.1 变革型领导理论

“变革型领导”作为一种重要的领导理论是继领导特质理论、领导行为理论、领导权变理论之后，在 20 世纪 80 年代由美国政治社会学家詹姆斯·麦格雷戈·伯恩斯（Burns）在他的经典著作《领袖论》（*Leadership*）中提出的一种新型的领导理论。相对于变革型领导，伯恩斯认为传统的领导可以称为一种契约式领导，即在一定的体制和制度框架内，领导者和被领导者总是进行着不断地交换，在交换的过程中领导者的资源奖励（包括有形资源奖励和无形资源奖励）和被领导者对领导者的服从作为交换的条件，双方在一种“默契契约”的约束下完成获得满足的过程。整个过程类似于一场交易，所以传统领导也被称为交易型领导，相应的理论也称之为交易型领导理论。交易型领导鼓励追随者诉诸他们的自我利益，但是交换的过程以追随者对领导者的顺从为前提，追随者内心并没有产生积极的热情，其工作的内在动力也是有限的。因此，交易型领导不能使组织获得更大程度上的进步。

在变革型领导理论中，伯恩斯将领导者描述为“能够激发追随者的积极性以更好地实现领导者和追随者目标的个体”，进而将变革型领导定义为“领导者通过让员工意识到所承担任务的重要意义和责任，激发下属的高层次需求或扩展下属的需求和愿望，使下属能够为团队、组织和更大的政治利益而超越个人利益”。在伯恩斯等学者研究的基础上，Avolio 进一步凝练出四个层面的变革型领导行为：（1）理想化影响力（idealized influence）。理想化影响力是指能使他人产生信任、崇拜和跟随的一些行为。它包括领导者成为下属行为的典范，得到下属的认同、尊重和信任。这些领导者一般具有公认较高的伦理道德标准和很强的个人魅力，深受下属的爱戴和信任。大家认同和支持他所倡导的愿景规划，并对其成就一番事业寄予厚望。（2）鼓舞性激励（inspirational motivation）。领导者向下属表达对他们的高期望值，激励他们加入团队，并成为团队中共享梦想的一分子。在实践中，领导者往往运用团队精神和情感诉求来凝聚下属的努力以实现团队目标。从而使所获得的工作绩效远高于员工为自我利益奋斗时所产生的绩效。（3）智力激发（intellectual stimulation）。是指鼓励下属创新，挑战自我，包括向下属灌输新观念，启发下属发表新见解和鼓励下属用新手段、新方法解决工作中遇到的问题。通过智力激发，领导者可以使下属在意识、信念以及价值观的形成上产生激发作用并使之发生变化。（4）个性化关怀（individualized consideration）。个性化关怀是指关心每一个下属，重视个人需求、能力和愿望，耐心细致地倾听，以及根据每一个下属的不同情况和需要区别性地培养和指导每一个下属。这时变革型领导者就像教练和顾问，帮助员工在应付挑战的过程中成长。具备这些因素的领导者通常具有强烈的价值观和理想，他们能成功地激励员工超越个人利益，为了团队的伟大目标而相互合作、共同奋斗。

因此，变革型领导理论不仅试图把领导者和下属的角色相互联系起来，而且试图在领导者与下属之间创造出一种能提高双方动力和品德水平的过程。拥有变革型领导力的领导者通过自身的行为表率，对下属需求的关心来优化组织内的成员互动；同时通过对组织愿景的共同创造和宣扬，在组织内营造起变革的氛围，在富有效率地完成组织目标的过程中推动组织的适应性变革。变革型领导理论具有很大的包容性，它对领导力的作用过程进行了广泛的描述，包含了领导过程中多层次、多角度、已有广泛基础的观点，是一门很有理论和实践意义的领导学理论。

8.2.4.2 魅力领导理论

魅力（charisma）一词源自希腊语，意味着不凡的天赋（gift），比如过人的智慧、预知的能力等。早在20世纪初，德国社会学家马克斯·韦伯（Max Weber）就提出过“魅力”（charisma）这一概念，认为它就是指领导者对下属的一种天然的吸引力、感染力和影响力。而魅力领导理论（theory of charismatic leadership）则是指领导者利用其自身的魅力鼓励追随者并作出重大组织变革的一种领导理论。该理论主要是从20世纪70年代后期才开始发展起来的，早在1977年，罗伯特·豪斯就提出，魅力型领导者有三种个人特征，即高度自信、支配他人的倾向和对自己的信念坚定不移。随后，本尼斯（W. Bennis）在研究了90名美国最有成就的领导者之后，发现魅力型领导者有4种共同的能力：有远大目标和理想；明确地对下级解释这种目标和理想，并使之认同；对理想贯彻始终和执着追求；认识自己的力量并善于利用这种力量。自20世纪80年代起，随着经济全球化的发展，市场竞争日趋激烈，各类组织，尤其是企业组织迫切需要魅力型领导者的改革和创新精神，以对应环境的挑战，因此，魅力型领导理论日益受到全球管理学者的重视。

魅力领导理论认为，一位具有领导魅力的领导者比起没有魅力的领导者更能够影响下属的行为。从激励的视角看，杰出的领导者通过以下行为对追随者的动机产生正面影响：（1）清晰地提出一个超验的、意识形态的目的，该目的体现的是与追随者所信奉的相一致的终极价值；（2）有选择地唤醒与愿景实现相关的追随者动机，以使追随者的自我评价在更大程度上以目的实现为基础；（3）表现出对追随者的信心和对其取得优秀业绩的期望，以增强他们的自尊和自我价值意识；（4）将目标及努力同追随者自我概念中的积极方面联系起来，利用自我表现、自我肯定的动力，进一步强化追随者的自尊和自我价值；（5）强调意识形态的、集体的终极价值，以此鼓励追随者从工具理性取向转为道德取向、从关注个人所得转向关注为集体所做的贡献。从价值的视角看，价值在领导者激发追随者过程中扮演了关键角色，特别是在需要追随者完成一些与个人利益无关的任务时。在激发追随者的过程中，领导者首先提出蕴含组织核心价值的富有感染力的愿景，核心价值要求的是能够诉诸追随者情感、产生强大激励作用的终极价值；然后，通过展示对愿景、对自身、对追随者的信心并树立角色榜样以强化内在于愿景的组织核心价值，进而激发追随者的持久动机和热情，提高追随者的自我效能感；最后，授权追随者实现愿景。

然而，一些学者也指出，魅力型领导理论也存在一些消极方面，譬如，如果魅力型领导者过分强调自己个人需求高于一切，要求下级绝对服从，或利用其高超的说服能力误导或操纵下级，则可能会产生不良的结果。另外，目前多数研究者主要采用面谈、传记、观察等描述性方法对魅力型领导者进行定性研究，还缺乏采用定量的方法对魅力型领导理论展开研究。

8.2.4.3 诚信领导理论

诚信领导理论（authentic leadership theory）是卢桑斯（Luthans）、阿沃利奥（Avolio）、梅（May）等知名管理学者近年来基于领导学、伦理学、积极心理学、积极组织学等相关研究基础，所提出的一种全新的领导理论。诚信（authenticity）是指个体拥有、了解和接受自己的价值观、信念、情感、需求以及偏好，并以一种与这些内在思想和情感相一致的方式行事。而诚信领导是指领导者在领导过程中能够表现出诚实守信、言行一致、表里如一、敢于负责的品质和行为，从而有利于团体实现组织目标。从现有的研究成果来看，诚信领导理论的研究涵盖了诚信领导者需具备的品质、诚信领导的开发、诚信领导的作用机制以及诚信领导的效用等领域。

从诚信领导者需要具备的品质来看，Luthans 等人认为，诚信领导者具有自我意识、积极的自我调节、积极心理能力和积极的自我发展等 4 个显著特点；Avolio 等人认为，诚信领导者拥有高水平的诚信，清楚了解自己的信仰和价值观，他们的行动建立在自己的信仰和价值观之上并且在行动时能够毫无隐瞒地与其他人互动。

从诚信领导开发的视角看，Avolio 等人认为，诚信领导开发不同于诚信领导者的开发，它涵盖着更为复杂的内容，包括领导者和下属之间诚信关系的开发。领导者应该如何保持其诚信品质或行为，并如何影响下属产生诚信品质或行为，这正是诚信领导如何开发的关键问题。May 等人提出的诚信领导道德开发模型阐明了诚信领导的道德成分和决策过程，以及如何以诚信道德的方式来行动。领导者的道德意识最终将导致诚信行为，领导者的道德能力、道德勇气、道德韧性及道德自我效能会增强道德意识与行为之间的联系。加德纳（Gardner）等人基于自我为基础的诚信领导者与诚信下属开发模型，他们认为，诚信领导者通过自我意识及自我调节的积极示范效应来提升追随者的自我意识及自我调节，在追随者中产生高层次的信任、投入和幸福感，影响追随者一起产生可持续绩效。

从诚信领导的作用机制来看，Avolio 等人（2004）以相关理论及实证研究为基础，推导出一个真诚领导对下属的相关工作态度及行为的影响机制模型（如图 8－8 所示）。该模型主要从积极组织行为、信任、希望、情绪及认同等方面来描述诚信领导影响下属态度及行为的过程。下属的个人和社会认同在真诚领导行为与希望、对领导者的信任以及积极情

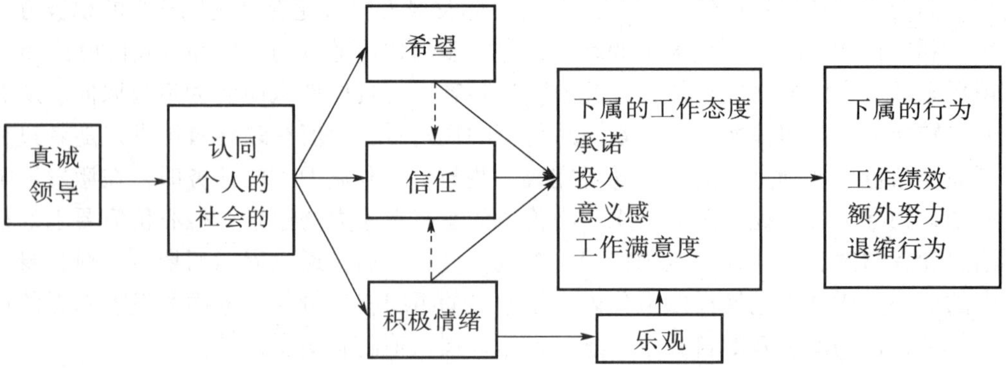

图 8－8　Avolio 等人（2004）的真诚领导对下属态度及行为的影响机制模型

绪等变量之间担当中介的角色。下属的希望、信任及积极情绪对其承诺、满意度等积极工作态度具有显著的正向影响，这些态度变量进而能显著改善下属的工作绩效，减少其缺勤和离职等行为。另外，下属的乐观状态对其积极情绪与工作态度及行为之间的关系也具有部分的中介效应。在上述过程中，希望、信任和积极情绪等因素之间也会产生交互作用。此外，组织情境因素也会影响真诚领导作用的发挥，这些因素包括组织权力和政治、组织结构以及组织文化和气氛等。

从诚信领导的效用来看，阿沃利奥（Avolio）等人认为，诚信领导者通过与追随者共同创造个人认同感和社会认同感，来提高追随者的承诺水平、满意度及工作投入度等，从而能够持续提高追随者的绩效。伊利斯（Llies）等人认为，诚信领导通过追随者对领导者个人及组织的认同、积极情绪感染、领导者正面行为示范、支持性自我决定以及积极的社会交换五种机制，将领导者的幸福感传递给追随者，而追随者幸福感的提升反过来又会提升领导者幸福感。实际上，当领导者推行诚信领导过程中，将会有助于在领导者和下属之间建立信任、和谐轻松的人际关系，并通过榜样效应形成诚信的组织文化。同时，有利于通过兼顾和协调组织内外各方利益，来推动组织持续的发展和促进和谐社会的构建。

8.2.4.4 柔性领导理论

通常，英文中的“柔性”（flexibility）是指主体能够通过变化适应新的情况和环境，并兼有容易弯曲不会折断的含义。柔性是现代组织管理领域的研究热点之一，早在1975年，安索夫（Ansoff）就指出，企业柔性越来越成为企业的一种核心能力。曼德尔鲍姆（Mandelbaum，1978）认为，（组织）柔性是指企业面对环境的变化所应具备的有效反应能力。布扎科特（Buzacoott，1985）将柔性定义为系统所具有的处理环境或由环境引起的不稳定性的能力。傅博达（Volberda，1998）把（组织）柔性定义为“组织管理者所拥有的一种现实或潜在的能力，管理者凭借这种能力可以加快组织管理控制力的提升速度”。自20世纪七八十年代以来，随着经济全球化的快速蔓延和全球的信息技术革命，柔性、柔性化能力、柔性化管理等日益受到全球管理学界和企业界人士的广泛关注。有相当多的学者认为，柔性是领导的一项基本属性和功能。正如伯克（Burke，1985）等人所言，“当一个组织必须通过适应技术、环境的变化来完成目标时，领导的柔性便成为该组织目标完成过程的关键”。一般认为，柔性领导是指在研究人们心理和行为的基础上，依靠领导者的非权力影响力，采取非强制命令的方式，在人们心目中产生一种潜在的说服力，使其自觉服从和认同，从而把组织意志变为人们自觉的行动的领导行为。事实上，无论是菲德勒的权变领导理论、情境领导理论还是路径—目标领导理论等，无不体现了领导的柔性特征。在当今高度动态、复杂、不确定的全球市场环境下，组织领导在柔性管理方面正日益面临着严峻的挑战，而柔性领导是组织实施柔性化管理的必然产物。

柔性领导不会拘泥于任何已有的领导思维和行为定式，创新性、变化性和适应性是柔性领导的行为特征。柔性领导的存在价值不在于如何凸现领导者自身的魅力与能力，而在于培养领导者，通过自己的领导行为使组织成员人人自觉担负组织使命，个个能够根据管理情境的发展变化，随时在领导者与下属之间实现角色“切换”。柔性领导行为模式可采用哈克曼（Hackman，1976）等人提出的领导对下属或群体的影响模型进行分析，该模型涵盖任务支持（组织成员对目标的支持程度）、能力与角色、合作与相互信任以及资源、支持与外部合作四个变量。

首先，在任务支持方面，柔性领导以组织愿景和目标为核心，以尊重员工的个人意愿为前提，在领导过程中谋求或引导组织成员形成个人目标与组织愿景及目标的结合点，将组织愿景和目标的实现过程与个人目标的实现相结合，从而获得组织成员对组织任务的认同与支持。

其次，在能力与角色方面，柔性领导能力突出表现为在特定的组织环境和资源状况下，根据组织战略整合组织内外部资源的能力，特别是整合人力资源的能力。在柔性领导的整合过程中，组织成员不再是整合的对象，而是柔性领导的合作者，双方打破了传统的上下级之间的角色界限，实现了组织资源、领导者能力与组织成员能力的最佳匹配。

再者，在合作与相互信任方面，组织成员间的合作与相互信任是组织保持适应与创新能力的前提，柔性领导在自身角色转换的基础上，立足于平等、开放、分享和个性化的领导风格，在组织中营造合作信任的人际关系氛围，这种合作与信任的基础是包括领导在内的组织成员间的相互尊重与认同。随着网络组织等新型组织结构的兴起，柔性领导建立在平等基础上的合作与信任理念将逐步跨越传统组织的边界，为组织结构的升级提供领导支持。

最后，在资源、支持与外部合作方面，大规模的跨组织协作使现代组织的边界日益模糊，从组织间协作的角度重新界定组织的资源与能力已成为组织管理的发展趋势。柔性领导立足于变动的组织边界和动态的组织能力观，寻求组织内外部资源在物质和精神层面的高度协同，特别是寻求不同组织的成员在思想和行动上的相互协调，以降低组织间协作的成本，为实现高效的组织间协作创造条件。

8.3 领导的权力和影响

8.3.1 领导的权力

权力是拥有特殊资源的个人、团队或组织影响他人、团队或组织的能力。权力是领导的基础，也是领导者发挥功能的基本与首要条件。组织中各级领导者之所以能够对下级进行管理与施加影响，率领、引导、协调组织成员为实现既定的组织目标而努力，是因为领导者拥有与其职位相对应的权力，这种权力称之为正式权力（formal power）。正式权力及其大小往往是由个人在组织中被赋予的职位所决定，表明了领导者行使其权力的合法性以及在其职权范围内的支配地位。组织中的正式权力包括法定性权力、强制性权力和奖励性权力三种。

（1）法定性权力。法定性权力的核心是指挥、命令、决定和否定，通常由组织按照一定程序和形式赋予领导者进行命令和指挥的权力。这是企业内各级领导职位所具有的正式权力。法定性权力的作用基础是职权的权威性，凡是处于某一职位上的领导者都拥有一定的法定性权力，可在其职权范围内行使、运用有关的权力；相应地，被领导者必须服从领导者发布的指示和命令。不过，法定性权力不一定由领导者本人来实施，通过制定相关的政策和规章制度也可以达到他人行使法定性权力的目的。

（2）奖励性权力。奖励性权力是决定给予或取消奖励、报酬的权力，是一种通过提供益处对他人施加影响的权力。奖励的范围包括增加工资、增加奖金、表扬、提升职务、提供培训计划、分配理想工作、改善工作条件等。奖励性权力建立在利益性遵从的基础之上，当下属认识到服从领导者的意愿能够带来更多的物质或非物质利益的满足时，他们就会自觉地接受其领导，领导者也因此享有相应的权力。在组织中，领导者对奖励的控制力越大，该领导者在奖励下属人员的方面拥有的权力就越大。

（3）强制性权力。强制性权力是一种在肉体、精神或物质上对下属进行胁迫服从的权力。这种权力建立在惧怕惩罚的基础之上，一个人如果不服从，就有可能产生不利的后果，对不利后果的恐惧，让这个人对强制性权力做出了反应，因此，其实质就是一种惩罚性权力。在企业环境中，当下属人员意识到违背上级领导的指示或意愿将会导致某种惩罚时，如降薪、扣罚奖金、分配不如意的工作、降低待遇甚至免职等，往往就会被动地遵从。不过，现有的研究也表明，领导者对其下属采用的强制性权力越大、强制性措施越严厉，下属人员对领导者的敌对和不满也就会越强烈。

组织中还存在另外一种有别于正式权力的非正式权力（informal power），这种权力不是来自个人在组织中的正式职位，而是来自一个人的人格魅力、专门知识或技能等，与其在组织中的职位无关。非正式权力包括感召性权力和专家性权力两种。

（1）感召性权力。感召性权力往往是因为领导者的特殊品格、独特个性或个人魅力所形成的权力。这种权力建立在下属对领导者的尊重、信赖和感性认同的基础之上。如果企业领导者具有公正无私、胆略过人、富有同理心、勇于创新、知人善任、高瞻远瞩、具有感召力、善于灵活巧妙运用领导艺术等品质或能力，则往往容易赢得下属的尊重和顺从，获得统御他人的权力。

（2）专家性权力。专家性权力是由于领导者具有某种专门知识、独特技能而获得的权力。这种权力是以理性崇拜和敬佩为权力基础的。如果领导者本人学识渊博，精通本行业务，或者具有本行业内某一领域的高级专门知识与技能，则很容易获得这种专家性权力。专家性权力的大小往往取决于领导者的受教育程度、求知欲望、灵活运用知识的能力以及实践经验的丰富程度等。领导者拥有的专家性权力越多，越容易赢得下属人员的尊重和主动服从。

从上面对领导权力的分类可以看出，法定性权力、奖励性权力和强制性权力——也就是领导者的正式权力主要取决于领导者在其企业组织中的职位。这类由职位所赋予的权力具有外在性质，也就是说，经过法律法规、组织规章制度等直接或间接地肯定其为社会所承认，并对施受双方具有控制性的约束力。拥有权力者必须在规定范围内行使权力，并依法办事；接受权力者必须无条件服从掌握权力者的命令、指挥和意志，两者之间是命令和服从的关系。正式权力是领导者行使其职能的组织保障，也是社会化大生产条件下企业管理的客观要求。在现代企业管理中，领导者的正式权力往往具体表现为决策权、用人权、奖惩权和指挥权等，并且这些权力通常是以职权的形式表现出来。企业各级领导者为履行其所在职位的职责，就必须拥有相应的权力。当领导者调离其所在职位时，这种正式权力也随之消失。

而感召性权力和专家性权力是一种与外在性权力（正式权力）接任不同的内在性权力（非正式权力）。这种权力不是以社会的法律法规或组织的规章制度等为基础，也无须外界赋予或授权，仅仅来自领导者自身，其权力的大小往往取决于领导者的品质、知识、才能等个人素质。也因此，这种内在性权力往往对施受双方都没有强制性的约束力，掌握权力者没有行使内在性权力的严格规范，接受权力者也不会因为不服从权力而受到惩罚，权力的双方是一种影响和依赖的关系。

总之，无论是正式权力还是非正式权力，它们都是领导权力不可或缺的组成部分。其中，正式权力（外在性权力）构成了领导权力的基础，非正式权力（内在性权力）则是提供领导效能一个很重要的方面。因此，企业领导者应在法定的职权范围内敢于用权、善于用权。与此同时，领导者也应充分发挥其人格魅力或运用其专业技能，提升其内在性权力的影响力。

8.3.2 领导的影响方式

在领导活动中，领导者运用权力的目的就是对被领导者施加影响，使其心理和行为发生能够预期的改变。因此，权力是影响的基础，影响是权力的核心和实施过程。根据领导权力的来源和性质不同，以权力为基础的领导影响也分为两种类型，即外在影响和内在影响。

1. 外在影响

外在影响是以领导的外在性权力为基础，主要靠强制、惩罚等方式发生作用，对被领导者的影响具有强迫性和不可违抗性。被领导者的心理和行为往往表现为消极、被动的服从。一般来说，外在影响的具体作用方式有以下三种类型：

其一，传统观念的影响。这种影响往往基于人们在长期的社会生活中所形成的传统观念，即承认职位所具有的内在权威性，认为组织中处于较高地位的人理所当然地拥有既定的权威，享有相应的支配他人的权力，职位低的人也理所当然地应服从职位高的人。在实际的企业管理中，借助于建立在法定权基础上的传统观念的影响，可以使企业员工对领导者产生敬畏感，主动听从其指挥、命令，有助于增强领导者的影响力。

其二，利益满足的影响。人们从事任何活动的目的都是获取一定的利益，以满足其自身或家人的物质或精神需求。也因此，在实际的企业管理中，领导者适当地运用组织所赋予的奖励性权力，使其下属员工的物质或精神利益得到某种程度的满足时，将可以有效地激发其员工的工作动机和工作热情，激励他们自觉地采取积极的行为方式，从而有效地提升组织绩效。

其三，恐惧心理的影响。趋利避害是人类的本能之一，当被领导者意识到领导者手中握有某种惩罚性权力，能够使其陷入生理或心理上的痛苦时，他们便会竭力迎合讨好领导者的意愿，遵从其命令、指挥，避免受到生理上或心理上的伤害。这种建立在惩罚性权力基础上的影响，往往会使被领导者产生某种强迫感与恐惧感，可防止员工消极违抗命令的行为发生。

2. 内在影响

与外在影响相对应，内在影响是建立在领导者的内在性权力（非正式权力）基础之上的，主要以领导者的人格魅力、良好修养或独特专长吸引与感化被领导者，通过激发被领导者的内在动力，从而对其心理和行为发挥影响。一般而言，内在影响往往不带有任何强制性或压服性因素，而是以潜移默化、自然渐进的方式发挥其影响作用。因此，受到内在影响的员工往往多以积极、主动、自觉的心态接受领导，普遍具有较高的自我效能感和工作满意度。内在影响的具体作用方式通常包括以下两种：

其一，感情的影响。一般来说，感情是连接人与人之间关系的一种重要的、稳固的纽带，也是影响他人心理与行为的有效途径。在实际的企业管理中，如果员工能够经常感受到领导者的关心与尊重，甚至建立起一种超越正式组织关系的更为密切的人际关系时，员工就会本能地从内心深处产生一种亲密感、知己感，因而从感情上愿意接受、支持其领导。有些时候，运用感情的力量影响员工可以达到理性力量无法企及的高度。

其二，理性崇拜的影响。理性崇拜影响往往是因为领导者具有独特的人格魅力、专门知识、特殊技能等因素，而使其在企业中赢得稳固的声望或威信，引发被领导者对其的尊重、信服、敬佩、崇拜，因而心甘情愿地遵从、接受其领导，甚至会以领导者的言行举止为楷模而加以效仿。在这种情况下，领导者往往无须发布指示、命令或进行说服教育，即可达到内在影响的目的，并且能够引起被领导者深层次心理活动的变化，产生持久、强烈的内在影响，从而有助于组织绩效的达成。

从上面可以看出，领导的内在影响和外在影响有着完全不同的权力基础和作用方式，因此其对员工、组织的影响方向和效果也迥然不同。外在影响表现为领导和服从的关系，领导者在其组织所赋予的职权范围内，对其被领导者拥有绝对的发号施令的权力，而被领导者必须无条件地忍受、服从领导者的命令与指挥。当然，组织取消了领导者的正式权力后，领导者的外在影响效力也会立刻消失。相对于外在影响，内在影响表现为领导者与被领导者双向的沟通过程，被领导者往往会自愿接受其领导者的影响，并自觉地内化于领导者的个人思想和行动中，从而突破了正式权力的影响范围，大大拓展了其影响的深度和广度。因此，在领导的影响构成中，内在影响往往具有决定性的意义，内在影响的加强可以弥补外在影响的缺憾与不足，在某些特定场合，甚至可以替代外在影响。所以，有智慧的企业领导者往往特别注重发展内在影响的作用，并且通过内在影响和外在影响的有机结合与协同互补，最大限度地提升其领导权力的影响力。

8.4 领导的有效性和领导方式

8.4.1 领导的有效性

领导是一种特殊的社会活动形式，如同企业的其他各项管理活动一样，领导活动也必须讲求效益，即以较小的投入获取较大的产出。这种投入和产出之比，就表现为领导的有效性。在实际的企业管理中，领导的有效性是一个综合性概念，它是指通过领导活动实行企业预定目标的程度。有效性是领导活动的主要衡量标志，是领导水平的总体反映。在领导过程中，职权、知识、技能、品格等因素为其的有效实施提供了必要的资源投入，但是这些投入能否形成较大的产出，主要取决于领导者能否合理有效地配置、利用各种内外部资源。由于不同企业或同一企业不同职位的领导活动内容复杂多变、形式多样，往往难以用固定、机械的同一标准来评估领导的有效性。尽管如此，一个企业或群体的领导是否有效，还是可以从以下几个方面反映出来：

（1）员工支持程度。下级员工能在多大程度上主动而非被迫地支持领导者，不管这种支持是出于员工感情上、利益上，抑或二者兼而有之的考虑。

（2）上下级关系。领导者能否与下级员工保持密切、和谐的交往关系，并且鼓励组织或群体成员发展紧密、友好、互助的工作关系。

（3）员工评价。企业的绝大多数员工能否高度评价所在的企业或群体，并且因身为该企业或群体中的一员而感到骄傲与自豪。

（4）激励程度。企业绝大多数员工自身需求能否获得满足，并因此而激发出较高的工作热情和积极性，使个人潜能得以充分发挥与利用。

（5）沟通效果。领导者能否与下级员工及时、顺畅地沟通互动，并以此作为调整领导方式、协调相互关系的依据。

（6）工作效率。在领导者的指挥、引导、协调、率领下，企业的各项内外部资源能否得到有效合理配置与利用，企业的各项生产经营活动能否得以高效运行。

（7）目标实现情况。领导活动的有效性最终还是要通过能否实现企业的预定目标以及实现的程度反映出来，这其中既包括经济效益指标，也包括社会效益指标。

正如前面领导权变理论所述，领导活动的有效性最终取决于领导者、被领导者和环境三个因素（变量）匹配或契合的程度。因此，提高领导有效性的关键，在于最大限度地推动或促进企业的领导者、被领导者和环境之间的相互适应或匹配。一般来说，为了提高领导的有效性，可以采取以下两种基本途径：（1）根据领导者的领导风格或领导特质，选择或配置与之相适应的被领导者与组织环境。（2）根据企业现有员工状况和企业条件，选取适合其特点与要求的领导方式与领导风格。

8.4.2 领导者的素质

通常认为，领导者的素质，是指在先天的生理与心理基础上，经过后天的学习与实践锻炼而形成的，在领导工作中经常起作用的那些基础条件与内在要素（如品质、性格、学识、能力、体质等）的总和。正如前面领导理论所讲，在早期的领导理论研究中，许多学者将注意力更多地集中在分析领导者的品质、性格等特性方面，试图从中找出成功领导者所共有的或必备的基本素质，并以此作为提高领导有效性的基础和前提条件。这一理论的代表性研究包括美国学者斯托基尔的领导特质理论、吉赛利的领导特质理论等。斯托基尔认为，与领导才能有关的身体特征有 5 种（包括精力、外貌、身高等），智能特征有 4 种（包括思维能力、反应敏捷程度等），个性特征有 16 种（包括进取性、适应性、自信、热心等），与工作有关的特征有 6 种（包括追求成就的干劲、毅力、首创精神等），社会特征有 9 种（包括愿意与他人合作、人际关系协调能力、管理能力等）。而吉赛利则认为，有效的领导者应具备 8 种个性特征和 5 种激励特征，其中，个性特征包括才智、主动性、督察能力、自信、为员工所亲近、决断能力、成熟程度等；激励特征包括工作稳定、金钱奖励、指挥别人的权力、自我实现、职业成就等需求。另外，还有些西方的研究学者认为，一个好的领导者应该具备这样一些特征，如勤奋、忠诚、聪明、自信、果断、幽默、正直、平易近人、关心他人等。

然而，关于领导者素质的研究并没有取得显著的进展。究其根源，是因为这些理论无法证实某些特性和领导效能之间存在必然联系；而且，人们对领导者所必须具备的基本素质缺乏一致的认识；再者，不同学者列出的各种特性对领导效能的重要程度并没有、也很难做出区分。事实上，试图单纯地从素质特性的角度去探寻提高领导有效性的途径是有失偏颇、不甚科学的。过往大量的企业实践证明，具备同一素质的领导者在某种企业环境中可以取得成功，但是换个不同的企业环境却可能遭遇失败；反之亦然。因此，不应该也不能把领导者具有的某些素质、特性作为决定领导有效性的唯一要素。尽管如此，鉴于当前经济全球化的迅速蔓延和信息技术突飞猛进，企业面临的内外部竞争环境变得更为复杂、动荡和不确定，客观上要求企业领导者必须具备良好的个人素质与能力，而且能够与时俱进。一个企业是否具有优秀甚至卓越的领导者或领导集团，将直接决定着该企业的生死存亡、兴衰沉浮。很显然，才智平庸、软弱无能的企业领导人是无法担负起有效领导重任的。所以，在经济全球化的今天，企业领导职能客观上要求企业领导者必须具备良好的个人素质与能力。换句话说，良好的领导素质是一个领导不可或缺、至关重要的条件。

纵观过往多年西方学者对领导特质理论的研究，以及现今国内外大量知名企业的管理实践，可以看出，一个卓有成效的企业领导者应该具备以下方面的素质与能力：

（1）品德高尚。优秀的企业领导者通常要公正无私、襟怀坦荡、严于律己、宽以待人，富于牺牲精神。

（2）多谋善断。决策是领导者的主要职能之一，企业领导者应善于发现问题，提出多种解决方案，并从中优选决策，还要能够根据具体情境的变化，随机应变、伺机而动。

（3）知人善任。领导的一个重要职能是选人、用人、育人与留人，因此，有效的领导者应善于观察人、了解人、培养人、激励人，用人之长，唯才是举，充分发挥每个组织成员的积极性、主动性与创造性。

（4）个性完善。领导者通常应该性格开朗、豁达大度、意志坚强、自信果敢、有自知之明，对事物有着广泛的兴趣、热情与真知灼见。

（5）富于进取心与创新意识。领导者通常有较强的事业心、成就欲望以及独创精神，他们勇于开拓新的活动领域，并且希望通过事业的成功来体现自身应有的价值。

（6）博学多识。领导者应具有非常完备的知识结构，不仅通晓与本企业领导工作有关的现代管理科学理论知识，同时还要精通与本部门业务活动密切相关的专业知识与专业技能。

（7）很强的沟通协调能力。领导者需要具有较强的人际交往能力，善于与下属及公众建立良好的沟通关系，能够协调、应对各种复杂矛盾或局面，促进企业内外部关系的协调、和谐、稳健发展。

除了上述的基本素质与能力外，现代企业领导者还须具备一定的领导风格。领导风格通常是指企业领导者的个性、气质、能力、思想方法、价值观念以及行为习惯的综合体现。一般来说，鲜明、独特的领导风格可以增强企业领导者的人格魅力、感召力与凝聚力，因而也是领导者获取成功的重要条件之一。

8.4.3 领导方式

领导方式是指企业领导者在运用其权力对下属实施影响的过程中所采取的行为方式。它是企业领导者在特定的组织环境中，根据作用对象的不同特征所采取或实施的对策性行为。领导方式可以集中体现一个企业领导者在提高领导效能过程中的主观能动作用。结合大量的企业管理实践与现有领导方式的理论研究，归纳起来，典型的领导方式主要包括集权型、民主型、任务型、关系型、复合型五种领导方式。

1. 集权型领导

集权型领导是一种以专制、独裁为主要特征的领导方式。一般来说，采用这种方式的企业领导者认为，他们的权力来自他们所处的地位与所担负的职务。组织成员的本性消极懒惰，且不愿接受约束并害怕承担责任，因此他们不能对组织成员予以信任，必须使用严格管制的手段。基于以上认识和假设，企业领导者会本能地、想方设法地将权力集中于个人手中，集各种权力于一身，独断专行，全权依靠个人的经验、能力和意志来领导企业生产经营管理活动，同时会采用强制的方式对组织成员下达各种指令，强调下级的绝对服从，也因而缺乏对组织成员的关怀与尊重。

2. 民主型领导

和集权型领导方式正好相反，民主型领导是一种以民主、自主为主要特征的领导方式。通常，民主型领导强调领导的权力是由企业全体成员所赋予；认为被领导者是勤奋的、负责的、勇于承担责任的；被领导者在受到激励后，能够主动协调个人行为与工作的关系，具有自我控制能力；领导者主张将权力定位于组织成员手中，使之享有充分的民主权利；领导者鼓励组织成员自主决策，实现自主管理，而领导者仅以劝告说服的形式提供各项意见与建议；等等。

3. 任务型领导

任务型领导会把完成工作任务作为一切活动的中心与重心，该类型的企业领导者注重建立精密的劳动组织，制定严格的劳动纪律，强调指标与效率，崇尚紧张有序、快节奏的工作氛围，并将全部精力与注意力集中于工作任务本身。所以，该类型的领导者在一定程度上会忽视对组织成员个人利益、情感需求与工作需求等方面的关心与支持。

4. 关系型领导

关系型领导与任务型领导也正好相反，这一领导方式强调人是企业各项工作的中心与重心，企业领导者高度重视对员工的关心、体谅与支持，注重满足员工的各项物质需求与精神需求，强调维持良好群体关系的重要性，注重建立多方面、全方位的信息沟通渠道与交流平台，充分利用各种机会与下属保持密切接触与联系。与此同时，也会在实际的经营管理中主张宽松、包容，营造一种和谐、融洽、友善的组织氛围。

5. 复合型领导

复合型领导，又称作兼备型领导，这种领导方式兼有以上各种领导类型的特点，既强调权力的适度集中，保证统一的指挥与企业的整体性，又注重必要的分权，使组织成员的积极性、主动性与创造性得到充分发挥。与此同时，该类领导还会把完成工作任务与满足员工需求放在同等重要的位置，也就是说，既重视工作效率，又注重对组织成员的关心；既有严格的组织管理，又要维持良好的人际关系。

需要指出的是，在现实的企业管理实践中，企业领导者往往不会单纯采用某种单一的领导方式，而是介于以上几种领导方式之间，采用不同组合的混合型领导方式。换句话说，就是在集权型领导与民主型领导、任务型领导与关系型领导两组极端的领导方式之间，形成一系列中间化、混合型的复杂领导方式。由此可见，现实领导方式的多样化、复杂化将会带来一个不容回避的问题，那就是如何评价各种领导方式的优劣，以及领导者应该采取何种方式才能更有利于提高领导效能等问题。根据前面领导权变理论的观点，应该说，包括上述类型在内的各种领导方式都有其各自不同的适用范围，某种领导方式在某一特定的组织环境下具有明显效果，而换一个不同的组织环境则未必会成功。例如，对于刚刚进入企业、缺乏基本技能与纪律训练的新员工，尤其是从高校招来的应届毕业生，采用相对集权、专制的领导方式则较为有效，而以同样的领导方法对待具有较高技术水准与工作经验丰富的高级专业人员或老员工，则有可能挫伤他们的自尊心与工作积极性。因此，世界上并不存在一种适用于一切情境的最佳领导方式，各种领导方式的优劣均是相对的，领导者究竟采用何种方式比较有效，应该视领导者、被领导者以及企业的具体状况而定。

8.5 领导与沟通

8.5.1 沟通的含义与特征

著名组织管理学者巴纳德认为，“沟通是把一个组织中的成员联系在一起，以实现共同目标的手段”。事实上，沟通是管理心理学的一个专业术语，就是指人际或群体间互相传达思想、观念或交换信息情报，从而完成某一个特定目标的过程。而管理沟通就是指一个组织及其管理者（领导者）为了实现组织目标，在履行管理职责、实现管理职能（包括计划、组织、领导、控制等职能）过程中有计划的、规范性的职务沟通活动与过程，包括领导者与下属之间，有关思想、观念的交流，以及信息、情报资料的收集与传递等活动。换句话说，管理沟通是管理者（领导者）履行管理职责、实现管理职能的基本活动方式，它以组织目标为主导，以管理职责、管理职能为基础，以计划性、规范性、职务活动性为基本特征。管理沟通是企业组织的生命线，是企业管理的核心内容与实质。领导者所做的每一项事情都需要沟通。沟通技巧是一个领导者必须掌握的核心技能之一。

相对于其他形式的沟通，管理沟通具有以下典型特征：

（1）从沟通的性质来看，管理沟通是管理者（领导者）在履行管理职责的过程中，为了有效地实现管理职能而进行的一种职务沟通活动。因此，管理沟通不仅与组织管理密切联系，而且它本身就是管理的内容。

（2）从沟通的内容来看，管理沟通也可能是信息、思想、观点、感情、意见等方面的交流，却与组织目标或任务等密切相关，管理沟通的展开或实施都是受到组织目标导引的一种有计划的自觉的规范性的活动与过程。

（3）从沟通的形式来看，管理沟通不仅仅表现为各种沟通形式或活动（如组织成员之间思想、观点、情感或意见的交流，正式或非正式沟通，上行或下行沟通等），它更应该把现代组织信息活动与交流的一般管理要求与现代管理方式涵盖在内。换句话说，组织结构的选择、组织制度与体制的建设等要与有效的管理沟通相匹配。

（4）从沟通的必要性来说，管理沟通是管理活动的本质要求。从一般意义上讲，管理就是管理者（领导者）组织大家共同完成组织目标或任务的活动过程，这个过程以持续的、复杂的、大量的沟通活动为基础，相应地，沟通也占据了组织管理者（领导者）的大部分时间与精力。因此，管理沟通是组织管理者（领导者）的基本职责之一，是管理行为的基本构成要素。

8.5.2 沟通的作用

管理沟通的作用具体体现在以下几个方面：（1）有助于管理者做出质量与效率兼顾的决策。任何决策都会涉及干什么、如何干、何时干等一系列问题。在企业的日常运作过程中，每每遇到急需解决的问题时，管理者都需要从广泛的企业内部沟通中获取大量的信息情报，再进行决策，或建议有关人员做出决策，以便迅速有效地解决问题。例如，下属人员可以主动与上级管理人员沟通，提出自己的建议，供领导者做决策时参考；或者，经过沟通，取得上级领导的认可后自行决策。（2）有助于组织成员协调有效地工作。一个组织的各个部门与各个职务之间是相互依存的，而且，依存性越大，对沟通协调的要求越高。

没有适当有效的沟通，管理者则无法了解下属员工的认知与诉求。相应的，下属员工对上级管理者分配给他们的任务或要求他们完成的工作也会理解有误，从而导致工作任务不能圆满顺利完成。(3) 有助于激励员工，提高员工士气，改善组织绩效。为了更好地完成组织目标，企业员工除了需要技术性与协调性的信息外，还需要领导者给予更多激励性的信息，希望领导者多了解他们的诉求，关心他们的疾苦，从而才能更有效地激励他们燃起工作干劲与热情。一般来说，人都会对自己的工作能力或表现有一个评价，如果领导者能够把对员工的表扬、认同或满意通过各种有效的沟通渠道传递到位，往往会形成良好的激励效果。再者，营造一个良好的组织人际氛围也离不开有效的沟通。譬如，领导者在工作过程之余多与员工进行思想、情感上的沟通，有助于增进彼此的了解与信任，消除误解、隔阂或猜忌，形成和谐的人际关系氛围，增强组织的凝聚力与向心力。

8.5.3 沟通的基本原则

为了实现有效的管理沟通，通常要遵循以下一些沟通原则：

(1) 公开性原则。公开性原则就是指在组织沟通过程中，管理沟通信息、沟通规则、沟通方式方法、沟通渠道以及沟通的内容要求等要公开，无论需不需要严格保密的管理沟通皆应如此，只存在一个公开范围或程度大小的区别。

(2) 简捷性原则。简捷性原则就是指，管理沟通的具体方式方法设计应当尽量简单明了，便于所有相关的组织成员掌握与运用；也包括应当采用最短沟通渠道或路径进行沟通，以提高信息传递效率、最大限度降低信息传递过程中失真的可能性；以及沟通内容编码与解码的简洁性，以防止因管理信息人为地复杂化而导致沟通双方无法准确地互相理解。

(3) 明确性原则。管理沟通的明确性是指，为了最大限度地排除管理沟通相关人员对沟通要求的模糊理解或误解，必须将沟通的各项事宜（如沟通时间要求、地点要求、内容要求、频率要求等）进行明确清晰的告示，其目的在于使相关管理沟通人员能够准确理解组织所期望的要求，明确他们所担负的角色，从而保证管理沟通能够顺畅高效地进行，最终顺利达成管理沟通的预期目标。

(4) 适度性原则。适度性原则强调，管理沟通的渠道设置、沟通频率与沟通强度等不能太多，也不要太少，应当根据组织在经营管理过程中的实际需要，适度适当，以能够顺利实现组织目标为基准。否则，容易导致管理成本上升（沟通太多）或管理失控（沟通太少）。

(5) 针对性原则。管理沟通的针对性原则是指，所有管理沟通的相关方式方法的选择以及活动过程的设计，都应是为了解决组织实际经营管理过程中的某些具体问题，或者说，每一项管理沟通活动都要有明确合理的针对性。否则，管理沟通就是无效的，也是应该摒弃的。

(6) 完整性原则。管理沟通的完整性强调了管理沟通过程的完整无缺。一个完整的管理沟通过程一般包括沟通双方或多方的信息发送、信息传递、信息接收、信息反馈等过程，无论缺失哪个过程、环节或要素，都将会不同程度地阻碍管理沟通，甚至严重地影响组织绩效目标的顺利达成。因此，保持管理沟通的完整性非常重要。

(7) 连续与同步性原则。大多数管理沟通行为，尤其是日常例行的管理沟通活动。沟通工作任务往往难以一次顺利完成，相反，更多的时候要通过连续多次的反复沟通，才能较好地履行与完成。所以，管理沟通的连续性是企业管理工作本身所具有的客观属性。与此同时，管理沟通的双方或多方应当同步、适时地进入沟通系统与沟通角色，而且沟通必须是双向或多向的互动交流过程，哪怕就在等级森严的组织中也是如此，这是有效管理沟通的一个基本原则。

（8）效率与效益性原则。作为管理活动的一个重要组成部分，管理沟通可以衡量而且应当追求其沟通效率。管理沟通的效率具体体现在沟通的各个要素与环节，如编码、发送、渠道、接受、解码、噪音等，哪个环节或要素出现问题都会不同程度地影响管理沟通的效率。管理沟通需要成本的同时，也可以为组织创造价值，衡量其成效，即衡量管理沟通的成本与产出比例关系，以最大限度地促进组织效益最大化。

8.5.4　沟通的形式

管理（领导）沟通与组织结构设计、科学合理决策等问题有着极为密切的联系，也因此，管理（领导）沟通理论在当代企业管理实践中得到了非常广泛的应用。然而，基于不同的分类标准，管理（领导）沟通的形式也多种多样。为了更好地理解管理（领导）沟通理论以及更好地指导企业管理实践，有必要理清管理（领导）沟通常见的分类标准以及类型。

（1）基于沟通的内容类别，可以将管理（领导）沟通分为信息沟通、人际沟通和组织沟通三类。其中，信息沟通侧重于数据信息交互，人际沟通侧重于人际交往，组织沟通则强调组织系统设计。

（2）基于信息沟通渠道的正式与否，可以将管理（领导）沟通分为正式沟通与非正式沟通。正式沟通就是通过组织明文规定的正式渠道进行信息传递或交流，其优点是沟通效果好、约束力强、具有权威性、易于保密，组织中重要的信息或文件传达、组织决策等一般都采取正式沟通形式，但其缺点也很明显。由于依靠组织系统层层传递，所以沟通形式比较刻板、沟通速度慢，还容易导致信息传递出现失真或扭曲的可能。非正式沟通就是通过正式沟通以外的渠道进行的信息传递或交流，其优点是沟通形式灵活多样、沟通速度快，对正式沟通能够起到非常重要的弥补作用，但其也有非常明显的缺点。有些非正式组织的目标可能与组织目标相悖，小道消息的四处传播可能会对组织的正常运营造成极为不良的后果。因此，应辩证地认识与掌握非正式沟通的特点，充分发挥其积极作用，并通过各种手段或措施，最大限度地规避其可能不利于组织目标实现的负面、消极作用。

（3）基于沟通信息流向，可以分为下行沟通、上行沟通与平行沟通。其中，下行沟通是组织层级中的上层领导按指挥系统从上而下的信息沟通，上行沟通是指组织层级中自下而上的信息沟通，而平行沟通则是指组织中各平行部门人员之间的信息交流或沟通，这也包括一个部门的人员与其他部门的上级、下级或同级人员之间的直接沟通。

（4）基于沟通互动与否，可以分为单向沟通与双向沟通。诸如发指示、作报告、作演讲等一般称之为单向沟通，其优点是信息传达迅速，但准确性较差；而诸如协商、交谈、会谈等一般称之为双向沟通，其优点是信息传递相对准确，但信息传递速度稍慢。

（5）基于沟通信息的媒介，可以分为口头沟通与书面沟通。口头沟通是指需要沟通的双方或多方之间的言谈交流，或者通过打听、询问的方式，也可以是委托他人向第三者传达自己的意见等，其优点是能够相对迅速、充分、直接地交换意见，能够当面提出或回答问题，但沟通形式相对比较随意；而书面沟通则是用文字、图表等正式文本的表现形式来沟通联络，其传递的信息往往可以作为文件、档案或参考资料保存下来，相比口头沟通更正式些。

8.5.5 沟通的方法

管理沟通的方法通常包括以下几种类型：

（1）发布命令或指示。命令或指示是上级指导下级工作的一个重要方法，也是一个行之有效的管理沟通方法，可以使一个组织管理活动实行开始、更改或制止等指令，具有强制性，属于下行沟通、单向沟通、正式沟通。

（2）会议。会议是一种极为重要的管理沟通方法，如各种形式的工作汇报会、专题讨论会、职工座谈会等。通过会议这种正式的沟通方法，能够汇集与会人员的智慧，使与会人员充分了解共同的目标，以及令与会人员明确自己的责任。

（3）个别交谈。个别交谈就是指组织领导者用正式或非正式的形式，在组织内部或组织外部，同下属或同级人员进行个别交谈，以征询谈话对象存在的问题与缺陷，也可以提出自己的看法、意见或建议等。这种双向的管理沟通方法在认识、见解、信心等各方面容易取得一致。

（4）其他形式的管理沟通方法，如充分利用当今的移动互联平台，建立诸如 QQ、MSN、微信等各种形式的沟通网络等。

【本章小结】

一般认为，领导不等同于管理，主要体现在二者的职能范围、在组织中所起作用、是否主要基于组织或上级所赋予的职位和权力来管理下属等方面的区别。领导通常具有导向、协调、激励、鼓舞、营造氛围等作用。从事领导工作，需要具备一定的素质，既要采取科学的领导方法，更要学会驾驭领导的艺术。

自从 20 世纪 40 年代领导特质理论诞生以来，西方领导理论的研究大致经历了三个发展阶段：领导特质理论、领导行为理论、领导权变理论。

权力是拥有特殊资源的个人、团队或组织影响他人、团队或组织的能力。权力是领导的基础，也是领导者发挥功能的基本与首要条件。组织中的正式权力包括法定性权力、强制性权力和奖励性权力三种。组织中还存在着一种有别于正式权力的非正式权力，这种权力不是来自个人在组织中的正式职位，而是来自一个人的人格魅力、专门知识或技能等，与其在组织中的职位无关。非正式权力包括感召性权力和专家性权力两种。在领导活动中，领导者运用权力的目的就是对被领导者施加影响，使其心理和行为发生能够预期的改变。因此，权力是影响的基础，影响是权力的核心和实施过程。以权力为基础的领导影响也分为两种类型，即外在影响和内在影响。

为了提高领导的有效性，可以采取以下两种基本途径：

（1）根据领导者领导风格或领导特质，选择或配置与之相适应的被领导者与组织环境。

（2）根据企业现有员工状况和企业条件，选取适合其特点与要求的领导方式与领导风格。领导方式是指企业领导者在运用其权力对下属实施影响的过程中所采取的行为方式，是企业领导者在特定的组织环境中，根据作用对象的不同特征所采取或实施的对策性行为。典型的领导方式主要包括集权型、民主型、任务型、关系型、复合型五种。

管理沟通就是指一个组织及其管理者为了实现组织目标，在履行管理职责、实现管理职能过程中有计划的、规范性的职务沟通活动与过程，包括领导者与下属之间有关思想、观念的交流，以及信息、情报资料的收集与传递等活动。管理沟通一般遵循以下基本原则：公开、简洁、明确、适度、针对、完整、连续与同步、效率与效益。

【复习思考】

1. 什么是领导？它具有哪些主要的功能？
2. 领导和管理有何区别？
3. 领导特质理论的主要观点有哪些？
4. 领导行为理论有哪些主要流派？它们各自的主要内容和观点是什么？对当代企业管理有何启示？
5. 领导权变理论有哪些主要流派？它们各自的主要内容和观点是什么？对当代企业管理有何启示？
6. 什么是领导权力？它有哪些主要表现形式？
7. 领导的影响方式有哪些？
8. 如何认识领导的有效性？
9. 卓有成效的领导者一般具备哪些基本素质？
10. 典型的领导方式有哪些？如何认识这些领导方式？
11. 什么是管理（领导）沟通？它具有哪些典型的特征？
12. 管理沟通的作用是什么？
13. 管理沟通的基本原则是什么？
14. 管理沟通的主要分类和具体方法分别是什么？

【阅读材料】

乔布斯的领导艺术①

苹果公司的CEO史蒂夫·乔布斯似乎施了什么魔法，牵动了整个世界的神经，令整个世界为之疯狂。虽然乔布斯不看好发展中国家的市场，也从未来过中国，他却影响了无数的中国人，其中包括中国的一些知名企业家。潘石屹是乔布斯的粉丝，曾因其在斯坦福的演讲而热泪盈眶。田溯宁说：“我的整个创业过程包括我的很多选择都受史蒂夫·乔布斯的影响。我经常用他的事例来激励自己、告诫自己。”

老实说，史蒂夫·乔布斯或许不是经理人的最佳典范，他狂妄、自恋，是个标准的完美主义加精英论者，还认为大部分的人都是笨蛋。但这些强烈的个人特质，赋予了苹果产品独一无二的企业哲学。

专注与简化。专注是乔布斯个性的一部分，如果他认为某件事会让他分心，就坚决不会去考虑。乔布斯本能地简化一切事物，他抓住事物的本质，舍弃不必要的部分。在苹果的第一本宣传册上写着这样一句话：“至繁归于至简。”

---

① 资料来源：https：//wenku. baidu. com/view/7d597dee01f69e31433294fb. html.

落后就奋起超越。要成为创新型企业，不仅要第一个提出新理念，还要知道在落后的时候如何奋起超越对手。在开发最初的 iMac 时乔布斯就是这样。

产品先于利润。乔布斯说过："我致力于打造一家经久不衰的公司，员工们努力开发卓越产品，其他一切都是次要的。当然，能赚钱最好，有了钱你才能生产出卓越产品。但动力应该来自产品，而不是利润。"

不盲信焦点小组。深入关切顾客想要什么，与不断问顾客想要什么，存在很大的不同。前者需要你发挥知觉和本能，遇见顾客尚未形成的需求。乔布斯解释说："我们的任务是读出那些还没写在纸上的东西。"因此，他不断磨炼自己与顾客共鸣的能力。

扭曲现实。乔布斯很善于敦促别人去完成不可能完成的任务。与乔布斯共事过的人都承认，这种特质可能让人窝火，但他们确实也因此创造了非凡的业绩。

融合文理。乔布斯贯通文理、创造力和技术、艺术和工程。虽然在技术上胜过他的不乏其人，也有比他更优秀的设计师和艺术家，但在这个时代，能够创造性地将诗意和处理器链接在一起的，无人能出其右。

求知若渴，虚心若愚。在乔布斯的职业生涯中，他一直践行着"求知若渴，虚心若愚"这句话。在他人生的每个方面，他的行为都反映出了这样一种变化：从冲突、合流到最终融合这些所有的不同。

从经营和管理的角度重新诠释理解，在领导艺术和用人标准上，乔布斯又都有他独到的见解。

只用最顶尖聪明的人。乔布斯有个"恶名"：地狱来的老板。他对团队的要求很高，也无法忍受不够聪明的员工。在他最著名的每周一马拉松式会议里，他会和相关团队检查整个事业体，包含上周公司卖了哪些产品、每一个还在发展中的商品、每一个遇到瓶颈的设计，一件一件仔细检查讨论。你一定会纳闷，为什么还是有无数精英愿意跟在地狱来的老板身边做事？因为他创造了一个环境，在这里你可以完成其他地方无法完成的事。比如，苹果推出的任何一款电脑，都具备操作系统与硬件之间完美结合的独特之处。苹果几乎是业界唯一兼顾设计软件与硬件的企业，大部分电脑使用的操作软件和硬件厂商是没有交集的。正因为这项优势，苹果发展出了从里到外更符合使用者需求的产品。要找到最佳员工很难，想自己培养出优秀员工也不容易，最好的办法，就是像乔布斯一样，打造一个竞争者无法取代的环境。

没有 B 计划。对于乔布斯来说，只有 A 计划。在进入一个新的领域时，只倾注全力打造一款产品或服务，没有备选方案，没有退路。这样才能让工程师将最好的创意、技术、设计倾注到一款产品上。iPod、iPhone 莫不如此。

追求残忍的完美。火柴盒大小的 Mini iPod Nano、视频 iPod 和坐在沙发上就可以遥控电脑的 Front Row，极致的创新精神已使乔布斯与苹果的品牌剑法达到如独孤九剑一般的精微奥妙于极点的境地。对于极致完美的严苛追求也预示着对其反面——不达到高标准则必遭无情的否定。乔布斯曾因为设计师不能达到他的要求——在设计出的新电脑模型里有一颗小螺丝稍微露出外表，就立刻把那位设计师开除了。iPhone 也曾被无情地全盘否定。当 iPhone 即将进入市场时，一天乔布斯"心血来潮"地对他的设计师说："我就是不喜欢这个东西，我无法说服我自己爱上这个玩意儿。而这是我们做过的最重要的产品。"于是一大群设计人员对 iPhone 的封装设计重新思考直至"乔老板"满意为止。"那个过程简直是去地狱里走了一圈"，乔布斯后来回忆此事这样评价。

驱动任何人做任何事。在乔布斯成功的背后隐藏着一种让人自愿改变与跟从的领导力。1983 年，成立了 6 年的苹果公司迅猛发展，他经历了从一家拥有随意经营风格的硅谷新公司，向拥有长期稳定顾客的大公司转变，这时需要一个经验丰富的商业人士来负责管理。乔布斯花了好几个月的时间，请来百事可乐公司的总裁约翰·斯卡利来经营苹果公司。但是斯卡利认为，辞去一家稳定的大公司的总裁职务，去一家存在风险的、充满嬉皮士风格的新公司是不明智的。当然，斯卡利最终还是被说服了，他非常清楚“个人电脑即未来”。这两个人在硅谷和纽约见了无数次的面。最后，有一天晚上，在中央公园，乔布斯对这个比自己大很多的人，大胆地提出了挑战：“你想卖一辈子糖水，还是改变世界?”乔布斯将经营百事可乐的意义弱化为卖糖水，而将经营苹果公司的意义凸显为改变世界，终于成功吸引了斯卡利。为此，斯卡利曾感到深深的不安，烦恼几天之后，终于接受了乔布斯的邀请。乔布斯对员工说：“我们正以微小的方式努力让世界变得更加美好!”“我们所有人一起来制作这个新产品，我觉得，这可能是我这一辈子所从事的最伟大的事业。”他还曾为员工举办过签名聚会，乔布斯将设计小组成员的签名分别刻在机箱内侧，并高声宣布：“艺术家总是在自己的杰作上签名。”如果你是当事者，你感觉如何？苹果的一位员工这样评价乔布斯，“他非常善于触碰别人的深层需求”。

环境创造者。乔布斯将自己塑造为“一个质量标杆”，因为“很多人并不知道如何适应那种卓越的环境”。在接受美国 TIME 杂志采访时，乔布斯说：“所有公司都能做出接近完美的模型，但很少有公司能做出品质优良的产品，因为在产品开发过程中，技术、设计等部门会以‘做不来’为由，进行缩水处理，这时候就需要一个铁腕领导者将‘no’变成‘yes’。”因此，即使那些他参与不多的产品，也会因为他的最终审核而提升水准。比如，乔布斯要求外部供应商和苹果相关人士开会的时间都定成周五，这样他周末就能把新产品带回家里，然后在周一给出一系列新要求：比如用户选一首歌不能超过 3 次按键，菜单转换速度要提升，甚至其他人所不能理解的不能设置开关键……

面对面交流。乔布斯认为面对面交流非常必要。他说：“在这个网络时代我们往往认为通过电子邮件和 iChat，照样能开发出创意，这种想法太离谱了。创造力来自主动的碰面，来自随意的讨论。”事无巨细，乔布斯都会积极投入。有些 CEO 善于做长远规划，有些则明白贵在细节，而乔布斯两者兼顾。与乔布斯的合作中，很多人并不能即刻理解、认同他的要求，但很多人承认，乔布斯的压力让他们做出了一些超越自己能力的成果。这就是这个时代最伟大的创新主义者的独特才能，不是去创造产品，而是创造一个开发一流产品的环境。

乔布斯就像一个角斗士。这种领导者拥有强大的信仰和价值观，并为之奋斗不止。为了在激烈的竞争中获得成功，光有雄心和豪情远远不够，一定要有切实可行的战术和手段来实现它。事实上，大多数创业型企业家都有这种“角斗士”气质，而乔布斯则是山之巅峰。

讨论

1. 乔布斯的领导风格与领导方式有哪些？
2. 联系中国企业实际，乔布斯身上有哪些值得中国本土企业家学习和借鉴的？

第 9 章　变革与发展过程管理

【案例导读】

杜邦公司的组织变革①

杜邦公司是美国大型化学公司。1802 年由法国移民 E. I. 杜邦在美国特拉华州威尔明顿附近建立，以制造火药为主。20 世纪，它开始转入产品和投资多样化，经营范围涉及军工、农业、化工、石油、煤炭、建筑、电子、食品、家具、纺织、冷冻和运输等 20 多个行业，在美国本土和世界近 50 个国家与地区设有 200 多个子公司和经营机构，生产石油化工、日用化学品、医药、涂料、农药以及各种聚合物等 1700 个门类，20 000 多个品种。1983 年总营业额达 353. 78 亿美元，居世界化学公司年销售额之首。

19 世纪，杜邦公司是一个家族公司，基本上实行个人决策式经营，总管理者亨利在公司任职的 40 年中，采用军人严厉粗暴的铁腕方式统治着公司。公司的主要决策和许多细微决策都要由他亲自制定，所有支票都得由他亲自开，所有契约也都由他签订。他一人决定利润的分配，亲自周游全国，监督公司的数百家经销商。他全力加速回收账款，严格支付条件，促进交货流畅，努力降低价格。亨利接任时，公司负债高达 50 多万，但亨利后来使公司成为火药制造业的领头羊。

亨利的侄子尤金作为公司的第三代继承人，试图承袭其伯父的经营作风，也采取绝对的控制，亲自处理细枝末节，亲自拆信复函，但他最终陷入公司错综复杂的矛盾之中。1902 年，尤金去世，合伙者也心力交瘁，两位副董事长和秘书兼财务长也相继累死。

正当公司濒临危机、无人敢接重任、家族拟将公司出卖给别人的时候，三位堂兄弟以廉价买下了公司，果断抛弃了亨利那种单枪匹马的管理方式，精心地设计了一个集团式经营的管理体制。在这种管理体制下，权力高度集中，实行统一指挥、垂直领导和专业分工的原则，所以秩序井然，职责清楚，效率显著提高，大大促进了杜邦公司的发展，公司的资产到 1918 年增加到 3 亿美元。

可是，杜邦公司在第一次世界大战中因大幅度扩展，以及逐步走向多角化经营，使组织机构遇到了严重问题。每次收购其他公司后，杜邦公司都因多角化经营而严重亏损。

杜邦公司经过周密的分析，提出了一系列组织机构设置的原则，创造了一个多分部的组织结构。新分权化的组织使杜邦公司很快成为一个效能显著的集团，所有单位构成了一个有机的整体，公司组织具有很大的弹性，能适应市场的需要而变化。

20 世纪 60 年代初，杜邦公司接二连三地遇到了难题，许多产品的专利权纷纷满期，在市场上受到日益增多的竞争者的挑战，可以说是四面楚歌，危机重重。为了摆脱危机，杜邦公司除了实施新的经营方针外，还不断完善和调整原有的组织机构，进行组织结构的

---

① 资料来源：http：//www. chinadmd. com/file/z6iopx 6zpvus3xreoeewr3vu_1. html.

创新。1967 年底，科普兰史无前例地把总经理一职让给了非杜邦家族的马可，财务委员会议议长也让给别人担任，自己专任董事长一职，从而形成了一个“三驾马车式”的体制。在新的体制下，最高领导层分别设立了办公室和委员会，作为管理大企业的“有效的富有伸缩性的管理工具”。科普兰说：“‘三驾马车式’的组织体制，是今后经营世界性大规模企业不得不采取的安全设施。”

思考

1. 杜邦公司在发展过程中遇到了什么问题？它是如何解决的？
2. 你如何看待杜邦公司的组织变革？企业在组织变革中需要注意什么问题？

【学习目标】

1. 掌握企业发展过程的特点。
2. 掌握企业组织自身的矛盾因素。
3. 掌握企业发展与组织惯性的关系。
4. 了解企业发展过程中的权变观点和中庸之道。
5. 掌握变革的概念及变革动因。
6. 了解变革的阻力及其克服方法、步骤。
7. 认识成熟化的特点。
8. 了解革新的滞后性原因。
9. 掌握革新的过程。

9.1 发展过程的特点

企业发展是一个数据收集、诊断、行为规划、干预和评价的系统过程，它致力于增强企业组织结构、进程、战略、人员和文化之间的一致性；开发新的创造性的组织解决方法；发展企业的自我更新能力。这是通过企业员工之间及其与使用行为科学理论、研究和技术的变革推动者之间进行合作来达到的。

企业在发展过程中，总是伴随着矛盾和对立。之所以充满矛盾，一是由于企业组织本身的地位和特点包含了各种矛盾的成分；二是由于企业内外均存在变化着的、打破现有平衡的力量。矛盾冲突是企业发展过程的常态。比如，在企业环境管理和组织管理之间，就经常出现环境要求与组织内部要求之间的矛盾。此外，企业组织本身也存在一些基本矛盾，如组织目标与个人目标之间，科学、理性与人性之间的矛盾，都是与组织生存相伴随的。发展过程本身就意味着原有均衡的破坏，需要在新的阶段重新找到均势、平衡。特别是在环境变化剧烈的现代市场经济条件下，这一点的重要性相对于以往大大提高，更需要在管理上予以足够的重视。

9.1.1 企业组织自身的矛盾因素

企业组织活动总是朝着一定的目标发展，组织内部有一定的组织结构和分工，受文化因素、传统观念的影响。同时，企业组织作为一个开放的系统，时刻与环境物资、能量、信息进行交换，即企业组织对外必须适应环境，以谋求自身的发展。这种特殊的性质和位置，决定了它不可避免地处在各种矛盾中。企业面临的基本矛盾主要表现在以下几个方面。

（1）环境要求与组织内部要求之间的矛盾。随着知识经济时代的到来以及高新科学技术的广泛应用，尤其是全球化进程的加快和市场竞争的日益激烈，已知和未知的变化要求组织具备灵活的应变能力，要求组织不断进行革新、竞争。从变动着的市场环境看，革新、竞争、多样化、灵活是组织的基本要求。然而，从组织内部长期团队协作的性质来看，又要求组织具有安全、稳定、连续、协调的特性。不断变化着的环境要求与稳定协调的组织内部要求之间存在着不同程度的矛盾。

（2）组织目标与个人目标之间的矛盾。组织目标是根据环境提供的可能、企业生存发展的需要和自身的能力确定的，不以个人的目标为转移。企业目标是组织存在的意义，是组织存在与发展的前提，贯穿于整个管理活动之中，是管理活动的出发点和归宿。企业目标的实现离不开员工的参与。但员工具有不同知识、技能、需求、动机、价值观和态度，有自己的个人目标。组织目标和个人目标既有互相联系、互相渗透的一面，又有互相排斥的一面。个人的目标和追求如果得不到满足，其积极性会受到影响，甚至退出企业组织。组织目标和个人目标之间的关系如何，是管理实践和研究中不可忽略的问题，也是组织管理和研究领域一个永恒的课题。

（3）科学、理性与人性之间的矛盾。随着社会组织的演变，特别是企业的出现及其发展，管理思想也蓬勃发展，人性化管理思想同时得到了迅速发展和广泛应用，这提高了管理水平和工作业绩，促进经济与社会事业的快速发展。但是，社会组织甚至企业的深化发展，要讲究科学，依靠理性，提高效率，尽可能采用科学技术手段和方法，严格各项操作规程和管理制度，按科学规律办事。科学技术上的理性化和管理中的人性化之间怎么平衡，也是组织发展过程的一个矛盾。

9.1.2 环境变化和企业发展

环境是不断变化的，而且大多数变化都是管理当局不可预测的，因此，环境具有一定的不确定性。环境的变化决定了管理的理论和实践不是一成不变的，而是渐进发展的。环境变了，管理活动就应该随之改变。企业存在环境之中，毫无疑问，环境势必对组织产生重大的影响，环境对企业的发展有制约作用，企业要生存发展，就要适应和服从环境，但企业发展对环境的适应并不是被动的、消极的，而是能动的，积极的，而且企业还可以通过各种方式对环境加以控制，尤其在影响具体环境方面，企业可以设法发挥更大的能动作用。

同时，企业的发展会破坏环境的均衡。企业与环境之间的均衡，是通过适当的目标和战略实现的。环境因素的变化会打破企业原有的均衡状态，使企业面临一种新的局面。其中，竞争、技术和需求的变化是最主要的因素。例如电子技术进步给办公用品市场带来的变化和居民收入水平提高、消费方式变化给零售商业带来的变革，都属于这种情况。企业发展是带来问题的一个重要原因，主要表现在以下方面。

（1）企业发展打破企业与外部环境的均衡。在一个社会总体当中，企业生产经营会带来总体效用的提高，环境质量优越也会带来总体效用的提高。而企业扩大生产经营规模，就会在一定程度上影响环境，削弱环境带来的效用，打破企业与环境的均衡。具体情况众多，例如，原有市场领域由于企业成功经营而趋于饱和；过去只有一部分人消费得起的产品，由于企业大幅度降低成本而成为一般消费品，价值观的改变和生活水平的提高，使人们较高级的需要更为突出。这些情况都使得企业原来制定的战略不再有意义。类似这样的问题就是由发展带来的新的不平衡。

（2）企业发展打破企业内部的均衡。企业的发展使各类工作所需要的知识、技能必须与时俱进，使组织急需具备新知识、新技能的人员；产品不断换代且其周期缩短，要求生产与组织结构更为灵活等。企业的成功和发展，规模扩大、分支机构增加以及工作技能的与时俱进，使得原来适宜、稳定的管理体系和操作变得不适应，需要做出调整和修正。企业发展打破企业内部的均衡。

（3）企业发展过程中产生的问题。除了两个大的方面外，在企业发展过程中，还会滋生一些与成功和发展相伴随的弊病，如机构官僚化、办事拖拉、文牍主义、自满、大意等。这些弊病会降低企业的效率，失去原有的生机和活力，失去在环境变化方面迅速做出反应的能力，成为企业发展的严重障碍。

9.1.3 企业发展与惯性

在行业中占优势居领先地位的大公司，当外部环境或条件发生变化时，常常不能做出应有的迅速有效的反应。尤其是市场追随者或竞争对手以创新方式掠取市场份额、夺取市场利润时，这些优势企业更是不能及时追回丢失的市场和流失的人才。一个组织的管理方式在一定条件下可以促进组织的生成与发展。当组织跨入成熟期后，已实行的制度、组织结构、沟通过程、思维方式等各方面曾发挥过优势的因素又会在组织进一步拓展时产生阻碍作用。这些阻碍作用可以用管理学的一个重要概念——惯性来解释。为了适应变化后的情况，新思维、新技术、新战略、新市场、新人事等许多方面，都是企业需要探索的。探索新的东西往往意味着要抛弃一些旧的东西，要开创性地尝试解决新的问题。企业发展过程还是一种打破常规、与各种保守力量斗争、克服惯性的过程。

企业发展中的惯性，从大的方面划分，可分为体系惯性和个人惯性。体系惯性是组织发展中整体意义上形成的固定而僵化的体系和程序。个人惯性指个人在长期组织生活中形成的固定的观念、准则和思维方法、工作习惯等。

1．体系惯性

组织中的体系惯性是相对于特定环境和条件而言，在组织相对稳定、外部环境变化较小的情况下，它称为例行化、程序化，在组织面临变革、所处环境动荡不定的情况下表现为踯躅不前、墨守成规。体系惯性包括两个层面的内容。

（1）业务活动层面。企业在以往的探索、尝试过程中，形成了一套相对固定、成熟的操作规程，各部分、各环节之间，有了密切协调的配合关系，已形成了一套成熟的业务操作规程。这种情况对于原有条件而言，是一种最有效的办法，但同时有不易革除的弊病。改变其中的一个部分、一个环节同改变整个过程一样，都是非常困难的。

（2）管理体系层面。如组织结构体系、计划与控制体系、制度体系，建立后经过一段时间稳定下来，都有不易改变、自身维持原习惯做法的倾向，因而都有在面临新情况时不易调整的一面。

2．个人惯性

个人惯性也包含两个基本方面的内容：一是个人思维，二是个人情感。个人思维惯性是指人在分析问题、做出决策时，总是自觉或不自觉地沿着以前所熟悉的方向和路径进行思考，按固定的思考模式去解决问题。而这种认知、理解、判断的思维模式在形成个人思维惯性后，必将影响到个人的行为方式。情感方面的惯性主要体现在人际关系方面。一部分人长期在一个团体中工作，会在相互之间的感情、作风、习惯等方面形成一定的一致性和适应性，这种状态包含许多非理性的成分在内。当新事物与这部分人因情感方面的习惯不吻合时，就会遇到强有力的抵抗。

在企业发展过程中，上述两种惯性在特定的情况下有助于提高企业运转的效率，减少不必要的摩擦和冲突，从这方面而言，组织惯性对企业的发展起到积极的作用。但是，当环境发生改变后，如果组织惯性没有进行相应的变革，则原来能够推动组织发展的惯性现在可能对组织的发展意义不大，甚至阻碍组织的发展。因此，企业在发展的过程中应更好掌握组织惯性的度，促进企业的健康、快速发展。

9.1.4 权变观点

目前，企业所处的环境发生了巨大的变化：科学技术日新月异；生产力迅猛发展；员工知识水平大大提高；社会的价值观念发生了变化；产品寿命周期越来越短：市场竞争更加残酷、激烈，企业所面临的社会环境的变化和波动日益成为影响企业经营和管理活动的重要因素。因此，稳定不变不是企业发展的理想状态，对矛盾、差异、对立不加调整，顺其自然，也不是理想状态。在企业发展的过程中，无论是管理制度的制定还是管理技术的使用，乃至一切的管理行为，都要在把握形势的情况下，既需要稳定，也需要变革。管理者不能用一套固定的、不变的体系和方法对待企业发展，而是要在各种极端之间找到某种均衡，要随情况的不同采用不同的手段和方法，在动态中协调企业内外部各方面关系，这种管理模式就是所谓的权变观点。目前，权变管理的理念已经随着西方权变理论的提出而广泛地被认识。而实质上，这一思想早已包含在中庸之道的内涵中。

1. 权变观点

权变观点认为在环境的多样性以及管理主体的多样性条件下，不可能寻找到一种管理模式是永远有效的，不存在所谓“最佳的”的管理模式，只有特定管理环境之下最适用的管理方式。管理者的任务是根据具体的环境变量和管理变量，选择具体的管理方式，或对已有的管理方式进行改造、调整，并加以运用，其衡量的标准是企业运行的效率。

权变的特质在于：管理是随管理者的特征而变的；管理是随管理对象特征而变的；管理是随管理的环境而变的；权变管理强调的是善于灵活地处理管理中的问题，要以崭新视角看待问题，要主动创造积极进取，要善于发现蕴含的机遇。其基本观点包括：

首先，权变理论以系统观为基础，将组织视为一个与环境相互作用而获得发展的开放系统。组织的管理活动所构成的管理系统必须放在整个开放系统中来认识。系统观是权变理论的出发点。

其次，由于现代组织所处环境的系统及组织系统自身的复杂性和动态特征，不可能存在某种适用于一切情况和一切组织的普遍管理原则和方法，只能依据各种具体条件选择适宜的管理方式，做到随机应变。这是权变方法的基本原则。

最后，权变理论虽然是对“存在着普遍管理原则”观点的否定，但它通过研究并提出环境因素与管理方式之间存在着的具体权变关系，实际上表达了在“一定的环境条件”这一根本前提下，存在着最适于实现组织目标的管理方式这一核心观点。

2. 中庸之道

矛盾与发展过程管理的一个基本精神是讲究中庸之道，中庸之道要求管理者做到以下两方面：一是要把握永恒不变的规律和原则；二是要根据瞬息万变的内外环境，因时制宜、因地制宜和因人制宜处理各类问题。中庸之道在于执中而不走极端，追求一种和谐与平衡。遵循中庸之道并不意味着一成不变，相反，中庸之道是一种“穷则思变，变则通”思想的体现：当环境改变时，原本中庸的状况可能变成过度，平衡即会被打破。

中庸之道强调以下四个原则。

（1）“过犹不及”的适度原则。中庸之道反对“过”和“不及”，事实上就是反对走极端，倡导适度原则。因此，中庸之道包含着重要的辩证思想的合理因子。“度”的主张无疑是正确的，但是由于没有指定“度”（“中”）的标准，使得“度”因为抽象而无法操作。在具体实施中，人们可能做得对，也可能做得不对。

（2）“执两用中”的整体原则。“执两”包含着一个重要的整体原则。度是一个范围，因此有自己的临界点。超过了临界点，不是“过”就是“不及”。因此，要达到“中”的度，就必须要同时认清这两个临界点。否则，就很难保证事物的质不超越临界点。忽略对其中任何一端临界点的认知，就容易犯极端的错误。这里面所蕴含的哲理是：要获得“中”的适宜，要达到“中”的度，我们必须要从全局来把握事物的本质。也就是说，我们必须要树立整体的认知观。所以，中庸的“执两用中”包含着重要的整体原则。

（3）“经权损益”的权变原则。中庸之道强调在处理实际问题时要灵活运用、创造性地发展：同时在处理问题时要把握一个合适的度，而这个“合适的度”，并不是固定不变的，要根据不同的事情、不同的场合、不同的人加以衡量，这种处理问题的方法称为“通权达变”。

（4）“和而不同”的和谐原则。中庸思想的形成与和谐观的发展密切联系的，天地万物的和谐是中庸的内在追求，是中庸所要达到的目标和所要追求的一种境界。在万事万物和谐统一的表层状态下必然蕴含着中庸的理性精神，所以两者相互联系且互为依存。

9.2 变革与革新

变革与革新是组织适应外部环境变化、进行自我调整的行为，也是组织保持动态平衡的要求。在“快鱼吃慢鱼”的时代，以不变应万变，陶醉于过去辉煌的组织将走向衰亡，只有充满活力、快速反应才是企业取得竞争优势的武器。

9.2.1 变革

1. 变革的定义

组织变革是指组织管理人员根据内外部环境的变化，主动对组织的原有状态进行调整和完善，提高其适应环境的能力，以更好地实现组织目标的活动。这种变革的范围包括组织的各个方面，如组织行为、组织结构、组织制度、组织成员和组织文化等。

2. 对变革的两种认识

人们对变革有两种经典的认识。第一种认识是将变革视为偶然发生的例外，这种称为变革的“风平浪静”观。风平浪静观认为，变革是对组织平衡状态的一种打破。组织被看作是稳定的、可预见的，只是偶尔的危机才扰乱了它的秩序。按照这一观点，变革过程的典型代表是卢因。按照勒温的观点，成功的变革是可以策划的。其变革过程有三个步骤。①解冻：打破现状的平衡状态。有三种方式实现解冻：一是增强驱动力，二是减弱制约力，三是混合使用以上两种方法。②推行变革。③再冻结：目的是通过强化新产生的行为，使新的状态稳定下来。卢因的三步骤过程将变革看作对组织平衡状态的一种打破。现状被打破之后，就需要经过变革而建立起一种新的平衡状态。

第二种认识是“急流险滩”观。“急流险滩”观认为，变革是持续的、不可预见的，管理者必须面对不断出现的、近乎无序的变革。这种比喻更适合不确定与动态的环境，它也是与日益由信息、思想和知识主导的新时代的动态环境相适应的。

越来越多的管理者面临着一种不断无序变化的环境。稳定、可预见的那些时光已不复存在！管理者必须时刻准备着对他们的组织或工作领域所面临的变革实行有效的管理。

9.2.3 变革的动力与阻力

9.2.3.1 变革的动力

了解企业所处的内外部动态环境是组织变革的起点，对组织变革动因的研究回答一个问题，即组织为何进行变革。对此，学术界认为组织变革动因可归纳为外部因素与内部因素两类。

1. 组织变革的外部动力

科技的飞速发展。科学与技术的发展是推动组织变革的工具性动力。日新月异的科学技术进步，特别是电子信息技术、现代办公自动化技术，尤其是网络技术广泛普及与应用，促使组织做出相应的变革，它们是推动组织变革的技术性力量；新的科学及组织变革理论的出现，会逐步改变人的心理动机及行为模式，为组织变革目标、途径、方式、时机的选择指明了方向，提供了精神支柱、理论基础和指导思想。技术的进步和人的心理变革必然会为企业组织变革提供工具性动力。

企业之间激烈的竞争。随着全球化的深入，市场、原材料、投资者、人才等各种资源的竞争达到前所未有的激励程度。竞争总是优胜劣汰，组织特别是企业这类经济组织为了能赢并保持竞争优势，不得不充分挖掘潜在的资源能力，获得具有竞争优势的资源。基于此，整合组织系统、调整组织结构、完善各种规章制度、更好地协调各种生产要素之间的关系就变得十分必要，组织的变革也势在必行。

政策法律与经营环境的改变。国家政策与法律制度的调整与完善直接推动组织的变革。“在商言商、在商明政”是企业成功的前提。如今消费者的消费观念及市场潮流不断地发生变化；产业结构的升级与世界经济格局的调整，使跨国公司的制造业基地向中国转移；第三产业的迅速发展，文化产业、高知识含量的服务业迅速崛起等给企业既带来机会也使企业承受着巨大压力。企业为了提高竞争力，不得不对组织进行变革来适应政策法律和经营环境的变化。

劳动力性质的变化。经济全球化使国际竞争国内化，即使你不走出去，跨国公司也已打进来，这必然导致员工的多元化，不同民族文化背景的员工会对管理者提出新的要求。劳动力构成的多样化以及彼此之间巨大的差异既给组织带来发展的机遇，同时也是组织面临的一个巨大挑战。因此，管理者需要适时地调整管理风格，在做出决策时考虑到特殊劳动力群体的利益。组织必须做出相应的变革来适应这种变化。

2. 组织变革的内部动力

战略重心的转移。现代企业组织的发展有赖于企业知识员工的知识水平和能力。员工的地位正在上升，企业的战略重心正向知识管理转移；当今世界是买方市场，顾客的地位不断上升，企业必须从战略高度对待顾客，建立以顾客为导向的战略；由于全球环境的恶化，企业的社会责任被提上议事日程，企业必须在履行经济和法律责任的基础上，关注其肩负的社会责任，统筹兼顾各利益相关者的利益。上述战略重心的变化，将带来企业组织巨大而深刻的变革。

创新的需要。创新是企业活力的源泉。企业组织结构的创新可以提高企业的管理水平，提高企业的活力和灵活性，增强企业的核心竞争力；同时还可以推动企业其他方面（如过程、制度和政策等）的创新。因此，要使企业组织激发和保持创新精神和活力，就需要企业组织创新和变革，以充分发挥企业组织的创新潜能。

组织中员工心理的变化。人是组织中最宝贵的资源，组织中员工工作的积极性、主动性和创造性是组织目标实现的关键因素。由于组织外部环境的变化，员工的士气、动机、态度、价值观也会发生相应的变化，这就要求组织进行相应的变革来满足员工的心理需求，从而保证员工在组织中能心情舒畅，最大限度地发挥其潜能，从而实现组织的高绩效。

9.2.3.2 变革的阻力

在组织变革实践中，员工个体并非总是能够顺利进行心理及行为上的适时调整。除了那些会热情投入并支持变革的个体之外，组织中难免存在对变革持不同态度及行为的个体，他们会坚决地维护原有立场而抗拒变革，甚至阻止其他成员参与变革；或者会对变革冷眼相看，在心理上将其视作不关己的活动而缺乏参与意识。在现实组织变革情境下，客观来看，变革阻力确实存在，无论是组织群体还是个体，都有可能在认知、态度、行为上抵制组织变革。这就造成了组织变革的困难。

1. 个体层面

此处个体是指组织中的任何成员，他们对变革的反抗或抵制是组织变革阻力的首要来源。第一，习惯性依赖。长期处于某种组织中的成员会产生对该组织的依赖性，从而催生个体惰性（指个人在习惯了某些生活方式、思维模式后不愿改变的习性）。当员工以习惯方式对组织变革做出反应时，个体惰性就成了阻力源。除非得到他所依赖的人的赞同及行为支持，否则他们很可能就会抵制组织中的任何变革。第二，不确定性焦虑引发的心理抵御。心理学研究表明，当处于不确定的环境中时，个体通常会产生不安全感和对未来的恐惧感，由此带来的焦虑、不确定性规避、无法察觉的好处、担心损失等都可能引发抵制变革的情绪与行为，成为阻碍组织变革的因素有心理抵御的员工大多偏好生活环境的稳定，组织变革可能会改变他们对工作环境和工作方式的既有认知感，引发心理不适而产生抵制情绪。第三，利益损失的威胁。组织变革会带来利益和权力的重新分配，当危及既得利益者原有的职位特权、地位荣誉、社会影响时，对未来不确定性的忧虑使他们更愿意维持现有的地位和权力，即使变革可能会带来更大的收益。这种心理倾向所导致的后果是组织成员对变革的消极反应甚至公开抵抗，这些人大多存在于中高层，构成抗拒变革的主要来源。

2. 群体层面

其一，群体惯性。当既定利益团体（或称为“利害关系群体”）认为变革会影响到其习惯化或模式化行为方式时，他们通常会抵制变革。组织中的非正式组织关系、工作中形成的群体规范都会成为约束个体变革态度、行为的重要惯性而成为变革阻力来源。其二，信息沟通障碍。它主要来自信息发送者、接受者和沟通环境三方面，是指信息在传递过程中的失真、过滤或中断。此外，强调维持现状的群体在群体结构、工作关系等方面特点都可能成为变革阻力的来源。

3. 组织层面

在某种程度上，组织的保守倾向预示着它本身可能对变革具有一定的抗拒性，除非处于快速增长或内部剧烈动荡期，为了保证运行效率及效果，组织可能强烈地避免变革发生。第一，组织惯性思维的作用。这种惯性思维存在于组织惯例、既有制度及体系之中，是指组织在长期的运作中形成的对事物的习惯性反应。它可以帮助组织稳定现状，却可能阻碍组织的进一步发展，在大企业中尤为突出。第二，对重构造成的系统混乱的趋避。组织结构重构会造成组织系统出现不稳定和非连续的局面，混乱使组织趋向于维持稳定，迫于压力组织可能会削弱对变革的支持，变革因此停滞不前。第三，变革与组织文化的不兼容。组织文化会潜移默化地影响员工的行为，一旦组织变革与组织文化产生冲突，落后的组织文化就会成为变革的阻力源。尤其在文化变革中，变革的滞后性可能使得旧的组织文化无法与新的组织结构相融合而导致新结构无法正常运行，引发变革失败。

综上所述，组织变革的阻力可能来源于个体、群体、组织等多个方面，而从组织变革的含义、动因和阻力因素的变化和演进过程中可以看出，组织变革正变得日益复杂，对组织变革的认识也随之逐渐深入。

9.2.3.3 组织变革阻力的克服

组织变革可能会遇到阻力，如担心经济上的损失，与原有习惯和工作关系模式发生抵触，对新任务新情况的不确定感，社会与群体规范的影响以及原有组织管理体制的不适应等。管理心理学的研究提出了一些克服上述阻力的有效方法。其中之一就是勒温提出的“力场分析法”。这种方法认为，组织变革是一个多种因素较量的动态平衡过程。通过对变革情境的全面考察，分别运用增强变革压力、改变阻力方向、减低阻力强度等策略，可以使变革顺利地朝预定的目标发展。

同时，组织还可以通过以下程序克服变革的阻力。

1. 习惯变革

所谓习惯变革就是要把变革制度化。这就要求建立创新型企业文化，企业文化对变革的影响和作用已为大多数人普遍认可，组织结构、业务流程和等级制度等，都需要有相应的文化作为支撑才能发挥作用。创新型企业文化可以有效地克服组织结构惯性，避免组织僵化。平时有意识地向人们表明，新方法、新行为和新态度是如何有助于人们改进工作绩效的，从而使变革潜移默化地扎根企业文化中，把变革制度化，建立一种视创新和变革为正常事物的企业文化，让大家习惯变革。

2. 产生变革需求

首先，管理者可以让成员看到组织内实际绩效和期望绩效的差距，让其产生一种有意识的变革需求。例如，管理者可以通过某个事故案例来做宣传，使员工树立一种危机意识，这样其他人就能理解变革需求，甚至可以形成一种真切的危机感，从而令员工认识到变革的必要性。其次，建立愿景规划。通常说，在失败的变革中往往可以看到大量的计划和方案，却看不到愿景规划。成功的愿景规划要包括新的增长可能性以及如何修改和员工的契约，以及变革会把企业带向何方的明确性和富有吸引力的阐述，这能使员工为达到愿景而努力，从而降低阻力产生变革的需求。

3. 接受变革

有些人认识到了变革的必要性，但因为信息的不充分或不透明，仍然会抵制变革。沟通是为了减少这方面阻力，让大家普遍接受变革的有效方法。它是把组织中的成员联系起来以实现共同目标的手段。变革中应提供尽可能多的信息材料、会议以及讨论，甚至将变革的详细信息放到公司内部网站上，用真实的信息减轻人们对变革的误解。这种实践并不是降低效率，如果宣布变革却无附带的细节，人们的猜测和误解引起的效率损失是巨大的。我国现行大部分企业都属于金字塔形的组织结构，变革中经常将大部分信息自上而下逐级传达，越到底层信息只会越少，从而加剧了信息的失真和误解。此外，还可以把时间花在一线主管上。研究表明，员工更喜欢接受来自他们主管的信息，高层管理者可与主管们面对面讨论变革，主管们再把信息传达给他们的下属。这样有助于消除员工的疑虑，理解和接受变革。

4. 参与变革

出于自身利益的考虑，既得利益者肯定会不同程度地抵制变革，最好的方法就是让他们参与到变革中来。许多变革是由上而下的变革，但这只是意味着构思向上产生而向下执行，并不意味着底层员工不用参与变革。让一部分人参与到变革的规划以及对组织未来前景的设计过程中来，使他们感觉自己影响了变革。比如说有些管理者，可能不确定在新环境中的权力，但他们相信变革的过渡期会带来改善自身状况的机会，所以在未来的组织变革中，他们急切期望自己能抓住机遇获得在新组织中的权力，从而能积极地参与到变革中来，这就把变革阻力转变为了变革的动力，促进了变革。

5. 推动变革

如何使员工保持变革的动力而不至于使变革中断，这就要求明确短期目标并正确评价，因为变革过程不可能一蹴而就，采取了新的措施后可能要几个月甚至要几年才能看到效果，这种期待中的效果与实际效果的差距会在团队内部引起负面评价。因此，在变革过程中要善于发现进步的现象，如质量开始提升并达到一定的标准，净收入下滑被往上拉，市场占有率上升，顾客满意度提高等短期目标，避免员工花很长时间认识到变革，紧迫感下降，这种短期胜利的承诺有利于人们保持激情和紧迫感，从而在一定的程度上推进变革。

6. 服务变革

当然，变革也会受到许多客观因素的影响，如上述的资源限制等。这就要求从长远的角度来看，如果是由于缺乏资源而不能继续变革时，重新估计不实施变革所导致的真实成本和收益，将他们和完成变革所导致的成本和收益做比较，通过别的途径获得变革所需资源的手段。人力资源方面，可以实施持续的培训计划以保持现有的雇员在技能上能满足变革或变革条件的需要。此外，减少这种障碍要作为长远目标去实现，比如人力资源的规划视野应该足够广以满足将来的人力需求，内部新员工的挑选程序也可以提前供给所需的人力资源。

9.2.4 变革的四个步骤

随着企业面临的环境变化，任何以市场为导向的企业都必须推动组织变革，以适应不断变化着的内外部环境。组织变革是一种复杂的现象，许多企业在投入大量的时间、资金和人力于组织变革后，却非常尴尬地发现一切如故，甚至今不如昔。事实上，组织变革必须符合逻辑和系统性的要求才能获得成功，为此，管理者必须理解有效变革的步骤才能成功进行变革。一般来说，变革可以分为四个步骤：提出问题、探索变革、全面展开、模式重塑。

1. 提出问题

在组织内外部环境发生变化的情况下，组织出现不适应内外部环境的问题，并产生不良后果，员工与领导发现组织中存在问题，确定组织变革的需要。同时，要有意识地使矛盾、不平衡或挑战明朗化、尖锐化，为变革创造条件。差异、矛盾和不平衡是企业变革的时机，是除旧布新的机会。特别是当企业发展形成某种固定的模式时，同时也意味着与环境变化之间的差异和矛盾增大。这时，依靠企业内部自然演变的方式无法解决矛盾，不能进一步发展，必须创造条件，转换经营管理模式。这种模式转换不是个别领导人的事情，牵涉企业内部上下左右各方面，是整体性质的变化。

这种重大的、根本性的变革必须依靠企业内部各方面的力量，调动各方面的积极性。因此，首先要做的就是提出问题，使各层次明确企业面临的处境，突出矛盾和危机，使企业上下都意识到问题的深刻性和严重性，为转换和变革创造条件。这一阶段的关键是主要管理者的作用。一个企业能否把握适当的时机，适应环境的变化，迅速调整自身，实现经营管理的革新，关键在于主要领导者。主要领导者的预见能力、胆略和气魄，在这一阶段起决定性作用。

2. 探索变革

在第一阶段舆论准备充分的前提下，转换或变革的实际过程从部分探索、试验开始。没有不经过探索和试验就能实现变革的。在这一阶段，充当探索和变革主体的往往是企业中某一个部门或更小规模的单位。这种部门或单位往往是处在环境变化前沿地带，与环境变化关联性较强的单位。这样的部门或单位在环境变化面前所作的探索性改革，预示着企业组织整体的转换方向。这种探索和试验或者是经营方面的，或者是新技术、新产品、新型服务方面的。但不管是哪一方面的，都预示着企业管理基本方面的转换。

起探索和试验作用的单位有其共同的特征：一是这些单位往往是受原有模式控制和影响较轻的单位；二是这些单位往往是那些规模较小的单位，因为大的单位内部保守、制约因素作用大，不易调整；三是这些单位内部的异质性强，同质性强的部门和单位缺乏创造性；四是面临巨大挑战时更容易有所突破，有些情况下，看似不可能实现的目标或较大的危机压力反而能导致奇迹的出现。起探索和试验作用的单位不一定具备以上全部特征，只是由于其中某几个特征而充当了探索和试验的角色而已。

在这一阶段，主要管理者所能做和应该做的，就是为探索和试验创造条件，从人、财、物等几个方面给予必要的权力。

3. 全面展开

第三阶段是在企业全面推广经试验已实现变革的部门或单位的成功经验。由点到面推开的阶段，或者说是由一个局部变化引起其他方面连锁反应的阶段。在这一阶段，主要管理者的职能是积极地提倡变革，引导变革的方向，为变革创造条件。其中，一个重要的手段就是人事调整，即从已获得成功的部门调遣干部派往尚未发生变化或变化缓慢的部门，促进这些部门的变革。另一个重要手段是设法改变缓慢部门的外部条件，迫使它们采取变革措施。对那些处在变革过程末尾的部门也有必要采用某些强制手段。

4. 模式重塑

模式转换的最后一个阶段是重塑新模式的阶段。这一阶段，可以说相当一部分是与第三阶段同时进行的。所谓模式重塑，是在企业整体意义上，根据变革所展现出的新的发展机会和方向以及成功的模式，重新确定企业的经营观念、战略目标和经营战略，并据此确定相应的管理体系和方式、方法，形成新的发展模式。

模式的转换往往涉及企业基本观念和发展范围的变化。不论是技术方面、发展范围方面的，还是有关自我看法、自我认识方面的变化，都会导致有关企业发展基本问题上的变化。

从我国经济体制改革的经验和国外成功企业的发展经验分析，成功的模式转换过程往往是企业中一部分率先变革，随后引起一系列连锁反应，最终导致整个模式转换。这是模式转换的一般程序。

9.2.5 成熟化与革新

9.2.5.1 对成熟化的认识

日本企业界在20世纪80年代中期曾提出过“成熟化管理”的概念，用于描述日本企业在汽车、家电、钢铁及通信等领域中取得的巨大成功后进入的趋稳定状态。在这些企业中，前期的事业成功固然激发了员工的士气，但同时也强化了人们循规蹈矩、墨守成规的思想，成功所激发的喜悦使企业组织体承受失败的心理机制更加脆弱。因此，日本学者认为，这种成熟化弱化了企业的创新机制，降低了企业的竞争力和应付危机的应变能力，并认为进入90年代以后，成熟化已成为日本企业进一步发展面临的主要问题，而摆脱成熟化，进行“新日本式经营”则是日本企业新的经营主题。

美国哈佛大学的迈克尔·波特教授在《竞争战略》(1985) 一书中分析“产业向成熟转化”时特别强调了成熟化企业的组织含义。他指出：产业向成熟转化期间，必须要考虑“由战略的重要变化、规模演变和企业多角化而引起的组织变化要求”“企业战略重点的转移明显地要求组织结构与机制做相应变化予以支持……尤其是在控制和激励制度方面必须要进行一些微妙的调整”。

波特教授还从组织行为学的角度精辟分析了伴随战略调整所做的企业组织与制度变革可能遇到的内部阻力。而这方面正是我国企业在追求战略发展时常常忽视的。他认为，企业内部往往本能地抵制组织的变革，“在成熟产业中可能要求更紧缩的预算、更严格的控制和新的以绩效为基础的激励机制，一切都比过去所使用的更加正规化”，而这些变化经常“在组织内部受到强烈憎恨”“新的汇报要求、新的控制、新的组织联系和其他一些变化有时被看作个人自治的丧失和一种威胁”。波特教授以竞争战略方面的研究成果蜚声学术界，他的著作中对与竞争战略相适应的企业组织调整方面探讨得并不多，但其精辟而独到的见解为我国企业持续发展研究提供深刻的启迪。

那么什么是成熟化呢？所谓成熟，也可叫饱和。即企业在目标市场领域内达到了较高的市场占有率，主营项目失去发展潜力，需要考虑重新调整主营方向或经营战略的状况。重新调整的过程，就是革新的过程。由成熟而革新，是企业发展的基本形态。

成熟化企业，一般具有以下特点：

企业成熟化阶段主要是指企业在经历了成长阶段的发展后，企业产品已经定型并为消费者普遍接受，产品的市场份额已经形成，产业化发展成为经济发展的一个重要组成部分。企业发展到这一阶段，基本上实现了既定的目标，完成了企业发展的整个过程。

成熟化企业已经达到或实现了规模经营，并向产业的纵深方向发展。企业发展到成熟阶段的主要目标，是稳定和扩大已有的市场份额，并利用企业的成熟性在资本市场实现资源最优配置并融通资金，进一步扩大企业规模和已有的市场份额。

成熟化企业普遍具有高收益、低风险特征。企业发展到成熟阶段后，技术风险基本消失，企业的经营管理进入成熟时期，管理风险下降。另外，市场已开拓出来，有了稳定的销售收入。尽管技术研发费用的绝对金额很大，但此时的生产经营成本趋于稳定，技术研发费用占企业经营费用中的比例也大幅度地下降。企业的销售收入随着市场的拓展和规模的扩大而增加，在成本费用相对降低的情况下，企业的利润不断上升。

行业优势吸引更多精英加入。企业发展到这个阶段已经成为同行中的“带头人”，不管是内部管理，还是外部市场，都有很大的优势。这些优势吸引了更多的精英加入，其中包括管理人员、技术人员、营销人员等。

企业成为经济中有较大影响的一股力量。成熟后的企业，其经济实力非常强大，不但成为本行业的主导者，甚至有可能成为影响经济发展的一股重大力量。

当企业发展到成熟化后，就要求企业进行革新，通过更新换代在原市场范围内开拓发展道路，或开发新领域、新行业，转换主营结构。

9.2.5.2 革新的滞后性

企业的成长不仅表现在规模的扩张和业绩的增长上，而且表现在对规律的认识和把握上，成熟的企业能够充分认识到，只有革新才是企业走出困境、持续发展的原动力，并将加大革新投入、提高革新能力作为企业增强竞争力的行动。但是，革新往往带有滞后性，主要体现在以下几方面。

1. 对成熟化视而不见

企业成熟化，表现在市场增长缓慢，企业间的竞争更趋激烈，竞争的注意力转向产业内部，去争夺其他企业的市场份额；竞争更强调成本竞争和服务竞争，更加倾向于向有经验的老用户销售；生产能力和人员出现过剩；生产和营销方式多变，需要资金来源和新技能，又会加剧生产能力过剩；技术更趋成熟，保持产品不断变化的能力日益受到限制；开始出现国际竞争并越来越激烈；利润开始下降；供应商和用户的价格谈判能力明显增强，导致竞争更趋激烈。当成熟化的征兆出现时，企业往往不能对其有客观的认识，容易在复杂的市场信息面前只注意到对自身利益有利的征兆，忽略预示发展趋势的信息。管理者常常对成熟化视而不见，这是造成企业革新滞后性的原因之一。

2. 对模式转变的必要性认识不足

模式是在某种环境条件下，企业发展过程中形成的从企业战略到经营策略、资源配置、内部管理，从工作程序到行为方式、管理方式，从思维习惯到价值观念都成为某种内在一致的特定类型的状态。模式的形成，意味着相对于某种环境条件，企业管理达到了较理想的状态，企业对环境的适应达到了较高层次。但另一方面，它意味着企业发展达到了某种稳定状态，失去了革新和变革的活力，这时需要对原有的模式进行转变。转变已经成熟的模型对于提高企业经营的水平和档次，在企业的组织结构、人才素质、信息管理、技术设备、营销服务等各方面都发生深刻的质变，获得企业竞争的主动权。但由于领导者认为依据以往的发展模式可以适应变化了的情况，只需在策略上做些调整，不必调整整个发展模式，对模式转变的必要性认识不够也是造成企业革新滞后性的原因。

3. 规模与收益上的障碍

革新需要一定的规模与收益。当企业的规模和资源达不到变革的需求时，管理者难以下决心是否进行变革。而且变革是要经历一个重新“打天下”的过程，涉及的流程比较复杂，这也是革新滞后性的一个原因。

4. 本业认识的障碍

有些企业长期从事某一行业中的经营项目，为适应其多年来的经营模式，已形成一整套机制与观念，并且深入人心。即使其中的一些企业有尝试新领域的念头和行动，但在竞争激烈、创新加剧的环境下，市场份额与利润是不可能一蹴而就的。因此，为保持市场份额和维持利润水平，企业需加强本业意识，而本业意识的加强会降低业内人对环境变化的敏感度，进而带来革新的滞后。

9.2.5.3 革新的过程

革新包括从观念到行为的一系列变化，是涉及企业经营管理全面的系统工程。革新意味着现存模式的转换，模式转换的困难决定了革新并非因一次重要的管理决策就可以实现的，它是许多人经过长期的反复讨论的决策和各种活动的结果。把革新看作一个过程来管理是它与其他管理相比的显著特点。革新一般通过四步来进行。

1. 认识阶段

认识阶段是指有关企业经营已趋成熟或饱和的认识过程。由于成熟化本身渗透在企业组织之中，每一个人都是置身在成熟化的气氛之中，因此发现并意识到成熟化及其潜在的危机，是非常困难的工作。认识成熟化往往是从企业的主要管理人员和受市场环境变化冲击最大的部门管理人员开始的，而且越是对现实有一定超越性看法的人越容易首先注意到，而且一般来说初期不会被多数人所接受。

2. 探索阶段

这是指以摆脱成熟化为目标，寻找企业新的发展途径，进行战略探索的阶段。在这一阶段，多数企业对未来的发展方向还比较模糊，通常是采用多角化措施尝试今后可进入的领域。这种试验性的学习过程必然因为风险的存在而倍受磨难，但如果对失败过于谨慎，企业就会丧失机会。通过战略探索，企业未来发展的方向和途径逐步明朗化后，革新过程进入决策阶段。

战略探索阶段，是一个稍显漫长的，包含了多次摸索、试验、失败，终于找到有潜力发展方向的过程。在一次次的探索、弯路和失败过程中，企业可以获得有关市场发展机会、自身经营能力和优势、可能有发展潜力的方向的途径等方面的大量资料和认识；可以增长实践性很强的见识；可以锻炼和培养人才。

3. 决策阶段

决策阶段是企业做出重大转折性决策、确定新战略的阶段。明确未来发展的方向和新领域中关键因素，资源和能力的重新组合，是这一阶段必须解决的问题。

在进入这一阶段之前，有几点认识是必须明确的，一是新的方向和途径预示的未来发展道路上收益虽然很难预计，但必须是有发展前途的。二是确定这样一种发展道路其核心的、关键的环节或要素是什么？技术的、成本的、需求的、竞争的因素等各方面是否有优势？什么使新战略有较大成功把握？三是企业本身的资源、能力和特长何在，它与战略之间是否适应？

总的来说，战略决策的正确与否，直接决定经济活动系统的发展方向及成败。

4. 稳定阶段

由于人们抛弃了原有的思维模式，形成了新的统一思想，企业新模式开始在企业的各个领域发挥作用，使企业获得新的活力，实现更大规模的成就。稳定阶段就是根据新确定的经营战略协调和组织企业各方面资源和力量、展开战略、稳定经营的过程。第三阶段的实施、贯彻落实，就是第四阶段。所以第三阶段和第四阶段实际上是前后连续的一个过程。

这四个阶段，因情况条件不同可能花费的时间各有不同，而且相互之间有交叉和重复的部分，但一般的过程基本上是这四个阶段。

9.2.5.4 战略探索

革新过程的其中一个重要阶段是战略探索阶段。所谓战略探索，就是通过分析企业的内外部环境和自身优、劣势之后，以摆脱成熟化为目标，寻找企业新的发展途径的过程。一般来说，战略探索需要进行环境分析、拟定新战略、评价论证。

1. 环境分析

战略环境分析就是通过对企业环境的检测，确定影响企业长期发展目标的机会或威胁的工作过程。这个过程基本包括信息收集、分析影响、归纳总结三个程序。信息收集一般包括内部信息收集和外部信息收集。内部信息收集可以通过具体的内部资料、档案以及工作经验等渠道获得；外部信息收集一般通过宣传媒介、专业会议、行业分析、科研成果等方式取得。分析影响，就是掌握大量信息并进行趋势分析后，进一步分析各环境因素对企业资金流动可能造成的影响，估计或判断影响的性质、大小和发生的时间，从而明确企业未来在经营发展方面受到潜在威胁或存在机会。归纳总结，就是将各种资料和数据进行归纳整理，编写环境分析报告书，分析企业今后可能面临的环境，判断各种环境因素的变化方向与影响，掌握未来企业存在机会和受到威胁及其概率。

2. 拟定新战略

经过细致周密的环境分析之后，便可以着手拟定企业新战略了。拟定新战略一般需要经历两个环节：拟定战略方向和拟定战略水平。首先在既定的战略经营领域内，依据对外部环境、需要和资源的综合考虑，确定战略目标方向，通过对现有能力与手段等诸种条件的全面衡量，对沿着战略方向展开的活动所要达到的水平也做出初步的规定，这便形成了可供决策选择的战略方案。

在拟定战略的过程中，企业领导要注意充分发挥参谋智囊人员的作用。要根据实际需要，尽可能多地提出一些战略方案，以便于对比选优。

3. 评价论证

新战略拟定出来之后，就要组织多方面的专家和有关人员对提出的战略方案进行评价和论证。

（1）论证和评价要围绕新战略防线是否正确进行。要着重研究：拟定的新战略是否符合企业精神，是否符合企业的整体利益与发展需要，是否符合外部环境及未来发展的需要。

（2）要论证和评价战略的可行性。论证与评价的方法，主要是按照战略的要求，分析企业的实际能力，找出战略目标与现状的差距，然后分析用以消除这个差距的措施，而且要进行恰当的运算，尽可能用数据说明。如果制定的途径，能力和措施，对消除这个差距有足够的保证，那就说明这个战略目标是可行的。还有一个倾向要注意的是，如果外部环境及未来的变化对企业发展比较有利，企业自身也有办法找到更多的发展途径、能力和措施，那么就要考虑提高新战略的水平。

（3）要对所拟定新战略完善化程度进行评价。要着重考察：①战略目标是否明确。所谓目标明确，是指目标应当是单义的，只能有一种理解，而不能是多义的；多项目标还必须分出主次轻重；实现目标的责任必须能够落实；实现目标的约束条件也要尽可能明确。②目标的内容是协调一致。如果内容不协调一致，完成其中一部分指标势必会牺牲另一部分指标，那么，目标内容便无法完全实现。③有无改善的余地。

如果在评价论证时，人们已经提出了多个主战略方案，那么这种评价论证就要在比较中恰当进行。通过对比、权衡利弊，找出各个战略方案的优劣所在。

拟定目标的评价论证过程，也是目标方案的完善过程。要通过评价论证，找出新战略方案的不足，并想方设法使之完善起来。如果通过评价论证发现拟定的新战略目标完全不正确或根本无法实现，那就要回过头去重新拟定，然后再重新评价论证。

战略探索是一个复杂且曲折的过程，需要不断地反复分析、修正。

9.2.5.5 战略决策

战略决策阶段也是企业革新过程中的一个重要阶段。所谓战略决策是指企业在战略探索之后做出重大转折性决策、确定新战略的过程。

在决断选定新战略时，要注意从以下三方面权衡各个新战略方案：①战略方向的正确程度；②可望实现的程度；③期望效益的大小。对这三个方面宜作综合考虑。所选定的战略，三个方面的期望值都应该尽可能大。战略决断，还必须掌握好决断时机。因为战略决策不同于战术决策。战术目标决策常常会时间比较紧迫，回旋余地很小，而且战略目标决策的时间压力相对不大。在决策时间问题上，一方面要防止在机会和困难都还没有搞清楚之前就轻率决策；另一方面又不能优柔寡断，贻误时机。

战略决策影响企业的状况和成功，企业必须重视战略决策的重要性。

【本章小结】

企业发展是一个数据收集、诊断、行为规划、干预和评价的系统过程，它致力于增强企业组织结构、进程、战略、人员和文化之间的一致性；开发新的创造性地组织解决方法；以及发展企业的自我更新能力。企业在发展过程中，总是伴随着矛盾和对立。企业存在环境之中，毫无疑问，环境势必对组织产生重大的影响；企业发展中的惯性，从大的方面划分，可分为体系惯性和个人惯性。管理者不能用一套固定的、不变的体系和方法对待企业发展，而是要在各种极端之间找到某种均衡，要随情况的不同采用不同的手段和方法，在动态中协调企业内外部各方面关系，这种管理模式就是所谓的权变观点。

组织变革是指组织管理人员根据内外部环境的变化，主动对组织的原有状态进行调整和完善，提高其适应环境的能力，以更好地实现组织目标的活动。这种变革的范围包括组织的各个方面，如组织行为、组织结构、组织制度、组织成员和组织文化等。企业的成长不仅表现在规模的扩张和业绩的增长上，而且表现在对规律的认识和把握上，成熟的企业能够充分认识到，只有革新才是企业走出困境、持续发展的原动力，并将加大革新投入、提高革新能力作为企业增强竞争力的行动。

【复习思考】

1. 企业发展过程有什么特点？
2. 企业组织发展过程中自身有哪些矛盾因素？
3. 企业发展会打破哪些均衡？
4. 什么是组织惯性？它与企业发展有什么联系？
5. 企业发展过程中的权变观点是什么？
6. 什么是变革？变革的动因有哪些？
7. 变革有哪些方面的阻力以及其克服的方法是什么？
8. 变革的基本步骤有哪些？
9. 什么是成熟化？它有何特点？
10. 革新滞后性的原因是什么？
11. 革新的过程有哪些？

【阅读材料】

烟草专卖垄断打破后的非烟资产剥离广东模式[①]

2006年7月，国家烟草专卖局派遣1200多人的审查队伍，对全国各省烟草企业进行

① 资料来源：郭艾琳．广东模式剥离非烟资产烟草专卖垄断将被打破［N］．第一财经日报，2006－07－21.

深入“清产核资”。虽然，国家烟草专卖局方面表示此次行动只是一次常规性清查，但业内仍将此视为烟草行业逐步剥离非烟资产的先兆。事实上，烟草企业对非烟资产的剥离目前已在很多省市展开。广东烟草商业企业就是其中之一。

按照广东烟草目前的做法，首先将全省烟草商业企业的非烟资产剥离出来，成立一个“金叶有限公司”，不再参加烟草的经营，烟草资产则成立一个新的烟草公司。而金叶公司同时占有新烟草公司30%的股份，金叶公司拥有的全部债务及其原有的离退休人员，交由所在的各市县政府。根据相关消息，目前，广东省部分市县政府正在酝酿将手中持有金叶公司的部分股份卖出去，而出售的对象可以是私营企业或外资企业。

很明显，如果一旦有私营企业或外资企业参与股份竞买，并得到股份，那就意味着其间接地取得了新烟草公司的股权。这些企业从而理所当然地成为新烟草公司未来发展的决策人之一，这是典型的民营化的组织变革。事实上，国内的烟草专卖制度一直处于垄断局面，而广东烟草以这样的方式对非烟资产进行剥离，则是一个突破性的改变。实际上，一旦民间资本取得了金叶公司的股权，也间接地取得了新烟草公司的股权，可以肯定，新烟草公司的经营战略和方式都将发生重大变革。即使这部分股权仍然掌握在各市县政府或国有企业手中，但也不可避免地实现了产权主体的多元格局，而这种多元格局的权力竞争将比专权垄断更显著地改善企业的经营行为。

但是也有业内人士认为，作为一个特殊行业，中国烟草有足够的资本，根本不需要产权多元化，且基于其垄断利润，根本也不需要民营化。虽然广东通过非烟资产剥离的方式逐步破除烟草的垄断，被看作一种值得推崇的模式，但是不是适合在整个行业推广，还很难下结论。

事实上，烟草企业非烟资产普遍存在摊子大、产业结构不合理等问题。许多烟草公司下属投资公司，都相继投资了房地产、建筑、建材制造、物业管理等多种产业。但烟草多元化投资大多经营不佳。数据显示，以云南为例，至2002年底，云南省烟草系统“非烟”投资总额保守估计已超过340亿元，但资本回报率却仅在5%左右。其中，超过60亿元的资金投向酒店业，而该项投资几乎全部亏损。剥离，并非一件简单的事情。

非烟资产剥离究竟往哪走，是单纯地脱离，或交由上级部门监管，还是如广东烟草通过剥离打破垄断？业界人士现在尚难有定论。

讨论

1. 根据案例提供给的材料分析和说明由于非烟资产剥离带来的组织变革会对整个产业和企业各方面的创新带来哪些好处。

2. 根据案例提供给的材料分析和说明广东“金叶公司”的组织再造办法能否成功，以及为什么。

第10章　控制职能

【案例导读】

联邦快递，准时送达

美国大大小小的组织每年为客户装、卸、整理、运载包裹的费用都要超过870亿美元。在这个竞争日益激烈的行业中，联邦快递的创始人兼首席执行官费雷德里克·史密斯(Frederick Smith)，通过发展联邦快递的有效控制系统，打败了众多竞争者，成为赢家。联邦快递通过8个美国中心和7个国际中心经营着180亿美元的运载系统。它拥有630架飞机、42 500辆车和44 400个装卸地点，向全世界200多个国家和地区的客户配送超过300万件的快递包裹。史密斯在20年前创建联邦快递的时候，他知道公司处理的是信息业务。他强调要详细了解货物的发出地、目前状态、目的地、估计到达时间、价格等信息。同时，他还认为运输成本和运输安全对客户同样重要。今天，联邦快递希望成为“计算机时代的快艇”。

联邦快递的控制系统使得它能够独树一帜。它的控制系统包括在孟加拉和印第安纳波利斯的中心仓储设备，以及最新的达拉斯中心，这个中心集中体现了公司其他中心的工作效率。所有的包裹在午夜时的集装箱（内部装有大概131 000件包裹）在30分钟内卸完。工作人员把这些包裹卸到一个有复杂传送带的大仓库里，并迅速进行分类。在下午3：00，工作人员就会把它们装上飞机，并运达目的地。从包裹被放置在通风口的斜道上开始6分钟之内，传送系统就会扫描、分类，重新把包裹装上另一架飞机。飞机会在第二天早上6：00之前到达目的地的分类区。然后，地面上的信差把信件运达到当地邮局和收件人家里。联邦快递通过计算机条码来控制客户的包裹运达过程中的每一步。联邦快递在它的100 000个大客户那里安装了计算机终端，还把专用软件送给了650 000位客户。这样，客户自己就可以为他们的包裹贴标签。联邦快递收到客户发送的电子通知，就赶往客户那里包装并运送包裹。

联邦快递通过数字化的配送体系和地面的信差签订合约。通过这一系统，公司把信息传递给信差，尤其是比较清闲的信差。信差可以用无线电话机和公司联系，公司就可以减少客户账单的错误，并可以与信差保持持续的联系，公司也用这一系统，来了解员工对公司政策的满意度。

联邦快递公司预测，在未来的10年里，世界快递市场会迅速发展。因为许多制造商都实行实时的存货，贵重的材料必须在世界范围内迅速运输。为了扩展业务，联邦快递和跨国公司建立了合作关系。Temic半导体公司是梅赛德斯——奔驰公司的一个分支机构，年销售量超过10亿美元。Temic半导体公司和联邦快递公司建立了良好的合作伙伴关系。这一关系使得Temic可以关闭6家仓库，只在菲律宾的苏比克港湾建立一个全球仓库。Temic的客户订货30秒内，公司就把订单送达到制造商工厂，然后工厂就开始投入生产，随后把货物运输到苏比克港湾，联邦快递再把货物运送到客户家中。在亚洲，公司会在收到订单后8小时内通知制造商，48小时内达到美国或者欧洲的目的地。这种方法使得Temic每年大约节约550万美元。

联邦快递公司的案例说明控制不仅有用，而且是成功企业所必须具备的。在过去的几十年里，有效的控制是联邦快递公司利润增长的主要原因。这一控制系统的一个主要方面就是，在每一时期追踪客户的包裹和公司的装载运送能力。

思考

1. 联邦快递为什么能够从激烈的竞争中脱颖而出？
2. 如何看待控制在企业发展过程中的作用？

【学习目标】

1. 了解控制及其管理意义。
2. 了解控制的作用。
3. 掌握控制的几种类型。
4. 掌握有效控制的基本要求。
5. 掌握控制的过程。
6. 了解控制的基本原理。
7. 掌握控制的基本方法。

10.1　控制及其作用

控制是管理的重要职能之一。有效地控制是确保组织的整个管理过程乃至组织本身有效运转和实现组织目标的关键。

10.1.1　控制

1. 控制的定义

著名的管理学家欧内斯特·戴尔（Ernest Dale）指出："现代控制概念设想了一个系统，这个系统不仅提供了企业整体曾经发生事件的历史记录，而且指出了该事件发生的原因，同时提供了有关数据，使执行总裁和部门经理们一旦发现他们处于错误轨迹时，能够采取纠偏措施。该系统也使管理者们能够确定企业在成本、市场以及所有方面的动向，从而为企业将来的活动提供了指导。"

那么，什么是控制？狭义的控制是指组织在动态变化的环境中，为了确保组织目标的实现而进行的检查、监督和纠正偏差等管理活动过程。广义的控制是指当偏差纠正措施难以取得预期效果或组织的内外环境出现重大变化时，修订已定的计划，确定新的更合理的控制标准，增强组织系统的适应性的过程。控制的根本目的，在于保证组织活动的过程与计划目标相一致，以保证实现组织目标。具体来说，控制就是指为了实现既定的组织目标，以计划为依据制定控制标准，由管理者对被管理者的实际执行活动进行检查、监督，衡量实际工作绩效找出偏差，并根据偏差或调整实际工作活动，或调整既定标准，使两者相吻合的全过程（如图 10－1）。

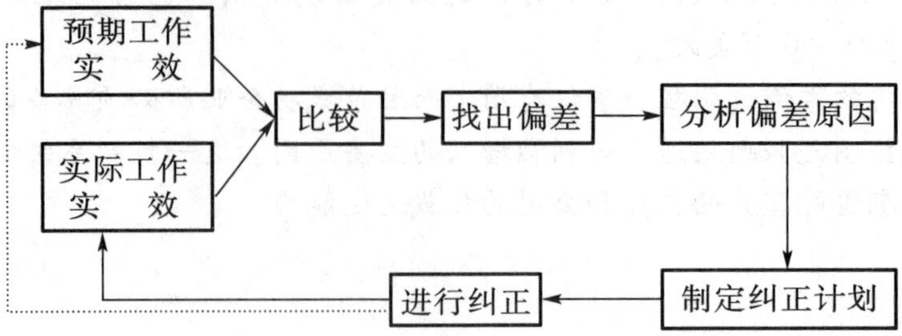

图 10－1 控制的反馈回路

2. 控制的主要内容

控制的内容也就是控制的对象，按照美国管理学家斯蒂芬·罗宾斯的观点，其主要包括以下五个方面。

（1）人员控制。管理者是通过他人的工作来实现其目标的。为了实现组织的目标，管理者需要而且必须依靠下属员工，并确保员工按其所期望的方式工作，而这就有赖于对人员的控制。对人员控制最常用的方法有两种：一是直接巡视，及时发现问题，随时予以纠正；二是评估员工的工作表现，有针对性的予以奖罚，同时采取相应措施，纠正出现的行为偏差。

（2）财务控制。每个企业的首要目标都是获得一定的盈利。为了达到这一目标，维持企业的生存与发展，即需要进行财务控制，包括控制成本费用水平，审核财务报表等。

（3）作业控制。作业控制，就是对组织的生产作业过程亦即资源转换过程进行的控制。一个组织的成功与否，在很大程度上取决于它在生产产品或提供服务的能力上的效率和效果，因此，作业控制也是管理控制的重要内容。常见的如生产控制、质量控制、库存控制和成本控制等。

（4）信息控制。信息是一种重要的资源，管理者需要信息来完成他们的工作，而不精确的、不完整的、不及时的信息会严重阻碍他们的行动，降低组织的效率。因此，就需要在组织内开发和建立一个管理信息系统，以便能为管理者提供及时、充分和可靠的信息服务。

（5）组织绩效控制。组织绩效是组织上层管理者的控制对象。由于组织目标的达成与否都要从这里反映出来的，因而不论是组织内部的管理者，还是组织外部的相关人员与机构，对此都高度关注，都在为如何科学衡量组织绩效的高低作着不懈的努力。

10.1.2 控制的作用及其重要性

控制的作用主要体现在两方面：一是起检验作用，它检验各项工作是否按预定计划执行，同时也检验计划的正确性和合理性；二是起调整作用，它调整行动或计划，使两者相吻合。

在现代管理系统中，环境不断变化，随机因素很多，处在这样一个十分复杂的系统中，想要实现既定的目标，执行为此而拟定的计划，求得组织在竞争中的生存发展，不进行控制工作是不可想象的。控制工作在管理活动中的重要性和作用是显而易见的，可以从以下几个方面来理解：

(1) 控制是完成计划任务、实现组织目标的保证。为了实现组织目标，管理者必须制定一套行之有效的计划，计划是目标实现的基础。但是，即使计划可以制定出来，组织结构可以调整得非常有效，员工的积极性也可以调动起来，这仍然不能保证所有的行动都按计划执行，不能保证管理者追求的目标一定能达到理想的状态，是不可能成为企业管理的现实的。由于各种各样的原因，人们在执行计划的活动中总是会或多或少地出现与计划不一致的现象。缺乏控制过程的计划是注定要失败的。恰当的控制方法可以使管理者识别具体工作实效与计划之间的差距，为实现组织目标提供保证。

(2) 环境、组织活动的复杂性要求组织实施控制职能。世界每时每刻都在发生变化，任何组织所面临的环境是不确定的，在计划实施过程中，无论是组织内部因素还是外部因素都可能发生变化。同时，随着社会的发展、商品经济的繁荣，各种组织的规模及结构也趋向庞大、复杂。一个组织目标的实现需要经过一系列的活动，而每项活动都可能涉及组织的各个部门。环境、组织活动的复杂性都要去组织必须实施控制职能，保证组织目标的实现。

(3) 控制是及时改正缺点、提高组织效率的重要手段。这一作用表现为两个方面：一是降低失误对组织效率的负面影响；二是提高未来管理工作的效率。

(4) 控制是组织创新的推动力。控制是一种动态的、适时的信息反馈过程，它不是简单地对受控者进行管、压、卡，而是一种积极主动的管理实践活动。例如，当管理者创建了一种鼓励员工的创新的制度，并向员工分散权力，允许他们自由进行试验并承担风险时，创新活动就成功产生。确立一种恰当的控制系统来管理冒险精神是一项重要的管理挑战。在福特汽车公司，为了鼓励每个产品团队高效工作，高层管理者会监督每一个产品团队的绩效，例如，通过检查每一个产品小组的工作是否降低了成本或者提高了产品质量。同时使用一种把工资与团队业绩挂钩的奖金制度，接下来，产品团队的管理者对每一个团队成员的个人业绩进行评估，根据评审结果，最具有创新性的员工将得到与其杰出的工作绩效相对应的晋升和奖金。

10.2 控制的类型、要求及过程

10.2.1 控制的类型

10.2.1.1 预先/过程/事后控制

控制系统在考核输入—转换—输出各个阶段的业绩时，按照这三个阶段对控制工作进行分类，形成三种基本的控制类型：输入阶段的预先控制、转换阶段的过程控制、输出阶段的事后控制。

1. 预先控制

预先控制也称事前控制或前馈控制。是在问题发生前做出预测，目的是防止问题的发生。前馈控制的着眼点是防患于未然，首先是要防止不符合标准的资源投入，避免因资源投入不当而造成工作偏差；其次通过有关工作，引导人们采取必要的预防措施，防止问题的发生。也就是说，前馈控制是要控制原因，而不是控制行动结果。组织中应用最广泛的前馈控制有：岗前培训、规章制度；检查样品；计算回收期、控制回报率；预算、控制收支。

预先控制的意义可以概括为以下几个方面：

（1）可以根据被控系统所处外部环境发展、变化的一般规律，科学地预测它在未来发展、变化的可能状况和程度。

（2）根据外部环境影响和作用于被控系统的一般规律，科学地预测未来外部环境影响和作用于被控系统的形式、途径和程度，并及时地对被控系统的管理做出调整。

（3）根据被控系统的输入发现其输出变化的一般规律，科学地预测如何使被控系统在未来期间保持给定状态即偏差为零，也就是能使被控系统的工作计划与目标相吻合。

2. 过程控制

过程控制也称事中控制、现场控制或同步控制。是在系统进行到转换的过程中，即企业生产或经营的过程中，对活动中的人和事进行指导和监督，以便管理者在问题出现时及时采取纠正措施。过程控制一般都在工作现场进行，主要由基层管理者承担，通过现场监督检查下属活动，指导下属以正确的操作规程工作；同时便于管理者随时发现下属工作中与计划要求相偏离的现象，并立即纠正。同期控制的效果主要取决于控制者的个人素质、个人作风、指导的表达方式以及下属的理解程度等，其中，控制者的“言传身教”至关重要。

越来越多的公司采用过程控制，因为这是一种激励员工参与并在全面生产开始前找出问题的有效途径。例如，康宁公司在电视机玻璃的生产中采纳了过程控制。过去，成品电视机屏幕只有在生产完成后才进行检查，导致生产成品中常有4%由于质量不合格而被消费者退回。现在，生产过程中的每一步都要对玻璃屏幕进行检查，使得消费者的退货率降低到0.03%。

但是，事中控制也有其不足，首先，由于事中控制要求管理者到达现场，受到管理者的时间、精力和业务水平的制约；其次，应用范围较窄，一般说来，对于便于计量的工作较易进行现场控制，而对一些难以计量的工作，就很难进行现场控制；第三，若事中控制运用得不恰当，容易在控制者与被控制者之间形成对立情绪，伤害被控制者的工作积极性。

3. 事后控制

事后控制也叫反馈控制，是常见的控制类型。当系统最后阶段输出产品或服务时，来自系统内部对产生结果的总结和系统外部顾客与市场的反应，都是在计划完成后进行的总结和评定，具有滞后性的特点，但可为未来计划的制定和活动的安排，以及系统持续的运作提供借鉴。例如，企业发现不合格产品后追究当事人的责任且制定防范再次出现质量事故的新规章，发现产品销路不畅而相应做出减产、转产或加强促销的决定，以及学校对违纪学生进行处罚等，这些都属于反馈控制。反馈控制主要以财务报告分析、标准成本分析、质量控制分析、员工业绩评定结果为依据（见图10－2）。

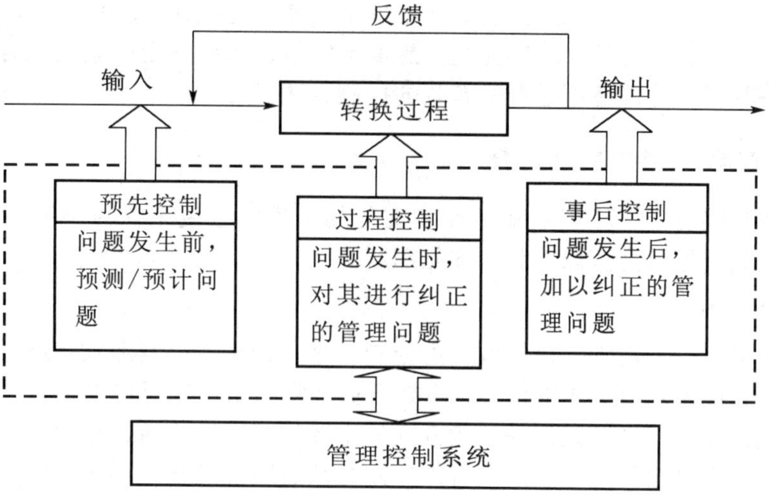

图10－2 管理控制系统

事后控制不如事中控制，事中控制不如事前控制。防重于治，企业家要有防患于未然的敏锐洞察力，尽最大可能去化解经营中的潜在风险。可惜大多数经营者都未能体会到这一点，总等到错误决策造成了重大损失才寻求弥补，亡羊补牢，为时已晚。

10.2.1.2 直接控制和间接控制

按照对管理者素质要求的不同可以将控制分为直接控制和间接控制。

1. 直接控制

直接控制认为，计划实施的结果取决于执行计划的人，管理者及其下属的素质越高，就越不需要间接控制，因此，直接控制着眼于培养高素质的管理人员，使他们能熟练地应用管理的概念、技术和原理，能以系统的观点来看待管理问题，防止出现因管理不善而造成的不良后果。

直接控制有很多优点：第一，由于直接控制比较重视人的素质的研究，委派任务时能因人而异，还能经常对管理人员进行评价、培训，消除他们在工作中暴露的缺点及不足。第二，直接控制可以及时采取措施增加有效性，它鼓励用自我控制的方法进行控制。第三，由于提高了管理人员的素质，减少了偏差的发生，可以减轻损失，节约开支。第四，直接控制可以获得较好的心理效果。

2. 间接控制

间接控制着眼于发现工作中出现的偏差，分析其产生的原因，并追究管理者个人的责任，促使其改进未来的工作。

在实际工作中，管理人员往往是根据计划和标准来对比或考核实际的结果，研究造成偏差的原因和责任，然后加以纠正。实际上，在工作中产生偏差的原因很多，有的是标准制定得不正确；有的是未知的不可控的因素；还有一种原因，就是管理人员缺乏知识、经验和判断力等。在这种情况下可运用间接控制来纠正。同时，间接控制还可以帮助管理人员总结并吸取经验教训，丰富他们的知识、经验和判断力，提高其管理水平。

间接控制最明显的缺点是：控制是在出现了偏差、造成损失之后才采取的措施，因此其花费的代价比较大。另外，间接控制要想取得实效，需要一定的条件配合，因此，间接控制尚存在一些局限性，还不是普遍有效的控制方法。

10.2.1.3 官僚控制和文化控制

从组织的互赖类型、环境不确定性和文化相似性等维度来探讨不同情境下的控制系统，可以将控制类型分为官僚控制和文化控制。

1. 官僚控制

官僚控制又可称为规则、权威或行为控制，是一种正式控制形式。通过建立严密完整的书面规章和程序来规范员工的作为，诸如事业计划、书面预算制度、报告规定、作业标准、绩效评核制度等。规则是这种控制方式的重要构成因素，通过组织内设定的管理规则与约定来控制各个部门的运作。使用官僚控制必须有明确的任务界定、权威关系、官僚制度、服从规则的组织成员等。

规则和标准操作程序不仅给予员工日常的行为指导，并且能够在他们碰到一些需要解决的问题时，详细地说明应该如何采取行动来解决问题。当员工遵循规则和标准化程序时，他们的行为也是高度标准化的，其行为的结果是可以预测的。这给管理者监督和控制员工带来了极大的便利。

虽然官僚控制方便管理者管理员工，但是，规则和标准化的管理会使组织变得过于官僚主义，繁文缛节会减慢决策的速率和效率，也会使管理者忽略外部环境的变化，容易使其养尊处优，给组织带来极大的危险。同时，过于标准化的程序降低了组织内部的学习能力，容易使员工缺乏工作积极性且不易形成创新意识。

2. 文化控制

文化控制又可称为信任或社群控制，就是利用共享价值、规范、传统、仪式、信念等组织文化内容来约制成员的行为，是一种非正式控制形式。官僚控制的前提是明确的规则与严密的监督，缺点是管理成本较高。当员工的工作绩效表现无法清楚地辨认且监督成本又很高时，则控制方式大多通过完整的社会化程序，以强化员工的专业知识、伦理、价值观和信仰，以确保员工能达成组织的目标。

组织文化之所以成为一种重要的控制方式，主要有两方面的原因：第一，当管理者无法使用产出控制或直接监督时，组织文化却能实现控制。因为员工是有情绪有感情的，组织文化在某种层面能够满足员工的情感。第二，当组织形成一个强大和有凝聚力的组织文化且员工认同组织的文化时，他们的行为或决策会向着有利于组织目标的方向发展，这种潜意识的规范控制了员工的行为。很多研究员和管理者都认为，一些员工之所以会不遗余力地帮助公司，是因为组织具有强大凝聚力的组织文化，即控制员工行为和态度的文化。

10.2.2 控制的要求

一个企业无论在运营、财务、结构还是战略层面上，都需要有效的控制来管理和监督组织的行为。为了保证企业的活动能够按照计划的要求进行，管理者必须认识到有效管理的特点，并做到适时、适度、客观、灵活地控制。

1. 控制要选择合适的时机

适时控制就是在“正确的时间”进行控制。企业在经营活动中产生的偏差必须及时采取措施进行纠正，才能避免偏差的扩大以及防止对企业不利影响的扩散。及时纠偏要求管理人员及时掌握能够反映偏差产生以及严重程度的信息，也就是说要根据现状进行预测，在偏差未发生之前，就注意到其发生的可能性并预先采取必要的防范措施，防止偏差的产生，即采取事前控制。事前控制不仅可以防患于未然，避免事后控制对已铸成的差错无能为力的弊端，而且不易造成管理者与员工的正面冲突，易于被员工接受并付诸实施。

但是充分了解事前控制因素与计划工作的影响信息（即扰动量）十分困难，而且当某种组织无法抗拒的力量导致必定发生偏差时，就要求管理者能够采取现场控制或反馈控制，指导企业采取措施，消除或者遏制偏差产生后可能对企业造成的不利影响。

虽然防重于治，但是控制要在合适的时机进行并不意味着速度越快越好。有效的管理控制不能单纯依靠某一种控制方式，而必须根据特定情况将各种控制方式各有侧重地结合起来使用，以取得综合控制效果。

2. 控制程度要恰到好处

有效的控制并不意味着控制越多越好，控制实施到何种程度为最佳必须综合考虑控制的范围、频度、成本与控制的成效之间的关系。

（1）控制力度要掌握在一定的范围之内，避免控制过多或控制不足。一些管理者错误地认为，对员工的控制越多就越能提高组织的绩效。然而，事实并非如此，过度的控制会带来员工负面的情绪；但是控制不足容易导致组织秩序混乱，造成组织绩效差的后果。有效的控制要求管理者充分认识到以下两点：

第一，过度控制容易造成员工的不愉快，从而导致员工的工作积极性下降。例如，当公司规定员工该如何着装，如何摆放桌子，如何停车时，这就容易引起员工抱怨及对组织的归属感降低。但是，像一些公司，规定员工可以在特殊时段接收私人电子邮件或浏览网页，人性化的控制不仅能增强员工的工作积极性，同时还能增强其对组织的认同感。

第二，控制不足容易造成组织混乱的场面，对组织活动的进行带来不利的影响。所谓无规矩不成方圆，若企业不规定员工的上下班时间，就容易造成员工工作效率低下，组织目标难以实现的结果。

控制应采取怎样的程度与组织的规模、性质、资源能力以及文化有关。一般来说，科研机构的控制程度应小于标准化生产部门，对老练的管理者的控制应小于新进管理者或员工的控制。也就是说，灵活性大的工作控制程度应比标准化工作的小，对经过训练而能力较强的员工的控制应比缺乏必要训练的员工小。

（2）控制范围要适度，处理好全面控制和重点控制的关系。

任何企业都不可能对每个部门、每一个员工、每个工作环节进行全面控制。因为并不是每个部门每个员工的每个工作环节都需要进行控制，而且全面控制会带来高昂的管理费用。对关键因素的控制不仅可以节约成本，还可以提高控制的效率。

重点控制并不意味着管理者集中于对某些定量指标的控制，例如一些大学鼓励教师出版大量论文而不管论文质量的奖励机制，这种控制容易使员工努力局限于满足公司采用的几个绩效指标而忽略公司的整体目标。重点控制是对特定的人、特定活动的控制。

（3）控制工作要注意成本，应讲究经济效益。

控制需要费用，一项工作是否需要控制，应控制到何种程度，都要考虑费用问题，即控制应讲究经济效益。每一项控制，都需要将控制的成本及控制所取得的成效进行比较，保证控制在一定的成本范围内是有效的。当控制的成本大于控制所取得的成效时，即使控制再怎么有利，经济上组织也承受不起，导致入不敷出，不利于组织的长期发展。但是如果控制的成本小于控制取得的成效时，那么该项控制是有效的，有利于组织发展的。

3. 控制要客观准确

控制的目的是当组织的活动偏离计划时，采用一定的技术手段进行纠正偏差，使其符合计划。这就要求控制过程中使用的标准、分析和纠偏措施都必须客观准确，符合组织的活动。

标准客观。组织进行控制时必须制定客观的标准，所谓客观，即制定的标准应符合企业的具体情况。定期对已制定的标准进行更新、检查，使其符合现时的要求。

分析客观。分析客观包括进行分析的技术手段客观和分析的态度客观。首先，控制必须采用客观的技术手段进行衡量，衡量的结果能客观地反映企业的经营情况。其次，分析的态度客观是指控制系统提供的数据应该尽可能客观，包括管理者对下属的评价等，不能仅凭主观来决定。

纠偏措施客观。当企业活动需要纠偏时，采用的措施必须客观，应根据制定的标准，以及用客观手段测量出的数据比对之后视企业的具体情况采取纠正措施，避免纠偏措施主观夸大而造成资源浪费或过小造成纠偏无效。

4. 控制系统要灵活

控制工作即使在面临的计划发生了调整，环境发生了变化，出现未预见情况的时候，也应该发挥它的作用，即控制系统必须有足够的灵活性以适应变化。例如，一个需要 35 种原材料来生产多种产品的企业，公司的库存控制系统必须能够管理并监控所有 35 种原材料的当前库存水平。当产品线要改变原材料的需求量时，或者现有原材料需求数量发生变化时，控制系统应足够灵活以应对改变的需求。

10.2.3 控制的过程

控制就是指为了实现既定的组织目标，以计划为依据制定控制标准，由管理者对被管理者的实际执行活动进行检查、监督，衡量实际工作绩效找出偏差，并根据偏差或调整实际工作活动或调整既定标准，使两者相吻合的全过程。有效的控制除了要以正确的计划为前提，主要还是应该遵循管理控制的几个基本步骤。一般来说，不管什么类型的组织需要何种类型或层次的控制，其过程都应包括三个基本环节：建立标准、衡量绩效、纠正偏差。

10.2.3.1 建立标准

标准是评定绩效的尺度，是控制工作的依据和基础，是从整个计划方案中选出的对工作绩效进行评价的关键指标。控制必须有一套完整的标准来保证有效控制的客观性。

1. 确定控制对象

确定控制标准，首先应该明确控制的对象，也就是体现目标特性、影响目标实现的要素。由于计划是进行控制的依据，所以从逻辑上讲，控制标准来源于计划，但因为计划是为实现某一决策目标而制定的综合性的行动方案，往往只是一个行动纲领，不可能有具体的实施过程。因此，标准来源于计划但不同于计划。控制对象可能是环境、资源投入或组织的活动。

2. 选择控制重点

控制对象确定后要选择控制的重点。在选择控制对象时一般要考虑几个问题：(1) 什么样的指标能最好地反映企业目标；(2) 什么信息能最快、最准确地了解工作进展情况；(3) 什么信息能最好地确定关键的偏差；(4) 什么信息能告知以及谁对成功和失败负责。综合考虑这几个问题后可在众多绩效指标中选择几个重点控制的指标，比如可以是获利能力、市场地位、生产率、产品领导地位等。

3. 控制标准的要求

在确定了控制的对象和控制重点后，要进一步考虑制定标准的要求。制定标准一般包含以下四个方面的要求。第一，标准必须简单明确，易于表达和理解。比如麦当劳的控制标准为质量、服务、清洁、价值，简称 QSCV。第二，标准必须体现稳定性原则。比如世界各地麦当劳标准相同。第三，保准必须合理。也就是说必须视企业自身的资源能力和现有的市场环境情况而定。第四，可操作性，即量化标准。比如，麦当劳的 1 分钟标准。

4. 制定标准的方法

一般而言，企业的资源能力不同，控制的对象不同，所选择的标准制定的方法也不同。总的来说，标准制定的方法有三种：统计计算法、经验估计法和工程标准法。

统计计算法。即根据企业的历史数据或对比同类企业的水平，运用统计学的方法确定有关标准——统计标准，它常用于制定与企业的经营活动和经济效益有关的标准。通过统计计算所得的标准可能是历史数据的平均数，也可能是极大极小值，或者是统计分析的其他指标比如中位数、上下四分位数等。

经验估计法。有时候企业的历史数据并不容易获得，或者需要的数据不容易定量测量，这时就可能采用到经验估计法。经验估计法指由经验丰富的管理者来制定标准的方法。利用这种方法制定标准时，容易受管理者主观意识的影响，制定标准时要注意利用各方面的管理人员的知识和经验，保证标准的客观性。

工程标准法。指通过对控制对象进行全面的、科学的分析，以分析所得到的数据和参数为基础制定控制标准。严格来说，它也是通过统计计算的方法来制定的控制标准，但其区别于统计计算法的是它对控制对象进行的测量分析，如六西格玛管理。

10.2.3.2 衡量绩效

控制过程的第二步是衡量绩效。衡量绩效是将实际工作成绩与控制标准进行比较，对工作做出客观的评价，从中发现二者的偏差，为进一步采取控制措施提供全面准确的信息的过程。衡量绩效是大多数企业要持续不断进行的活动。

1. 衡量实际工作成绩的方法

管理者衡量的对象就是收集的信息，为了确保控制的及时、有效，信息必须满足以下基本要求，即准确性、及时性、可靠性和适用性。在实际工作中，下列几种信息常被用于衡量实际工作的成效：个人观测、统计报告、口头汇报和书面报告。

个人观测。容易获得第一手资料，而且资料的准确性高，信息没有被过滤。个人观测使观察者对工作活动的关注度高。但是，它容易受个人主观意识的影响，缺乏客观性，由于资料是未加工的，所以获取并筛选的过程工作量大，耗时。

统计报告。统计报告有效显示数据之间关系，直观，但是提供的信息有限，且信息过分客观，缺乏主观因素。

口头汇报。口头汇报容易获得管理者需要的相关信息，而且可以提供语言和非语言的反馈，但是口头汇报的信息容易被过滤且不易于存档。

书面报告。书面报告较口头汇报全面、正式，且其信息易于存档和查找，但是书面报告需要更多的时间来准备，且缺乏非语言的反馈。

2. 将实际工作与控制标准进行比较

管理者需要评估实际绩效，以确定它是否偏离了第一步所选择的绩效标准。偏差不是一个绝对的数值，而是一个可以接受的偏差范围，只要偏差显著地超过这个范围，就应该引起管理者的注意。管理者如果发现实际绩效与标准之间有偏差，还需要进一步测量偏差偏离的程度有多大。如果绩效远超过预期值，管理者可能会判断他们设定的标准太低了，从而提高下一个阶段的绩效标准，以激励下属。相反，如果实际绩效太差，没有达到预定的标准，或者标准设置过高以至于员工无法实现，管理者就必须决定是否采取纠正措施。

3. 找出偏差产生的原因

通过比较实际工作与控制工作后，若发现偏差，一定要找出引发偏差产生的原因。一般来说，导致产生偏差的原因不外乎三种：其一是计划或标准本身是基于错误的假设和预测，因而本身就不科学、不合理；其二是组织内部因素的变化，如营销工作不力、生产人员工作懈怠等；其三是组织外部环境的变化，如宏观经济的调整等。

10.2.3.3 纠正偏差

控制的最后一步是确定是否需要采取纠正行为。关于纠正行动的决策在很大程度上依赖于管理人员的分析判断技巧。将绩效与控制标准对比后，可以采取的行动有三种：维持现状、改进工作绩效和修订标准。当绩效与标准基本匹配时，最好的做法就是维持现状，但更多的是改进工作绩效和修订标准。

1. 改进工作绩效

如果分析表明，偏差是源于实际工作绩效的不足，则管理者就应该采取纠正行动，努力提高工作绩效。这种针对绩效不足的纠正行动可以是组织中的任何管理行动，但按行动效果的不同，可将其归并为两大类：立即纠正行动和彻底纠正行动。

上述两种纠正行动，前者重点纠正的是偏差的结果，而后者重点纠正的是偏差的原因。因此，在实际工作中，管理者应注意灵活地加以运用，特别是不应满足于“救火式”的立即纠正行动，而忽视从事物的原因入手，应采取彻底纠正行动，杜绝偏差的再度发生。

无数的事实证实，作为管理者，若热衷于“头痛医头，脚痛医脚”，尽管也能收到一些表面的、一时的成效，但由于忽视了分析问题的深层原因，不从根本上采取纠正行动，最终将难逃“被煮青蛙的命运”。

2. 修订标准

如果在开始的时候将标准定得过高或过低，那么通常需要对已确立的标准进行修改。如果大量员工远远达不到标准，或根本就没有员工达到标准，那么标准就失去了原有的意义，需要进行修改。同样，随着环境的变化，在确立之初很恰当的标准也可能会随着环境的变化而变化。

采取管理行动是控制过程的最终实现环节，也是其他管理工作与控制工作的连接点，很大一部分管理工作都是控制工作的结果。

10.3　控制的基本原理及方法

10.3.1　控制的基本原理

第一，在确定控制工作的预期目标时，基于控制对象的结构、控制对象的功能、控制工作的实际效果等因素的不确定性，必须将预期目标确定为一个有正（最好的结果）、有负（最差的结果）的区域值，给预期目标制定者留下可进行必要调整的余地。

第二，实现预期目标要选择可靠易行的控制机构，作为有效控制特定对象的手段与工具。这个控制机构的选择与建立，必须满足控制者达到控制目标要求的同时，又适合特定的控制对象的活动性质，并最终通过其控制功能，使受控对象产生出控制者所需要的预期的目标功能。

第三，控制机构对控制对象进行实际控制的控制机制，是将控制对象作为一个有组织的整体，忽略其中某个或某些因素的独特性，注重其整体与外部环境的相互作用，通过人为地不断改变控制机构对其输入的各种作用与影响，通过同样特定的反馈通道来密切“观测”其输出的各种作用与影响的变化，一方面找出这种输入与输出间的关联性，另一方面更重要的是力图使其输出逐渐靠近乃至最终满足预期目标要求其实现的整体功能。

第四，为了控制的有效性，不但要求建立起一条通畅的反馈通道，还必须保证这条反馈通道的清晰度，确保其少受干扰。目的是使制定该目标的控制者能随时随地了解到受控对象的真实功能状态与过程，并据此调整控制机构对受控对象的作用因素、作用方式、作用程度、作用方向与作用速度，以保证受控对象发挥预期的功能。此外，如果反馈说明预期目标离受控对象的实际相差太远，控制机构根本无法实现预期目标时，需要调整控制机构直至改变预期目标。因此，反馈方法也在控制过程中起到了不断从实际出发来消除主观认识、人为计划的随意性的作用。

10.3.2　控制的方法

企业实施控制的方法有很多，这里主要介绍预算控制、非预算控制、成本控制以及全面质量控制方法。

10.3.2.1　预算控制

预算控制是以预算目标制定的费用预算为依据，对企业经营活动的各项费用支出和成本费用进行有效的检查和监督，并通过预算计划目标与预算执行结果进行比较，及时发现和纠正偏差，确保预算目标的实现。

预算控制具有广义和狭义之分。广义的预算控制是指通过对预算的编制、执行、监控、分析和评价等环节来实施预算事前、事中和事后的控制以贯穿于预算的编制、调整、实施、反馈等全过程。而狭义的预算控制则是指利用预算对经营活动过程进行的控制，也称为事中控制。

1．预算控制主体

预算控制是指在预算执行过程中对预算执行情况所进行的日常监督和控制，企业预算控制主体是实施企业预算的控制机构，是执行者之间的自我约束和相互牵制的结合。预算控制主体通常分为三个职能部门，责任中心、财务部门和控制部门。

企业的责任中心分为成本中心、利润中心，是企业预算目标的主体，也是预算控制的直接责任内部。责任中心是预算的使用及制定者，并且必须根据预算目标对其经济行为进行必要的控制以保证其目标的实现。

财务部门是企业信息处理中心，所有的经济信息最终将流入到财务部，而财务部将负责对这些信息记录，并且同时对预算的遵循情况进行核查，最后将相关信息形成管理报告向企业控制部门进行汇报。

控制部门是企业预算管理的监督部门，是预算控制的最终决策者，负责预算的调控及仲裁。控制部门根据财务部反馈的实际数据及预算数据的比较，把其中发生的问题直接向运营部门反馈，并且协助其及时地调整管理方向或对管理成本进行控制。

总之，企业预算控制必须构建职能部门的控制主体，相互监督、相互控制，努力提高预算控制能力和控制质量，保证企业目标能够有效实现。

2．预算控制内容

预算是在预算控制系统下对所要编制的各种预算的一个总称，按照企业对战略目标的要求不同，对生产、销售、费用以及投资等活动分别定下一个明确的目标，是目标的量化过程，编制经营预算和专项预算，最终形成预算资产负债表、预计利润表、现金流量表等财务预算总表，借以预计未来期间的财务状况和经营成果。所以预算控制的内容主要由经营、资本和财务预算控制三大块来组成。

第一，经营预算控制。经营预算主要包括生产、销售和成本费用预算三大部分，它们都是预算控制的内容和依据。销售预算中主要反映集团对外销售所实现的收入情况，其编制数据主要来源是集团各下属成员销售业务部门的调研结果及目标利润而编制的，所以目标集中于产品销售的市场价格和数量，监控两者在预算期间的变化。生产预算控制包括生产产量、直接耗材、直接人工费用和制造费用预算控制等。生产预算主要依据于销售预算测算的结果，安排采购部进行材料采购及生产所需人工及产量等各项费用预算编制。成本费用预算控制包括成本预算控制、销售费用预算控制、管理费用预算控制。成本费用预算是根据集团日常固定及变动费用等支出测算编制。

第二，资本支出预算控制。资本支出预算主要是为实现集团战略目标而需要采购并长期能为集团带来效益的资本支出，一般支出金额较大。在资本控制的时候并非一味地压减支出，应该根据集团实际情况来调整资本支出项目，顺利地取得资产、维护资产或重置资产，一旦有意外情况发生，就要及时采取中止资本支出项目等手段，以最大限度地减少损失。

第三，财务预算控制。财务预算主要是对资产负债、利润和现金流量的预算。财务预算能最终体现各预算是否达到集团战略目标要求，在对前面两大预算实施有效控制的基础上，通过对资产负债的管理、对各责任主体落实经营效益责任制等措施，最终获得预计利润表及资产负债表较好的表现。

3. 预算控制方法

关于预算中的定期预算、固定预算和增量预算等方法，在传统的预算编制和管理中被广泛采用，现代预算控制应重视和应用零基预算、弹性预算、滚动预算和作业基础预算。

（1）固定预算。固定预算是指不论实际达到的活动水平如何而保持不变的一种预算。它是根据计划编制的，但实际生产数量可能并非如此。然而，最终评价业绩时并没有根据调整以后的数量对业绩进行衡量，只是比较了预算数额与实际数之间的差异（包括了数量波动的影响）。因此，对于数量上的波动，管理人员是需要负责的。如果这种数量的波动能由管理人员来控制的话，固定预算是比较好的方法。

（2）增量预算。增量预算是指以单位基期收支执行数作为基数，然后考虑可能影响预算年度收支的各种因素，在基期财务收支基础上编制单位预算的一种方法。"可能影响预算年度收支的各种因素"主要包括：政策变化、社会物价水平变动，工资标准和单位人员增减变动，各项开支标准和机构变化等。增量预算的计算公式如下：

$$收支预算数 = 基期收支执行数 \pm 影响预算年度收支的各种因素$$

或者：

$$收支预算数 = 基期收支执行数 \times (1 + 增长比例)$$

（3）零基预算。零基预算是指在编制成本费用预算时，不考虑以往会计期间所发生的费用项目或费用数额，所有的预算支出均以零为出发点，一切从实际需要出发，进而规划预算期内的各项费用内容及开支标准的一种方法。它要求对各个业务项目所需要的人力、财力、物力逐个进行估算，说明其经济效益，在此基础上按项目的轻重缓急分配预算经费。同增量预算比较，它的优势表现在：第一，对所有的资源需求都进行评估，可以合理有效地进行资源分配，提高资金的使用效率；第二，预算需要重新进行评估和分析，各预算部门均参加预算的编制，可以充分发挥各预算部门人员的积极性和创造性，促使各预算部门精打细算，合理使用资金，提高资金的利用效果。

（4）弹性预算。弹性预算是在成本按其性态分类的基础上，以业务量、成本和利润之间的依存关系为依据，按照预算期可预见的各种业务量水平，编制能够适应不同业务量预算的方法。同固定预算相比，弹性预算具有以下优点：首先，弹性预算按预算期内相关范围的多种业务量水平进行编制，任何实际业务量都可以找到相同或近似的控制依据和评价标准，从而扩大了预算的适用范围；第二，弹性预算是按一系列的业务量水平编制的，只要费用、成本水平、产品价格不变，弹性预算的结果在不同的生产经营水平下都能使用；第三，弹性预算编制的成本是随业务量变动的弹性成本，反映了不同成本与业务量之间的关系，便于控制和考核，挖掘降低成本措施的潜力。

（5）概率预算。由于收入和成本因市场变化带有许多不确定性，企业在实际预算编制过程中很难明确说出哪一种收益或成本水平是可以达到的。概率预算作为一种修正的弹性预算，可以减少数据预测不准所带来的风险，它将预算指标可能发生的概率结合应用到弹性预算中，给企业提供多种备选的预算方案，使做出的预算更符合客观实际。

（6）滚动预算。滚动预算是为了使预算期始终保持一个固定的期限（通常 12 个月）而连续进行预算编制的方法。具体方法为：将固定预算期划分为不同的期限（一个月或一个季度），对较近的期限制定较细致的预算，而对较远的期限则制定一个大致的预算额，每过去一年、一个季度或一个月，便及时补充一年、一个季度或一个月的预算，永续向前滚动。与传统的增量预算相比，它具有以下优点：首先，预算的编制实现了与日常管理的紧密衔接，而不再是预算年度开始前几个月的工作，可以使管理人员始终从动态的角度把握住企业近期的规划目标和远期的战略布局；第二，根据前期预算的执行情况及时调整和近期预算的修订，使预算能及时适应不断变化的情况，提高预算的灵活性；第三，预算期始终保持一个固定的时间跨度，不再受日历预算年度的限制，能够连续不断地规划未来的经营活动，也使预算编制的工作量不再主要集中于预算年度前的几个月。

（7）作业基础预算。在 20 世纪 90 年代初，随着作业管理技术进入预算领域而出现的一种预算方法，叫作作业基础预算。作业管理（BM）是一种全系统范围的、一体化的管理方法，将管理中心放在作业上，并以提高顾客价值和利润为目标。作业管理包括产品成本计算和过程价值分析。与其他预算方法相比，作业基础预算的优势主要在于：首先，作业基础预算可以使经理人员预计出作业量改变使作业成本变化的情况；第二，作业框架下的差异分析容许经理人员将作业成本区分为增值部分和非增值部分，并区分价格影响和用量影响；第三，因为作业基础预算把财务数据与消耗相关资源的活动联系起来，预算部门就能够以那些削减后不会影响整体效果的特殊业务活动为目标降低成本，而不是简单地划定一个成本降低的百分比。

（8）综合平衡预算。综合平衡预算是指以财务指标当中定额盈利指标（如所有者权益报酬率）为起点，分别从财务、客户、内部经营过程和学习与成长四个层面来设定指标、编制预算。考核时不是单纯考核某一项指标，而是对四类指标进行综合考核，这是综合平衡预算的核心思路。综合平衡预算的方法极大地扩张了传统预算管理模式的范围。这种预算方法适用于那些注重战略、以可持续发展为目标的企业。它的优点是能够综合考虑影响企业发展的各个方面，包括长期的和战略的方面；它可把年度的经营预算和企业发展战略方面的预算有机地结合起来。但用这种方法编制预算的过程太复杂，需要用到更多的指标和更多的参与人员，比如客户层面，需要做客户方面的调查；内部经营流程层面要做方方面面的研究，设定指标；学习与成长层面涉及人员培训、员工激励，涉及整个企业的管理机制等。

4. 预算控制的作用

预算控制系统的作用在于使管理者及员工明确自身量化目标，并能及时发现行为偏差对目标的影响，从而可随时纠正偏差，保证目标任务的完成。其具体表现在：

第一，预算可以使计划目标进一步明确化，具体化。预算以企业战略计划为基础，将企业的目标与战略具体量化为各个责任单位、责任人的行动规划。预算加强了计划目标的可比性，有了预算，各责任部门和责任单位就能以预算为根据，通过计量、对比、分析、及时提供实际执行结果与预算标准之间的差异数额，分析其原因，采取有效措施，扩大收益或减小损失，保证预算任务和目标的顺利实现。同时由于预算使战略计划目标明确化，便于各责任人与责任组织的理解和把握，帮助其了解自身在企业整体工作中的地位和作用，从而强化了计划目标的指导性和激励性。

第二，预算控制可以协调企业的全部经营活动。具体表现在：

（1）在确定预算总目标时，对企业资源利用状况的协调。即管理者首先要考虑企业的内外环境和资源状况，然后着眼于企业的长期发展来优化配置企业资源，以避免企业短期的经济行为。

（2）在管理过程中，对各种矛盾、冲突的协调。由于企业各层级各部门的职责不同，往往会出现相互冲突、相互矛盾的现象。如不同层级间上下冲突、部门与部门之间的横向冲突等。但通过各种有效的沟通方式如：上下行沟通、横向沟通以及参与式预算等进行有效协调。上下行沟通对预算控制具有重要意义：首先上下行沟通有利于公司层管理者与具体执行者的信息交流，降低信息的不对称程度；第二，上下行沟通的频率和过程影响预算执行者预期目标形成的时间和水平，进而影响预算执行效果的高低；第三，上下行沟通也是促进执行者预期目标与组织目标协同一致的重要手段。预算横向沟通主要体现在它使不同部门的经理们共同协调其业务活动的目标。例如预算迫使采购人员将他们的计划与生产需求相协调，而生产经理用销售预算和运输日程表来帮助他们对所需员工及原材料做出预测和计划。类似的，财务人员用销售预算和购货单来预测公司的现金需求。参与式预算允许下属经理们对预算编制充分发表意见，而不是将预算强加给各下属经理们。参与式预算使下属经理人员产生责任感并激发其创造性。

（3）预算是企业成员行动的路线图，它表明了企业内部各级各部门乃至各成员怎样工作才能达成企业的总体目标，不同层次、不同部门之间预算信息的传递，协调和引导企业的整体活动，能有效地避免各自为战。

第三，预算的控制作用是预算控制系统最基本、最重要的作用。预算控制贯穿于整个管理过程中，预算编制是一种事前控制，预算执行是一种事中控制，预算差异分析与考评是一种事后控制。预算的控制作用具体表现在：

（1）预算是对企业未来经营状况的全面估价，预算编制是管理者对企业资源的利用状况进行的整体性协调控制。

（2）预算将企业目标用财务数字进行表达，是对企业经济活动状态的计量，也是控制其经济活动的依据，衡量其合理性如何的标准。

（3）预算目标具有较强的约束性，是企业各级各部门的行为准则，是执行者进行自我约束、自我控制的标准。

（4）分析预算与实际差异的原因，明确责任归属，及时采取措施或修正预算，并将这些信息作为制定下一次预算、具有价值的参考资料。

第四，预算是评价工作绩效的依据。预算在确立组织内部各部门、环节、个人行动目标的同时，也进一步明确了他们所承担的经济责任，使之能够被客观评价并具有考核性。预算用定量的形式说明整个企业及各责任部门、责任人以及每位员工应努力达到的标准。这种标准是评价和考核各管理层次与责任人工作业绩的依据。但由于企业绩效不仅表现在财务指标上，还表现在非财务指标上，如产品质量、客户满意度、创新及组织变革等。因此在进行业绩考评时要将预算执行情况的财务指标与非财务指标有机的结合，这样才能避免企业的短期行为，保证企业战略目标的实现。

10.3.2.2 成本控制

成本控制是企业根据一定时期预先建立的成本管理目标，由成本控制主体在其职权范围内，在生产耗费发生以前和成本控制过程中，对各种影响成本的因素和条件采取的一系列预防和调节措施，以保证成本管理目标实现的管理行为。它包括成本预测、成本计划、成本控制、成本核算、成本考核和成本分析等六个环节。这些环节按成本发生的时间先后分为事前控制、事中控制和事后控制。科学地组织实施成本控制，可以促进企业改善经营管理，转变经营机制，全面提高企业素质，使企业在市场竞争的环境下生存、发展和壮大。

1．成本控制内容

企业成本控制的内容非常广泛，一般可以从两方面进行划分：（1）按成本形成过程划分，（2）按成本费用分类划分。

（1）按成本形成过程划分。

①产品投产前的控制。产品投产前的控制属于事前控制，即实施这一控制活动时，真实的成本并没有发生，但这一阶段的控制对成本的影响很大，其工作质量的好坏直接影响产品总成本的60%。投产前的控制主要涉及产品设计成本、工艺流程成本、物料采购和库存成本、标准成本定额等方面，它决定了成本的形成方式，因此可以大致估计出产品的成本水平。

②制造过程中的控制。制造过程的控制属于事中控制，在这一阶段，我们会严格按照投产前设计的各种方案和措施对制造过程进行控制，控制活动执行的好坏直接影响成本控制目标的实现。这一阶段的成本内容主要包括原材料、人工、辅助材料、能源动力的消耗，工序间的周转费用，生产及其他管理部门的各项费用，成本控制目标主要是减少各种生产消耗，降低次品率。如果不能及时获得各项成本信息，没有明确的成本核算方法，会给事中控制带来很大的困难。

③流通过程中的控制。流通过程中的成本控制主要是指产品下线，销售过程中的成本控制，例如产品销售的广告促销、包装、运输、销售部门的开支和售后服务费用等。要定量控制这些开销，防止企业不顾成本采取各种促销，反而抵消前期控制产生的利润增量。

（2）按成本费用分类划分。

①原材料成本控制。近年来，原材料价格不断上涨，在产品成本中占据的比重越来越大，一般高达60%，控制产品成本，首先是控制原材料的费用。原材料费用的控制活动，可以从采购、库存和生产消耗三方面入手，采取减少采购费用，降低库存成本，节约生产消耗，适当回收利用等措施。

②工资费用控制。随着物价的不断上涨和国家政策的不断呼吁，增加员工工资成为不可逆转的趋势，如何有效控制工资在产品成本中的比重，成为成本控制的关键问题。a. 工资在成本中占有一定的比重，合理控制工资的增长速度，对于降低成本有重要意义。b. 通过标准劳动定额控制工时消耗和工时利用率，提高工作效率，大大提高劳动生产率，减少工资在产品成本中的比重，可以有效降低产品成本。

③制造费用控制。制造费用涉及的项目比较多和杂，虽然在成本中所占的比重不大，但如果不合理控制，也可能造成严重的影响，是成本控制不可忽视的一项内容。

④企业管理费控制。企业管理费是指企业为了正常生产经营所发生的一些管理费用，也是企业成本控制不可忽视的一项内容。

以上成本控制内容，无论是按照成本形成过程还是按照成本费用分类划分，主要强调的还是事前控制和事中控制，其实事后控制也是成本控制中很重要的一环，即成本形成后的分析和考核，在这一阶段要对实际成本和目标成本之间的差异做细致的分析，考核成本目标的完成情况并将信息反馈，为下一次成本计划的制定提供参考。目前在这方面，无论是采用传统方法还是采用信息技术手段，我国都存在很大的差距，需要不断地提升和改进。

2．成本控制程序

（1）制定成本控制标准（目标成本）。成本控制标准是控制实际成本的依据和尺度，它规定了在一定的生产条件下，活劳动和物化劳动的实际耗费所应遵守的数量界限，具体表现有计划成本、定额成本和标准成本。

（2）监督、控制成本的形成过程。这一环节是成本控制的执行阶段，主要由施控者在生产现场来实施，严格按照成本控制标准对实际费用的发生进行监督和限制，一旦超出标准，就立即采取措施加以控制。

（3）成本差异的揭示、分析与考核。比较实际成本和成本标准、确定成本的有利差异（节约）或不利差异（浪费），综合差异产生的场所、原因和责任单位或个人进行分析。找出成本超支或节约的原因，明确责任归属，发现不足，总结经验，对成本责任部门进行相应考核并做出奖惩。

（4）采取改进措施并修改原来的控制标准。只有落实措施才能实现成本差异分析的目的，同时在差异分析中可能会发现种种原因引起的成本控制标准不合理，此时就要相应地修改成本标准，便于以后的成本控制能更有效地进行。

3．成本控制的方法

（1）全面预算控制。全面预算控制是以预算为核心建立起来的一种明确责、权、利关系的机制，以提高经济效益为目的。预算本身是一个决策过程、计划过程和执行过程的完整体系。

全面预算实质上是一整套预算的财务收支报表和其他附表，主要是用来规划计划期间企业的全部经济活动及其成果的事前控制，是编制的生产预算、各种产品成本预算、各项费用预算以及财务收支和货币流转预算等。只有根据消费者的需要和企业长期利益，决定企业的资本经营活动及其财务状况，才能达到预期的目标，成本的控制才有可靠的保证。同时，预算控制具有综合推进成本降低的积极功能，有计划地推行全面预算控制，是建立现代企业制度，强化财务管理，实施成本控制必须进行的一项十分重要的建设性任务，是企业适应市场经济发展的必然选择。企业要实现目标利润，必须把预算控制放在资本运营的重要地位。

（2）目标成本控制。目标成本控制是一种以目标成本为对象的管理概念，是目标管理的一种具体形式，是企业目标管理的重要内容。它具体是指企业资本经营活动中，把成本目标从企业目标体系中抽取和突出出来，围绕成本目标降低经营费用，开展各项经营活动和其他管理活动，用它来指导、规划和控制成本的发生和费用的支出，借以达到提高资本增值效益的目的。可见，它是一种有效地降低成本、提高盈利的手段，是一种科学的现代成本经营方法。

综上所述，目标成本和目标成本控制两者是辩证统一的关系。目标成本是目标成本控制的对象和奋斗目标；目标成本控制是达到和实现目标成本的手段和方法，缺乏目标成本的制定和控制，目标成本实现便成为空中楼阁，没有保证。

（3）标准成本控制。标准成本计算，亦称标准成本控制制度，是为产品成本规定各项标准，并适用于企业管理工作中对产品成本进行有效控制的一种成本计算方法。标准成本的主要目标在于尽可能降低产品成本。如果企业生产的产品销售价格，在相关范围内相对稳定，则产品销售利润可以由于产品成本的降低而增加。标准成本是控制产品成本和提高企业经营成果的一种有效方法。标准成本在工业企业中得到广泛的应用，目前，在西方国家凡有条件制定标准成本的企业，大都普遍实行。标准成本实际上是单位产品的目标成本，工业企业标准成本中所包含的成本项目，一般都分为材料、人工、费用三项，其中直接材料、直接人工构成主要成本，与工厂间接费用构成工厂成本。标准成本一般均计算至工厂成本为止，再加上一般管理费用和销售费用构成总成本，后两项共称为经营费用，则实行预算控制。目前，国外会计学界与实际会计工作者认识到标准成本的有效作用不仅取决于标准制定的合理性，而且在一定程度上也同时取决企业全体职工的工作态度和劳动热情。职工的工作态度和劳动热情又受到企业的组织机构、考核制度、奖惩制度的影响。因此，企业在实施标准成本控制方法的同时，注意建立和健全考核制度，调整组织结构，正确实行奖惩办法，充分调动人的主观能动性，重视人的行为对标准成本贯彻实施的影响，才能使标准成本发挥其应有的作用。

（4）定额成本法。定额成本法的基本原理是，在实际费用发生时，将其划分为定额成本与各种差异两部分来汇集，并分析差异发生的原因，反馈到成本管理部门及时予以纠正。月终以产品定额成本为基础。加减所汇集和分配的各种成本差异（包括定额变动差异、脱离定额差异、材料成本差异），就得到产品实际成本，用公式表示如下：定额成本 ± 各种成本差异 = 实际成本。采用这种方法，由于在生产费用发生的同时，及时揭示了实际费用与定额的差异，这就将事后成本计算，发展为事中成本控制了。要特别强调，定额成本法是在简单法、分步法、分批法基础上，运用一种特殊汇集费用的方法，以便及时控制成本。这是定额成本法的实质。

定额成本法是从标准成本中派生出来的，定额成本法于标准成本制之间的这种继承关系，决定它们两者具有基本上相同的功能和实施环节。两者既是产品成本的计算方法，又是成本控制的手段。两者都在事先规定产品应该发生的成本，以此为控制成本的依据，并据以计算和分析成本差异，追查发生差异的原因，落实责任所在，以便采取措施，挖掘潜力，不断降低成本，增加利润。

（5）变动成本控制。变动成本计算是在计算产品成本时，只包括产品生产过程直接消耗的直接材料、直接人工和变动性制造费用，而不包括固定性制造费用，所有固定成本均作为期间费用在发生的当期全额从收入中扣除。因为按照传统成本计算的观念，产品成本的组成应包括直接材料、直接人工和制造费用（包括变动性和固定性的制造费用）的全部。所以，采用这种方法进行成本计算，每生产一单位产品，其成本不仅应包括产品生产过程所消耗的直接材料、直接人工和变动性制造费用，也应包括一定份额的固定性制造费用。这样，固定性制造费用也和产品生产过程中直接消耗的直接材料、直接人工和变动性制造费用一样，汇集于产品成本中，随产品而流动，从而使本期已销产品和期末未销售的产品具有完全相同的成本构成。变动成本计算法产生后，为了加以区分，就把这种传统的成本计算方法称之为完全成本计算法，或吸收成本计算法，或归纳成本计算法。

（6）绝对成本控制。绝对成本控制法是以生产者能动地掌握，并降低物化劳动和活劳动消耗作为职工的内在动力，把产品（或劳务）成本控制在一个绝对数上的新型管理方法。产品成本是用货币表现的产品价值的主要构成部分，产品价值可用公式 $W = C + V + M$ 表示，因此，降低成本和对成本进行“绝对控制”，其特点是在构成产品成本的绝对数内物化劳动和活劳动的劳动报酬之间的价值互相转化（即 C 和 V 之间的互相转化）。采用这种方法，只有在成本的绝对数内降低 C，才能保留或扩大 V 的幅度，从而充分体现了“按劳分配、按效取酬”的利益分配原则，调动人们的劳动积极性。

同时，又因为产品（或劳务）成本指标在企业资本经营中是一个综合性指标，是企业经营管理的全面反映，所以对产品成本的控制，将涉及企业经营管理的各个方面、各个层次。

10.3.2.3 质量控制

质量是企业的生命，是对达到质量要求所必需的全部职能活动的控制，包括质量标准和质量计划的制定以及对所有产品、过程和服务方面的质量形成过程的监督和控制。质量控制历来是各个组织管理控制的重点，其根本目的在于保证本企业所生产的产品或所提供的服务达到一定的质量水平，以满足顾客的需要，维持或提高自己的市场占有率，从而保证企业的生存和发展。

1. 全面质量管理的定义

在企业质量控制活动中，目前最普遍采用的是全面质量管理。国际标准 ISO8402—1994 对全面质量管理的定义为："一个组织以质量为中心，以全员参与为基础，目的是通过顾客满意和本组织所用成员及社会受益而达到长期成功的管理途径。"我国有些学者给全面质量管理下了如下定义："全面质量管理是工业企业发动全体员工，综合运用各种现代的管理技术、专业技术以及各种条件手段和方法，通过对产品寿命循环全过程、全因素的控制，保证用最经济的方法生产出用户和社会均满意的优质产品并提供优质服务的一套科学管理技术。"

以上定义意味着，企业要想在市场竞争中长期占据优势地位，就必须以质量作为一切工作的核心，通过全员参与质量管理和控制，以高质量的产品和优质的服务使顾客得到最高的满意度——"全面质量管理的核心思想是企业的一切活动都围绕着质量来进行"。因此，全面质量管理是企业质量管理的"纲"。企业只有认真贯彻全面质量管理的思想，按照全面质量管理的工作方式进行质量管理，才能保证以最经济的方式生产出用户满意的产品。

2. 全面质量管理的特点

全面质量管理有如下特点。

（1）实行全过程管理。这种质量控制方法的基本思想是：优质产品是设计和制造出来的，而不是检验出来的；越是处于开始阶段的问题，对产品质量的影响就越大。基于这样的思想，全面质量管理强调将质量思想贯穿于用户调查、产品开发直至生产、销售、售后服务的全过程中，实行全过程管理。

（2）全部工作保证。产品是经由一系列的工作行程的。对产品质量的控制不能只着眼于产品本身，而应着眼于产品赖以形成的全部工作，对工作的质量进行控制。这就是要建立一个包括全部相关的工作过程或阶段在内的质量保证体系。

（3）全员参与。即企业的全体员工都要参与质量管理。质量控制绝不仅仅是质量部门的事，它跟每一个人都有关系。只有每一个员工都树立了质量思想，积极参与了质量管理，全面质量管理才能真正收到效果。为此，企业应积极建设质量文化，通过建立质量管理小组来开展群众性的质量控制活动。

3. 全面质量管理的科学程序

全面质量管理活动最基本、最重要的工作程序是 PDCA 循环，它是提高产品质量和管理工作质量的有效手段。所谓 PDCA 循环，就是在质量控制和管理活动中，将其分为计划（plan）、实施（do）、检查（check）、处理（action）四个阶段。其主要包括四个阶段、八个具体工作步骤。

（1）计划阶段。计划阶段拟定的质量标准和质量目标，制定活动计划、管理项目和措施方案。其中又包括四个步骤：

①分析现状，找出存在的质量问题。

②分析产生问题的原因。

③找出主要原因。

④拟定措施，制定计划。

（2）实施阶段。将制定的计划和措施具体组织实施和执行。

（3）检查阶段。把实际执行的结果与预定的计划目标进行比较，找出偏差，分析成功的经验和失败的教训。

（4）处理阶段：

①将取得的成绩肯定下来，并制定成标准加以巩固。

②没有解决的遗留问题则转入下一个 PDCA。

【本章小结】

控制就是指为了实现既定的组织目标，以计划为依据制定控制标准，由管理者对被管理者的实际执行活动进行检查、监督，衡量实际工作绩效找出偏差，并根据偏差或调整实际工作活动或调整既定标准，使两者相吻合的全过程。控制的作用主要体现在两方面：一是起检验作用，它检验各项工作是否按预定计划执行，同时也检验计划的正确性和合理性；二是起调整作用，它调整行动或计划，使两者相吻合。

控制的类型按阶段可分为输入阶段的预先控制、转换阶段的过程控制、输出阶段的事后控制；按对管理者的素质要求的不同来可以将控制分为直接控制和间接控制。为了保证企业的活动能够按照计划的要求进行，管理者必须认识到有效管理的特点，并做到适时、适度、客观、灵活地控制。控制的过程包括：①建立标准；②衡量绩效；③纠正偏差。

企业实施控制的方法有很多，主要包括预算控制、非预算控制、成本控制以及全面质量控制等方法。

【复习思考】

1. 什么是控制？
2. 组织为什么需要控制？
3. 控制的过程是什么？
4. 常用的衡量绩效的方法有哪些？
5. 要使控制有效，要注意哪些要点？请举例说明。
6. 按照不同的内容，控制可以分为哪几类？
7. 预算控制有哪几类方法？
8. 什么是成本控制？成本控制有哪些方法？
9. 全面质量管理工作程序的 PDCA 循环是什么？

【阅读材料】

麦当劳的管理控制系统①

麦当劳公司以经营快餐闻名遐迩。1955年，克洛克在美国创办了第一家麦当劳餐厅，其菜单上的品种不多，但食品质量高，价格廉，供应迅速，环境优美。连锁店迅速发展到每个州，至1983年，国内分店已超过6000家。1967年，麦当劳在加拿大开办了首家国外分店，以后国外业务发展很快。到1985年，国外销售额约占它的销售总额的1/5。在40多个国家里，每天都有1800多万人光顾麦当劳。

麦当劳金色的拱门允诺：每个餐厅的菜单基本相同，而且“质量超群，服务优良，清洁卫生，货真价实”。它的产品、加工和烹制程序乃至厨房布置，都是标准化的，严格控制。它撤销了在法国的第一批特许经营权，因为他们尽管盈利可观，但未能达到快速服务和清洁方面的标准。

麦当劳的各分店都由当地人所有和经营管理。鉴于在快餐饮食业中维持产品质量和服务水平是其经营成功的关键，因此，麦当劳公司在采取特许连锁店经营这种战略开辟分店和实现地域扩张的同时，就特别注意对各连锁店的管理控制。如果管理控制不当，使顾客吃到不对味的汉堡或受到不友善的接待，其后果就不仅是这家分店将失去这批顾客及其周围人光顾的问题，还会影响到其他分店的生意，乃至损害整个公司的信誉。为此，麦当劳公司制定一套全面、周密的控制办法。

麦当劳公司主要通过授予特许权的方式来开辟连锁分店。其考虑之一，就是使购买特许经营权的人在成为店经理人员的同时也成为该分店的所有者，从而在直接分享利润的激励机制中把分店经营得更出色。特许经营使麦当劳公司在独特的激励机制中形成了对其扩展中的业务的强有力控制。麦当劳公司在出售其特许经营权时非常慎重，总是通过各方面调查了解后挑选那些具有卓越经营管理才能的人作为店主，而且事后如发现其能力不符合要求则撤回这一授权。

麦当劳公司还通过详细的程序、规则和条例规定，使分布在世界各地的所有麦当劳分店的经营者和员工们都遵循一种标准化、规范化的作业。麦当劳公司对制作汉堡、炸土豆条、招待顾客和清理餐桌等工作都事先进行翔实的动作研究，确定各项工作开展的最好方式，然后再编成书面的规定，用以指导各分店管理人员和一般员工的行为。公司在芝加哥开办了专门的培训中心——汉堡包大学，要求所有的特许经营者在开业之前都接受为期一个月的强化培训。回去之后，他们还被要求对所有工作人员进行培训，确保公司的规章条例得到准确的理解和贯彻执行。

为了确保所有特许经营分店都能按统一的要求开展活动，麦当劳公司总部的管理人员还经常走访、巡视世界各地的经营店，进行直接的监督的控制。例如，有一次巡视中发现某家分店自行主张，在店厅里摆放电视机和其他物品以吸引顾客，这种做法因与麦当劳的风格不一致，立即得到了纠正。除了直接控制外，麦当劳公司还定期对各分店的经营业绩进行考评。为此，各分店要及时提供有关营业额和经营成本、利润等方面的信息，这样总

① 资料来源：卫虎林．麦当劳：红遍全球的控制艺术［N］．发展导报，2002－10－11（005）．

部管理人员就能把握各分店经营的动态和出现的问题，以便商讨和采取改进的对策。

麦当劳公司的再一个控制手段，是在所有经营分店中塑造公司独特的组织文化，这就是大家熟知的“质量超群，服务优良，清洁卫生，货真价实”口号所体现的文化价值观。麦当劳公司的共享价值观建设，不仅在世界各地的分店，在上上下下的员工中进行，还将公司的一个主要利益团体——顾客也包括进这支建设队伍中，麦当劳的顾客虽然需要自我服务，但公司特别重视满足顾客的要求，如为他们的孩子开设游戏场所、提供快乐餐厅和组织生日聚会等，以形成家庭式的氛围，这样既吸引了孩子们，也增强了成年人对公司的忠诚感。

讨论

1. 麦当劳提出的“质量超群，服务优良，清洁卫生，货真价实”口号如何反映它的公司文化？以这种方式来概括一个组织或公司的文化，具有哪些特色或不足？

2. 该控制系统是如何促进了麦当劳公司全球扩张战略的实现？

第11章 管理情境与社会责任

【案例导读】

科学管理面临新情境的挑战①

富士康科技集团创立于1974年，是专业从事电脑、通信、消费电子、数位内容、汽车零组件、通路等6C产业的高新科技企业。自2010年1月23日富士康员工“第一跳”起至2010年11月5日，富士康已发生14起跳楼事件，引起社会各界乃至全球的关注。2012年6月13日成都市公安局确认，12日下午4时一名谢姓富士康员工坠楼死亡。

20世纪初，科学管理之父弗雷德里克·温斯洛·泰勒提出了科学管理理论的概念，即：科学，而不是单凭经验办事；和谐，而不是合作；合作，而不是个人主义；以最大限度的产出，取代有限的产出，每个人都发挥最大的工作效率，以获得最大的成功。泰勒科学管理科学地制定操作规程并改进管理，在调动员工的积极性方面，从原来的靠饥饿政策转变为靠金钱刺激，因此与传统管理相比，泰勒科学管理有了很大的进步，开创了科学管理的新时代，并在生产管理中的应用效果显著，迅速推广到世界各地。这种制度使工厂的生产劳动合理化，从而加速了资本主义各国的工业化进程。

富士康集团作为一个代工企业，其飞速发展的保障就是泰勒式的科学管理。为了要吸引到客户，必须要求成本低、质量好、技术精、制造能力强、服务周到，这些都迫使富士康不断地提升竞争力，提高劳动生产效率。在富士康，工人的工作、吃饭、睡觉，一切都被安排得井井有条，富士康的生产是“表格化”的，不同班组的上班时间被有序地错开，每一个工人必须在规定的时间内完成规定的几个动作。员工的生活也是“表格化”的，他们必须在规定时间内完成自己的生活，每天去掉排队和走路的时间，他们真正吃饭的可能只有中间的20分钟，如果这个点不去吃饭，就吃不到饭了。要洗的衣服也被要求在规定的时间段送至规定的地点，由专门的洗衣公司回收，所有的这一切都是为了提高生产效率。在这种“科学细分”的生产环节、生活环节（在富士康被称为效率，也就是泰勒式的科学管理）的共同作用下，富士康实现了爆发式增长，工厂规模不断扩大，从而创造了富士康的神话。

泰勒科学管理的作业程序和管理方法在生产力发展和社会企业进步方面所起的重要积极作用是毋庸置疑的。然而，随着经济社会的不断发展，资本主义蓬勃发展背景下产生的泰勒科学管理的弊端被不断放大。泰勒科学管理认为工人是“经济人”，重视物质技术因素，忽视人及社会因素，认为工人的主要动机是经济的，工人最关心的是提高自己的金钱收入。在经济落后，人们生活水平较低，科技文化素质较差，物质消费仍占生活主导地位

① 资料来源：①闫丽．由富士康跳楼看泰勒科学管理［J］．新财经（理论版）．2010，（12）：154－154．②冯占军．从富士康事件透视新生代农民工生存困境［J］．长江论坛，2010，04：59－63．

的社会，物质手段可能会产生较大的激励作用。但随着人们物质需要满足程度和科技文化素质的提高，这种激励的作用会逐渐弱化。泰勒科学管理最明显的局限是忽略了人本思想的重要性，而以人为本，解决人的系统问题正是21世纪管理理论与实践的核心问题。正是这种对人本思想的忽略，造成了富士康13连跳悲剧的产生。

通过对富士康一系列跳楼事件的统计分析发现，富士康跳楼的员工年龄大体在18岁到26岁之间，属于90后和80后的新生代农民工群体，而且以贫二代居多，这些人怀着青春的梦想进入了富士康，却只是每天机械地做着重复的几个动作，过度的尊重效率与秩序导致人的生活被肢解，这导致员工“异化感”增强，是一种病态的“工业化冷漠”。而成长时期人生教育的缺失、工作以后管理制度的冷漠，走上社会以后人际关系的复杂等，对他们的人生态度都产生了消极的影响，从而对生活产生了绝望。

目前，我国新生代农民工总数高达1.41亿，占到农民工总数的61.6%。在富士康的基层员工中，85%以上为“80后”“90后”的新生代农民工。新生代农民工有着诸多与老一代农民工不同的心理、个性、思想和行为特征。然而，也正因为如此，使得他们面临着比老一代农民工更严峻的生存困境和心理压力。与老一代农民工相比，新生代农民工年龄小，受教育程度高，个性独立，思想活跃，维权意识强，未来期望值高，更希望实现体面劳动，活得更有尊严。“体面劳动”最早是由国际劳工组织新任局长索马维亚在1999年6月召开的第87届国际劳工大会上提出的。在索马维亚看来，所谓体面劳动，是指劳动者的权利得到保护、有足够的收入、充分的社会保护和足够的工作岗位。毋庸讳言，根据这一定义，现阶段我国大多数新生代农民工尚未实现体面劳动。

现在的“80后”农民工，温饱早已解决，父母也有收入，家庭的负担可能就没有以前那么重，他们不仅追求工资收入，还希望能有一定的休闲娱乐，对时尚新潮的城市生活同样有追求。他们的需求中，除了工资外，还包括精神上的很多需求。“80后”“90后”这些人本身是在相对开放平等的环境中成长起来的。他们更加叛逆和独立，对于军事化的层级制，可能天生很反感。

思考

1. 结合上述材料，谈谈管理环境与管理模式之间的关系?
2. 从富士康跳楼事件，谈谈当今新的管理环境对管理提出的挑战。

【学习目标】

1. 了解管理者在当今的外部环境中面临的约束和挑战。
2. 了解全球环境背景下的管理新问题。
3. 认识当代的一些社会责任和道德事项。
4. 认识伦理和社会责任对企业发展的影响。

11.1 管理环境：约束与挑战

罗宾斯将组织环境定义为对组织绩效起着潜在影响的外部机构或力量。管理的环境是组织生存发展的物质条件的综合体，它存在于组织界限之外，并可能对管理当局的行为产生直接或间接影响。

管理环境对管理工作的开展具有很大的影响，不同的环境背景需开展不同的管理工作模式。管理环境是指对组织中的管理者（高层管理者、中层管理者、基层管理者）开展工作时具有直接或间接影响的各种条件和因素的总和。管理环境是管理者所处的环境，这种环境是与管理者开展的管理工作相关的、是存在于管理者管理系统领域范围之内外的一切因素和条件。管理环境是相对于管理者开展的管理工作而言的，只有相对于影响管理者管理领域范围开展管理工作的内外部因素和条件才具有管理环境的意义。管理环境整体上是一个具有复杂性的系统，其整体和局部又是可以划分的，是客观与主观、复杂与简单、可控与不可控、混沌与精确、不确定性与确定性的统一。

任何组织都是在一定环境中从事活动的，任何管理也都要在一定的环境中进行，管理环境的特点制约和影响管理活动的内容和进行，管理环境的变化要求管理的内容、手段、方式、方法等随之调整，以利用机会，趋利避害，更好地实施管理。

管理环境分为外部环境和内部环境，外部环境一般有政治环境、社会文化环境、经济环境、技术环境和自然环境。内部环境有人力资源环境、物力资源环境、财力资源环境以及内部文化环境。

11.1.1 管理者：万能的还是象征性的?

在管理学理论及社会中占支配地位的观念是：管理者对组织的成败负有直接的责任。我们将此观点称为管理万能论（omnipotent view of management）。相反，一些观察家认为，管理者对组织成果的影响十分有限，组织的成败在很大程度上归因于管理者无法控制的外部力量。这种观点则称为管理象征论（symbolic view of management）。

在这一节中，我们需要重温一下这两种观点，我们的理由是显而易见的：通过以下的分析，将阐明管理者应从他们的组织绩效中，得到多大程度的荣誉或受到责备。

11.1.1.1 管理万能论

我们曾提到："好的管理者能变草成金；差者则相反。"这反映了管理学理论中一个占主导地位的假设：一个组织的管理者的素质，决定了这一组织本身的素质。也就是说，组织的效果和效率的差别，在于组织中管理者的决策和行动。好的管理者应预测变化，发掘机会，改善不良绩效，并领导他的组织实现目标（如有必要，甚至改变目标）。当利润增加时，管理当局就会获得荣誉和红利，以及股票、期权等形式的报酬；而当利润下降时，董事会就会撤换最高管理层，他们确信，只有新的最高管理班子才能带来绩效的改善。正如 1991 年初，稳重证券公司（Prudential Securities）的董事会撤换了公司的首席执行官乔治·鲍尔，尽管鲍尔自 1982 年起就开始担任此项职务，但 1990 年的严重亏损最终导致了他的离任。

管理万能论将最高管理者视为组织的中流砥柱，他们能够克服任何障碍去实现组织的目标。例如，新近退休的克莱斯勒汽车公司的董事会主席李·艾科卡（Lee Iacocca），因为他在 80 年代中期使克莱斯勒公司业绩卓著而成为美国公司的民族英雄。当艾科卡在 20 世纪 70 年代末接管克莱斯勒公司时，该公司已濒临倒闭，1980 年，公司亏损 17 亿美元。艾科卡上任后，削减费用，引进新产品（包括新型小客车）。到 1984 年，该公司扭亏为盈，净利润达到 24 亿美元，艾科卡也因此获得了使公司起死回生的极高声望。当然，管理万能论并不仅仅局限于工商业组织，它还可以用来解释为什么大学体育教练的流动率如此之高。

大学体育教练管理他们的队伍，他们有权决定队员的更换，队员的加入，挑选教练助理，教授队员技术方法，以及选择比赛战术打法。在比赛中，负多于胜的教练被认为是没有成效的，他们会被解雇并由新的教练来取代其位置，人们习惯上认为，换新的教练将会改善不良的绩效。

暂且不考虑情有可原的情况，当组织运行不良时，必须有人承担责任。在我们的社会中，承担责任的角色是由管理者扮演的。当然，当一切运行良好时，管理者就会得到荣誉，即取得积极的成果却不需要管理者花费什么精力。

11.1.1.2 管理象征论

与管理万能论相反，管理象征论假定一个管理者影响结果的能力是受到很大约束的。因而，期望管理者对一个组织绩效有重大影响是不合情理的。

按照象征论的观点，一个组织的成果受到大量管理当局无法控制的因素影响。这些因素包括经济，政府政策，竞争对手的行为，特定产业的状况，对专有技术的控制，以及组织前任管理者的决策。我们再回到克莱斯勒汽车公司的例子上来，有趣的是20世纪80年代末，克莱斯勒再度陷入了财政困境并遭受巨大亏损。尽管一些观察家指责克莱斯勒的问题在于亚科卡及其管理班子的决策失误，但在亚科卡力所能及之外存在一个似乎更合情理的解释：日本公司在美国国内建立的新工厂，造成了美国汽车工业生产能力的过剩。

按照象征论的观点，管理当局对实际的组织成果的影响是极其有限的。管理当局真正能够影响的大部分是象征性的成果。管理当局的作用被看作是对随机性、混淆性及模糊性中的内在含义作出判断，管理当局很容易给股东、顾客、雇员及公众造成他们在控制着事态的错觉。当事情进行得顺利时，人们需要有人受到赞扬，这一角色由管理当局来扮演。类似地，当事情进行得糟糕时，人们便需要一个替罪羊，这一角色同样由管理当局来承担。按照象征论的观点，在组织成功与失败中，管理当局所起的实际作用是很小的。

11.1.1.3 现实是两种观点的综合

在现实中，管理者既不是软弱无能的，也不是全能的。每一个组织中都存在着限制管理者决策选择的内部约束力量，这些内部约束源于组织的文化。此外，外部约束也冲击着组织，并限制着管理的自由，这些外部约束来自组织环境，如图11－1所示。组织文化与环境对管理者构成压力，制约着他们的决策。但管理者也并非无能为力，在一个相当大的范围里，管理者能够对组织的绩效施加重大的影响，一个能够使优秀的管理者有别于拙劣的管理者的范围。

图11－1　对管理权限的约束

注：参见（美）罗宾斯，等. 管理学（第十一版）［M］. 李原，等，译. 北京：中国人民大学出版社，2012. 6.

11.1.2 外部环境：约束与挑战

外部环境这个术语指的是组织之外能够对该组织的绩效产生影响的因素和力量。它是不以组织的意志为转移的，是组织的管理必须面对的重要影响因素。

对于不同的组织有一般的共同环境，同时也要在一定的特殊领域内活动。一般环境对不同类型的组织均产生某种程度的影响，而与具体领域有关的特殊环境则直接、具体地影响着组织的活动。如企业需要面对的特殊环境包括现有竞争对手、潜在竞争对手、替代品生产情况及用户和供应商的情况。外部环境与管理相互作用，一定条件下甚至对管理有决定作用。外部环境制约管理活动的方向和内容。无论什么样的管理目的，管理活动都必须从客观实际出发。脱离现实环境的管理是不可能成功的。“靠山吃山，靠水吃水”一定程度上反映了外部环境对管理活动的决定作用。同时外部环境影响管理的决策和方法。当然，管理对外部环境具有能动的反作用。

外部环境包括许多不同的组成部分。经济部分包括利率、通货膨胀、可支配收入的变化、股票市场的波动、经济周期的阶段等因素、人口部分涉及人口特征（年龄、种族、性别、受教育程度、地理位置、收入、家庭构成）的发展趋势。政治或法律部分考察的是中央和地方上的法律法规，还有全球性和其他国家的法律，它还包括一个国家的政治状况和稳定性。社会文化部分指的是社会和文化的因素，例如价值观、态度、趋势、传统、生活方式、信仰、品位，以及行为模式。技术部分指的科技发明和工业创新。全球部分包括各种与全球化和世界经济相关的事项。虽然所有这些构成因素都对管理者的决策和行动施加了潜在的约束，但是我们将更详尽地考察其中两种——经济方面和人口方面。我们将考察这两方面发生的变化如何约束管理者和组织。

11.1.2.1 经济环境

经济环境是影响组织，特别是企业的重要环境因素，它包括宏观和微观两个方面。宏观经济环境主要指一个国家的人口数量及其增长趋势，国民收入、国民生产总值等。通过这些指标能够反映的国民经济发展水平和发展速度。微观经济环境主要指消费者的收入水平、消费偏好、储蓄情况、就业程度等因素。

经济环境与企业管理息息相关，这是人们普遍认可的真理。但还有很多人不了解经济环境是如何影响企业管理的，也不能根据这种影响对企业进行科学管理。我们借金融危机的案例对此进行深入的思考与探讨。2008 年下半年以来的世界金融危机导致很多企业订单减少，不得不通过裁员降低成本，还有很多企业停产、整顿或倒闭，其中不乏一些发达国家的百年品牌企业。但也有一部分企业在危机中进行变革，创造机遇并抓住机遇，得到较好的发展。时间到了今年，经济环境有所回暖，很多企业重新招工，进行投资，扩大营销渠道。我们发现，危机中企业管理的重点是降成本，增销量，而经济回升后企业管理重点就变为招员工，抓投入，提效率。这说明经济环境对企业的影响全面而深刻。

经济环境直接对企业战略管理产生重大影响。企业战略是为了满足未来持续经营的需要，决定企业未来发展方向、目标与目的的管理活动。要确定未来一段时间内，企业是扩大经营还是稳步推进，或是收缩经营，除了要分析企业内部资源外，还必须充分考虑当前及未来的宏观经济形势、世界经济环境及行业经济发展状况。如果没有分析经济环境或对经济环境分析不准确，将会给企业带来巨大的损失，甚至是灾难。例如，有的公司在金融危机中采取了扩张战略，结果导致企业背上沉重的债务。

经济环境通过产品市场对企业管理产生影响。经济环境中的一些因素，诸如价格水平和变化趋势、可支配收入水平、居民消费倾向和消费模式等，直接影响到产品市场的需求状况，从而影响到企业产品和服务的供给状况，这就需要企业通过相应的管理提供满足市场需要的产品。这个过程就是经济环境间接地对企业管理产生影响的过程。

经济环境通过资本市场对企业管理产生影响。经济环境中的另一些因素，诸如金融系统和资本市场发展状况等，直接或间接地对资本市场和金融市场发挥作用。而资本市场和金融市场为企业提供大量的资金，资金是企业的血液，使企业顺利运营的根本保证。当经济环境通过资本市场影响到企业时，企业必须根据情况制定恰当的策略并进行调整，这就是经济环境对企业管理的影响。

经济环境通过劳务市场对企业管理产生影响。经济环境中还有一些因素会影响到劳务市场，例如某国的经济发展水平及人口状况共同决定了劳动力供给的数量和结构。劳务市场的主要职责是为企业等单位提供劳动力，当劳务市场的劳动力在数量上和能力上不能完全符合企业要求的时候，企业必须通过管理方式的改变适应这种现状。例如，由于金融危机等原因造成的农民工返乡使某些地区出现了“民工荒”现象，这些企业为了招来更多的人不得不进行管理上的改革。

总之，经济环境对直接或间接地对企业战略、企业人力资源、企业财务、企业销售等方面的管理产生着广泛而深刻的影响。企业只有在充分注重对经济环境进行研究和分析的基础上，同时考虑到企业自身能力，才能制定出适应经济环境、适合企业发展的战略和对策，才能实现持续经营、快速发展的目标。

11.1.2.2 人口环境

人口环境是指人口的数量、分布、年龄和性别结构等情况。人口环境既是企业生产经营活动必要的人力资源条件，又是企业的产品和劳务的市场条件，因而是企业生产经营的重要外部环境。

1. 人口数量

在收入水平和购买力大体相同的条件下，人口数量的多少直接决定了市场规模和市场发展的空间，人口数量与市场规模成正比。从全世界的角度来看，世界人口正呈现出爆炸性的增长趋势。自20世纪60年代以来，每年以1.8%的速度增长，世界人口增加了一倍，2003年达到63亿人。其中不发达地区的人口占76%，每年增长2%；而发达国家每年只增长0.6%。我国人口已由再生产类型转入低生育、低死亡、低增长的发展阶段，进入了世界低生育水平国家行列据，同时，妇女平均初婚年龄逐年提高，由1995年的22.93岁提高到2000年的23.62岁，在一定程度上减轻了人口出生的压力。但由于我国人口基数大，每年仍有1000多万新增人口。世界人口的增长速度对商业有很大的影响，人口增长意味着人类需求的增长。但只有在购买力保证的前提下，人口增长才意味着市场的扩大。

2. 人口结构

人口结构包括人口的年龄结构、教育结构、家庭结构、收入结构、职业结构、性别结构、阶层结构和民族结构等多种因素。其中，人口的年龄结构最主要，直接关系到各类商品的市场需求量，以及企业目标市场的选择。各国人口的年龄结构各不相同。我国早些年份的人口年龄结构为金字塔形，意味着比较年轻的人口结构。20 世纪 90 年代以后，人口金字塔的底座已经缩小，顶尖变宽，人口金字塔形状趋向于倒金字塔形。但是在完成这个转化之前，中国现阶段人口金字塔图形接近于一个橄榄形——劳动年龄人口比重较大。具体来说，人口年龄结构的变化将表现出如下特征。

人口可以划分成六个年龄段：学龄前儿童、学龄儿童、青少年、25 ～ 40 岁的年轻人、40 ～ 65 岁的中年人和 65 岁以上的老年人。在一个市场上，每个年龄段的人数不同，需要的商品也不相同，市场营销人员要确定年龄段中可能成为目标市场的人群。例如：有收入和购买能力的学生；单身贵族；双职工没有孩子的家庭；双职工有孩子的家庭；低收入的城市职员；富裕的老年人等。这些人群都有对固定类型的产品与服务以及媒体与零售店的偏好，这就使得市场营销人员能够进一步改进自己的产品。

3. 人口分布

人口分布可以从人口的城乡分布与地域分布两方面考察。从城乡人口分布看，随着城镇化进程的加深，城镇人口逐年增加，而乡村人口逐年减少。2016 年中国总人口中，乡村人口占 42. 65%，城镇人口占 57. 35%，与上年相比城镇人口上升了 1. 25%。从地域人口分布看，北京、上海、广州、深圳等大城市的人口密度大、消费需求水平高；中西部地区等中小城市的人口密度小、消费需求水平低。但随着社会经济与文化的发展，城乡差距将日趋缩小，城镇化和新农村建设的推进将使乡村市场蕴涵着巨大的发展潜力，中西部地区等中小城市的发展也将得到极大推动，企业在这些待开拓市场中将大有可为。

4. 家庭组成

现代家庭是社会的细胞，也是商品的主要采购单位。一个国家或地区的家庭单位和家庭平均成员的多少以及家庭组成状况等，直接影响着许多消费品的需求量。

婚姻家庭变化，指一个地区的婚姻状况和家庭结构变化。结婚是一种巨大的消费行为，一个婚礼往往产生比日常生活多数十倍，甚至数百倍的购买力。近年来，我国因为出生率的下降，结婚人数也随之减少，购买的对象也不断发生变化。20 世纪 70 年代追求全套家具，80 年代追求黄金首饰，90 年代追求高档电器。目前已开始转向追求住宅和汽车。家庭结构也正在趋于小型化，过去的数代同堂已为三口之家或四口之家取代。在城市中，很多青年人在结婚前已独自居住。单亲家庭和独身家庭的比重也在上升，因此，家庭生活对日常生活用品和服务的需求也在趋于小型化。

5. 教育和职业

由于受教育机会的增加，我国基本上普及九年制义务教育，每年高等教育的招生人数正在不断增加，因此青年一代的文化需求和对消费品中的知识含量要求远远超过了老一代消费者。作为公司职员代名词的“白领”，在城市也已形成一种消费群体，他们成为我国消费市场上开风气之先的特殊人群。市场上，各种商品和服务的职业特征越来越明显。

了解外部环境的构成要素是什么，并且考察其中的一些特定要素，这对管理者来说很重要。然而，理解外部环境如何影响管理者也是同等重要的。外部环境对管理者形成约束和挑战有三种方式：首先，通过它对工作岗位和就业的影响；其次，通过当前的环境不确定性；最后，通过组织与其外部的利益相关者之间的各种关系。

6. 工作岗位和就业

当外部环境的任何或所有状况发生变化时，无论状况是变好还是变坏，管理者面临的最强有力的约束之一就是这些变化对工作岗位和就业的影响。在最近这次全球经济衰退期间，随着数以百万计的工作岗位消失以及失业率上升到多年未见的水平，这种约束的威力变得尤为明显。

外部环境还会影响工作岗位是如何被创造和管理的。例如，许多雇主使用弹性工作安排来满足对工作产出的需求。弹性工作安排已经变得如此普遍，成为组织如何完成工作的重要组成部分，作为一名管理者，需要明白这样的工作安排如何影响经理人进行计划、组织、领导和控制的方式。

11.1.2.3 复杂多变外部环境的应对

如何应对复杂多变的外部环境，是每一个组织面对的重大管理问题。这里我们只谈两个方面。

1. 对环境的不确定性进行评估

环境的不确定性是指的是一个组织的外部环境的变化程度和复杂程度，表 11－1 中的矩阵展示了这个方面。

表 11－1　环境的不确定性矩阵

		变化程度	
		稳　定	动　态
复杂程度	简单	单元 1 稳定的、可预测的环境； 环境的构成要素较少； 各要素在某种程度上相似，且基本保持不变； 很少要求对这些要素的深刻了解	单元 2 动态的、不可预测的环境； 环境的构成要素较少； 各要素在某种程度上相似，但会不断改变； 很少要求对这些要素的深刻了解
	复杂	单元 3 稳定的、可预测的环境； 环境的过程要素较多； 各要素彼此不同，切基本保持不变； 要求对这些要素的深刻了解	单元 4 动态的、不可预测的环境； 环境的构成要素较多； 各要素彼此不同，且不断改变； 要求对这些要素的深刻了解

注：参见（美）罗宾斯等．管理学（第十一版）[M]．李原，等，译．北京：中国人民大学出版社，2012. 6.

表 11－1 的四个单元中的每一个都代表复杂程度和变化程度的不同组合。单元 1 代表最低程度的环境不确定性，而单元 4 则代表最高程度。毫不奇怪，管理者在单元 1 中对组织绩效有最大的影响，在单元 4 中的影响则最小。因为不确定性会对组织绩效有最大的影响，所以管理者会竭尽全力使不确定性降至最低。如果可以选择，管理者往往倾向于在不确定性程度最低的环境中开展运营。不过，他们几乎没有选择的余地，而且，在当今这个时代，外部环境的本质是绝大多数行业正在面临更为动态的变化，这使得它们的外部环境更加不确定。

2. 对利益相关者关系进行管理

利益相关者是组织的外部环境中被组织的决策和行动所影响的任何相关者。这些群体在组织中拥有切身利益，或是能够被组织采取的行动显著影响。

图11－2展示了一个组织最主要的一些利益相关者。这些利益相关者包括了内部群体和外部群体，因为这两种群体都能够影响组织的行动和运营方式。

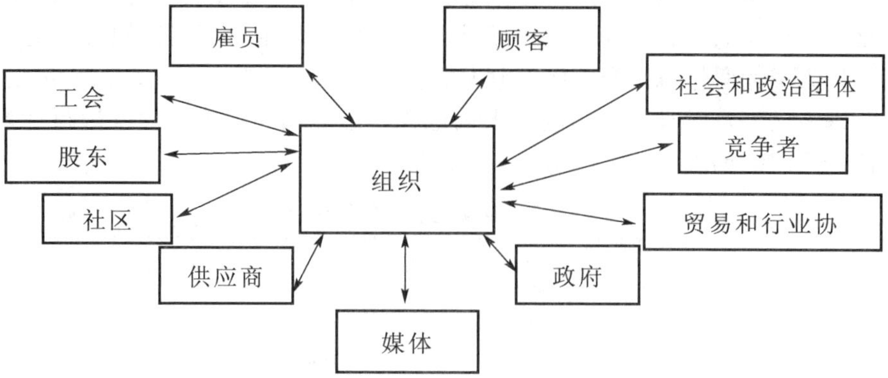

图11－2 组织的利益相关者

注：参见（美）罗宾斯等著．管理学（第十一版）[M]．李原等译．北京：中国人民大学出版社，2012.6.

为什么管理者应该花心思去管理利益相关者关系？一方面，因为这能给组织带来满意的结果，例如环境变化的可预测性更高、更成功的创新、利益相关者之间更高的信任度，以及更大的组织弹性，从而使组织减少变化带来的影响。另一方面，这样做是“正确的”事情。因为一个组织依赖于这些外部群体，将它们作为输入（资源）的来源和输出（产品和服务）的终点。所以管理者在制定决策时需要考虑他们的利益。

11.1.3 组织文化：约束与挑战

文化环境是指组织的文化体系。包括组织的精神信仰、生存理念、规章制度、道德要求、行为规范等。组织文化是组织成员共有的能够影响其行为方式的价值观、原则、传统和做事方式。在绝大多数组织，这些共有的价值观和惯例会随着时间的推移而演变，并且在很大程度上决定了“事情在这里是如何被完成的”。

我们说文化的定义有以下几方面的含义：首先，文化是一种知觉。这种知觉存在于组织中而不是个人中。结果，组织中具有不同背景或不同等级的人，试图以相似的术语来描述组织的文化，这就是文化的共有方面。第二，组织文化是一个描述性术语。它与成员如何看待组织有关，而无论他们是否喜欢他们的组织，它是描述而不是评价。最后，即使不同的个体可能拥有不同的背景或在不同的组织级别中工作，他们也会用相似的词语来描述该组织的文化，这是组织文化的共享性。

像部落文化中拥有支配每个成员对待同部落人及外来人的图腾和戒律一样，组织拥有支配其成员行为的文化。在每个组织中，都存在着随时间演变的价值观、信条、仪式、神话及实践的体系或模式，这些共有的价值观在很大程度上，决定了雇员的看法及对周围世界的反应。当遇到问题时，组织文化通过提供正确的途径来约束雇员行为（“这就是我们做事的方式”），并对问题进行概念化、定义、分析和解决。

虽然所有的组织都有文化，但并非所有的文化对雇员都有同等程度的影响。强文化（强烈拥有并广泛共享基本价值观的组织）比弱文化对员工的影响更大。雇员对组织的基本价值观的接受程度和承诺越大，文化就越强。一个组织文化的强弱或居于其间与否，取决于组织的规模、历史、雇员的流动程度及文化起源的强烈程度。一些组织分不清什么是重要的，什么是不重要的（这是弱文化的一个特征）。在这样的组织中，文化对管理者的影响很小。然而大多数组织已向强文化转变。他们对什么是重要的，什么是正确的雇员行为，什么推动了组织的前进等问题取得了共识。我们有理由希望当组织文化变得更强时，它将会对管理人员的所作所为产生愈来愈大的影响。一个组织的文化，尤其是强文化，会制约一个管理者的涉及所有管理职能的决策选择，会影响和约束管理者进行计划、组织、领导和控制的方式。如表 11－2 所示。

表 11－2　受文化影响的管理决策

计划
计划应该包含的风险程度 计划应由个人还是群体制定 管理层对环境考察的程度
组织
应该向员工的工作赋予多大的自主权 工作任务应该由个体还是团体来完成 部门经理彼此联系和互动的程度
领导
管理者对提高员工工作满意度的关注程度 什么样的领导风格是合适的 是否所有的不同意见——即便是建设性的——都应该消除
控制
对员工的行为是施加外部控制还是允许员工自我控制 在员工绩效评估时应该强调什么标准 预算超支将会导致什么后果

注：参见（美）罗宾斯等．管理学（第十一版）［M］．李原，等，译．北京：中国人民大学出版社，2012.6.

11.2　全球环境中的管理

当今组织所面对环境的重要特点之一就是环境的日益全球化，企业的环境尤其如此。所谓全球化，就是组织要面对全球的政治、经济、技术、社会的一般环境和供应商、消费者、压力集团、竞争者、外国政府等具体环境。

处在全球环境背景下，要求管理者的目光不能仅仅停留在某一狭小的地域或国内，而应该时刻关注全球环境变化的规律、趋势和特点，以更宽的思维和视角来管理组织。这对习惯了小范围经营的组织来说，无疑是一个严峻的挑战，正如斯蒂芬·罗宾斯和玛丽·库尔特所说："各种规模、各种类型组织中的管理者在全世界范围内都面临全球市场经营机会和挑战。全球化已经成为一个重要的题目，以致我们需要用专门的一章来讨论它。"

在不断变化的世界中，全球化管理思维是环球经理争取成功的重要武器。全球化管理思维意味着，经理人能以开阔的眼界审视世界，不断寻找那些对实现个人、职业或组织目标带来机遇的、意想不到的潮流或机会，并引领组织绕开威胁，规避风险，持续成功。

全球化管理思维必须包括如下几大智慧要素，这是环球经理人个人或企业组织在国际范围内争取成功的必经之路。这里，我们引用龙夫（2001）的研究成果，介绍一下全球化背景下环球经理人必须具备的基本素质。

1. 管理复杂性

环球管理十分复杂，它必须对多种目标进行同步管理。复杂性与矛盾冲突是全球性组织与生俱来的。只要在别处开设办事处，就增加了业务的复杂性。如果办事处在国外，由于文化、法律的不同和时差，完成任务所面临的挑战在数量和程度上都大为增加。在企业架构上解决全球组织的复杂性问题并无捷径。唯一的办法就是要四处出差、不断思考并权衡各方利益。坐在办公室不可能成为一个成功的环球经理。经理人的任务不是要消除它们，而是要有效地管理这种紧张状态，以提高员工的创造力和创新意识。要图存，全球性企业必须成功管理好效率、敏捷的反应和不断学习这三项内容。美国、欧洲和日本的企业解决复杂性的方法各有特色。

美国人使用程式化方法，即通过建立组织架构和公正的体制和程序，确定互不协调的目标的优先顺序。这为多目标和最复杂条件下的全球决策管理提供了十分明确的准则。欧洲人不是靠程式化，而更多地依赖社交式方法。壳牌石油、飞利浦、联合利华等跨国公司通过招聘、选拔、培训、岗位轮换及主要国际经理干部的培养等广泛的全球社交式程序，在其经理人中锻造出全球性思维。这些经理人渐渐熟知公司文化，并得到管理高层的信赖，最终成为凝聚企业组织的黏合剂。日本人则使用集中决策方法，他们主要依靠集中决策实现多目标管理。这通常代价昂贵，并会造成总部和下属企业的不和。

这三种管理方法并未穷尽全部答案。因业务、地区和职能的不同，三者必须结合使用。

2. 管理竞争力

环球经理从不故步自封，对于信息不会知足，也永远不会满足于自己所处的现实世界。

竞争力管理是一种在全球范围内采集各种信息的能力，包括获取资本、技术、供应商、设备、市场机会、人力资源等信息，并利用信息增强企业组织竞争优势、提高获利水平的能力。

经理人要不断开阔自己的视野，更为广泛地分析信息来源。这样，不仅为了搜猎竞争对手，也为了寻找机遇。以下几点将有助经理人管好全球竞争力。

（1）抓住主要发展趋势：列出增加企业或团队全球竞争力的关键成功要素。以此作为框架，仔细过滤环球信息，从中抓住发展的主要趋势。然后，确定首要工作任务，确保自己的部门在跨部门和跨国界的背景下得到很好的管理。建立信息处理系统，把适当的信息在适当的时间传递给适当的人，在全球范围内实现最有效、最及时的决策。与能从中受益的其他成员共享那些能提高生产力和效率的信息。

（2）分析再分析：不断进行竞争力分析和再分析。注意全球的主要竞争对手在做些什么。即使他们有些举措看起来与经理人目前的利益和重点并不相干，也须留意。追踪竞争对手及潜在竞争对手在全球的并购行动及对外投资形式。

（3）注视全球影响：注视国际贸易、关税、经济、社会及政治变化对地方、地区或全球竞争力的影响。广泛阅读业内资料、专业出版物及广为流传的文献资料。

管理适应性环球经理应对复杂性和适应性的技巧，是企业组织在全球竞争中求存能力的两大关键。在国际环境下，变化无常的政治、经济因素及不确定的竞争和顾客模式，要求不断的组织变革。这不仅十分复杂，而且需要经理人个人和组织都表现出极大的灵活性。为此，经理人必须学会管理能适应不断变化的全球性组织的企业文化。创建全球性组织的企业文化，应做到如下几点：

①适应性使命：创造一种使命，激励来自不同文化背景的人。

②适应性系统：建立一种公平公正、平等相待的资源配置系统。

③适应性机制：设置融合机制，如管理层轮职和培训，举办企业全球会议。

④适应性制度：实施全球统一的考核奖励制度。

瑞典电信公司爱立信似乎是人皆推崇的跨国企业文化的典范。它在发展了卓越的战略协同机制的同时，也出色地实现了全球一体化和灵活应对地区差异的管理。通过职责转换、资产调配和地域、产品及职能群体间关系的协调，爱立信已成功建立了一个多元化文化的组织，各种不同观念共存于整个决策流程及其环球经理中。

3. 管理人力资源

人力资源的开发关系到企业全球化发展的成败。它的每个环节都是企业文化黏合剂不可或缺的部分。正是这种企业文化黏合剂将一个全球企业组织凝聚在一起。

在人力资源的管理思维方面，个人与企业组织的学习必须相结合。确保学习渗透整个企业组织的最好办法就是，减少管理，建立团队，并设计一个有效的全球人才资源开发系统，选拔、引导和培养员工在全球工作。以下是这方面的关键工作：

全球招募：宝洁公司（P&G）几十年来都是按惯例从国内业务部门选派经理出任海外子公司的高级职位。现在，他们终于明白，这种做法不仅没有照顾到当地文化的需求，同时也没有充分利用美国以外的国际经理人资源。跨国公司必须能够招聘、培训专家和最干练的经理，并将他们派往那些需要最佳管理技能去满足市场、技术和环境要求的地方，而不去考虑他们是何种国籍的人士。

考核与选拔：各公司考核和选拔员工有许多不同的标准。例如，松下公司根据一系列被称为“smile”的个性特点来选拔担负国际使命的经理。这些特点是：专长、管理能力、国际适应力、语言能力及敬业精神。这些技巧通常不易衡量，所以这种考核必须结合在岗培训。在职业生涯中，容许经理人改正缺点，发展新技能、新心态。

全球性思维教育：与其说这是技能培训，不如说只是一种导向。它旨在简要介绍环球管理，帮助每一个经理人明白，自己会经历些什么情况。通过这段学习，他们将有更明确的动机，参加更正规的全球业务课程，学习运用环球思维和技能所必需的技术和业务知识。

员工关系的发展：如果经理人想通过员工交流，让他们了解专业知识、技能、市场信息或某种特殊的定位，四个星期较为适宜。三个月至一年的员工交流通常是为了给即将前往别处赴任的员工提供更深入的技术及专业培训。爱立信公司非常重视员工关系网，并积极发展这种网络。它让大批员工在总部与子公司之间互相交流一两年。虽然 NEC 公司只通过几位关键经理来转移新技术，爱立信却会派 50 ～ 100 名工程师和经理人穿梭于各部门之间。这一做法强化了环球公司的企业文化和技术的转让。

发展职业道路：对于环球经理职业道路的发展，必须综合个人成就、经济和文化的需求等要素来看。对个人成就和职位升迁的需要应与金钱奖励结合起来，同时也要根据不同的文化背景和价值观做相应的调整。

4. 管理不确定性

经理人在混乱中建立秩序的传统角色，现在已变成了持续不断地应付变化和无序，以回应顾客的需求和竞争环境。不断变化是影响全球事务的主要因素。要想持续不断地应付变化和无序，成功管理遍布各地的复杂企业组织，经理人必须学会将流动性（听之任之）和控制（管制起来）作为变化的两个方面来管理。

政策的不确定性：应当把全球性的不断变化，而不是稳打稳抓，当作工作的准则。对工作中容易受制于外部变化的方面进行分析，再从组织内部加以检验以适应变化。看看经理人的政策和运作方式应有多长的存活时间，以便应对行业和职业生涯中的种种变化。

经营的不确定性：作为环球经理，不仅要学会在无序中抓住良机，同时还要能从有序的运作中剔除过时的东西。国际竞技场中的许多企业被淘汰出局，就是因为太沉溺于过去的传统、过去的观念和过去的成就。

产品的不确定性：要明白，全球性产品和服务的生命周期只能以月而不是以年来计算。

任何新产品的成功，会立刻引起竞争对手的注意。如果这种产品有市场，别人很可能会马上推出其替代品。

5. 管理跨文化团队

许多的跨文化团队由于在职业和教育背景、企业社交、利益和目标等方面有着相同之点，因而运作良好。得力高效的跨文化团队是未来全球竞争力的关键，也是员工激励和管理的关键。IBM 公司非常自豪的是，它的最高管理层由五种不同国籍的人组成，特约董事中也有三位来自不同国家。联合利华公司的董事会由四个不同国籍的成员组成，而壳牌石油也有三个。以下九种团队对有效的全球化管理至关重要：

多中心总部团队：由高层经理人组成，他们按职能、产品或地域分别监控各地业务的战略发展方向。

总部——分部团队：确保全球各分支机构的利益在整个公司得到有效的代表、协调和综合平衡。

战略联盟团队：作为竞争新战略的一部分，可分担开发成本、共享技术成果。

技术转让团队：旨在将企业内的技术革新从一个地域传送到另一地域。

跨职能团队：负责协调公司的质量改进或顾客服务等项目。

全球职能团队：负责在全球协调商业、金融、行政、运作或人力资源等的战略、政策和流程。

合资团队：负责同国外伙伴建立新公司并管理公司的运作。

跨部门协调整合团队：在同一家跨国公司内，协调各经营部门或不同业务之间的战略和计划。

短期项目团队：负责一些临时性任务，如整个公司一些特殊问题的调研和沟通。

在组建跨文化团队或促进其发展时，首先应像管理单一文化团队一样，除非出现了文化差异引起的问题，这通常包括影响解决问题和决策风格的思维方式的差异、对领导艺术的不同期望以及不同的冲突管理方式。多数跨文化团队最初都是由于一些团队发展的问题和个人因素而得以推行下去。

11.3 社会责任与道德规范

企业社会责任（corporate social responsibility，CSR），于20世纪20年代由奥立弗·谢尔顿（Oliver Sheldon）首次明确提出。然而，只是到近一二十年，由于经济活动导致的社会和环境问题日益突出，企业社会责任问题才在理论界引发关注，并形成研究热潮。研究者分别从经济、法律、伦理、管理等角度审视企业社会责任。虽然对企业是否要履行社会责任尚存争议，但从利益相关者角度，从经济、社会和环境三者相适应相平衡的角度，企业履行社会责任是必然要求，这已成为理论界的主流认识。在企业界，迫于环境压力、发展战略等考量，企业社会责任也受热捧。相比较纳税、解决就业等企业基本社会责任，越来越多的企业正努力在更多领域、从更广视角、更高层次上履行社会责任（如参与环保、慈善事业等），企业社会责任管理实践因而得到不断发展。如越来越多的企业成立社会责任管理机构、制定社会责任标准、发布社会责任年度报告、实施社会责任认证等。

定义企业社会责任管理，其实质就是回答企业社会责任管理"是什么"。从企业管理理论发展沿革看，这也是对企业管理理论的充实、完善和发展，因此，应该遵循企业管理的一般原理、方法，体现企业管理的特点。这是定义企业社会责任管理的一个基本前提。同时，回答企业社会责任管理"是什么"，就是为企业社会责任管理的推进提供依据，也即为企业社会责任管理"如何做""怎么样"提供依据。此外，企业社会责任管理的主体是企业，实质体现为企业的一种战略安排。

国内学者卢勇指出，企业社会责任管理是企业根据其内外环境特征及要求，整合企业内部资源，制定其社会责任目标，依靠企业机制，有效履行企业的经济责任、法律责任、道德责任和自行裁量责任，对实施过程和实施结果进行控制与评价，达到企业内部资源与责任能力相匹配、企业责任能力与社会期望相协调，最终达到经济、社会与环境"多赢"的动态管理过程。提出企业社会责任管理的定义，既具有现实意义又具有理论价值。其现实意义在于：当企业履行社会责任，功利性大于战略性、冲动性大于科学性时，该定义的提出，对企业规范社会责任行为、提高企业社会责任的管理水平具有推动作用；其理论价值在于：该定义既是对前人理论研究成果的继承，又是规范企业社会责任管理、推动企业社会责任管理理论研究的积极探索，是对企业管理理论发展的一个有益尝试，因而是一次企业管理理论的创新。

11.3.1 社会责任理论发展过程

早在18世纪中后期第一次工业革命后，现代意义上的企业就有了充分的发展，当时的企业责任只表现在经济层面，企业的社会责任还未出现，实践中，企业的社会责任主要由业主个人的道德来体现。企业社会责任思想来自亚当·斯密（Adam Smith）"看不见的手"。在古典经济理论看来，一个社会通过自由的市场能够最好地确定其需要，如果企业尽可能高效率地使用资源以提供社会需要的产品和服务，并以消费者愿意支付的价格销售，企业就尽到了自己的社会责任。18世纪末，西方企业的社会责任观开始发生了微妙的变化，表现为小企业的业主们经常捐助学校、教堂和穷人。

19世纪以后，两次工业革命的成果带来了社会生产力的飞跃，企业在数量和规模上较大程度的发展。19 世纪中后期企业制度逐渐完善，美国政府接连出台《反托拉斯法》和《消费者保护法》以抑制企业不良行为，客观上对企业履行社会责任提出了新的要求。1924 年，奥立弗·谢尔顿在其著作 *The Philosophy of Management* 中提出了“公司社会责任”的概念，这是对“公司社会责任”的最早描述，他把公司社会责任与公司经营者满足产业内外各种责任联系起来，并认为公司社会责任含有道德因素在内。1970 年，米尔顿·弗里德曼（Milton Friedman）在《纽约时报》刊登题为《商业的社会责任是增加利润》的文章，指出“极少趋势，比公司主管人员除了为股东尽量赚钱之外应承担社会责任，更能彻底破坏自由社会本身的基础”“企业的一项、也是唯一的社会责任是在比赛规则范围内增加利润”。社会经济观认为，利润最大化是企业的第二目标，企业的第一目标是保证自己的生存。为了实现这一点，他们必须承担社会义务以及由此产生的社会成本。他们必须以不污染、不歧视、不从事欺骗性的广告宣传等方式来保护社会福利，他们必须融入自己所在的社区及资助慈善组织，从而在改善社会中扮演积极的角色。

1976 年，经合组织（OECD）制定了《跨国公司行为准则》，这是迄今为止唯一由政府签署并承诺执行的多边、综合性跨国公司行为准则。这些准则虽然对任何国家或公司没有约束力，但要求更加保护利害相关人士和股东的权利，提高透明度，并加强问责制。2000 年该准则重新修订，更加强调了签署国政府在促进和执行准则方面的责任。

20 世纪 80 年代，企业社会责任运动开始在欧美发达国家逐渐兴起，它包括环保、劳工和人权等方面的内容，由此导致消费者的关注点由单一关心产品质量，转向关心产品质量、环境、职业健康和劳动保障等多个方面。一些涉及绿色和平、环保、社会责任和人权等的非政府组织以及舆论也不断呼吁，要求社会责任与贸易挂钩。迫于日益增大的压力和自身的发展需要，很多欧美跨国公司纷纷制定对社会做出必要承诺的责任守则（包括社会责任），或通过环境、职业健康、社会责任认证应对不同利益团体的需要。

2000 年，《全球契约》论坛第一次高级别会议提出，在建立全球化市场的同时，要以《全球契约》为框架，改善工人工作环境、提高环保水平。《全球契约》行动计划已经有包括中国在内的 30 多个国家的代表、200 多家著名大公司参与。2002 年 2 月在纽约召开的世界经济峰会上，36 位首席执行官呼吁公司履行其社会责任，其理论根据是，公司社会责任是核心业务运作至关重要的一部分。

国际标准化组织（International Standard Organization）从 2001 年开始着手进行社会责任国际标准的可行性研究和论证。2004 年 6 月最终决定开发适用于包括政府在内的所有社会组织的“社会责任”国际标准化组织指南标准，由 54 个国家和 24 个国际组织参与制定，编号为 ISO26000，它是在 ISO9000 和 ISO14000 之后制定的最新标准体系。2010 年 11 月 1 日，国际标准化组织（ISO）在瑞士日内瓦国际会议中心举办了社会责任指南标准（ISO26000）的发布仪式，该标准正式出台。

11.3.2　组织与社会责任

在履行社会义务之外，组织是否还应该承担社会责任？看待这个问题的一种方法是考察各种赞成或反对的观点。表 11－3 简要概述了一些主要观点。

表 11-3　一些赞成或反对承担社会责任的观点

赞成的观点
（1）众期望。对工商企业的社会期望自 20 世纪 60 年代以来急剧增长，公众支持工商企业在追求经济目标的同时也追求社会目标的主张，现在则更加坚定。
（2）长期利润。承担社会责任的工商企业趋向于取得更稳固的长期利润，这是更好的社区关系和负责的行为，产生了更好的工商企业形象所带来的必然结果。
（3）道德义务。一家工商企业能够并应该有良心，工商企业应该具有社会责任，因为负责的行为符合他们自身的利益。
（4）公众形象。公司设法加强自身的公众形象以获得更多的顾客、更好的雇员、进入货币市场以及获得其他益处。由于公众认为社会目标是重要的，工商企业就能够通过追求社会目标来创造一个为大众喜欢的形象。
（5）更好的氛围。工商企业的参与能解决许多社会难题，从而在企业中创造更好的生活质量和更令人向往的团体，这种氛围有利于吸引并留住雇员。
（6）减少政府调节。政府调节增加了经济成本，限制了管理当局的决策灵活性。通过承担社会责任，工商企业可以期望减少政府调节。
（7）责任与权力的平衡。工商企业在社会中拥有巨大的权力，这就要求有同等程度的责任来平衡它。当权力远大于责任时，这种不平衡会助长违背公众利益的不负责行为。
（8）股东利益。从长期来看，社会责任将提高企业股票价格。股票市场将把承担社会责任的公司看作风险更小的和接受公众监督的公司，因此，它将使股票获得更高的价格——收益比率。
（9）资源占有。工商企业拥有财政资源、技术专家和管理人才，它们有能力帮助需要援助的公共项目和慈善计划。
（10）预防社会弊端的优越性。社会问题发展到一定时候必须处理。工商企业应该在问题变得更严重，须付出更大代价去补救，以及分散管理当局实现产品和服务目标的精力之前，对它们采取措施。
反对的观点
（1）违反利润最大化原则。这是古典观的精髓。工商企业在严格追求自己的经济利益和把其余活动留给其他机构时，就是在最大限度地承担社会责任。
（2）淡化使命。对社会目标的追求冲淡了工商企业的基本使命：经济的生产率。社会也许会因不能很好地实现经济和社会目标而遭受损失。
（3）成本。许多社会责任活动不能自负盈亏，某些人不得不为此付出代价，工商企业必须吸收这些成本，或将以更高的价格转嫁给消费者。
（4）权力过大。在我们的社会中，工商企业已经是最有权力的机构之一了，如果它追求社会目标，它的权力就更大了。社会已给予工商企业足够的权力。
（5）缺乏技能。工商企业领导者的眼光和能力基本上是经济导向的，商人不能胜任处理社会问题的角色。
（6）缺乏明确规定的责任。政治代表追求社会目标，并对他们的行为负责，而工商企业领导则不必。从工商企业到公众之间没有社会责任的直接联系。
（7）缺乏大众支持。并没有广泛的社会授权要求工商企业参与社会问题，公众在这些问题上意见不一。事实上，这是一个不能引起激烈争论的主题。在这种不一致的支持下，采取行动很可能失败。

注：参见（美）罗宾斯等．管理学（第十一版）[M]．李原，等，译．北京：中国人民大学出版社，2012. 6.

大量研究已经考察了承担社会责任是否会影响一家公司的经济绩效。虽然绝大多数研究发现这两者之间存在一种微弱的正相关关系，但是却无法得出一般化的结论，因为这些研究已经表明这两者之间的关系受到大量背景因素的影响，例如，公司规模、所处行业、经济状况，以及法律法规的管制环境。另一个问题是因果关系。如果一项研究表明承担社会责任和经济绩效之间是正相关的，那么这种相关关系并不必然意味着承担社会责任将导致更高的经济绩效。这可能仅仅意味着丰厚的利润使公司能够“奢侈地”承担社会责任。我们必须谨慎对待这样的方法论问题。实际上，一项研究发现，如果这些研究中有缺陷的实证分析被“纠正”的话，那么社会责任对一家公司经济绩效的影响是中性的。另一项研究表明，参与和公司那些最主要的利益相关群体无关联的社会事务，与股东价值之间存在负相关关系。对一些研究进行的一项重新分析得出结论，管理者能够而且应该承担社会责任。

因此，对于社会责任和经济绩效，我们能够得出什么结论？看起来，一家公司实施的社会行动并不会损害它的经济绩效。考虑到承担社会责任的政治和社会压力，管理者极有可能需要在进行计划、组织、领导和控制时认真考虑社会事务和目标。

11.3.3 绿色管理与可持续性

企业承担社会责任，必须要重视社会效益和生态效益，实施绿色管理是企业承担社会责任，获得经济效益、社会效益和生态效益协调统一的必然选择。当前，企业社会责任的承担不仅仅是靠捐赠等公益行为，主要还是环保行为来体现，“康菲漏油事件”就是一个很好的例子。如果对环境不承担起必要的责任，那么其他任何的补偿都是徒劳的。企业作为“企业公民”，必须承担起保护环境的社会责任，而要承担社会责任，则必须实施绿色管理，这就需要构建绿色管理体系来指导企业实施绿色管理。

11.3.3.1 绿色管理的概念

绿色管理的目的就是促进社会可持续发展，实现经济效益、社会效益和生态效益的协调统一，中小企业绿色管理体系的构建正是体现了这一思想。从承担企业社会责任的角度出发，达到物质资源利用的最大化、废弃物排放的最小化和适应市场需求的产品绿色化。构建这一体系，能使中小企业参与到生态环境保护中来，通过绿色管理实现经济效益、社会效益和环境效益的有机统一。

绿色管理，是一种新型的管理理念，即按照可持续发展的原则，将环境保护观念融入企业经营管理当中，追求生态环境的改善，通过全体员工的共同参与，实现企业的经济效益、社会效益和环境生态效益三者的和谐统一发展，绿色管理使环境管理和生产管理相结合，形成环境与经济相协调互促的现代企业管理模式。

“绿色管理”译自英文“green management”，最早见于20世纪90年代初瓦德玛尔·霍普分贝克的《绿色管理革命》一书。随后，美国的帕屈克·卡而森和朱莉亚·莫而顿提出“绿色管理是更好的管理”和“绿色管理哲学”的概念。关于绿色管理的内涵，学者们大多认为绿色管理就是在企业生产经营中考虑环境保护，把节约资源，减少和降低污染作为企业运营的前提，最终实现企业经济效益和环境保护效益的目标。而企业能否有效地实施绿色管理，直接取决于其是否构建了高效的绿色管理体系。

绿色管理中的“绿色”，包括企业的一切行动，从计划、行为到思想、观念，都要体现出来，企业由此承担社会责任，须注重生态环境效益和社会效益的发展，不应以经济效益为唯一目的。对于绿色管理的理解，不同角度有不同的看法：环境学角度认为，绿色管理是对环境无污染或者污染程度较小的生产经营活动；资源学角度认为，绿色管理应最大化利用资源；生态学角度认为，绿色管理应符合生态系统的物质流通规律；经济学角度认为，绿色管理应实现企业的经济效益、社会效益和生态环境效益的协调统一；管理学角度认为，绿色管理是在企业生产经营活动的各个环节中融入绿色环保理念，做到各部门的协调统一，以实现企业的协调可持续发展。

绿色管理属于企业管理的范畴，但它又是循环经济发展模式在微观上的体现，它强调清洁生产、资源有效利用等，与传统管理相比，有很大差异，具体见表 11－4。

表 11－4　绿色管理和传统管理的区别

管理模式 区别	绿色管理模式	传统管理模式
管理目的	在传统管理目标的基础上，为实现企业可持续发展而管理，不仅强调经济效益，而且承担社会责任与环境义务，为企业健康成长和社会持续发展而不断改进生产经营方式	为投资者获得利润，为顾客提供商品和服务，为员工提供就业与工资，为国家提供税收等
管理方式	提高生产效率和资源利用率，降低废弃物产生量的集约型生产方式，强调全过程管理，表现为原材料－产品－废弃物－资源的循环型管理	高投入、高耗能、高污染的粗放型生产方式，企业经济效益与环境保护相对立，表现为原料—产品—废料的单程管理
管理边界	将企业与自然的关系纳入到企业管理中来，不仅强调企业内部管理，更注重企业与社会、自然之间的相辅相成的关系	传统的科学管理（泰罗制）注重的是物的管理，行为科学管理（人本管理）注重的是人的管理，两者的边界基本都局限于企业内部
管理效果	追求经济效益、社会效益与境生态效益的协调统一发展	追求经济效益的最大化，生产过程中忽视环境生态效益，达到经济目标，但社会、生态综合管理效果不佳

注：参见刘岚．社会责任视角下的中小企业绿色管理体系构建研究［D］．南京：南京财经大学，2012.

11.3.3.2　绿色管理的动力

1. 社会责任因素

从承担社会责任角度来说，要求企业实行绿色管理。社会责任的承担包括经济责任、慈善责任、利益相关者的责任等各方面，其中一个重要方面就是环境保护的责任。只有主动实施绿色管理，减少对生态环境的破坏和污染，企业才能承担起环境保护的责任，进而承担社会责任。“康菲漏油事件”可以说明，对环境保护责任的忽视必然会引起社会的谴责和政府的处罚，导致严重后果。所以，为了承担社会责任，企业必须实施绿色管理。

2. 市场因素

因工业化进程而导致的日益加剧的全球环境污染，已经威胁到人类自身的生存和发展，引起了各种市场力量对“绿色”的关注。首先，绿色消费意识逐渐增强，消费者不单纯考虑产品的质量、价格等传统购买决策因素，同时还将产品的绿色环保因素纳入其中。

其次，投资者也发挥了重要作用。注重企业绿色行为的投资者不仅关心企业的财务业绩，也看重企业的环境业绩，和环境友好行为。污染严重而又不采取环境保护措施的企业即便财务业绩再好，也不能成为现代绿色投资者的目标。另外，企业的现有竞争者以及市场的潜在进入者也会对企业构成现实的压力。竞争者及潜在进入者的绿色行为能够吸引更多的关注进而削弱企业的竞争优势，迫使企业不得不加入“绿色竞争”。绿色供应商也是企业实施绿色管理的一个重要推动者，因为绿色能源与原料需要绿色生产工艺相匹配，最终成为绿色产品。

3. 政府规制因素

大多数企业实现环境保护的最直接原因还应当属政府规制，因为世界各国为了保护生态环境，都制定了严格的法律法规，企业不得不按照法律进行经营。我国政府制定了一系列法规政策，包括《中华人民共和国环境保护法》《中华人民共和国大气污染防治法》《中华人民共和国固体废物环境防治法》等。美国也制定了一系列法规，如 CAA（空气净化法）、CWA（安全饮水法）等。此外，日本、欧洲等其他国家也都制定了相应的法规，且越来越严格。达不到国家法律要求的企业将被淘汰，而积极进行环境保护，符合国家生态环境法规的企业则能活动竞争优势。

4. 企业内部因素

企业自身也有着实施环境保护措施的愿望，首先因为受到全社会绿色大环境的影响，使得企业内部人员从高层到员工都逐渐接受绿色环保意识，不自觉地运用到工作中来。其次，为了企业的长久发展，高层管理者会将绿色观念纳入到企业文化当中，有意识地将环保理念内部化。麦肯锡公司早在 1993 年对 400 名首席执行官所做的调查显示，92% 的首席执行官表示环境问题是其最优先考虑的三个问题之一。对于高层管理人员而言，如果确实存在将一些保护资源或改善环境的机会，他们将乐意利用这样的机会。单纯追求经济效益的时代已经成为过去，企业的经济效益要和生态效益、社会效益和谐一致才能保证企业的持续发展。所以，企业的内部驱动也促使企业实施绿色管理。

5. 绿色壁垒

随着经济的全球化和一体化，特别是我国加入 WTO 后，企业的发展战略必须立足于国内和国际两个市场，即全球生产、全球营销的发展战略。国际市场环境变化的一个重要表现就是出现“绿色壁垒”，进口国家利用各种环境标准和法规限制进口产品的输入。这对我国的出口贸易造成很大影响，一方面能够督促我国出口企业注重产品的绿色环保，有利于生态环境的改善；另一方面，绿色壁垒又严重的限制了我国的出口。当今世界，绿色浪潮席卷全球，世界各国竞相制定环保标准来限制进口，且要求越来越严格。有关资料显示，我国出口商品因不符合相关国家的环保标准，近年来每年的外贸损失额都在 200 亿美元以上。推行绿色管理，开发绿色产品，树立绿色企业形象，积极申请并通过 ISO14000 认证，是打破发达国家的绿色贸易壁垒，进入国际市场的有效途径。

1.3.3.3 绿色管理体系的内容

1. 绿色企业文化

绿色企业文化是指企业内部所形成的，被全体员工所认同的，对企业发展具有重要作用的，在环境保护、资源节约等方面的看法和认识的总和。它同样包括一般企业文化的各方面内容，例如行为规范、价值观、制度法则等。

从人类社会以来，人与自然的关系经历了“人类是自然的奴隶—人类是自然的主宰—人类与自然和谐发展”三个阶段。要实现企业与社会的和谐发展，就要兼顾企业的长期利益和短期利益，改变环境保护与经济增长相互排斥的传统观念。应当认识到，环境问题产生于经济的发展过程中，也就要从经济发展中来解决，企业在追求经济效益的同时，也要兼顾环境生态效益。

2. 绿色产品

绿色产品又称为环境友好型产品，是相对于传统产品而言的。美国《幸福》双周刊刊登过一篇文章《为再生而制造产品》，文中提到：绿色产品是指以减少部件为重点，使原材料合理化并能重新利用的产品；也有人将绿色产品看作一件使用寿命完结时，零部件可以翻新重复使用，或者安全处理掉的产品；还有人把绿色产品归纳为从生产、使用到回收的全过程都符合环保要求，可以利用资源再生或者回收循环再用的产品。综合上述，可以将绿色产品定义为在其生命周期全程中，符合特定的环境保护要求，减少对生态环境无害或危害，最大限度地节省原料和能源，且有利于资源再生和回收利用的产品。

3. 清洁生产

清洁生产是在传统粗放式发展模式的工业发展过程中，环境不断恶化、资源能源越来越匮乏、人类为了生存和发展不断寻求可持续发展模式的背景下提出来的。《中国21世纪议程》对清洁生产做出如下定义：清洁生产是既可满足人们的需要又可合理使用自然资源和能源并保护环境的生产方式和措施，将废物减量化、资源化和无公害化，或消灭在生产过程中。具体来说，对生产过程而言，要求节约原材料和能源，淘汰有害原材料，减少废弃物的数量，降低废弃物的毒害性；对产品而言，要求减少从原材料选取到产品最终处理的整个生命周期中对环境的有害影响；对服务而言，要求将环境因素纳入到整个设计和所提供的服务中。

清洁生产的目标可以概括为两个方面：一是减缓资源能源的耗竭，即从产品生产的源头减少对生态环境的不利影响；二是减少废弃物的生产和排放，即从生产的末端减少对生态环境的不利影响。两个目标的实现体现了经济效益、社会效益和生态环境效益的相互统一，保证经济、社会和环境的可持续发展。

4. 绿色营销

绿色营销是指，企业在整个营销过程中，使企业发展与消费者、社会的利益相协调，以绿色理念为指导准则，实现可持续发展。绿色营销是一个系统过程，包括绿色包装、绿色价格、绿色服务等全过程。它以维护生态平衡，重视环境保护为指导，使企业的整个经营过程与社会的利益相一致。绿色营销可以用绿色4P和4S来概括，4P即绿色产品（product）、绿色价格（pride）、绿色渠道（place）、绿色促销（promotion）。4S指的是衡量营销活动的有效性的标准，即顾客满意度（satisfaction）、产品的安全度（safety）、营销活动的社会可接受度（societal acceptability）和营销活动对自然可持续性的影响度（sustainability）。

5. 绿色会计

传统会计核算办法并不将环境资源列入资产核算，在企业成本中忽视“自然成本”的结果就是造成企业对环境资源的无偿占用和污染。这种计算方法客观上将鼓励企业以牺牲环境质量为代价，最大限度获取企业利益而忽视企业的社会环境效益。而绿色会计则主张企业在提高自身经济效益的同时，更应注重社会效益和环境效益，否则企业不能积极协调同社会和环境的关系，自身也很难持续发展。

绿色会计将会计学与环境保护相结合，运用有效的管理手段，达到协调经济发展和环境保护的目的，绿色会计的主要内容有环境污染成本、企业资源利用率、自然资源消耗成本等。通过对企业业绩、成本、原料等的计算，监督企业的绿色管理效果。

【本章小结】

管理万能论认为管理者对组织的成败负有直接的责任，管理象征论则认为管理者对组织成果的影响十分有限，组织的成败在很大程度上归因于管理者无法控制的外部力量。现实中，管理者既不是全能的，也不是毫无助益的，但他们的决策和行动是受到约束的。外部约束来自该组织的环境，内部约束则来自该组织的文化。

全球环境背景下，要求管理者的目光不能仅仅停留在某一狭小的地域或国内，而应该时刻关注全球环境变化的规律、趋势和特点，以更宽的思维和视角来管理组织。

一家公司实施的社会行动并不会损害它的经济绩效。考虑到承担社会责任的政治和社会压力，管理者极有可能需要在进行计划、组织、领导和控制时认真考虑社会事务和目标。企业作为“企业公民”，必须承担起保护环境的社会责任，而要承担社会责任，则必须实施绿色管理，这就需要构建绿色管理体系来指导企业实施绿色管理。

【复习思考】

1. 什么是管理环境？不断变化的管理环境给管理者提出了什么要求？
2. 全球环境背景下，管理出现了什么新的特点？
3. 如何应该全球环境下跨文化管理的挑战？
4. 社会责任和企业经济绩效的关系如何？
5. 组织是否应该承担社会责任？

【阅读材料】

南京冠生园事件①

一、良心的“霉变”

通过央视2001年9月3日的节目，观众看到以下画面：卖不出去的月饼拉回厂里，刮皮去馅、搅拌、炒制入库冷藏，来年重新出库解冻搅拌，再送上月饼生产线……

年年出炉新月饼，周而复始陈馅料。在月饼生产企业（特别是中小企业）中，这是个公开的秘密。据从事质监工作的人后来说，对厂家的此等下作之事早就见怪不怪，央视的报道还能让他感受震惊，无非是此回的坑人者竟是南京冠生园。

① 资料来源：周三多，陈传明，鲁明泓. 管理学——原理与方法［M］. 4版. 上海：复旦大学出版社，2003.

冠生园是一家百年老号，素以童叟无欺、货真价实作为经商的理念。其原本所生产的各类食品、糕点不但享誉中华，在整个东南亚、日、韩等国都很有口碑。

南京广东路的一条小巷里，冠生园厂区已经是人去楼空。小巷居民也是一声叹息："效益好的时候，提货的车一辆接一辆。如今，说败也就这么败了……"

曝光之后，不只是月饼，其他产品如元宵、糕点等也销不动了。南京冠生园向法院提出破产申请的理由是"经营不善，管理混乱，资不抵债"。

使用陈年馅做月饼的隐情被揭露后，冠生园受到巨大的市场冲击。工商部门进厂调查，卫生防疫部门再三检测，"南冠"月饼在全国范围内被撤柜。南京分布最广的连锁商业零售企业——苏果超市的营销人士介绍说，虽然撤柜后商家又接到通知说"南冠"的月饼陈馅在菌群卫生指标方面均为合格，可以恢复面市，但当时顾客一听说是"南冠"的产品，避之唯恐不及。

二、"南京冠生园事件"事件对月饼市场的影响

"南京冠生园事件"影响了6成多消费者2001年购买月饼的意愿；有14%的消费者表示今年不会买月饼。这是中国社会调查事务所进行的一次问卷调查透露的信息。并有学者提出，要警惕短视的商业行为对中国传统节日文化的负面影响。

"应景调查"表明，31%的消费者表示，听说"南京冠生园事件"后十分气愤。他们认为相关月饼厂家实在是太可恶了，应当受到法律的严惩；40%的消费者认为政府应当规范月饼市场；25%的消费者表示，这种事时下太多了，对他们来说无所谓，大不了以后不买月饼就是了。

现在月饼在中国人心目中的地位已经发生了变化。调查表明，近5%的消费者不再认为"月饼是中秋节不可分割的一部分"。表示"今年不会买月饼"的人群中，有一半的人想找一些新的方式去过节。任何对传统文化的破坏，恢复起来就艰难。

附：冠生园资料

➢ 冠生园品牌创始人是1918年到上海经商的广东人冼冠生，最早经营粤式茶食、蜜饯、糖果。1934年，其品牌月饼即聘影后胡蝶为形象代言人，打出广告词"唯中国有此明星，唯冠生园有此月饼"，产品一时名倾大江南北。

➢ 1925年前后，上海冠生园在天津、汉口、杭州、南京、重庆、昆明、贵阳、成都开设分店，在武汉、重庆投资设厂。其南京分店即是现"南京冠生园"前身。

➢ 1956年，冠生园进行公私合营。冼氏控股的冠生园股份有限公司解体，上海总部"一分为三"，各地分店企业都隶属地方，与上海冠生园再无关系。

➢ 目前，重庆、南京等近十家冠生园均有冼冠生的历史痕迹。在上海也有工业冠生园和商业冠生园之分，1996年在上海市经委支持下，上海工业冠生园与商业冠生园合并，实现上海冠生园字号的统一，成立冠生园（集团）有限公司。但在全国范围，仍有多家冠生园未统一字号。

➢ 合资之前，南京冠生园因大幅亏损面临倒闭。成立中外合资南京冠生园食品有限公司后第二年转亏为盈，利润连年递增，累计上缴利税1560万元，由小型企业发展为南京市政府核定的240家大中型企业之一。

➢ 2001年9月3日，中央电视台报道"南京冠生园大量使用霉变及退回馅料生产月饼"的消息，举国震惊。当年，各地冠以"冠生园"的企业更深受连累，减产量均在

50%以上。其中，上海冠生园所受影响最大。

➢ 2002年春节刚过，南京冠生园食品有限公司向南京市中级人民法院申请破产。

讨论

1. 如何看待管理伦理与社会责任在企业发展中的作用？
2. 如何理解企业不符合伦理的行为可能造成的危害？

参考文献

[1] Katz. R. L. Skills of an effective a administrator [J]. Harvard Business Review, 1974, 33 (1): 33-42.
[2] Lewis. P. S., Goodman. S. H., Fandt. P. M. Management: Challenges in the 21st century (2nd ed) [M]. Illinois: South-western college publishing (东北财经大学出版社影印本), 1998: 190.
[3] Prahalad. C. K., Hamel. G. The core competence of the corporation [J], Harvard Business Review, 1990: 79-91.
[4] 《特区与港澳经济》编辑部. 决策人特稿 [J]. 特区与港澳经济, 1995 (01): 7.
[5] 陈春花, 杨忠, 曹洲涛. 组织行为学 [M]. 2版. 北京: 机械工业出版社, 2012.
[6] 陈传明, 周小虎. 管理学原理 [M]. 北京: 机械工业出版社, 2014.
[7] 陈海涛. 管理学发展的现状与趋势 [J]. 管理世界, 2014 (12): 89-91.
[8] 陈佳贵. 管理学百年与中国管理学创新发展 [J]. 经济管理, 2013 (3): 195-199.
[9] 董克用, 李超平. 人力资源管理概论 [M]. 3版. 北京: 中国人民大学出版社, 2011.
[10] 董鑫华, 朱琰, 邵钰鑫, 等. 对管理者的角色定位和在组织中所起作用的思考 [J]. 经贸实践, 2018 (04): 224.
[11] 凤陶. 领导变革: 挑战知识经济时代的经营困境 [M]. 北京: 地震出版社, 2004.
[12] 方振邦, 徐东华. 管理思想史 [M]. 北京: 中国人民大学出版社, 2011.
[13] 冯占军. 从富士康事件透视新生代农民工生存困境 [J]. 长江论坛, 2010 (04): 59-63.
[14] 龚荒, 杨政军. 管理学 [M]. 徐州: 中国矿业大学出版社, 2006.
[15] 郭艾琳. 广东模式剥离非烟资产烟草专卖垄断将被打破 [N]. 第一财经日报, 2006-07-21.
[16] 高良谋, 高静美. 管理学的价值性困境: 回顾、争鸣与评论 [J]. 管理世界, 2011 (01): 145-167.
[17] 国务院学位委员会办公室. 同等学力人员申请硕士学位工商管理学科综合水平全国统一考试大纲及指南 [M]. 3版. 北京: 高等教育出版社, 2012.
[18] 哈罗·孔茨, 西里尔·奥唐奈. 管理学 [M]. 中国人民大学工业经济系外国工业管理教研室译校. 贵阳: 贵州人民出版社, 1982.
[19] 黄培伦. 组织行为学 [M]. 广州: 华南理工大学出版社, 2005.
[20] 韩瑞. 管理学原理 [M]. 北京: 中国市场出版社, 2013.
[21] 姜杰. 西方管理思想史 [M]. 2版. 北京: 北京大学出版社, 2011.
[22] 焦树彬, 杨文士. 管理学 [M]. 4版. 北京: 中国人民大学出版社, 2014.
[23] 龙夫. 全球化管理管什么——透视环球企业成功管理 [J]. IT经理世界, 2001 (07): 83-85.
[24] 林聚任, 刘玉安. 社会科学研究方法 [M]. 济南: 山东人民出版社, 2008.
[25] 李世宗. 管理学原理 [M]. 武汉: 华中科技大学出版社, 2008.
[26] 卢勇, 贾创雄. 企业社会责任管理: 定义与探讨 [J]. 企业经济, 2011 (02): 132-135.
[27] 刘岚. 社会责任视角下的中小企业绿色管理体系构建研究 [D]. 南京: 南京财经大学, 2012.
[28] 马克思, 恩格斯. 马克思恩格斯全集 [M]. 北京: 人民出版社, 1972.

[29] 马克思. 资本论 [M]. 北京: 人民出版社, 1975.
[30] 马洪. 国外企业管理的比较分析 [M]. 北京: 中国社会科学出版社, 1982.
[31] 莫寰, 邹艳春. 新编管理学 [M]. 北京: 清华大学出版社, 2004.
[32] (美) C. I. 巴纳德. 经理人员的职能 [M]. 北京: 中国社会科学出版社, 1997.
[33] (美) 丹尼尔·A. 雷恩, 阿瑟·G. 贝德安. 西方管理思想史 [M]. 6版. 孙健敏, 黄小勇, 李原译. 北京: 中国人民大学出版社, 2013.
[34] (美) 海因茨·韦里克, 马克·V. 坎尼斯, 哈罗德·孔茨. 管理学——全球化与创业视角 [M]. 马春光译. 北京: 经济科学出版社, 2013.
[35] (美) 哈罗德·孔茨, 西里尔·奥唐奈, 海因茨·韦里克. 管理学 [M]. 中国社会科学出版社, 1987.
[36] (美) 里奇·格里芬. 管理学 [M]. 8版. 刘伟译. 北京: 中国市场出版社, 2006.
[37] (美) 斯蒂芬·P. 罗宾斯, 玛丽·库尔特. 管理学 [M]. 11版. 李原译. 北京: 中国人民大学出版社, 2012.
[38] (美) 迈克尔·波特. 竞争战略 [M]. 北京: 华夏出版社, 1997.
[39] (美) 斯蒂芬·P. 罗宾斯. 管理学 [M]. 9版. 北京: 中国人民大学出版社, Prentice Hall 出版公司, 2008.
[40] (美) 斯蒂芬·玛丽. 库尔特. 管理学 [M]. 9版. 北京: 清华大学出版社, 2009.
[41] (美) 斯蒂芬·P. 罗宾斯, 玛丽·库尔特. 管理学 [M]. 11版. 孙健敏, 黄小勇, 李原, 译. 北京: 中国人民大学出版社, 2013.
[42] (美) 斯蒂芬·P. 罗宾斯, 戴维·A. 德森佐, 玛丽·库尔特. 管理学原理与实践 [M]. 毛蕴诗主译. 北京: 机械工业出版社, 2013.
[43] (美) 斯蒂芬·P. 罗宾斯, 大卫·A. 德森佐. 管理学原理 [M]. 毛蕴诗主译. 大连: 东北财经大学出版社, 2016.
[44] (美) 斯蒂芬·P. 罗宾斯, 玛丽·库尔特. 管理学 [M]. 13版. 李原, 等, 译. 北京: 中国人民大学出版社, 2017.
[45] (美) 泰罗. 科学管理原理 [M]. 北京: 中国社会科学出版社, 1984.
[46] (美) H. A. 西蒙. 管理决策新科学 [M]. 北京: 中国社会科学出版社, 1982.
[47] (美) 殷 (Yin. R.) 著. 案例研究: 设计与方法 [M]. 4版. 周海涛, 李永贤, 李虔, 译. 重庆: 重庆大学出版社, 2010.
[48] 秦志华. 人力资源管理 [M]. 北京: 中国人民大学出版社, 2003.
[49] 乔忠. 管理学 [M]. 3版. 北京: 机械工业出版社, 2012.
[50] 孙耀君. 西方管理思想史 [M]. 太原: 山西经济出版社, 1987.
[51] 孙凤芝. 管理学原理 [M]. 青岛: 中国海洋大学出版社, 2004.
[52] 孙东川, 林福永, 孙凯. 创建现代管理科学的中国学派及其基本途径研究 [J]. 管理学报, 2006 (02): 127-131, 142.
[53] 孙东川, 张振刚, 孙凯. 一项重大的历史使命: 创建现代管理科学的中国学派 [J]. 美中经济评论, 2008 (1).
[54] 宋晶, 郭凤侠. 管理学原理 [M]. 3版. 大连: 东北财经大学出版社, 2011.
[55] 孙东川, 柳克俊, 赵庆桢. 干部读本系统工程 [M]. 广州: 华南理工大学出版社, 2012.
[56] 唐纳利, 吉尔森, 伊凡塞维奇. 管理学基础 [M]. 李柱流译. 北京: 中国人民大学出

版社，1982.
[57] 童磊. 组织管理实务操作 [M]. 北京：中国管理出版社，2003.
[58] 谭力文，刘林青. 管理学 [M]. 北京：科学出版社，2009.
[59] 卫虎林. 麦当劳：红遍全球的控制艺术 [N]. 发展导报，2002-10-11 (005).
[60] 武杰. 跨学科研究与非线性思维 [M]. 北京：中国社会科学出版社，2004.
[61] 魏文斌. 走向形而上的管理学 [M]. 长春：吉林人民出版社，2006.
[62] 王利平. 管理学原理 [M]. 3版. 北京：中国人民大学出版社，2009.
[63] 王枫云. 公共管理学的研究方法体系：内涵与构成 [J]. 行政管理学，2009，16 (1)：1-5.
[64] 万玺，冉军. 招聘管理 [M]. 北京：科学出版社，2011.
[65] 许庆瑞. 管理学 [M]. 北京：高等教育出版社，1997
[66] 熊勇清. 管理学 [M]. 2版. 长沙：湖南人民出版社，2006.
[67] 杨文士，张雁. 管理学原理 [M]. 1版. 北京：中国人民大学出版社，1994.
[68] 杨洪兰，王方华. 现代实用管理学 [M]. 上海：复旦大学出版社，1996.
[69] 杨文士，焦叔斌. 管理学原理 [M]. 3版. 北京：中国人民大学出版社，2009.
[70] 闫丽. 由富士康跳楼看泰勒科学管理 [J]. 新财经（理论版）. 2010，(12)：154.
[71] 杨文士，焦叔斌，张雁，等. 管理学 [M]. 3版. 北京：中国人民大学出版社，2012.
[72] 中国社会科学院工业经济研究所. 第三次工业革命引发管理变革 [J]. 硅谷，2013 (1)：I0003-I0004.
[73] 周三多，陈传明，鲁明泓. 管理学——原理与方法 [M]. 3版. 上海：复旦大学出版社，1999.
[74] 周三多，陈传明，鲁明泓. 管理学——原理与方法 [M]. 4版. 上海：复旦大学出版社，2003.
[75] 周三多，陈传明. 管理学 [M]. 3版. 北京：高等教育出版社，2010.
[76] 周三多，陈传明，鲁明泓. 管理学——原理与方法 [M]. 5版. 上海：复旦大学出版社，2013.
[77] 张桂英. 管理者角色新探 [J]. 商业研究，2005 (19)：94-96.
[78] 张媛媛. 管理学学科属性的定位——基于交叉学科的视角 [J]. 社会科学管理与评论，2008 (03)：17-25.
[79] 赵丽芬. 高级管理学 [M]. 北京：清华大学出版社，2008.
[80] 朱秀文. 管理学教程 [M]. 2版. 天津：天津大学出版社，2009.
[81] 张文昌，于维英. 东西方管理思想史 [M]. 2版. 北京：清华大学出版社，2013.
[82] 郑晓丹. 管理学发展的现状与趋势研究 [J]. 现代商业，2015 (6)：137-138.